JN440654

Riskante
위험사회와 새로운 자본주의
Moderne

이 도서의 국립중앙도서관 출판시도서목록(CIP)은 e-CIP 홈페이지(http://www.nl.go.kr/ecip)에서 이용하실 수 있습니다.(CIP제어번호: 2008002005)

위험사회와 새로운 자본주의

Riskante Moderne

파울 놀테 지음 | 윤종석 옮김

한울
아카데미

RISKANTE MODERNE
DIE DEUTSCHEN UND DER NEUE KAPITALISMUS
by Paul Nolte

한국어판 머리말

독일은 다른 유럽 국가들과 마찬가지로 위기와 도전의 시기를 겪고 있다. 1989년 독일인들은 독일 역사에서 가장 행복한 시간을 경험할 수 있었다. 그런데 유감스럽게도 한국은 아직까지 그런 행복을 체험하지 못하고 있다. 동독 공산주의 정권이 몰락했고, 동서 진영 사이에 가로놓였던 '철의 장막'과 베를린을 관통하던 베를린 장벽이 동시에 붕괴되었으며, 1년 후인 1990년에 분단 독일은 통일되었다. 그러나 동독의 낙후된 경제 상황을 현대화시키는 것은 독일인들에게 통일보다 어려운 과제였다. 전화망에서부터 도로망까지 후진적인 모든 사회 인프라를 재건하고 주민들의 생활을 높은 수준으로 향상시키는 통일 독일의 과제는 비용도 많이 드는 것이었다.

그러나 통일 자체가 독일인들이 맞이했던 유일한 도전은 아니었다. 오히려 더 큰 어려운 도전이 있었는데, 그것은 서독이 그동안 유지해온 '독일식 모델' 그 자체였다. 이 모델은 1970년대까지만 하더라도 독일인들이 여전히 큰 자부심을 가지고 자랑할 수 있었지만, 이미 통일 이전에 어려운 국면에 접어든 상태였다. 제2차 세계대전 후 '독일연방공화국'(서독) 국민들이 큰 자부심을 가졌던 경제발전의 역동성(다이내믹)이 떨어진 것이 피부로 느껴질 정도였고, 높은 경제성장률을 기록하던 시대가 그 후로는 다시 돌아오지 않았다. 완전고용을 실현했던 시대가 지나고 대량 실업 시대가 도래하여, 수백만 명이나 되는 경제활동 인구가 사회활동에 적극적으로 참여할 기회에서 지속적으로 배제되었다. 더욱이 국가의 지출은 전적으로 거대한 부채를 통해 충당되어, 결국은 다가오는 세대가 져야 할 부담만 늘어나는 상황이었다.

이와 같은 상황은 독일에만 해당되는 것이 아니라 미국을 포함한 대부분의 서방 사회를 지금까지 거의 한 세대 이상이나 괴롭혀온 곤혹스러운 문제들이다. 그런데 독일의 상황은 좀 더 특수하다. 다른 나라들과는 달리 독일에서는 고등교육을 확충할 가능성이 오래전부터 중단되었다. 대학 졸업자 비율이 오랫동안 정체된 상황이 계속되는 것이다. 또한 독일은 외국인 이주자들을 상당히 많이 받아들였다. 그러나 대부분 터키에서 온 이들 외국인 이주자를 노동시장, 독일의 주류 문화, 가치 체계에 통합시키는 데 현실적으로 성공하지 못했다. 더욱 심각한 것은 미래에 대한 신뢰, 자신들의 장점에 대한 신뢰, 그리고 현재의 문제들을 푸는 해결책을 발견할 수 있는 독일인들 자신의 능력에 대한 신뢰를 거의 상실했다는 것이다. 나아가 독일은 현재의 세계적 추세인 글로벌화에서 객관적인 수치를 놓고 볼 때 잃는 것보다 얻는 것이 많은 승자이면서도, 정작 독일인들 자신은 글로벌화를 압도적으로 위협으로 간주하고 불안해한다는 것이 더 큰 문제다. 과거 한때의 좋은 시절에 누렸던 안정성(안전)에 대한 동경이 지나칠 정도로 강하게 자리 잡고 있다.

비록 독일이 나치와 제2차 세계대전 때문에 큰 부담을 지기는 했지만, 결과적으로 어쨌든 (특히 서독은) 전쟁 후 역사의 승자에 속했다. 즉 서독은 전후 1950년대부터 엄청난 경제적 호황을 누렸고, 매우 짧은 시간에 독재체제에서 안정된 민주주의 체제로 이행하는 데 성공했다. 또한 성공적인 시장경제와 전 세계에서 가장 훌륭한 사회(복지)국가적 시스템을 구축하는 데 성공했다. 그런 점에서 서독의 역사는 서독보다 약간 늦게 한국이 경험했던 그런 길을 상당 부분 상기시키고 있다.

그러나 독일인들은 변화된 세계의 상황에 적합하게 대응하는 것을 과거부터 점점 더 어렵게 생각했고 현재도 그렇다. 현재의 세계에서는 자동적으로 상황이 호전되지 않는다. 과거의 낡은 안정성은 문제가 있다고 받아들여지고, 반면에 새로운 안정성은 아직 발견되지 않는 법이다. 20세기의 고전적 현대, 특히 전후 누렸던 경제적 호황기는 안정성의 현대였다. 21세기의 새로운 현대는 일종의 '리스크를 감행해야 하는 현대(Riskante Moderne)'로 기술될 수 있다. 낡은 모델에서 새로운 모델로의 이행이 이 책의 테마다. 사회에서 새로운 긴장 영역이 생성되었고 정치적으로 처리되기를 기다리고 있다. 예를 들면 세대 간의 긴장, 남성과 여성 사이의 긴장, 교육받은 자와 그렇지 못한 자 사이의 긴장 등이다. 그러나 부자와 빈자 사이의 간극도 다시 더 커지고 있다. 과연 독일은 어떻게 국민들이 그 미래를 신뢰할 수 있는 역동적 사회로 다시 태어날 수 있을까? 이 질문은 비단 독일과 유럽에만 해당되는 것이 아니고 이를 넘어서서도 핵심적인 중요성을 갖는 질문이다. 도전은 종종 유사한 형태를 띠고 있으며, 타인의 경험에서 스스로 배울 수 있기 때문이다.

이 책이 논증하는 것은 리스크한 현대의 이러한 도전들에 대해 불안보다는 강화된 자의식으로써 맞서야 한다는 것이다. 자본주의가 글로벌화하고 경쟁이 더 가혹해지고 있다. 그러나 그렇다고 해서 자유시장경제에서 탈주를 꿈꾸어서는 안 된다. 많은 사람이 일자리가 없다고 해서 이것이 취업노동사회라는 목표에서 작별할 이유는 아니다. 우리는 취업노동을 통해 생산적이며 새로운 복지를 창출하기 때문이다. 과거의 '낡은' 모델 — 이것은 다름 아닌 바로 유럽식 모델, 특히 독일식 모델인데 — 에서는 국가와 국가의 역량에 우리 자신을 쉽게 내맡길 수 있었다. 국가의 권력과 역량이 어디에서 유래되는지에 대해서는 그동안 거의 의문을 갖지 않았다. 이런 국가론에 따르면 정치와 사회에 대해 책임 의식을 갖는 시민들이 필요하다. 시민들은 경제적으로는 세금을 납부함으로써, 그리고 또한 국가에 모든 형태의 미래적 보장을 기대하기보다는 자신의 삶과 자녀들의 미래에 투자하려는 적극적 자세로 그런 책임을 완수한다. 그들은 또한 사회적 · 도덕적으로도 책임을 이행하고 있는데, 예를 들면 명예직 참여나 시민 봉사적 참여 등의 다양한 형태를 통해서다. 그 때문에 이 책은 내가 미래를 위한 '투자적 사회'라고 부르는 것에 대한 변론으로 마감할 것이다. 우리가 생활의 우선권을 소비에 맞추었던 현대는 종말을 향하고 있다. 미래를 위한 지속적 투자를 통해 우리의 복지를 확고히 해야 하는 새로운 현대가 이제 시작되고 있다.

여기서 우리는 과거 어느 때보다 더 많이 세계 도처에서 서로서로 배워야 한다. 독일과 한국은 많은 유사점을 공유하고 있다. 두 나라의 국민은 20세기 후반에 자의식으로 성공한 민족이고, 부존자원이 없는 나라면서 숙련된 노동력과 기술을 바탕으로 수출 지향적 경제구조를 공유하고 있으며, 시장경제와 민주주의에서 모두 커다란 성공을 거두었다. 그리고 현재 이 시장경제와 민주주의가 두 나라에서 새로운 불안정의 단계로 접어들고 있는 것도 똑같다. 우리는 과연 어떻게 이런 불안정을 극복할 수 있을까? 이것을 고민하는 독일의 저자로서 독일과 비슷한 문제를 안고 있는 한국에서 이 책이 번역되어 나오는 것에 특별한 감회를 느낀다. 이 책이 한국의 독자들과 공감하는 바 크기를 기대한다.

2008년 5월 베를린 자유대학 역사학부 마이네케 연구소에서

파울 놀테

머리말

현대(Moderne)의 삶은 이미 오래전부터 너무 복잡해진 것은 아닐까? 때로는 정체 상태에 이른 것처럼 보이지만 실제로는 급속하고 역동적으로 변화하는 세계에서 과연 삶을 제대로 영위해갈 수 있을까 하는 회의가 이미 오래전부터 자라나고 있다. 이러한 세계에 완전히 등을 돌리고 살 수는 없겠지만 변화의 속도를 늦추고 싶어 하는 동경이 확산되고 있다. 과거의 '진보'라는 개념은 상당히 오래전부터 늘 좋지만은 않은 것으로 여겨지고 있다. 자본주의가 유연성을 더욱 많이 요청하기 때문에, 우리도 유연성을 더 많이 갖추어야 할 것인가? 많은 사람들이 시급하다고 여기는 개혁들을 우리가 과연 감당할 수 있을 것인가? 현재 우리는 이런 의문들과 마주하고 있다.

2005년 가을, 사민당 · 녹색당 연정의 슈뢰더 총리가 중도 사퇴하여 갑자기 실시된 독일 연방하원 조기 총선거는 독일이 두 진영으로 분열되었음을 보여주었다. 과거처럼 '좌파'와 '우파' 진영으로 분명하게 나뉘어 대립하고 있는 것이 아니라, 한편으로는 확신과 자신감으로 미래를 바라보는 사람들, 그리고 다른 한편으로는 불안과 더불어 종종 좌절감에 사로잡혀 현재를 고수하려거나 과거의 호시절을 그리워하는 사람들로 나뉘었음을 보여주었다. 전자의 부류는 문화적 낙관주의자들이고 후자는 문화적 염세주의자들에 속한다고 할 수 있다.

이 책은 피상적인 고찰에 머물지는 않을 것이며 낙관주의자들의 입장을 절대적으로 지지한다. 이러한 태도를 순진한 것으로 오해해서는 안 된다. 왜냐하면 이 책은 무엇보다 현재의 상황에 대한 냉철한 분석을 담고 있기 때문이다. 왜 독일은 다른 나라들에 비해 미래에 대한 자신감을 더 많이 상실했으며, 왜 독일인들은 현대의 도전에 대한 불안에 사로잡혀 말 그대로 경직된 상태에 이르게 되었는지 해명하려 한다.

독일은 제2차 세계대전 이후 평탄한 경제성장과 일반적 안정이라는 안전한 상태를 기대했지만, 1970년대와 1980년대에 이르러 이러한 기대가 무너지면서 새로운 리스크(Risk)를 깨달았다. 그것은 개인적인 삶의 방식에서의 리스크뿐 아니라 과학과 기술의 리스크, 그리고 경제와 복지국가에 내재된 리스크다. 그런데 우리는 자신감을 갖고 이러한 리스크가 높은 '리스크 사회(Risikogesellschaft)'*를 받아들이기보다는, 리스크를 비켜 가거나 회피하려 할 때가 많았다. 현대를 거부하려는 이런 태도는 독일을 '리스크 회피 사회(Risikovermeidungsgesellschaft)'로 만들었다.

---

* 사회학자인 울리히 벡이 1986년 4월 체르노빌 사고 직후 발간한 동명의 저서 『리스크 사회(Risikogesellschaft)』에서 지칭한 현대사회의 특징으로, 또 다른 현대화를 이루기 위해서는 이 리스크를 관리, 극복해야 한다고 주장했다.

이 책의 각 장은 복잡하게 전개된 현대의 역사, 독일에서의 근대성(Modernität) 거부의 역사를 약술하고 있다. 이 책은 과거의 도전은 물론이고 우리가 아직 인식하지 못하거나 제대로 알아차리지 못한 새로운 도전, 다시 말해 계급사회와 새로운 사회적 불평등, 남녀 차별 문제, 세대 간의 관계, 취업노동과 자본주의 등에 대한 논의를 담고 있다.

개인적인 영역부터 정치적인 영역까지 걸쳐 있고 사회적 연대부터 냉철한 시장에 이르는 이러한 다양한 국면을 포괄하는 것은 무엇일까? 늘 문제가 되는 것은, 더욱 복잡해진 상황에서 어떻게 안전을 확보하느냐이다. 즉 리스크 속에서, 리스크가 높은 생활방식에서 안전을 확보하는 문제에 관한 것이다. 개인적인 생활방식과 공적인 행동은 서로 긴밀하게 연관되어 있다. 독일인들이 습득한 생활방식, 즉 리스크를 거부하고 이에 따라 리스크가 높은 결정은 지연시키려는 태도가 개인적인 삶뿐 아니라 규모가 큰 체제 차원의 결정에도 반영되어 나타난다. 그것은 오히려 '결정을 내리지 않는 태도'라고 보아야 할 것이다. 왜냐하면 개인의 영역이나 국가의 영역을 막론하고 리스크가 있는 결정은 차라리 피하겠다는 성향을 보이고 있기 때문이다. 하지만 이러한 태도를 통해서 얻는 것은 더 큰 안전(성)이 아니라, 시급한 문제들이 해결되지 않고 결국 더 크고 새로운 리스크에 노출되는 것이다.

오랫동안 그랬던 것처럼 개인적인 영역과 공공의 삶 또는 정치적인 영역을 명료하게 구분하는 것이 이제는 더 이상 가능하지 않다. 인생의 동반자를 만나 결혼할 것인가 말 것인가, 결혼 후에는 자녀를 가질 것인가 말 것인가 하는 개인적인 결정도 정치적인 영역의 문제, 즉 공론의 대상이 되고 있다. 복지국가와 시장은 완전히 다른 메커니즘인데, 이 둘은 모두 나름대로 사적인 영역을 보호하기도 하지만 사적인 영역에 도전하고 위협을 가할 수도 있다. 아울러 개인적인 '니치 사회(Nischengesellschaft)'*, 즉 개인적인 안전이라는 따스한 동굴로의 후퇴는 '외부에서' 기다리는 도전과 결정에 대해 피상적인 보호만 제공해줄 수 있을 뿐이다. 우리는 '니치 사회'에서 나와서 현대의 도전들을 받아들여야 한다. 우리는 자신의 삶에 부과되는 과도한 요구에 불평만 일삼아서는 안 된다. 치열한 생존의 후방에 있는 사적인 공간과 안전한 동굴로 후퇴하는 경우에는, 자신이 그동안 비축해놓은 것만 먹고 살아가거나, 매일 동굴 입구에 식량을 내려놓는 누군가에 의존해야 한다. 그런데 이런 순전히 개인적이고 소비적인 삶은 결국 궁지에 몰릴 수밖에 없다.

우리는 '투자적 사회(Investive Gesellschaft)'가 되는 법을 배워야 한다. 이 책은 바로 이러한 구상과 개념을 지향한다. '투자적 사회'는 시민들이 각자에게 부여된 책임을 발휘하며 공동체적인 연대 속에서 물질적 자원, 사회적 자원, 도덕적 자원을 막론하고 모든 자원을 가동하는 사회다. 시민들이 미래에서의 자신의 기회, 다른 사람의 기회, 그리고 사회 전체의 기회를 확대시키고 지속적으로 확보하기 위해 현재부터 미리 기여하게 하는 사회다.

이 책을 쓰면서 2005년 여름까지 브레멘 인터내셔널 유니버시티에서 보낸 4년을 되돌아보게 되었으며, 아울러 2005/2006년 겨울학기부터 베를린 자유대학 역사학과에서 새로운 도전을 맞게 된 것이 기쁘다. 이 책의 출판을 가능하게 한 C. H. BECK 출판사, 특히 이 프로젝트를 신속하고도 지속적으로 지원해준 데틀레프 펠켄 사장에게 감사드린다. 학문적 동료들과 더불어 지난 몇 년간 때때로 나를 몰아치면서 생각을 더욱 가다듬게 해준 유

* 원래 1970년대 동독 사회주의 체제에 대한 희망 없음에서 비롯된 동독인들의 체념적 사회심리를 지칭하는 용어다. 당시 동독 주민들은 현실도피의 수단으로 알코올에 의존했다.

능하고 참여적인 언론인들에게도 감사한다. 자샤 토프는 편집과 교열을 성실하게 맡아주었다. 나의 연구를 성원해준 모니카와 노라, 다비드에게도 감사한다.

2005년 11월 베를린에서

파울 놀테

Riskante
Moderne

차례

Riskante
Moderne
차례

리스크가 높은 삶

새로운 현대에서의 사회적 긴장 영역들

Riskante Moderne

차례

정치적 전망

리스크를 감행해야 하는 현대에서의 정책 방향

일러두기

1. 이 책은 독일 Verlag C.H. BECK oHG에서 2006년 발행한 *Riskante Moderne: Die Deutschen und der Neue Kapitalismus*를 번역한 것이다.
2. 『 』는 단행본, 「 」는 논문이나 보고서 또는 노래 제목, ≪ ≫는 신문이나 잡지 등 정기간행물을 뜻한다.
3. 옮긴이의 부연을 각주로 달았으며 본문의 흐름을 해치지 않는 짧은 설명은 본문 중에 실었다. 원문에 있던 미주는 책 뒤에 살려두었고 여기에도 국내 번역서 정보 등을 옮긴이가 추가했다.
4. 'Risk'는 '위험'이나 '위협' 어느 것과도 완전히 대응하지 않는다. '리스크'로 옮기기로 한다.

현대의 도전

리스크가 높은 21세기의 삶

2006년 봄은 구소련의 거대한 원자력발전소에서 원자로 하나가 통제 불능 상태에 빠지는 사고가 일어난 지 20년이 된 시점이다. 1986년 4월에 일어난 체르노빌 원전사고는 수천 명의 인명을 앗아갔고 장기간에 걸쳐 많은 사람에게 피해를 주었으며, 우크라이나의 사고 지역 일대를 수십 년 이상 사람이 살 수 없는 곳으로 만들었다. 이 원전사고의 결과는 전 세계에 영향을 끼쳤는데, 특히 중동부 유럽에서는 방사능 낙진과 생필품 오염이라는 형태의 피해가 있었다. 이어 무엇보다도, 이 초대형 사고와 연관되어 생겨난 것이지만 구체적인 '체르노빌 원전사고'에만 국한되지 않는 불안감이 주민들을 엄습했다. 체르노빌 원전사고는 우리가 한때 진보와 복지를 약속한 새로운 기술을 받아들이면서 감수했던 리스크를 보여주는 것이었고, 인간이 이룩했지만 결국에는 인간이 통제할 수 없는 기술적인 현대의 실패를 상징하는 것이었다.

1986년 봄에 이 사고가 난 이후 새로운 불안과 불안정을 포함한 이와 같은 상황을 총괄하는 개념 하나가 유행했다. 사회학자 울리히 벡(Ulrich Beck)은 당시 자신의 새로운 저서에 『리스크 사회(Risikogesellschaft)』*라는 제목을 붙여 명성을 얻었는데, 이러한 시대 진단은 변화된 세계의 상황을 핵심적으로 지적한 것이었다.[1] 안전한 시대는 지나갔다. 대기권은 더욱 엷어졌고, 마치 더 가파른 산등성이를 오르듯 추락할 위험은 더욱 커졌다. 사람들은 이제 무절제한 기술적 · 산업적인 생활방식의 결과로 생긴 환경적인 리스크를 인식하기 시작했다. 숲의 황폐화, 오존층 파괴와 같은 개념들이 새로운 정치적인 용어로 자리 잡았다. 그리고 나중에 드러난 것이지만, 이에 앞서 진행된 군비 확장은 강대국 간의 냉전을 최고조로 몰아가면서 핵전쟁의 재앙에 대한 불안을 가중시켰다. 복잡한 기술 자체가 예측 불가능한 고도의 리스크를 내재하고 있었던 것은 아니지만, 많은 사람이 이제 서구의 현대화가 과대망상, 성장 맹신주의, 성장 가속화의 강제 때문에 실패하고 있는 것은 아닌가 하는 의문을 갖게 되었다.

다시 말해 기술적인 현대가 만들어낸 리스크 때문에 예측할 수 없는 불확실한 진보를 위해 대가를 치르는 것은 가치가 없다고 인식하는 사람이 많았다. 이런 인식은 다른 어느 지역보다도 독일에서 더욱 심하게 나타났다. 그런데 기술적인 현대가 만들어낸 리스크만 불확실해진 것이 아니었다. 개인의 삶도 역시 새로운 종류의 예측 불가능성에 노출되었다. 사회의 변화는 더 이상 추상적인 것이 아니라 개인의 삶, 개별적인 인생 설계, 사적인 영역에까지 깊이 침투했다. 과거에는 안정적이었던 사회적 관계가 유동적인 것이 되었다. 예측 가능했으며 대체로 평생 지속되었던 안정된 소속감이 중간 중간 끊어지는 단면들로, 미리 예측할 수 없는 것들로 대체되었고, 유연성을 요구하

---

* 한국에서는 『위험사회: 새로운 근대(성)을 향하여』(새물결, 1997)라는 제목으로 출간되었다. 울리히 벡은 2007년 증보판으로 세계화와 더불어 리스크(위험)의 세계화, 테러와 같은 의도된 리스크 등 새로운 상황을 담은 『세계 리스크 사회』를 출간했다.

는 새로운 형태의 일시적인 하루살이 인생이 등장했다.[2]

이는 과거 가부장적 안정과 대기업에서의 평생 고용을 보장한 '라인 강 자본주의' 시대가 종말을 고하고, 젊은 세대에게 리스크가 높은 조건에서 직업 경력을 시작하도록 강요하는 노동의 세계에도 적용된다. 또한 이것은 아주 유사한 방식으로 개인적인 인간관계에도 마찬가지로 적용되고 있다. 개인적인 인간관계에서도 전통적인 가족 형태인 가부장 중심의 가족제도가 해체되었다. 각 개인, 특히 여성들은 자아실현을 위한 새로운 가능성을 맞이하게 되었다. 하지만 다른 한편으로 이러한 새로운 가능성은 불안정한 동거 형식의 파트너 관계, 그리고 때로 자녀를 혼자 키워야 하는 리스크도 내포하고 있다. 울리히 벡의 '리스크 사회'라는 개념은 이러한 리스크가 높은 사회의 상황을 지적한 것이며, 곧이어 '짜맞추기 경력(Bastelbiographie)'이나 '패치워크 패밀리(Patchwork family)'*와 같은 말들이 유행했다.

이러한 리스크에 어떻게 대처해야 할 것인가? 자기 확신이 위기를 맞게 된 이러한 상황에서는 학문적인 분석은 학문적인 분석이고, 사회적인 분위기나 정신적인 태도, 나아가 정치적인 대응은 또 다른 문제다.

서독 지역에서는 이미 1970년대 중반 이후, 즉 1차 석유위기 발생 이후 오랫동안 손상을 입지 않을 것으로 여겨졌던 경제 기적이 처음으로 쇠약한 무기력 증세를 보이면서 분위기가 바뀌었다. 상황에 대한 통제력을 상실했다는 무기력증이 확산되었다. 마치 조종석이 비어 있는 비행기와 같았다. 사회의 발전은 자동항법장치로 전환되었는데, 누군가에 의해 입력된 항로는 완전히 잘못된 방향으로 나가는 듯이 보였다. 몰려오는 도전에 제대로 대처할 수 없

* 잦은 이혼 · 재혼으로 가족관계가 혈연과는 무관하게, 마치 조각난 천을 맞추듯 복잡하게 구성된 가족 형태를 말한다.

다는 무력감이 생겨났고, 이와 더불어 상황을 더욱 악화시키는 익명의 체제에 의해 막다른 골목으로 내몰리고 있다는 느낌이 들었다. 바로 이러한 감정이 1980년대에 큰 영향력을 끼쳤던 또 다른 시대 진단, 즉 위르겐 하버마스(Jürgen Habermas)의 '의사소통행위이론'의 기본 동기를 이루었다.[3]

자본주의적 경제와 관료주의적 정책은 비유컨대 더 이상 자신의 울타리 안에 머물지 않고 그동안 보호받아왔던 시민적인 삶의 개인적 정원에까지 침투했으며, 갈등이 아닌 합의를 지향해왔던 조화로운 '삶의 영역'을 '식민지화'하기에 이르렀다.

독일인 특유의 애매한 정신적 태도, 지식인 계층의 분위기, 그리고 여기에 더해 세대가 바뀌면서 일어난 엄청난 변화들이 당시까지 완전히 극복되지 못한 독일 민족 특유의 낭만적인 동경과 뒤얽히면서, '리스크 사회'는 도전이 아니라 위협으로 다가왔다. 그리고 독일인들은 리스크가 높은 이러한 사회에 적극적으로 대처하기보다는 회피하려고 시도했다. 자동항법장치에 의한 운항을 중단시키거나 다시 조종석을 점유하지 못할 바에는 차라리 낙하산을 펴고 안전해 보이는 지대로 뛰어내리는 것이 더 낫다는 생각이 팽배했다.

그런데 '리스크 사회'가 지닌 두 가지 측면에 대한 대응은 그 특성에 차이가 있었다. 우선 기술적인 리스크에 대해서는 탈출의 원리가 적용되었다. 반면에 사회적인 리스크에서는 더 긍정적인 것도 많이 얻어낼 수 있었다. 즉 개인주의의 기회가 늘어나고 자율적 공간이 생겨나면서 때로는 다소 낙관적인 도취감에 젖기도 했다. 지구가 당장에 멸망하지 않는 한 개인이 다른 제약을 받지 않고 자아를 실현할 가능성을 마침내 맞게 된 것이다. 왜냐하면 핵가족을 포함해서 가족이라는 것도 결국은, '리스크 사회'의 방식대로 해석한다면 오래전에 몰락한 신분제 사회에서의 귀족이나 농민과 같은 전현대적 유물, 즉 '신분' 구조와 다름없기 때문이었다.

그로부터 다시 20년의 세월이 더 흘렀지만, 리스크는 여전히 사라지지 않았다. 기술적 · 환경적인 리스크에 대한 논의는 계속되고 있고 핵에너지에 이어 이제는 유전공학 분야에까지 이르렀다. 낙하산을 타고 뛰어내리는 것은 실질적인 해결책이 될 수 없음이 분명하다. 그렇게 한다고 문제가 사라지는 것도 아니며, 예상치 못한 곳에서 새로운 문제가 생겨나기 때문이다. 사회적인 차원의 리스크, 개인적인 리스크는 지난 20년간 더욱 늘어났다. 1980년대 중반에는 주로 '외부의' 리스크, 즉 기술적인 리스크와 사회적 환경 및 물리적인 환경을 포함한 환경의 리스크가 공공여론과 정치에서 중점적으로 토론되었던 반면, 지금은 '내부의' 리스크들이 가장 민감한 문제로 부상했다. 이제 대부분의 사람들을 압박하는 문제는 개인적인 실존, 사회적인 관계, 그리고 개인과 연대 의식의 위태로운 균형 등과 같은 내부적인 리스크다. 가족이라는 것이 전현대적 유물인지 여부를 떠나서 가족의 해체는 분명 자유롭게 된 개인은 물론이고 국가도 해결하기 어려운 결과를 낳고 있다.

여기에 새로운 위협 상황이 추가되어 나타났다. 과거 냉전의 얼어붙은 상태가 이제는 불안정한 새로운 세계질서로 바뀐 것이다. 세계적으로 확산되는 테러는 서유럽의 대도시에까지 미쳤으며 조만간 독일 대도시 중 하나가 그 대상이 될 수도 있다. 2005년 8월에 미국 뉴올리언스를 강타했던 허리케인 카트리나와 같은 자연재해도 우리를 불안하게 만들고 있다. 무엇이 자연이 가하는 숙명적인 재앙인지, 그리고 무엇이 우리가 스스로 자초한 행위의 리스크한 결과에서 발생한 것인지(가령 기후 변화의 재앙에 빠뜨렸는지), 우리가 더는 구분할 수 없다는 것이 바로 그 불안의 이유다. 하여튼 그 피해를 복구하는 작업은 테러 참사의 후유증과 별로 구분되지 않는다. 우리에게 닥치는 리스크의 '표면적인' 상황들은 점차 중첩되어 나타난다. 뉴올리언스에서의 태풍 피해가 보여준 결과와 같이 사회 내부의 리스크는 명확히 경계선을 그을 수 있는 것이 아니다. 왜냐하면 이 태풍 피해에서는 바로 어느 사회계층에 속하느냐에 따라 희생자의 차이가 있었기 때문이다. 가난한 사람들이나 주변부의 사람들, 다시 말해 자동차가 없거나 피신처를 제공해줄 다른 지역과의 사회적 네트워크를 갖지 못했던 사람들이 주로 피해를 입었던 것이다. 마지막으로 21세기에 접어들어 새로운 거대한 리스크를 내포하고 있는 곳으로 보이는 자본주의의 세계화 추세에서도 외적인 차원과 내적인 차원, 기술적인 차원과 사회적인 차원은 풀기 어려울 정도로 뒤엉켜 나타나고 있다.

그런데 지난 20년 동안 거의 성장하지 못한 것이 하나 있다. 사적인 영역에서든 공적인 영역에서든 정치적인 방향 설정의 영역에서든, 리스크 사회의 현상을 주도적으로 대처해나가는 능력은 별로 성장하지 않은 것이다. 모든 서구 사회가 이러한 도전에 대처하는 데 어려움을 겪고 있다. 물론 이러한 문제들은 현실적인 것이며, 대안이라는 것도 거의 시원한 해결책이 아닌 경우가 많기 때문에 문제를 사소한 것으로 취급하는 것은 안이한 태도일 것이다. 리스크에 주도적으로 대처한다는 것은 리스크를 부인한다는 뜻이 아니다. 그렇다고 최소한의 저항을 하는 방식으로 리스크를 회피하려는 태도도 아니다. 또는 어떤 대응을 하든지 그리고 어떤 결정을 내리든지 불가피하게 또 다른 리스크를 낳을 것이며, 어떤 결정의 결과를 끝까지 계산해볼 수도 없고 예측할 수 없다는 핑계를 들어 전혀 미동도 하지 않겠다는 태도도 역시 아니다. 그런데 독일인들은 유례가 없을 정도로 리스크를 회피하는 전략에 몰두했는데, 이러한 자세에서는 독일이 세계에서 최선두를 차지한다고 보아도 과언이 아닐 것이다. 전통적인 안전 의식이 독일 사회에 만연했으며, 독일은 리스크를 적대하는 나라가 되어버렸다. 리스크 사회가 결국 리스크 회피의 사회로 변한 것이다.

이러한 리스크 회피를 가장 잘 보여주는 태도는 이런 방향이든 저런 방향이든 도대체 결정을 내리기를 두려워하는 것이다. 행여나 리스크가 있는 대안에는 눈길조차 주지 않으려 한다. 그렇다고 이러한 대안을 완전히 배제하지도 못하는 것은, 이러한 대안이 나중에 필요하고 유용한 대안일지 당장은 아무도 알 수 없기 때문이다. 따라서 그냥 보기에 서로 분리되어 있는 완전히 다른 영역에서도 '지연'(미루기)이라는 동일한 사고방식이 굳어져 있다. 즉 지금은 아니지만 나중에는 아마 그렇게 할 수 있을 것이라는 원칙을 따르는 것이다. 왜냐하면 어떤 결정을 내리든지 결정이라는 것은 나중에는 수정할 수 없는 확정을 의미하기 때문인데, 이미 여기에 리스크가 있다고 보는 것이다.

지연이라는 사고방식은 개인적인 삶의 양식에서 특히 두드러지게 나타났으며 얼마 전부터 비판도 받고 있다. 확정적으로 성인의 신분이 되는 것을 두려워하여 청소년기, 즉 미성년 시절을 연장시키는데, 어떤 경우에는 40대가 되기까지 미성년과 같은 존재로 남아 있으려 한다. 미래에 대한 다른 여러 옵션을 포기하는 결정은 내리지 않겠다는 것이다. 대학 졸업자에 대한 국가 차원의 취업 보장이 사라진 이후 대학 시절이 끝나면 무엇이 닥칠지 알지 못하므로 학업을 마무리하는 일이 수년간 지연된다. 인생의 동반자를 정하는 결정, 특히 아이를 갖는 결정도 지연된다. 지금은 그런 결정을 내리기에 이상적인 시점이 아니라고 생각하기 때문이고, 즉흥적으로 사는 방식을 포기하는 것은 고통스러울지 모른다고 생각하기 때문이다. 결혼하지 않고 파트너 관계만 유지하든 아니면 가정과 직업 양자를 조화롭게 감당하려고 시도하든, 이 모두가 잘못하면 실패할 리스크가 너무 높다고 여기기 때문이다.

이와 같은 지연의 태도는 지난 20~30년 동안 독일의 정치적 결정 과정에서도 뚜렷하게 나타났다. 이러한 상황에서 그나마 1989년 가을, 장벽 붕괴 직후에 신속하게 통일을 추진했던 것은 예외적 사례에 속한다. 이를 제외한다면 정치의 내부 구조와 특정 사안에 대한 결정 능력을 지배한 것은 지연의 사고,

즉 리스크 회피적 사고였다. 독일에서 연방제를 개혁하는 작업*이 그동안 계속 성공을 거두지 못했던 더 근본적인 이유도 바로 여기에 있었다. 우리는 한편으로 연방제의 개혁을 원하지만 다른 한편으로는 원하지 않는 마음도 있기 때문에 지난 수십 년 동안 이 문제는 수시로 의제에만 올랐다. 다른 개혁 작업들도 마찬가지라고 할 수 있을 것이다.

리스크를 적대하는 지연의 사고는 독일에서 특히 학문적 · 기술적인 프로젝트 또는 인프라 프로젝트에서 잘 드러나고 있다. 만약 독일인들이 단독으로 추진했다면 점보여객기 '에어버스 380(A-380)'을 띄우지 못했을 것이라는 가정은 일리가 있다. 물론 노하우나 자본이 부족해서는 아닐 것이다. 독일의 자기부상열차 '트랜스래피드(Transrapid)'가 정작 기술을 개발한 독일 내에서는 수십 년간 실용화되지 못하고 있는 사례나 공항 건설의 사례를 보면, 불안해서 결정을 내리지 못하는 태도가 이제 거의 제도적 · 행정적 · 사법적 절차에까지 자리 잡았음을 깨닫게 된다. 결정의 과정들을 보면 아예 처음부터 결정하지 못하거나 나중으로 연기될 가능성이 높은 형식을 취하고 있다. 때로 이렇게 하면서 '공공의 복지' 또는 환경적 중요성을 핑계로 내세우는 경우도 많다. 이러한 태도는 개인적인 삶에서 결정을 내리지 못하는 태도와 구조적으로 유사하다.

만약에 이런 방식으로도 현대의 리스크들을 극복하는 데 성공할 수만 있다

---

* 독일은 연방주 16개로 구성된 연방공화국이다. 각 연방주는 중앙정부로부터 상당한 자치권을 누리기 때문에 교육, 사회, 언론 등 각 사회 부분의 시스템이 주마다 다르다. 이 연방제는 근대 독일 역사의 특수성에서 비롯된 것이기도 하지만, 전후 강력한 중앙집권국가의 형성을 억제하려는 연합군의 의도도 있었다. 연방제 개혁은 그동안 논란만 무수히 계속되다가 2006년 7월에 독일 대연정정부에서 하원과 상원을 거쳐 처음으로 일부 손을 대는 데 성공한 것으로서, 대연정 최초의 개혁 결실이었다.

면, 아마도 이러한 전략을 받아들여야 할 것이다. 하지만 이러한 리스크 회피의 사회는 역설적인 결과를 가져온다. 이런 사회는 문제를 완전히 해결하기는 고사하고 종종 문제에 적극적으로 대처하지도 못하게 된다. 오히려 시간이 흐르면서 문제는 더욱 누적된다. 리스크 회피는 새로운 리스크, 심지어 본래 회피하려고 했던 리스크까지 만들어낸다. 예를 들면 이런 저런 숙고를 한 후에 핵에너지가 가진 잠재력을 포기하겠다는 결론에 도달할 수 있다. 하지만 그렇게 함으로써 '모든 것이 순조로울 것'이라고 착각해서는 안 된다. 화석연료로 복귀하는 것은 세계적인 척도로 역동적인 발전을 보이고 있는 분야에서 과학기술적인 역량을 포기하는 것과 같은 또 다른 리스크를 안고 있다. 리스크를 두려워하는 태도는 혁신에 장애가 되며, 이 때문에 경제적으로 낙후될 수도 있다. 세계적으로 확산된 자본주의를 애초부터 거부하는 태도를 보이면서 스스로를 자본주의의 희생자라고 한탄하는 것은 이러한 이유에서 이미 정당하지 못하다.

여기에서도 사회적인 리스크와의 유사점을 간과할 수 없다. 개인적 삶과 사회적 관계에서는 심지어 리스크 회피의 전략은 자주 문제적 상황이나 리스크한 인생 역정으로 귀결될 수 있다. 대학 졸업을 일부러 지연하는 것은 단지 피상적으로 볼 때만 유리하다. 23세의 나이에는 직업 세계가 아직은 적대적이고 접근하기 어려운 세계로 보일지 모르겠지만, 이러한 좌절감 때문에 막바지에 학업을 중단하는 것은 안정적인 직업을 얻을 가능성을 높여주지 않는다. 결정을 내리는 것을 두려워하여 동시에 너무 많은 것을 원하거나 하나도 제대로 마치지 못하고 이것저것 차례로 시도만 하는 사람은 관대한 사회의 장점을 누릴 수는 있을지는 몰라도, 종종 이러한 행동이 나중에 자신에게 얼마나 엄청난 리스크를 초래하는지를 너무 늦게야 알아차린다.

경제 전문 월간지 ≪브랜드 아인스(brand eins)≫ 최근호에는 네 명의 자녀를 둔 40세 여성의 이야기가 실렸다. 그녀는 당초 실업계 직업학교에서 간호사 직업훈련을 받았으나, 그다음에는 간호사의 길 대신 아비투어(대학입학 자격을 얻는 김나지움 졸업고사 – 옮긴이)를 마쳤다. 이어 대학에서 예술학을 시작했지만 마치지 못했고, 다시 교육학 공부에 도전했지만 역시 졸업하지 못했다. 그러던 중에 이 여성에게 아이를 임신하게 했던 두 남성이 왜 자식들을 돌보지 않는지, 또는 왜 이 여성이 경력을 쌓는 것을 도와주지 않았는지에 대한 설명은 없었다. 그들은 다만 무책임하게 그녀와 아이들을 버리고 떠나버렸다. 아마 그들은 자신들의 행동이 가져온 결과(아이들)에 대해 수십 년간 책임을 지는 것은 너무 리스크한 일이라고 여겼을 것이다. 이제 이 여성으로서는 국가에서 자녀 양육비를 보조받는 것과 '하르츠 IV(Hartz IV)'*를 통한 생계비 보조에 의존하는 방법밖에 없을 것이다.[4]

이러한 사례는 극단적이거나 특이한 경우가 아니다. 바로 20년 전에 개인의 해방과 무한한 '선택의 다양성'을 약속했던 리스크 사회의 역설적인 결과를 보여주는 전형적인 사례다. 오해하지 말아야 할 것은, 여기서 문제가 되는 것은 간호사가 사회적 상승을 시도했다는 점이 아니다. 사회적 상승 시도는 그 자체로 긍정적인 것이다. 또 한 여성이 아이를 갖는 용기를 보였다는 점이 문제가 되는 것도 아니다. 이러한 용기도 좋은 것이다. 또한 특정한 생활방식을 받아들이게 하거나 특정한 기술을 습득하게 해야 한다는 것도 아니다. 정말 문제가 되는 것은, 리스크에서 빠져나오게 하는 것이 아니라 더욱 리스크

* 슈뢰더 정부의 '어젠다 2010' 정책으로 폭스바겐 사(社)의 인사담당 이사였던 하르츠가 고안한 새로운 정책안. 과거에 분리되었던 실업수당과 빈곤수당을 통합해서 지급함으로써, 과도한 복지 지출을 억제하려는 슈뢰더 정부의 시도였다. 이 제도를 시행하면서 사민당 기초 지지층 이탈이 가속화되었고 사민당 좌파도 탈당하는 등, 앞서 말한 2005년 9월 조기 총선의 단초가 되었다.

로 몰고 가는 독일의 사회적인 구조와 정신 상태다. 그리고 중요한 것은 우리가 일상적으로 아무 결정도 내리지 않을 때 어떤 대가를 치르게 되는지 나중에 깨닫는 것이다. 본래 리스크가 의미하는 것은 어떤 결정을 내릴 때에 따르는 리스크, 다시 말해 다음날 간단히 수정할 수 없는 무엇인가를 확정할 때 따르는 리스크다. 그런데 복잡한 사회에서는 어떤 결정 뒤에 반드시 따르는 리스크를 각오하지 않고서는 생존할 수 없고 발전해나갈 수 없다. 나중에 돌아볼 때 어떤 결정이 잘못된 것으로 판명되는 경우에도 이는 자명한 진리다. 어떻게 옳은 결정만 내릴 수 있겠는가? 그렇다고 해서 어떤 결정도 내리지 않는 것은 적어도 잘못된 결정을 내리는 것과 마찬가지로 잘못임이 드러날 것이며, 확정하지 않는 것 또한 안정, 다시 말해 삶, 행동, 기획의 안정을 포기하는 것이므로 리스크를 더욱 높이는 결과를 가져온다.

따라서 과거에 거창하게 선전되었던 '멀티옵션(multi-option) 사회', 즉 주어진 여러 가능성 중에서 개인이 자유롭게 선택할 수 있는 사회라는 것은 환상에 불과하다.

그런 사회가 제대로 돌아가려면 그것은 특정한 사회계층, 예를 들어 이미 사회적 자산과 문화적 역량을 갖추고 있으면서 덧붙여 나중에 연금도 받을 수 있는 고소득자, 성공한 사람들, 학력이 높은 계층에서나 가능할 것이다. 이런 자원을 이미 확보하고 있는 사람이라면 아마도 리스크를 회피하려고 한다고 해도 살아남을 것이다. 물론 그들이 그렇게 함으로써 더 나은 사회를 구축하는 데 기여하는지는 별개의 문제다.

리스크 회피의 전략, 결정 지연의 전략은 대체로 더 큰 리스크를 초래하며, 리스크한 인생 설계로 귀착되는 경우가 더 많다. 그런 전략으로는 기껏해야 일종의 '니치 사회'에 봉착할 뿐이다.

독일인들은 이미 '니치 사회'에 상당히 접근해 있다. 사람들은 리스크를 감행해야 하는 현대의 도전에 대응하지 않아도 되고, 상대적으로 방해를 적게 받고 생활할 수 있는 자신만의 은밀한 후퇴의 공간, 월동의 공간을 구축한다. 그것은 책임감 있는 개인의 삶에서 나타나는 도전, '냉혹한' 시장과 사회적 책임에 따르는 도전을 외면하는 삶이다. 이러한 '니치 사회'에서는 소득을 얻더라도 시장을 벗어나 세금을 내지 않는 음성 소득으로 결국 자신만을 보존하려는 경향을 보인다. 이러한 니치 사회로 향하는 경향이 현재 모든 사회계층에 두루 퍼져 있으며, 특히 조세 도피의 형태로 나타난다. 스위스에 재산을 은닉하거나 세금을 내지 않는 음성적인 노동에 몰두하는 형태가 그것이다. 니치 사회는 피상적인 안전을 약속해줄 뿐이며, 연대성은 외면한다. 그런데 여기에서 돈만 문제가 되는 것이 아니다. 니치 사회에서는 또한 삶이 단순히 개인적으로만 영위되는 영역으로 계속 후퇴하는 경향을 보인다. 따라서 민주주의와 공공성을 단지 개인적으로 방해받지 않는 삶을 보장해주는 제도 정도로만 여기고 이를 당연한 것으로 누리기만 하는 리스크한 방향으로 나아가고 있다.

니치 사회와 쌍둥이인 또 다른 삶의 형태는 지속적으로 국가에 의존하는 삶이다. 그것은 자립적인 생활방식에서 퇴보하도록 하며 그 퇴보를 가속화시키는 삶이다. 인구통계상의 변화와 경제적인 위기는 그렇지 않아도 여러 활동을 하고 취업 생활을 하면서 자녀 등 가족을 부양하는 사람들을 국가의 보조에 상당히 의존하는 계층이 되도록 만드는 구조적인 변화를 초래하고 있다. 기대 수명의 연장은 취업 생활에서의 조기 은퇴와 더불어 더욱 이러한 방향으로 나아가게 한다. 아울러 전반적으로 청소년기, 사춘기가 길어지는 반면에 취업은 더욱 늦춰지는 경향이 있는데, 독일에서는 특히 대학을 너무 오래 다녀 졸업이 늦어져 취직을 늦게 하는 경우가 많다. 경제의 구조적인 저성장, 만성적 실업, 사회생계비 보조 필요성의 고착은 모든 연령층에 걸쳐 국가의 지출이 늘어나도록 했다. 동시에 과거에는 일차적인 사회적 네트워크(가족 — 옮긴이)에서 달성되었던 안전과 연대의 메커니즘이 현재는 실종되었다. 나이든 세대는 자신이 키운 자식이 없어 외부의 지원에 의존하고 있다. 자식을 낳고 키우는 어머니들은 아이의 생부가 생활비를 보내지 않아 국가의 지원에 의존한다. 과거에는 인생의 동반자와 함께하는 생활공동체가 개인에게 일차적인 안전을 제공했는데, 이제는 국가가 대신 나서야 할 실정이 되었다.

이 모든 것은 우리가 속수무책으로 팔짱만 끼고 바라보아야 하는 자연발생적인 과정이 아니다. 그것은 우리가 공공의 정치적 차원에서 오랫동안 대응하기를 거부해왔던 과정인 것이다. 예를 들어 결혼하지 않고 싱글로 사는 경우를 보자. 가장 최근까지도 일차적인 (보완적이라고도 할 수 있는) 관계, 사회 내에서의 '수평적인' 관계에서 개인을 이탈시키고 서비스를 제공하는 국가에 '수직적'으로 의존하도록 만드는 이러한 행동 방식을 물질적으로 보상해주려는 조짐이 있었다. 김나지움 졸업반 학생들이 졸업 후 대학에 입학하기 전까지 일정한 과도기에 스스로 일을 하거나 부모의 지원을 받아 살아가는 것이 아니라 '하르츠 IV' 개혁을 악용하여 국가가 보조하는 '실업수당 II'를 받겠다고 신청하는 상황을 보면, 이러한 추세가 현재 잠정적으로 최고조에 달했다고 볼 수 있다. 사회 구성원들이 모두 서비스를 받으려는 고객과 같은 태도를 보이면서 전체 사회가 수동적이 되고 자포자기한 태도로 흘러갈 조짐을 보이고 있다. 그렇게 되면 아직 부모가 책임져야 하는 미성년자들까지도 국가에 지원을 신청하는 상황이 벌어지지 않을까? 부모가 자신을 담당하기 힘든 상황에 처해 있다거나, 또는 자식이 없는 부모들에 비해 자기 부모가 부당한 대우를 받는다고 생각한다면 능히 그럴 것이다. 구성원들이 서로에 대해 의무감을 갖는 대신 단지 각자가 개별적으로 국가에만 편입되는 고립된 개인들의 집합체로 이루어진 사회는 경제적으로나 도덕적으로 더 이상 생존할 수 없는 사회다.

앞에서 잠시 언급한 울리히 벡의 저서 『리스크 사회』는 '새로운 현대화를 향하여'라는, 자신감이 엿보이는 부제를 달고 있다. 하지만 어떤 다른 현대를 의미하는지 아주 확실하게 드러나 있지는 않다. 울리히 벡은 의도하지 않았을지 모르겠지만, 독일에서는 이 또 다른 새로운 현대를 말할 경우 많은 사람들은 '탈현대(Postmoderne)'를 연상했다. 그것이 당시의 시대정신에 부합하는 것이었기 때문이다. '탈현대'는 무한한 자유를 약속하고, 무엇을 결정하는 것이나 리스크가 높은 구속의 관계에서 벗어나도록 하며, 아울러 긴장을 요구하는 산업사회라는 '고전적 현대(Klassische Moderne)'의 종말을 약속한다.

산업사회에서의 삶은 모든 기술적 진보, 모든 복지가 증가하는데도 진보라는 것이 늘 새로운 난관들을 불러일으키는 것이었으므로 복잡하고 피곤한 것이었다. 벡 자신은 '두 번째 현대' 또는 '반성적 현대'라는 표현을 사용했는데, 이러한 맥락에서 논의되는 현대사회는 더 이상 전(前)산업사회 상태의 극복과는 상관이 없고, 어느 정도 노동 자체와 관계가 있으며 현대를 현대화하는 데 몰두해 있는 사회를 지칭하는 것이었다.

지성적인 측면에서 너무 단순하다는 평가를 받을 위험이 있지만, 과연 그러한 또 다른 현대로 넘어가는 전환 또는 도약의 계기가 있었는지 의심을 가져볼 수는 있을 것이다. 만약에 그러한 계기가 정말 있었다면, 서구 사회의 '두 번째 현대'는 아마도 '첫 번째 현대', 다시 말해 노동시장과 복지, 고전적 산업 생산과 기반 기술이 현재 상하이와 두바이를 비롯한 아시아의 여러 지역에서 급격히 팽창하면서 승리의 개가를 올리고 있는 것에 그렇게 혼란스러워하거나 경제적인 기반이 흔들리는 모습을 보이지 않을 것이다. 아울러 핵에너지부터 가족의 해체까지 우리가 얼마 전부터 직면하고 있는 문제와 리스크가 아주 전형적으로 '첫 번째 현대'의 직접적인 결과 또는 첫 번째 현대의 구성 요소라고 할 수 있다는 점에서도, '두 번째 현대'라는 개념은 오해를 낳을 소지가 있다. 다시 말해 과학혁명과 산업화 이후 학문과 기술의 해방, 계몽주의와 초기 자유주의 이래 진행되어온 개인의 해방과 여성 해방 등은 모두 첫 번째 현대에 속하는 것이다. 세계화와 새로운 자본주의도 자세히 들여다보면 새로운 것이 아니다. 자본주의는 원래 국경을 초월하는 세계적인 교역 체제로서 생겨난 것이다. 자본주의가 원칙적으로 예외적이라고 할 수 있는 이른바 국가보호주의 단계를 거치고 나서 이제 다시 원래의 방향으로 나가는 것을 놀라워해서는 안 될 것이다.

'두 번째 현대'라는 개념은 또한 앞에서 이미 암시했던 내용을 연상시키기도 한다. 그것은 바로 이 새로운 단계에서는 우리가 조종 능력을 상실했다는 점, 사람들이 계획하고 의도적으로 방향을 설정했던 과정이 기괴한 자기 동력을 얻었으며 우리가 니치 사회와 같은 개인적 영역으로 후퇴하지 않는 한은 그 뒤를 무력하게 좇아갈 수밖에 없다는 점 때문이다. 우리는 수동적인 희생자가 되었는가? 우리는 아무런 대응도 할 수 없는 상태에서 현대화 · 세계화 · 경제화의 대상으로 전락했는가? 현대에서의 삶은 주로 고통의 경험, '세계의 비참함'[5]에 몰두하는 것이란 말인가? 아마 이러한 경험의 근저에는 이전의 상태를 떠올리는 낭만화 경향이 있을 것이다. 하지만 산업화 이전의 사회에 살았던 사람들은 자연에 대한 의존도가 오늘날보다 훨씬 컸다는 사실만 보아도 자신들의 운명을 통제하는 데 지금보다 대체로 무능했다. 매일 생계를 겨우 유지하거나 큰 어려움을 겪어야 하는 삶이 보통이었다. 그리고 초기 자본주의, 고전적 산업사회도 원칙적으로 오늘날 우리가 누리고 있는 수준의 자유로운 자기실현의 가능성을 열어주지는 못했다.

아마도 우리는 '상황에 대한 완벽한 통제력'을 다시 확보하는 것을 포기하고, 대신 '상황 내에서 다소의 통제력'[크리스티안 마이어(Christian Meier)의 개념]을 갖는 것에 만족할 수밖에 없을지도 모른다. 그렇지만 우리가 현대의 도전에서 회피하려 하지 않고 이러한 도전을 받아들일 것인지, 말하자면 뒷좌석에 웅크리고 앉아 흘러가는 사태에 대해 한탄만 하기보다는 다시 수레[6]의 운전대를 잡고 주도적으로 가속 페달과 브레이크를 조종할 것인지는 우리 스스로 결정해야 한다. 이때 우리가 살고 있는 현재를 불가피하며 피할 수 없는 '리스크를 감행해야 하는 현대'로 파악한다면, 우리는 이미 아주 결정적인 일보를 내딛은 것이다. 이렇게 함으로써 우리는 문제를 연기하는 대신에 문제에 대처할 수 있고, 책임을 회피하는 대신 책임을 받아들일 수 있을 것이다. 이렇게 해야 새로운 안정도 확보할 수 있다. 왜냐하면 안전은 각 개인이 개인적인 삶에서 추구하는 것일 뿐 아니라 다소 규모가 큰 공동체, 사회, 국가가 추구해야 할 정당한 기본 욕구이기 때문이다.

하지만 안전의 척도는 변했다. 고전적인 세 지주, 즉 외적인 안전, 내적인 안전, 그리고 사회적인 안전은 더 이상 개별적인 형태로 존재할 수 없다. 아울러 전통적인 국민국가의 권력은, 군사적인 것이든 경찰에 의존하는 것이든 아니면 사회주의적인 것이든, 단독으로 안전보장을 책임지기에는 과도한 부담을 안고 있다. '리스크를 감행해야 하는 현대'에서의 안전에는 강한 개인들이 필요하다. 아울러 개인주의화에 따른 비용을 국가가 단독으로, 다시 말해 사회주의 국가와 같은 부조를 동원하는 것만으로는 감당할 수 없기 때문에 강력한 사회적 네트워크를 필요로 한다. 리스크를 감행해야 하는 현대에는 강력하고 사회적으로 행동력이 있는 국가가 필요하다. 하지만 이러한 국가라고 하더라도 '취약한 점을 조정 · 보완하는' 길을 가면서 개인의 삶에 닥치는 모든 리스크를 덜어줄 수는 없다. 국가는 또한 자국민에게 어떤 결정이 민주적으로 내려진 것이라고 해서 리스크에서 완전히 자유롭다는 점도 보장해줄 수 없다. 만약 국가가 내린 결정이 리스크에서 자유로워야 한다면 복잡한 사회에서 결정을 내리는 것 자체가 불가능할지도 모른다.

리스크 회피 사회를 고집하지 않고 리스크를 감행해야 하는 현대의 도전을 받아들인다는 것은, 또한 현대사회가 긴장과 갈등이 풍부한 사회라는 점을 인정하는 것을 의미한다. 중요한 것은 우리가 아직 풀어야 할 문제들, 우리가 아직은 제외시키고 있는 리스크, 그리고 우리가 스스로에게서 떨쳐버려야 할 미완의 자유가 얼마나 남아 있느냐가 아니다. 우리는 갈등을 분명히 인식하고 해결책을 찾아야 한다. 하지만 낭만성과 조화로움에 대한 구시대적 갈망은 문제 해결에 아무런 도움이 되지 못할 것이며, 지상낙원이라는 모든 구상들 역시 앞으로도 실패할 것이다.

그리고 우리가 솔직하게 인정해야 할 것은, 자본주의 외에는 다른 대안이 전혀 없다는 것이다. 적어도 지금까지 실패하지 않았던 대안은 없다. 독일은 다른 나라에 비해 더욱 강력한 도전을 맞고 있다. 하지만 우리는 어떤 환상에 집착해서도 안 될 것이다. 필요한 개혁 작업을 추진한 후에도 여전히 우리는 해변에서 영원한 휴가를 보낼 수는 없을 것이다. 그렇다면 개혁은 추진할 만한 가치가 있는 것인가? 이제 '진보'라는 개념은 의심할 여지없이 취약한 개념이 되어 있다. 그럼에도 우리는 더 나은 세계를 건설할 기회를 가지고 있다. 그런데 그것은 우리가 불안과 지연의 태도를 벗어버리고, 리스크를 회피할 것이 아니라 제대로 평가하며, '리스크를 감행해야 하는 현대'의 운전대를 스스로 잡으려는 용기를 내야 가능한 것이다.

독일에서의 현대의 위기

20세기의 역사적 경험들

현대의 마지막 도취 상태

1960년대와 1970년대 독일의 개혁기

독일(서독)에서 1960년대에 태어나서 사민당(SPD) · 자민당(FDP) 연립정부(1974~1982년 — 옮긴이)의 '개혁기'를 경험한 사람은 개혁의 시작 단계가 아니라 마무리 단계를 접했다고 할 수 있다. 이 세대가 기억하는 첫 세계사적 사건과 독일 내 정치적 사건들로는, 기술적인 진보와 가능성을 상징하는 미국의 달 착륙부터 빌리 브란트(Willy Brandt)에 대한 '신임투표'의 성격을 띠었던 1972년의 독일 연방하원 선거, 그리고 브란트 총리가 추진한 새로운 '동방정책' 등이 있다. 그런데 곧이어 브란트가 총리에서 물러나고, 헬무트 슈미트(Helmut Schmidt)가 등장했다. 1974년 봄 슈미트 총리 집권 이후의 슬로건은 '영속성과 집중'이었다. 그런데도, 아니 바로 이러한 사정으로, 개혁과 자유화가 자명하다는 그런 감정이 지배했다. 더 이상 힘겨운 투쟁을 해야 한다는 정서는 없었다.

1962년의 이른바 ≪슈피겔(Der Spiegel)≫ 지(誌) 사건*부터 1968년 학생운동까지의 전투들은 이미 1940년대와 1950년대에 태어난 세대에 의해 치러졌다. 1960년대에 태어난 세대는 이른바 이 '68세대'가 지녔던 근본적인 저항의 태도를 더 이상 물려받지 않았다. 이 새로운 세대는 부모세대에 대해 이데올로기적 · 정치적 투쟁에 나설 필요가 없다. 이들의 부모세대는 조부모세대와는 달리 아주 어렸을 때 '제3제국'을 체험했으며, 따라서 고사포 부대원으로 복무하는 식으로 전쟁에 참여한 세대**가 아니었기 때문이다.

복지와 안전 또한 자명한 것으로 받아들여졌다. 특히 안전은 1970년대 독일 정치의 수사학에서 중요한 어휘의 하나가 되었다. 그러나 복지에 대한 당시의 감정은 1980년대와 1990년대 소비사회에서의 복지와는 거리가 있는, 상대적으로 제한된 수준의 복지였다. 아직 '골프세대'***가 형성되지 않았고, '누텔라'****는 귀한 것이었으며, 플레이모빌의 인형이 막 생산되기 시작하던 그런 시절이었다. 1970년대에 유년기를 보낸 사람들은 1973년의 1차 석유위기와 거리에 자동차가 다니지 않는 일요일을 피부로 체험했는데, 상당한 시간이 지나고 나서 자신들이 바로 세계사적인 계기, 즉 전후 번성기였던 '황금시대'[에릭 홉스봄(Eric Hobsbawm)의 표현]의 마지막을 목격한 세대였음을 깨달았

---

* 진보 잡지 ≪슈피겔≫에 실린, 바르샤바 조약군에 대응하는 서독군의 방위 태세를 비판한 보도를 문제 삼아 보수 아데나워 정부가 국가 기밀 누설 혐의로 ≪슈피겔≫ 사무실을 급습해 편집국을 4주간 점거한 사건. 이 사건은 독일에서 정치권력에 대한 자유언론의 승리에 쐐기를 박은 역사적 의미를 지니며, 이 사건 이후 ≪슈피겔≫은 기민당 정권과 관계가 좋지 않았다.

** 귄터 그라스(Günter Grass)나 하버마스 등 진보 지식인뿐 아니라 독일 보수계의 지식인들이나 현 교황 라칭거(Joseph Ratzinger)도 대부분 1920년대 생으로, 이들은 나치 시대 말 현역 또는 지역방위군으로 복무한 과거사를 가지고 있다.

*** 폭스바겐 사에서 1974년부터 생산한 골프 자동차를 구매한, 1980년대 이후의 소비세대에서 유래한 명칭.

**** 어린이들이 좋아하는, 빵에 발라 먹는 초콜릿 크림. 태어날 때부터 유복한 세대를 지칭한다.

다.[7] 전체적으로 이러한 경험들은 새로운 출발과 불안, 복지와 부족함에 대한 체험 사이의 어정쩡한 상태로 응집되어 나타났으며, 1960년대 출산율이 높던 시기에 태어나서 1970년대에 어린 시절을 보낸 세대에 강한 각인을 남겼다.

그러니까 개인적인 전기의 차원에서 역사를 재구성하는 경우, 개인적 경험의 파노라마에는 역사적으로 대단히 중요한 의미가 있는 유형들과 발전 추세가 담겨 있다. 역사에서 주관적인 경험의 차원을 과소평가해서는 안 되며 아울러 특히 20세기 역사에서는 각 세대의 특성이 중요한 척도가 된다는 역사가들의 연구를 감안한다면, 개인적인 경험과 초개인적인 구조 사이에 존재하는 이러한 연관성은 더욱 뚜렷하게 나타난다. 물론 필자와 같이 이 세대에 속하는 역사가는 제3자의 경험과 전기가 아니라 바로 자신의 경험과 전기를 대상으로 삼는다는 점에서 다소의 리스크도 따른다. 따라서 독일의 개혁기에 대한 이후의 고찰에서는 다른 방법을 취하려 한다. 중요한 것은 20세기, 특히 전후 시기의 독일(서독) 역사에서 개혁의 위상을 어떻게 규정할 것인가 하는 근본적인 문제다. 이러한 작업은 한편으로는 지난 몇 년간 역사학 분야뿐 아니라 대중의 의식에까지 급속히 파고들었던 흐름, 즉 이른바 독일의 어두운 과거를 지나간 과거사로 보는 '역사화(Historisierung)'에 기여하는 것일 수 있다. '구'독일(서독)은 더 이상 현재의 일부가 아니라 과거의 한 페이지를 장식했던 역사다. 따라서 다른 한편으로 현재의 관점에서 문제들을 바라보는 것도 중요하다. 다시 말해 동·서독 통일 이후의 독일, 경제적·사회적·문화적으로 심각한 위기에 처한 독일, 그리고 새로운 개혁을 모색하고 있는 독일의 관점에서 문제들을 바라보는 것이다.

개혁기에 대한 이러한 접근은 우선 개혁기가 '어느 시기'에 해당하는지 묻게 한다. 개혁기는 어느 시기에 시작해서 어느 시기에 끝났으며, 개혁의 과정은 어떤 단계로 구분할 수 있는가? 두 번째는 개혁은 '어떻게' 추진되었는가에 관한 질문이다. 개혁은 어디에서 출발했는지, 어떤 근거가 제시되었는지, 개혁을 추진하는 데는 어떤 '정신', 어떤 이데올로기가 근간이 되었는지를 묻는 것이다. 다시 말해 개혁의 중요 동인과 추진력은 무엇이었는지, 개별적인 주제나 다양한 정치적 영역을 넘어서 당시 개혁은 어떤 특성을 가지고 있었는지에 관한 것이다. 그리고 세 번째 질문은 개혁의 내용은 '무엇'이었는가 하는 것이다. 즉 무엇이 변해야 했는지, 그리고 개혁 정책은 어떤 분야에서 추진되었는지 묻는다. 마지막 부분에서는 개혁의 종결에 대해 몇 가지를 고찰하려 한다. 즉 개혁은 어떻게 중단되었으며, 개혁의 동인이 1970년대 말과 1980년대에 어떻게 변했는가? 그리고 특히 오늘날, 새로운 '개혁기'의 시각에서 볼 때 아마 이중적인 평가를 받을 수도 있는 당시 개혁의 '유산'은 어디에 있는가? 1960년대와 1970년대는 진보에 대한 의식과 현대성의 의지가 이후 수십 년에 걸쳐 깊은 위기에 접어들기 전에 '고전적 현대'가 마지막으로 도취 상태에 빠져 있던 시기였다.

I.

우선 던지게 되는 질문은, 개혁이 언제 있었는가 하는 것이다. 개혁이 갑자기 생겨난 것은 아니었으며, 단순하게 정권 교체의 시기와 연결시킬 수도 없다. 즉 사민당이 집권을 시작한 1969년 11월 또는 6개월 앞서 구스타프 하이네만(Gustav Heinemann)이 독일 대통령으로 선출되었던 때를 기점으로 잡을 수 있는 것도 아니다. 또한 결정적으로 중요한 것은, 당시의 개혁이 예를 들어 학생운동이나 이른바 '재야 원외 정당'을 주축으로 한 아래로부터의 사회적인 저항에 대한 정치적 대응의 성격도 아니었다는 것이다. 서독의 개혁기는 오히려 1960년대 초반부터 점진적으로, 그리고 비교적 지속적으로 전개되었다. 이는 개혁기가 동시대인들이 의식했던 것보다 훨씬 앞선 때, 즉 전후 시기에 근접해 있음을 말해준다. 여기에는 국제적인 추세와 자극이 중요하게 기능했는데, 특히 미국이라는 나라와 젊은 존 F. 케네디(John F. Kennedy) 대통령의 모범, 그리고 케네디 대통령 암살 이후에는 '위대한 사회'라는 개혁 정책을 내걸었던 후임 대통령 존슨(Lyndon Johnson)의 사회정책을 들 수 있다. 독일 국내에서의 일련의 복잡한 전제로는 – 중요한 요인을 모두 열거했다고는 할 수 없지만 – 무엇보다 다음 다섯 가지 요인을 들 수 있다.

첫째는 곤경과 궁핍, 파괴와 재건의 필요성으로 점철되었던 1940년대와 1950년대의 독일 경제와 사회가 전후의 직접적인 위기를 극복했다는 것이다.

둘째는 이와 연관된 것으로 1967년까지, 그리고 부분적으로는 1973년까지 계속된 전후 특수 경기의 상황에서 독일이 이뤄낸 경제적 번영이다. 이러한 번영은 상당한 수준의 복지를 위한 기반이 되었을 뿐 아니라 미래에 대한 도취와 성장의 기대라는 기본적인 문화 유형이 생겨나게 했다.

셋째는 정당과 정치 분야에서는 물론 학술 분야, 지식인 사회, 예술가 사회 등 사회의 여러 분야에서 일어난 세대교체다. 이러한 세대교체는 이미 언급한 '슈피겔 지 사건'부터 '주어캄프 총서'*의 문학적 · 정치적 문화에 이르기까지 비판적인 여론과 개혁 성향의 지식인 세력 형성을 촉진했다.

넷째는 세대교체 및 1960년대 청년세대의 부상과 긴밀하게 연관된 것으로 의회 바깥에서 전개된 저항운동을 들 수 있다. 정확히 1968년이라고 확정할 수는 없겠지만 '1968년'의 저항운동이 대표적이다.

다섯째로 참여권의 확대라는 요인을 추가할 수 있다. 고전적인 민주주의의

---

* 독일의 진보 진영 지식인 문화를 대표하는 출판사인 주어캄프가 발간하는 저렴한 문고판 시리즈. 주어캄프는 1960년대 이후 '프랑크푸르트 학파'와 '비판 이론'의 도서를 전문적으로 출판한 것으로 유명하며 많은 유명 작가의 출판권을 가진 세계적 출판사다.

기반으로는 이제 충분하지 않아 보였다. 관료주의에 익숙하며 독재체제의 물이 완전히 빠지지 않은 독일에서는 공식적인 의회민주주의를 넘어서는 '더 많은 민주주의의 시도'가 좋은 땅에 떨어져 결실을 맺는 씨앗과 같은 자극이 되었다.

이와 같은 방식으로 개혁기의 뿌리와 시작을 1960년대 중반 또는 초반까지로 거슬러 올라갈 경우, 이전의 아데나워 시대와 개혁기 사이에 명확하게 경계선을 설정하기가 어렵다. 아데나워 총리 시절이 오랫동안 생각해왔던 것처럼 그렇게 경직되고 복고적인 시절이 아니었음을 감안한다면 더욱 그러하다. 실제로 얼마 전부터는 일반적인 사회적 · 문화적 현대성으로서 그리고 여러 영역의 정치적 개혁 및 개혁 시도와 관련해 1950년대의 현대성이 점차로 뚜렷하게 부각되고 있다. 물론 1950년대가 이미 현대성을 갖추었고 1960년대가 엄청나게 역동적이었다면, 1970년대 사민당 · 자민당 연립정부 시절의 '본래의' 개혁기에는 무엇이 남느냐는 질문이 제기될 수도 있다. 예를 들어 대학 개혁과 같은 일부 핵심 분야는 실제로 개혁의 동인이 1960년대 중반이 아니라 초반까지 거슬러 올라간다. 이러한 점에서 보면 개혁기의 시작은 1961년 연방하원선거 이후 아데나워(Konrad Adenauer)가 총리직을 수행하는 데 고충을 겪으며 퇴진하는 시기와 겹치게 된다. 1966~1969년에 걸친 대연정(사민당 · 기민당 연립정부)의 시기는 이미 명백한 개혁기의 핵심에 해당한다고 보아야 할 것이다.

다른 한편으로 헬무트 슈미트(Helmut Schmidt)가 총리로 있었던 8년 반(1974~1982년)을 포함해 사민당 · 자민당 연립정부의 집권기 전체(1969~1982년)를 '개혁기'에 포함시켜야 할 것이냐는 질문이 제기될 수도 있다. 즉 개혁의 척도를 점차로 상실한 정부 정책의 관점에서만 아니라 적어도 '시대정신'과 문화적 분위기를 기준으로 이런 질문을 제기해볼 수 있는 것이다. 이렇게 보면 개혁기는 결국 어느 정도 축소되는데, 개혁이 본격적으로 시작되고 나서 얼마 지나지 않아, 다시 말해 개혁의 동인이 확산되면서 곧바로 종결되었다고 할 수 있다. 개혁기가 끝나는 시점을 1973~1974년으로 볼 것인가, 아니면 더 설득력이 있는 견해로 1976~1977년으로 볼 것인가 하는 것이 여전히 쟁점으로 남아 있다. 개혁이라는 개념은 한 '시대'를 통칭하는 이름이 되었지만, 실제로 그 핵심은 몇 년에 불과했다. 동시대인들은 아마 이 몇 년의 기간을 한층 더 집중적으로 체험했으며, 따라서 주관적인 경험에서는 개혁의 기간이 연장되어 나타날 가능성이 있다. 이는 변화가 심한 시기에 종종 경험할 수 있는 현상이다.

III.

개혁은 어떠했는가? 이 문제에 접근할 때는 특정한 시대의 보편적인 '정신'과 구체적으로 개혁기의 '정신'에 대해 무한한 억측으로 빠져들지 않도록 조심해야 한다. 19세기 초 프로이센에서 있었던 개혁의 '본질'에 관한 이상주의적인 역사 서술을 둘러싼 과거의 논쟁들은 이 점에서 경고 사례가 될 수 있다.

그러나 독일(서독)에서 추진되었던 개혁의 동기와 추진력 그리고 전반적인 구상에 관해 질문하는 것은 당연할 뿐만 아니라 필수적이고 생산적이다. 왜냐하면 당시의 개혁 조치들은 양상이 아주 다양하면서도 일련의 근본 동인에 의해 지탱되었기 때문이다. 이러한 동인들은 그 일부만 독일(서독)적이라고 할 수 있으며, 전체적으로는 오히려 20세기 중반 이후 전체 서방의 문화와 사회에서 형성된 일반적 추세를 엿보게 해주는 것인데, 이러한 추세는 독일이 아닌 다른 지역에서의 변화(물론 늘 '개혁기'로 불리는 변화는 아니었지만)도 각인시켜준 추세였다. 여기에서는 세 가지 동인을 간단하게 살펴보려 한다.

첫째로 개혁은 자유화와 민주화의 동인을 따랐다. 여기에는 앞에서 언급한 빌리 브란트(Willy Brandt)의 '더 많은 민주주의의 시도'도 속한다. 이 개념은 우선은 고전적인 민주주의의 확대, 참여의 확대와 같은 기술적 의미로 이해할 수 있지만, 경제 분야와 일상생활 및 사적 영역에서의 민주화와 자유화를 촉구한 것으로 이해할 수 있다. '형식적인' 측면의 민주주의와 관련해서는 선거 연령을 21세에서 18세로 낮추고 얼마 후 성년에 접어드는 나이도 이에 맞춰 18세로 확정한 사례를 들 수 있다. 아울러 자유화는 법률 개혁의 형태로 나타났는데, 형법부터 가족 정책(예를 들어 이혼법의 자유화 등)까지 개혁이 이루어졌다. 이 분야에서는 전통적으로 자유주의 정당으로 자처해온 자민당(FDP)의 비중이 상당히 컸지만, 여러 단계에 걸친 법률 개혁에 대한 원칙적인 동의는 양대 국민정당(기민당과 사민당)에도 확산되어 있었다. 민주화와 자유주의적 성향의 확대는 좀 더 넓은 문화적 · 정치적 의미에서는 전체 사회의 '소통 방식'의 개방화로 이해되었다. 개방성 · 비판적 '담론'이 새로운 의미를 획득했으며, 1848~1849년 혁명과 같이 독일 역사에서 파묻힌 민주주의 전통에 대한 적극적인 고백을 통해 역사적 연속성이 모색되기도 했다.

둘째로 민주화의 동인은 사회의 평등을 강화하는 방향으로도 전개되었다. 개혁은 포괄적이고 다양한 의미의 평등을 지향했다. 이 과정에서 특히 교육 정책에서 고전적인 사회적 평등 또는 사회적 · 경제적 평등이 전면에 대두되었다. 우선 중요한 것은 원칙적인 '균등화'가 아니라 다양한 사회적 출신성분을 배려하는 '기회의 균등'이었다. 구체적으로는 교육의 기회, 노동자 계층 자녀들을 위한 김나지움과 대학교육의 기회가 문제가 되었다. 아울러 남녀 간의 기회의 균등과 '평등권'이 더욱 부각되었다. 한편 1960년대와 1970년대에는 또 다른 차원, 예를 들어 이른바 '외국인 노동자(Gastarbeiter)'로 불리던 이주자들과 관련된 이종 문화 간 기회 균등이라는 이념은 당시로는 대체로 부족한 실정이었다.

따라서 직접적인 사회경제적 차원과 사회정책적 차원의 균등화, 사회적 상층부와 하층부 간의 격차를 해소하는 문제는 논의의 차원에서나 강령적인 차원에서 한 번도 중심을 차지하지 못했는데, 이러한 균등화는 물론 고전적 사회민주주의에서 (그리고 이를 넘어서서도) 어느 정도 자명한 것이었다. 전반적인 추세는 이러한 방향으로 전개되었다. 임금협상에서 단지 조금만 노력을 기울이면 이러한 시대정신이 발휘되었다. '분배할 케이크'가 무한해 보였고 위기 시 정부의 재정 적자 해결 능력을 신뢰하던 경제적인 번영기에는 이러한 구상을 따르는 것이 어렵지 않았다. 사회의 하층부는 이미 1950년대부터 경제적 · 문화적으로 '무산계급 상태'에서 벗어나기 시작했다. 노동자 계층을 시민 계층으로 끌어올리는 일과 '균등화된 중산층 사회'는 더 이상 요원해 보이지 않았다. 명목임금은 물론 실질임금이 대폭 증가하면서 소득이 상대적으로 균등화되고 격차가 해소되는 추세를 촉진했다. 개혁기는 이러한 기반에 기초를 둔 것이었으며, 따라서 1970년대 말부터는 (모든 서방 사회에서) 이러한 추세가 역전되어 균등화라는 요구를 실현하는 것이 점점 더 어려워지는 상황을 맞으면서 개혁기가 끝나게 된 것이 결코 우연은 아니었다.

그런데 균등화의 또 다른 차원을 잊지 말아야 한다. 균등화라는 구상은 기술적 · 기획적 · 행정적 차원의 절차에도 적용되는 것이었는데, 그것은 평등 · 효율성 · 정의가 특수한 방식으로 결합된 사고라는 의미에서의 '동일한 단위'를 창출하는 절차였다. 불일치는 가능한 한 조정되어야 할 대상이었다. 그것은 이미 독일연방공화국 건국 시기에 합의된 기본적인 사항이기도 했지만, 1960년대에 다시 한 번 크게 강화되었다. 다양한 생활수준, 각 연방주 사이와 각 지역 사이의 기회 차이를 정치적인 제어장치를 통해(예를 들어 구조가 취약한 지역을 지원하고 교통 인프라를 균등하게 갖추도록 배려하는 등의 조치로) 조정하는 것이 중요했다. 이것은 또한 1970년대 후반 개혁기가 끝난 이후에도 손상을 입지 않고 살아남은 동인이다.

이러한 고찰은 여기서 기술하려는 개혁의 세 번째 '동인'을 암시해준다. 그것은 바로 기술적 현대성과 합리성이라는 포괄적인 구상이었다. 그것은 아울러 정치적 통제에 의해 조직되고 관철되어야 할 구상이었다. 특히 이러한 관점에서 본다면, 1960년대와 1970년대 독일에서의 개혁은 '고전적 현대'라는 장기간에 걸친 역사의 궤적에 서 있는데, 이러한 궤적은 20세기로 넘어오는 세기 전환기에 이르기까지, 아니 적어도 1920~1930년대까지 연속성을 보여온 것이다. 기술적 현대성의 동인은 다시 여러 측면과 핵심 개념들로 나누어진다.

개혁은 정치적 · 사회적 기획과 가장 긴밀한 연관성을 가지고 있는데, '기획'은 이 시기에 중요한 어휘 중 하나였다. 기획은 미래의 설계와 구상을 지칭하지만, 유토피아의 형태나 역사적인 과정이 스스로 실현된다는 의미에서 그렇다는 것은 아니다. 기획에서는 오히려 미래와 사회를 기술적으로 실현할 수 있다는 사고가 중심을 이룬다. 그것은 일종의 '엔지니어의 사고', 사회의 엔지니어링(engineering)이라는 구상이다. 전체 독일(서독) 사회가 정치적으로, 가능하면 본에 있는 총리실에서 통제되고 조정되어야 했다. 그것은 빌리 브란트 총리 시절 호르스트 엠케(Horst Ehmke)가 이끌었던 총리실에서 추진된 정치적 기획의 구상과 과제였다.

이러한 맥락에서 보면 사회의 해방과 자유화의 목표에 대립되는 기술적 · 행정적인 측면에서의 사회의 통제 또는 통제 가능성이라는 구상이 있었다고 할 수 있다. '기획'은 이미 당시에도 오랜 역사를 지닌 개념이었다. 그것은 국제적인 운동으로서는 소련의 스탈린주의에서부터 미국의 뉴딜(New Deal) 정책 그리고 프랑스의 기획(planification)에서도 나타났던 구상이다. 이것은 이 개념이 갖는 정치적 다의성을 보여준다. 기획의 사고는 1970년경에 독일에서 최고조에 달했다. 대학 문제부터 재정정책을 거쳐 국토개발과 주거지역의 구조에 이르기까지 모든 것에 대해 적어도 하나의 '포괄적 종합 기획(Rahmen-planung)'이 있었다.* 이러한 관점에서 본다면 개혁은 통제되지 않은 현대를 정치적으로 제어하려는 목표를 추구했다.

이러한 통제의 요구를 관철시키기 위해서는 학문적인 검증이 필요했는데, 이는 국가가 정치적인 전횡으로는 물론이고 정치적인 권위만으로는 더 이상 자신을 정당화할 수 없었기 때문이다. 따라서 기술적 현대에는 일반적인 과학화의 경향도 나타났다. 이는 우선은 앞에서 설명한 과정에서의 전문가의 역할, 기획 문제의 학문적 접근, 정치적 자문과 결정 과정에서의 학술적 검증(평가)으로 나타났다. 그런데 학문성의 요구는 여기에 그치지 않고 과학적인 용어를 사용해야 새롭고 현대적이라는 인상을 주는 문화 전체에 침투했다. 이 시기에 수많은 '정신과학'이 사회과학적 학문 방법론의 요구에 순응하는 현상이 있었는데, 이는 학문의 개혁과 교육개혁이 서로 연결되어 있었음을 보여준다.

이미 19세기 초 개혁기에서와 마찬가지로 독일연방공화국(서독)에서 개혁을 주도한 세력도 국가주의를 크게 강화하는 방향으로 나아갔다. 한편으로는 사회의 해방이 항상 중요한 관심사였는데, 독일에서는 추가로 19세기와 20세기의 관료주의 국가 전통 중에서 민족사회주의(나치) 독재체제가 붕괴한 후에도 남아 있는 잔재를 제거하는 것 또한 중요한 문제였다. 그런데 다른 한편으로 관료주의 국가의 전통은 완전히 부정할 수 없었다. 독일에서는 노동운동 자체도 이에 상응하는 전통에 소급될 수 있는 것이었으므로 사민당 주도의 정부에서도 사정은 마찬가지였다. 어쨌거나 중앙집권화, 하향식(top-down)

* 한국의 1960년대 '경제개발 5개년 계획'은 바로 이런 독일식 국가 기획 사고에 영향을 받았다.

방식의 요구는 아주 두드러지게 개혁과 결합되었다. 개혁은 국가의 권위를 포기하는 것을 추구하지 않았다. 강력하면서도 근본적으로 민주화된 국가가 자유화된 사회의 파트너가 되어야 했다. 이것은 물론 장기적으로는 긴장을 내포하지 않을 수 없는 구상이었다.

기술적 현대성의 근본 동인 중 마지막 하나는 과학화를 재차 추구하는 것이었다. 사회의 발전은 합리화의 방향으로 나아가야 하며, 합리성과 효율성을 중시하는 형태가 되어야 한다는 것이었다. 여기에는 우선 정치와 사회는 물론 자본주의 경제 자체도 단지 혼란이나 예측 불가능성만을 낳는 것이 아니라 합리성에 종속되어 있다는 신념이 있었다. 정치와 사회 및 자본주의 경제는 원칙적으로 합리적인 통제가 가능할 것이라는 신념이 있었던 것이다. 합리성의 요구는 이 개념이 지닌 모든 의미를 포함하는 것이다. 따라서 도덕적인 의미에서 '더욱 이성적인' 사회를 조직하는 것도 중요했다. 하지만 대부분의 경우 기술적인 효율성에 대한 요구가 전면에 부각되었고 이러한 요구는 결국 간단하고도 구체적으로 기획의 영역에서 반영될 수 있었다. 이 과정에서 행정의 효율성이라는 사고는 민주화와 참여의 구상과도 어떤 방식으로든 연결되었는데, 물론 이러한 연결이 갈등에서 완전히 자유로울 수는 없었다. 이러한 구상이 안고 있는 딜레마 또는 곤경은 일부 영역에서 상당히 빨리 나타났는데, 전형적인 사례로는 1970년대 초반에 있었던 행정구역과 지방자치단체 개편을 들 수 있다. 당시 헤센 주(州)에서 예술도시로 알려진 '란(Lahn)'을 포함해 여러 지역에서는 주민들이 행정의 합리성과 효율성의 구상을 납득하지 못하는 사태가 벌어졌었다.

기술관료적인 동인 또는 기획적인 동인은 대연정 시기에도 아주 중요한 역할을 했다. 이러한 동인은 1960년대 중반의 시대정신에 부합했을 뿐 아니라 이데올로기적 측면에서도 보수 진영의 개혁파와 좌파 진영의 개혁파 사이에 합의의 가교를 놓아주었다. '기술관료'나 '기획'과 같은 개념은 정치적으로 여러 가치를 지닌 개념으로 신보수주의 진영의 국가 이론은 물론이고 고전적 좌파의 진보 이념에서도 중요한 자리를 차지한 개념이었다. 따라서 이러한 동인이 사민당의 정책은 물론 빌리 브란트 총리에 대해 지녔던 진정한 의미를 과소평가해서는 안 될 것이다.

좌파 진영의 이러한 동인은 아울러 마르크스주의에서 가졌던 사회정책적인 유토피아의 유산과도 연관된 것이었고, 적어도 1973년까지는 확고했던 진보에 대한 신념과 연관된 것이었다. '동지라고 부르는 트렌드(Genosse Trend)'가 사민당과 더불어 행진한 것과 같이, 어느 정도 자생적인 진보는 개혁가들의 입장을 지지하는 것이었다. 사람들은 이제 진보를 심지어 조작 가능한 것으로 만들었고, '구체적인 유토피아'로 현실에 불러들였으며, '실현 가능성'이 있는 전망으로 전환시켰다. 중요한 것은 더 이상 자본주의의 폐지나 무계급 사회가 아니라 '현대성'이었다. 사민당은 1969년 연방하원선거에서 "우리는 현대적인 독일을 만든다!"라는 구호를 내걸었다. 이렇게 독일적인(서독적인) 특수한 현대성은 1972년 뮌헨 올림픽 프로젝트에서 전형적인 모습을 띠면서 가시화되었다. 물론 당시 사상자를 낳았던 인질극 사건은 '오일쇼크'가 일어나기 1년 전에 이러한 순진한 현대의 종말을 미리 보여준 것이었다.

개혁 구상 또는 개혁가들의 '세계관'에 내포된 내적 긴장은 이러한 방식으로 돌출되었는데, 여기에서 논의된 근본 동인들의 내부에 잠재되어 있던 긴장은 물론 동인들 상호 간의 긴장에 대해서도 좀 더 주목할 필요가 있다. 한편으로 국가를 중심에 내세우고 다른 한편으로 해방된 사회의 우위를 강조할 때의 상충되는 측면에 대해서는 이미 지적했다. 1969년 브란트 총리의 국정연설 때까지도 양자는 서로 조화를 유지했다. 즉 한편으로 더 효율적인 국가행정, 다른 한편으로 민주주의와 참여의 확대를 함께 추구하는 것은 개혁가들에게는 대체로 자명한 일이었다.

하지만 효율성과 기술관료 그리고 과학주의도 독립적인 것이 될 소지가 있었다. 1968년에 나온 『이데올로기로서의 기술과 과학』이라는 위르겐 하버마스의 저서에서 주장된 비판은 특히 우파 지식인들을 겨냥한 것이었지만 점차로 좌파 진영에도 해당되었다. 결국 이러한 모순들은 1970년대 말이 되어서야 '녹색당' 운동이 시작되면서 좌파 진영 내부에서도 분출되었다. 이러한 현상 역시 개혁기가 하나의 종착점에 도달했음을 보여주는 것이었다. 자유화와 균등화, 자유와 평등 간의 긴장도 크게 다르지 않았다.

이러한 구상들은 1980년대 이후 정치적 논의에서는 대체로 '더 많은 자유인가 아니면 더 많은 평등인가' 하는 대립적인 것으로 다시 이해되었다. 하지만 1970년대만 해도 그것은 별로 문제가 되지 않았고 서로 결합될 수 있는 것으로 여겨졌다. 특히 종래 자유주의를 지향하던 자민당이 사회복지와 자유주의의 결합을 지향하는 방향으로 선회하면서, 예를 들어 1971년의 '프라이부르크 테제'에서 이러한 폭넓은 문화적 추세를 대변하는 정당을 자처하는 정당으로 바뀐 것을 보면 알 수 있다.

III.

19세기 초 프로이센에서의 개혁과 마찬가지로 1960년대와 1970년대 독일의 개혁은 독자적인 신화를 만들어냈으며, 현실은 이러한 신화의 그늘에 가려지는 경우가 많았다. 개혁에 관한 논의와 수사가 무성했고, 개혁에 관한 강령적 연설은 실질적인 정치 행동과 개별적인 입법 조치들을 뒷전으로 밀어냈다. 개혁의 본질적인 대상과 주된 의제 그리고 성과를 결산해보려면 개혁을 어느 정도 파헤치고 '해체'시켜야 한다. 이는 앞에서 언급한 세 번째 질문에

해당한다. 즉, '개혁은 무엇이었는가?'

이제 30~40년 정도의 시간적 거리가 생긴 현재의 시점에서 회고해보면, 앞에서 다룬 것과 같은 특정한 개혁의 동기나 동인들만 분명하게 드러나는 것은 아니다. 독일(서독)의 개혁은 장기적으로는 독일 역사의 연속선상에 있다. 이 개혁은 적어도 이미 반세기 전에 정치적 현안이었던 프로젝트가 계속된 것임이 드러난다. 즉 이 개혁은 일부는 간접적으로 그리고 일부는 직접적으로 바이마르공화국의 개혁 작업과 연결되어 있다. 이는 경제체제부터 사법제도 및 법률 개혁을 거쳐 지방행정의 개편까지 해당된다. 주로 전후 독일(서독)의 눈부신 발전에 주목할 경우에는 이러한 측면이 별로 눈에 띄지 않았다. 하지만 서독의 첫 개혁기를 향후 과거의 것으로 '역사화'하는 데 이러한 측면을 어떻게 평가할 것인가 하는 것은 중요한 과제 중 하나가 될 것이다. 여기에서는 이것이 학문적인 과제라는 점만 지적하려 한다. 다음의 간략한 개관에서는 1960년대와 1970년대의 개혁 정책의 5대 핵심 분야를 항목별로 살펴보면서, 이를 이미 논의한 개혁의 근본 동인들과 연결시켜보는 관점에서 서술하겠다.

i. 교육과 학문

교육과 학문정책은 통상 사회적으로 크게 주목을 받기 어려운 분야지만 독일에서는 일찍부터 개혁 작업의 핵심 분야가 되었다. 이 분야에서는 개혁기의 근본 동인들이 특별하게 결합되어 나타났으므로 좀 더 상세히 다루려 한다. 이 분야에서는 일찍부터 아주 뚜렷하게 현대화의 필요성이 대두되었는데, 이는 특히 다른 서유럽 국가들과의 비교로 내려진 진단이었다. 게오르그 피히트가 1964년 펴낸 『교육의 붕괴』는 위기 진단의 초석을 제공했으며, 여기에서 출발하여 초당파적인 합의의 형태로 많은 새 대학의 설립과 같은 개혁 정책이 전개되었다. 이후 1970년대에 접어들어 교육정책은 다른 의미에서 개혁의 상징이 되었다. 다시 말해 교육정책은 교육을 사회 전반에 규범적 방향을 제시하는 대표적인 분야로 보는 진영들이 서로 첨예하게 충돌하는, 고도로 이념화된 전투장이 되었다. 개혁에 대한 합의에서 갈등으로 나아가는 이러한 여정은 다른 영역에서도 어느 정도 추적해볼 수 있다.

대학교육과 관련하여 우선은 국민과 노동시장에 대학교육 제공이라는 측면에서 독일의 낙후성을 보완하는 방향으로 대학교육을 확대하는 것이 전면에 부각되었다. 따라서 이 문제는 이미 구조 정책상의 동인과 연결되어 있는 것을 알 수 있다. 예를 들어 대학은 루르 지역(보쿰)이나 베스트팔렌 동부 지역(빌레펠트)과 같이 교육정책상 발전이 저조한 지역을 활성화하는 원동력이 되어야 한다는 것이었다. 여기에는 종종 '인적 자원의 충분한 활용'이라는 슬로건에서 보듯이 사회적인 동인이 직접 내포되어 있었다.

취약한 계층에 대한 사회적 지원, 교육의 확대는 1960년대와 1970년대에는 무엇보다 전통적인 산업노동자 계층(부분적으로 농민 계층도 포함된다)이 교육개혁의 중요한 대상이었음을 말해주는 것이었다. 여기에는 우수한 인력을 국가가 지원하는 '호네퍼 모델(Honnefer Modell)'을 '연방교육지원법(Bafög)'으로 확대하여 대학생들의 학비를 면제하는 것은 물론 생활비까지 재정적으로 지원하는 조치도 들어 있다. 나아가 대학정책에서는 국유화 · 중앙집권화 · 총괄적 기획이라는 동인이 결정적 역할을 했는데, 독일 정부의 대학 기본법은 이를 전형적으로 보여주는 것이다. 그리고 마지막으로 문제가 되었던 것은 '민주화'였다. 의회민주주의 형태를 넘어서 민주주의를 제도와 생활 영역으로 확대한다는 사고는 대학에서 풍부한 활용의 장을 발견했으며, 대학이라는 영역은 곧 교육개혁의 중요한 전투장이 되었다.

대학정책의 많은 개혁 프로젝트들은 필요한 수정이 가해져 다시 하급 학교의 개혁, 특히 중등 과정의 교육개혁에도 적용되었다. 빌리 브란트 총리는 '국민의 학습장으로서의 학교'라는 표현을 사용하면서 높은 도덕적 요구를 제시했을 뿐만 아니라 교육에 대한 국가의 개입 권한을 옹호했다. 여기에서는 우선 사회적으로 취약한 계층이 교육을 받을 수 있는 기회와 교육을 통한 균등한 기회 제공에 역점이 주어졌다. 아울러 학생지도와 학습 면에서도 새로운 형식과 내용이 도입되었는데, 새로운 시도는 이제 낡은 것으로 치부되고 너무 편협한 것으로 되어버린 교양시민 양성이라는 전통적 구상과 완전히 결별하는 것을 목적으로 했다. 그래서 새로 제시된 교과과정은 일시적으로 여론의 주목을 받았는데, '헤센 주정부 기본 지침'은 이러한 갈등을 보여주는 가장 중요한 사례다. 이외에도 제도적인 차원의 개혁이 이루어졌는데, 특히 사민당이 집권한 연방주에서는 전통적인 세 가지 형태의 학교 제도*를 해체하고 중등 교육과정에 장려단계(초등학교 4학년을 마친 후 2년 과정)나 통합된 종합학교(Integrierte Gesamtschule)를 만들어 함께 학습하는 시기를 확대하는 시도를 했다.

이러한 개혁은 연방제에 따른 주정부와 연방정부 간의 역할 분담에 따라 주로 주정부 차원에서 이루어졌는데, 주정부 차원에서 이루어진 이러한 개혁들은 연방정부 차원의 개혁보다 더 많이 주목해야 할 분야일 것이다. 그러나 연방정부 차원에서든 주정부 차원에서든 '국가화'와 단일화라는 동인이 점점 더 전면에 부각되었다. 이러한 동인은 국가권력과 경쟁 관계에 있는 여타 권력을 배제함으로써 국가 형성 과정에서 국가화와 단일화의 동인이 장기적인 연속성을 나타내도록 했다. 이것은 이 시기에 있었던 종교 계열의 학교, 특히 종교재단이 운영하던 초등학교가 사실상 종말을 맞은 데서 가장 분명하게 나

* 김나지움 — 실업학교 — 중등학교(Gymnasium — Realschule — Hauptschule).

타났다.

ii. 법률 개혁

1960년대와 1970년대의 법률 및 사법제도 개혁은 자유화와 해방을 지향하는 개혁의 대표적인 영역이 되었다. 아울러 법률 및 사법 분야의 개혁에서는, 마치 개혁이 국가의 권한을 강화하고 '국가화를 지향하는' 방향으로 치우치는 것에 대해 경고라도 하듯이, 이와는 대립적인 동인이 가장 분명하게 나타났다. 개인의 자유화, 법률에 명문화된 가부장적인 구조의 해체(민법, 특히 혼인법과 이혼), 시민의 자율성과 개인적인 생활방식의 영역을 확대하는 것이 중요한 문제로 부각되었다. 과거에는 국가가 관할하는 사항으로 간주했던 많은 영역이 '불간섭'의 원칙이라는 의미에서 이제는 국가가 상관하지 않는 영역이 되었다. 이는 상징적으로 성적인 취향의 문제 또는 성 관련 형법의 자유화에서 분명하게 나타났으며, 아울러 형법 218조에 적시된 낙태 규정의 개정을 통해서도 나타났다.

법률 개혁에서도 앞에서 언급한 역사적인 연속성이 분명하게 엿보인다. 첫째는 이미 1960년대에 오랜 전주곡이 있었는데, 법률 개혁의 여러 조치는 이미 1969년 대연정 시기에 시작된 것이었다. 둘째로 1960년대와 1970년대의 법률 개혁은, 국가사회주의 독재와 그리고 사회적으로 한층 보수적인 성향을 보였던 전후 재건의 시기에 중단된 바이마르공화국 당시의 개혁의 계기를 속행하는 것이었다. 법률과 사법제도의 자유화는 바이마르공화국 당시에도 이미 헌법의 범위를 넘어서는 영역에서 공화주의적 사회를 실현하기 위해 전반적인 기반을 제공하려는 시도에서 핵심적인 사안이었다.

iii. 인프라와 행정 개혁

이 분야는 사회적인 기반이 없는 단순히 형식적인 기틀과 같은 것으로 과소평가되어서는 안 된다. 이 분야에서도 개혁기의 국가화의 요구는 계속되었다. 어떤 면에서 이 분야는 교육정책이나 법률정책과 같은 다른 영역보다도 더욱 독일적인 특수성을 보여주는 영역으로, 이것 역시 오랜 역사적 연속성이 있음을 암시해준다.

국가적 인프라 시설의 확충과 효율화라는 목표는 두 가지 의미에서 중요했다. 한편으로는 국가기구와 이러한 기구의 작동 메커니즘이라는 협의의, 내적인 의미에서 국가기관들의 네트워크를 확충해야 했다. 여기에는 사회를 '방임' 또는 '방치'하는 것이 아니라 그 반대로 통제하고 제어할 수 있어야 하고, 국가가 사회의 자체적인 역동성(잠재적으로 혼란하고 위협적인 것으로 간주되는)에 개입할 수 있는 능력을 갖추어야 하며, 흔히 이야기하는 국가의 '제어능력'을 제고해야 한다는 요구가 들어 있다. 그러나 다른 한편으로 국가는 사회의 해방과 개인의 자아실현을 위한 우수한 인프라도 제공하려 했다. 시민들에게 다방면의 인프라를 제공한다는 전망은 특히 일반도로와 고속도로의 건설과 같은 실용적인 분야에서 가시화되었다. 1970년경에 독일 국민은 자신의 거주지에서 10킬로미터도 안 되는 곳에서 바로 고속도로에 진입할 수 있는 권리를 가진 듯이 보였다.

iv. 경제정책 및 재정정책

이 개혁 분야도 종종 간과되거나 과소평가되기 쉬운 분야다. 이 개혁 분야에는 개혁 정책의 기획 및 제어의 동인이 특히 현저하게 나타났는데, 늦어도 대연정(1966~1969년)부터는 이러한 현상이 목격된다. 역사학자 하인리히 아우구스트 빙클러(Heinrich August Winkler)가 '실러의 이상주의 정신을 담은 마

그나 카르타(Schillers Magna Charta)'로 간주했던 1967년의 '경제의 안정 및 성장에 관한 법'은 가장 중요한 개혁법의 하나인데, 역사적인 관점에서 회고해 보면 이 법률에 담긴 핵심적인 '메시지'의 측면에서 특히 그렇다고 할 수 있다. 여기서 다시 한 번 강조한 것은, 국가에 의한 경제와 사회의 제어, 경제 분야에서의 '혼란상'을 통제하고 경기 사이클과 같은 위험한 진폭을 국가의 개입을 통해 균형 상태를 잡으려는 시도였다. 실제로 이 법률의 명칭은 개혁기의 두 가지 핵심적인 사상을 집약하고 있다. 하나는 국가기관이 사회의 안녕을 보장해야 한다는 안정 · 균형의 이념이다. 다른 하나는 성장 · 팽창 · 일반적인 복지의 증가를 가져올 미래에 대한 확고한 신뢰이다. 그러나 일반적으로는, 이미 자주 지적되었던 것과 같이 1960년대와 1970년대 초의 재정정책이 나중에는 특히 주정부의 비용 부담을 늘리면서 중앙정부에 유리한 방향으로 변질되었다.

경제정책은 경제체제와 노동 분야도 포괄하는데, 여기서도 역시 대학정책에서와 마찬가지로 민주화의 동인이 관철되었다. 물론 노동자의 경영 참여 확대(예를 들어 1976년의 '노사 공동 결정법')와 같은 것은 대학의 경우보다 훨씬 오래된 프로젝트였다. 바이마르공화국에서 이론적으로 고안되었고 노동운동의 시기에 많이 토론되었지만 실행되지는 못했던 '경제 민주주의'가 이제 두 번째 기회를 맞았던 것이었다.

V. 사회정책과 복지국가

우리가 현재 사회민주주의자들의 구상과 사민당 정부의 정책에 의해 이 분야에 상당히 각인이 된 시대에 살고 있으면서도 개혁 정책의 이 분야를 가장 나중에 언급한다는 것은 어쩌면 놀라움을 줄 수도 있을 것이다. 다른 한편으로 핵심적인 사회정책상의 노선 설정은 비스마르크에서 아데나워까지, 그리고 그 이후에도 오히려 보수주의적 정부에 의해 추진되었다는 점은 19세기 후반 이후 독일 역사의 연속성에 속하는 것이다. 실제로 1960년대와 1970년대는 사회정책 면에서 보면 결코 순수한 혁신의 시기는 아니었다. 서독적인 복지국가를 건설하는 데 근본적인 변화는 보이지 않았고, 이미 이룩한 성과를 확충하거나 원칙적으로 잘 이룩한 사회보장제도에 또 다른 사회계층을 참여시키는 형태로 사회보장제도를 확대하는 작업이었다. 이러한 사례로는 농업 종사자와 학생들도 법정 의료보험에 포함시킨 것을 들 수 있다.

21세기에 접어들어 사회보장제도가 위기를 맞고 개혁에 대한 집중적인 논의가 새롭게 일어나는 오늘날의 시각에서 보면 사회보장제도의 확대라는 문제는 당시의 개혁 정책에 결함이 있는 것이 아닌가 하는 의문을 가질 수도 있다. 1960년대와 1970년대의 개혁 세력은 제도의 경계선을 어떻게 그어야 할지, 그리고 제도가 얼마만큼의 하중을 견딜 수 있는지 제때 인식하지 못했던 것은 아닐까? 이러한 비판은 점차 정당한 것으로 입증되고 있다. 당시에는 경제와 복지의 팽창에 도취되어 리스크를 제대로 알아차리지 못했던 것으로 보인다. 혜택을 요구하는 정도의 성장은 미래가 창출해낼 것이라고 미리 암묵적으로 가정했던 것이다.

IV.

한 세대 후 적 · 녹 연정(사민당 · 녹색당 연립정부, 1998~2005년 — 옮긴이)에서 맞이하게 될 개혁과는 달리 당시의 개혁은 위기에서 생겨난 것이 아니라 위기 상황을 맞으면서 끝났다. 1973년의 1차 '석유위기'는 1929년 경제공황 이후 가장 심각한 경제 위기를 촉발했을 뿐 아니라 문화사적으로나 사회사적으로 하나의 전환점에 해당된다. 1960년대와 1970년대 초에 다시 한 번 최고조에 달했던 낙관론은 이후 더 이상 완전히 회복하기 어려울 정도로 쇠퇴했다. 이러한 낙관론은 전후의 위기를 잘 극복했던 독일(서독) 지역에서 특히 만연해 있었다. 서방세계가 가졌던 진보에 대한 믿음이 18세기 후반 이후 가장 심하게 타격을 입었을 것이다. 사람들은 '성장의 한계'를 의식하기 시작했는데, 그것은 개혁의 한계도 의미했다. 1970년대 중반과 후반에는 위기에 대한 담론이 몇 년 앞서 있었던 개혁 논의, 기획과 실현 가능성의 논의를 놀라운 속도로 대체했다. 이는 결코 독일의 현상만은 아니었고 국제적 차원의 변혁이었다. 그것은 앞에서 이미 언급했듯이 에릭 홉스봄(Eric Hobsbawm)이 20세기의 간략한 역사를 기술하면서 거론한 '황금시대'의 종말이었다.

특히 1977년 독일, 1968년 혁명 세대의 폭력화를 상징하는 '독일의 가을'에서 '슐라이어 납치 사건'으로 극에 달했던 '적군파'의 테러라는 도전을 맞았던 국내 정치 상황에서는 서독의 특수성도 어느 정도 작용했을 것이다. 개혁은 국가를 강화하려 했으며 국가기관의 주권과 행동 능력을 강조했는데, 사회는 이제 고통스럽게도 국가의 행동 능력의 한계, 국가기관의 무력함을 체험하게 되었다. 이러한 분위기의 변화는 1970년대 후반의 정치적인 '추세 전환'에도 영향을 주었는데, 우선은 실용적이고 정치적인 차원보다 지성적인 차원에서 신보수주의로 나가는 전환은 독일에서 (특히 교육정책 분야의) 개혁에 대해 분명한 반대 세력을 형성했다. 물론 이러한 추세 변화는 국제적인 여건과 '진자운동'을 보여주는 것이었는데, 1970년대 후반 이후 영미권 국가들에서는 훨씬 큰 진폭의 전환이 있었지만, 독일에서는 1982년 헬무트 콜 정부로 정권이 교체되면서 주로 '정신적 · 도덕적인 전환'에 머물렀다.

따라서 장기적인 역사적 시각에서 이제 한 세대 정도의 시간적인 간격을 두고 볼 때, 1960년대와 1970년대에 서독에서 추진된 개혁들은 새로운 시대의 도래 또는 새로운 시작을 의미하기보다는 어떤 과정의 결말, 종착점을 보여준다는 명제에 이르게 된다.

개혁기는 '구'독일, 즉 서독이라는 국가와 사회의 건설이 완성되고 최고조에 달한 시기였다. 아울러 개혁기는 민족주의적인 시각에서 벗어나서 보면 20세기로 넘어오는 세기 전환기부터 1960년대와 1970년대에까지 궤적을 그리는 '고전적' 현대나 '조직화된' 현대의 시대를 마무리하는 것이었다. 따라서 당시 개혁기의 시작 시점이 불분명한 것은 우연이 아니며, 당시의 개혁기는 시작의 시점보다 끝나는 시점을 분명하게 보여준다.

이것은 당시의 개혁이 아무런 효과도 거두지 못하고 사라졌다거나 갑자기 아무런 의미가 없는 것이 되었다는 뜻은 아니다. 개혁의 동인 중 많은 부분은 좀 더 장기간의 배양기를 거쳐 전개되고 있고, 우리는 오늘날까지도 여러 측면에서 당시 개혁기의 토대 그리고 때로는 동시에 상반된 평가를 받는 개혁 성과의 토대 위에 서 있다. 이러한 측면에서 보면 장기적인 효과라는 차원에서 '개혁 이후의 개혁'에 대해 말할 수도 있을 것이다. 개혁이 약속했던 것 중에 상당수는 본래의 개혁기가 지나가고 나서야 비로소 사회적 현실이 되었다. 이는 특히 자유화와 해방의 동인에 해당되는데, 예를 들어 일상생활에서의 저항적인 태도나 여성의 새로운 사회적 역할에서 나타나고 있다. 국가주의의 동인, 국가화의 동인이 진정되고 나서야 비로소 사회는 국가에서는 물론 '개혁 국가' 그리고 이러한 국가의 기획 및 통제의 사고에서 새롭게 해방될 수 있었다. 그렇지만 이러한 해방을 가능하게 하고 촉진시킨 것은 바로 '개혁 국가'였다.

당시의 개혁과 이러한 개혁을 추진한 세력이 학생운동 이후의 저항운동인 1970년대의 '신사회운동(New Social Movement)'에 대해 갖는 미묘한 관계는 이를 잘 보여준다. 신사회운동은 이미 개혁기에 생겨난 산물이었고 개혁기가 끝나가는 단계에서 처음으로 효과적인 운동으로 나타났다. 1972년의 독일

'환경보호시민연합(BBU)'의 결성이나 1975년 비일(Wyhl)에서 전개되었던 핵발전소 반대운동이 대표적인 사건이다. 그렇지만 이러한 운동은 개혁기가 지나가고 난 1970년대 말과 1980년대에 '녹색당'이라는 정당으로 정치세력화되어 본격적인 전성기를 맞았다. 기획과 제어를 중시한 자들, 국가화와 현대화를 옹호한 자들의 정신에 대항해 풀뿌리 민주주의의 동인을 강조하면서 현대와 현대화에 대한 회의를 보였던 이들 녹색당과 같은 정치세력보다 더 적극적인 저항을 폈던 세력은 없을 것이다.

개혁은 1960년대에 진영을 초월하여 시작된 이후 점차 정치적 좌파의 프로젝트가 되었는데, 정치적 좌파는 아마 독일에서 서방의 다른 어느 나라보다 더욱 강력하게 문화적 패러다임의 전환을 경험했을 것이다. 이러한 패러다임의 전환은 종국에 가서는 좌파 진영뿐 아니라 사회의 상당 부분, 특히 젊은 계층을 더욱 깊은 회의, 부분적으로는 미래에 대한 재앙적인 불안으로 몰아갔으며, 서구의 현대가 갖고 있는 혁신의 능력에 대한 신뢰를 파괴했다. 개혁기의 근본 동인들은 좌파의 이러한 패러다임의 전환, 그리고 동일하게 불안에 사로잡혀 현대에 대해 회의적인 시각을 보였던 1970년대의 보수로의 추세 전환 사이에 눌려서 놀라울 정도로 빠르게 옛일이 되어버렸다.

고전적 현대에서 후기 현대의 수정으로

20세기 독일 사회의 변천

한 사회의 건축양식을 근거로 그 사회가 어떤 사회인지 인식할 수 있을까? 주거, 통치체제, 생산과 교역, 종교적 · 미학적 성찰 등 한 사회가 가장 중요한 기능을 부여하는 건축 형태를 보고 그 사회를 읽어내는 것이 가능할까?

농경사회나 촌락 형태의 공동체에서는 이러한 상관관계를 확인하는 것이 비교적 간단해 보인다. 건축물이 들어선 전체적인 구도에 사회의 구조가 반영되어 드러난다. 대체로 마을 중심에는 교회가 있고 그 옆에는 시청이나 학교가 들어서 있다. 아울러 경제적인 목적과 사회적인 측면이 긴밀하게 결합된 대표적인 저택들이 있다. 그리고 바깥쪽에는 오두막들이 있는데, 이러한 오두막은 동시에 사회적 주변부를 말해준다. 그런데 복잡한 사회, 대도시와 기술적 · 산업적 현대에서는 건축물과 도시 건축의 구조를 보고 이를 사회적 구조나 주민들과 건축물을 이용하는 자들의 특성에 연결시키기가 더 어렵다. 고풍스런 건물의 안쪽에는 가난과 쇠락, 사회적 궁핍이 기다리고 있을까? 아니면 여유가 있는 여피족의 문화가 억제된 형태로 표현되는 무대 배경일까?

저기 4층 건물 안에는 수업이 이루어지고 있을까, 아니면 생산 활동 또는 관리 활동이 이루어지고 있을까?

그런데도 20세기의 서구적 · 도시적 현대에도 사회적 구조와 건축물의 표현 간의 상관관계는 완전히 해체되지는 않았다. 미국 도시 외곽에 있는 급조된 목조 건물에서는 역사적인 전통뿐 아니라 일시적이며 언제든지 이동할 준비가 되어 있는 사회의 현재 모습도 엿볼 수 있다. 반면에 돌을 차곡차곡 쌓아 벽을 만든 중부유럽 도시에서 볼 수 있는 주거지역은 주민들의 토착성과 정착성을 말해준다.

현대와 '후기 현대(Postmoderne)'는 종종 분명한 구분을 모호하게 만들었다. 하지만 사회적 관계, 정치적 유토피아, 문화적 경험을 더욱 세분화하여 미세한 차이까지 반영할 가능성이 아주 높아졌다. 한편으로는 기술자(엔지니어)의 영역인 기술의 가능성이 확대되었고, 다른 한편으로 건축가의 영역인 미학적인 표현의 가능성이 높아지고 세분화되었기 때문이다. 사회적인 구조와 미학적인 표현이 서로 겹친다는 점은 20세기에서도 기본 개념에 속한다. '현대' 또는 '후기 현대'(탈현대)라는 말은, 다소 불명료한 구석도 없지는 않지만, 일반적인 사회 발전 단계는 물론 미술사 또는 건축사의 단계를 지칭하는 개념이기도 하다. 역사학자들이 흔히 20세기로의 전환기와 20세기 초에 대해 사용하는 '고전적 현대'라는 개념은 사실은 미술사에서 차용한 개념이다.

I.

'고전적 현대'의 시기는 1871년에 출범한 '독일제국'의 사회가 새로운 시대에 진입한 시기였다. 산업혁명의 고통스러운 첫 단계가 완결되었고, 석탄과 철은 자명한 것이 되었으며, 독일 전체에는 철도망이 조밀하게 깔렸다. 당시의 철도망이 1980년대까지 거의 변하지 않을 정도였다. 철도망은 대도시에 사는 사람들을 연결시켰으며, 이로써 1900년경에는 사회적인 발전의 중점이 명백히 대도시로 이동해 있었다.

베를린은 당대의 사람들이 시카고의 역동성에 비교할 정도로 급속도로 성장한 세계적인 대도시로 변모하여, 현대의 실험실과 같은 곳이었다. 베를린에서는 현대의 계급사회를 본연의 모습 그대로 관찰할 수 있다. 서부 지역, 예를 들어 쾌적한 '샤로텐부르크' 성 주변에 들어서 있는 부르주아 주택가와는 아주 대조적으로 시 중심부 동쪽에 있는 주거지, 즉 크로이츠베르크와 프리드리히스하인 지역에 잇달아 서 있는 임대용 건물들은 비좁고 비참한 모습이었다. 이곳에는 독일 동부의 농촌 지역에서 온 이주자들이 이 용광로 같은 변혁과 부흥의 도시에서 주거지를 형성하고 있었다.

그런데 수공업과 산업 생산 외에도 팽창하는 소비가 점차 가시화되면서 현대 소비사회의 모습도 보여주기 시작했다. 이러한 소비사회는 이미 동베를린 중심가 라이프치히 광장에 있는 '베르트하임'과 1908년 개장한 서베를린의 '카데베'와 같은 대형 백화점에서 그 나름대로 대표적이고 기념비적인 것임을 보여주었다. 제1차 세계대전이 일어나기 전인 태동의 시기에 현대는 그 자체로 매혹적인 것이었고, 독일 사회는 자신감과 미래에 대한 확신으로 충만해 있었다. 그러나 이러한 전진의 동력에는 불안감과 불안정, 신경과민도 뒤섞여 있었고, 과거의 형식에서 피난처를 찾으려는 시도도 있었다. 파울 발로트가 설계하여 1890년대에 완공한 '제국의회 건물'(현 독일국회의사당)은 현대성과 역사주의, 시민적 요구와 중세적 성의 대체물이 혼합된 형태로서 이러한 절충적인 상태를 특징적으로 표현한 건물이다.

제1차 세계대전은 평화롭고 진보적이며 문명적인 현대라는 낙관주의적 사고를 근본적으로 문제 삼은 첫 사건이었다. 하지만 전쟁과 폭력, 인플레이션과 자산손실의 경험은 차분하게 반성하고 청소하는 효과를 가져왔다. 그로 인해 냉정한 사실성, 냉철한 합리성, 기능적으로 필요한 것에 집중하는 경향으로서의 현대의 프로젝트는 그 어느 시대보다 1920년대에 가장 명확하게 드러났다. 미국에서는 새로운 경제의 조직화 원리가 생겨나 생산과 작업장을 넘어서는 영역까지 침투했고, 테일러와 포드는 기획, 경영, 효율성이라는 생활방식을 상징하는 존재가 되었다. 이러한 구상은 오랫동안 생각해왔던 것 이상으로 국제적인 운동으로 퍼졌으며 특히 젊은 계층이 여기에 매력을 느꼈다. 독일에서 나타났던 민족사회주의는 격세유전으로 현대에 생겨난 것, 이물질 또는 현대를 반대하는 저항운동으로 단순하게 이해되어서는 안 되며, 그 자체로 현대의 야누스적 모습을 보여준다. 이것은 첫째로 급진적인 진보의 구상과 거부 간의 긴장 관계에 해당하는 말인데, 이러한 긴장 관계는 경제 정책부터 건축, 도시 건설까지 '제3제국'에서 특징적으로 나타나는 현상이다. 그러나 이것은 기술적으로 합리화된 현대의 내부에서 나타나는 긴장에도 해당된다. 왜냐하면 합리적으로 계획되고 효율적으로 제어되는 사회를 향한 노력은 쉽게 반민주적인 지도자의 통치, 전문 집단의 통치로 나아가거나 심지어 민족적이고 인종적으로 순수한 질서라는 전망으로 연결될 소지가 있었기 때문이다.

한편으로 낙관적 도취를 불러일으키고 다른 한편으로 암울한 측면을 지녔던 현대는 20세기 초반에 아주 긴밀하고 복잡한 방식으로 혼합되어 있다. 이는 유럽과 여러 북미 지역에서도 나타난 현상이지만 독일에서 특히 두드러지고 암울한 모습으로 나타났다. 여기에는 사회구조적으로 단기간에 생겨나고 문화적으로 아직 소화되지 않은 심각한 대립들도 상당히 기여했다. 한편에서는 대도시를 중심으로 '과도한 현대'가 생겨났고, 다른 한편으로 이러한 역동성을 따라잡을 수 없었던 농촌 지역은 낙후했다. 한편으로는 심리적으로 불안해졌고 약 10년에 걸친 인플레이션으로 물질적 부가 다소 감소하기는 했지만 시민적인 복지가 있었던 반면, 다른 한편으로는 경제 위기와 대량 실업 때문에 생활이 근본적으로 개선될 수 없었던 무산 계층이 곤궁과 궁핍에 처해 있었다. 이런 현대가 살아갈 만한 가치가 있는 현대였는가? 그리고 사람들은 이러한 심각한 대립을 어떻게 지속적으로 감수할 수 있었을까?

당시 사람들이 이러한 의심을 더욱 품고 자신들의 불만스런 상황이 바이마르공화국과 의회민주주의라는 정치체제 때문이라고 여기게 되면서, 정당 체제에서 배제된 극단적인 주변 집단에 동조하는 경향이 늘어났다. 독일인들 그리고 심지어 노동자 계층에서도 위대한 사회주의 혁명의 형태로 현대가 실현되리라고 믿는 사람은 소수에 불과했지만, 공산주의자들은 상당한 호응을 받았다. 민족사회주의자들이 내걸었던 대립의 해소라는 전망은 더욱 매력적으로 다가왔다. 그 전망은 이른바 '이물질'은 제거되어야 하며, 사회의 다수는 모든 갈등이 진정되고 사회적인 혈통이나 직업의 특성이 더 이상 개인의 명망을 결정하지 않는 위대한 공동체의 형태로 화해해야 한다는 것이었다. 목표는 현대사회의 극복이었는데, 빠른 '후기 현대'라고 할 수도 있을 것이다. 하지만 그 결과는 현대의 재앙적인 오류였으며, 이러한 오류는 아주 미묘한 형태로 독일 전후 사회에서도 계속 나타나고 있다.

'고전적 현대'는 1950년대에서 1970년대에 이르기까지 서구 사회에서(그러나 동구 공산권에서도 유사하게) 최고조에 달했으며, 동시에 종착점에 이르렀다. 전후 이 새로운 도약기에는 오랫동안 경제적인 번영에 힘입어 다시 낙관주의와 미래에 대한 신뢰가 분위기를 주도했다. 서독에서는 경제적인 역동성이 전쟁의 물질적 손실을 감당하는 것을 용이하게 했으며, 다른 지역에서와 마찬가지로 궁핍이 지배하는 분열된 사회를 벗어나서 상대적으로 유복하고 포만감을 느끼는 중산층 사회로 나아갔다.

소시민적인 실존이 새로운 생활방식의 기준으로 자리 잡았는데, 이러한 삶을 살고 있는가는 특정한 소비재의 소유 여부가 척도가 되었다. 예를 들어 1950년대에는 우선 냉장고, 그다음에는 점차 자동차가 척도였다. 민족사회주의자들이 강제적으로 시도했던 것, 사회민주주의자들이 더 이상 추구하지 않은 것, 즉 역사의 저편에 있는 물질적인 복지의 평등사회가 놀랍게도 민주화된 자본주의의 메커니즘에서 자연스럽게 수립되는 듯이 보였다.

이것은 물론 수수방관만 하고 있으면 된다는 의미는 아니었다. 성공은 미래를 위한 새로운 유토피아를 생겨나게 하거나, 두 차례의 세계대전 사이에 생겨난 기존의 유토피아에 자양분을 공급했다. 기술발전은 더 이상 한계가 없는 것으로 보였고 합리적으로 계획된 조화가 목표로 설정되었다. 건축가들과 도시계획가들은 사회적인 문제 지역을 갖고 있는 인구 밀집의 대도시들이 해체될 것으로 예상했다. 도시와 농촌이 하나로 조화를 이루게 되고, 미래의 사람들은 점차 소비와 특정한 욕구의 자유를 누리기 위해 자신의 주거공간에서 바로 개인 헬기에 탑승할 것이라는 미래상이 그려진 것이다.

현대의 혁명적인 구원의 약속들이 실패한 이후, 이제 효율적이고 구체적인 정치적 '기획'과 '통제'(이는 특히 1960년대에 주도적인 개념이었다)를 수단으로 다시 미래 사회를 실현할 수 있으리라는 확신이 지배했다. 고속도로 건설 등으로 교통 인프라를 현대화하는 작업이나 같은 모양의 다층 주택단지로 구성된 위성도시를 건설하는 것 또한 이에 속했다. 하지만 사회적 차원의 조정도 사회의 계획과 통제에서 중요한 목표가 되어 있었다. 이에 따라 독일에서는 종종 도시를 건설하면서 고층 주거건물 사이에 일련의 도시형 빌라나 방갈로 형태의 주택들을 배치함으로써 기존의 사회적인 격리를 극복하려고 시도했다. 한편 두드러질 정도로 기능적인 미학의 경향을 표방한 것은, 독일 사회가 마침내 민주주의 서방*이 되었고 서방의 가치를 받아들였으며 서방의 물질적 혜택을 누리는 사회가 되었다는 정치적 메시지도 강조하는 것이었다.

III.

그런데 각성은 빠르고 예상치 못하게 찾아왔으며, 장기간에 걸친 결과를 낳았다. 1973~1974년의 1차 '석유위기'는 당시 경제 분야에만 타격을 준 것으로 보였지만, 서방 사회와 문화적 자아상 전체에 영향을 끼쳤다. 독일은 이미 1960년대에 처음으로 작은 경기 침체를 겪기는 했지만 다시 경기를 회복할 수 있었다. 그러나 1973년 이후에는 사정이 달랐다. 지속적인 번영의 꿈은 깨어졌고, 이와 더불어 보편적인 진보의 전망, 그리고 이러한 진보를 정치적으로 제어할 수 있을 것이라는 전망도 사라졌다. "대안이 되는 진보가 있을 것인가, 이제는 무엇을 지향해야 할 것인가, 도대체 미래로 나아가는 확실한 길은 있는가?"라는 질문들이 생겨났다. 현대의 잠재력은 '고전적' 시대의 다양한 시기에 걸쳐 이미 모두 실험해보고 동원한 상황이어서 고갈된 것이 아닐까? 아마도 이제는 다만 기존의 것을 반복하고 인용하는 것, 특정한 것에 매이는 것을 단념하는 것, 다양성을 인정하는 것만 가능한 것으로 보였다. 그런데 그것은 자유의 새로운 기회를 열어주었다. 바로 '후기 현대'가 태어나는 순간이었다.

먼저 성장의 한계가 나타났는데, 이러한 한계는 1970년대 초 이후 '로마클럽(Club of Rome)'과 같이 크게 주목받는 전문가들의 평가에 힘입어 일반의

---

* 19세기 낭만주의 이후에 독일 지식인 중 일부는 스스로를 영국이나 프랑스 등 물질적인 서방과 비교하여 '동방'으로 이해했다. 이 독일 낭만주의가 일본을 거쳐 수입되어, 일본 군국주의의 '대동아공영권' 이데올로기로 연결되었다. 이언 버루마 · 아비샤이 마갤릿, 『옥시덴탈리즘: 반서양주의의 기원을 찾아서』(민음사, 2007) 참고.

의식에도 각인되었다. 번영의 중단은 불의에 발생한 사고가 아니었으며, 전체적으로 자원이 제한된 상황에서 사회총생산을 높이는 것 그 자체로 한계가 있었다. 그러므로 가장 중요한 메시지는, 성장이라는 이데올로기를 벗어나는 삶이 규범적인 것이 되었으므로 이러한 한계가 나타났다고 놀라거나 실망하지 말아야 한다는 것이었다. 인간에게 자연적으로 주어진 주변세계, 다시 말해 사회와 자연환경 간의 상호작용이 고려되었고, 이에 따라 고전적 현대가 남겨준 성과 중 많은 것이 갑자기 다르게 보였다. 건축가 르코르뷔지에(Le Corbusier) 또는 프랭크 로이드 라이트(Frank Lloyd Wright)와 같이 이 시기의 위대한 유토피아 신봉자들이 내세운 인간의 주거지와 자연의 일치라는 구상은 일방적인 인간의 효율성으로 자연을 강제로 굴복시킨 시도로 여겨졌으며, 이를 대신하여 전혀 다른 종류의 규모가 작은 '환경 친화적 건축물'이 들어섰다. 에너지 생산 또는 교통수단과 관련된 복잡한 기술은 더 이상 진보나 복지의 확대를 위한 도구가 아니고, 자연에 대해서뿐 아니라 인간의 생존을 위협할 수도 있는 리스크로 드러났다. 고전적 현대의 확신을 넘어서 전개되는 삶은 화산 위에서 위태롭게 춤추는 것과 같았다. 1980년대에 사회학자 울리히 벡이 제시한 '리스크 사회'라는 개념은 이런 맥락에서 인기를 끌었다.

이러한 리스크는 과거의 낙관론을 동원하여 대응할 수 있는 것이 아니었다. 이러한 리스크는 원칙적으로 극복되기 어려운 것, 새로운 조화로 나아가기 어려운 것이어서 장기적으로 감수해야 하며 어떻게든 균형을 유지해야 하는 것이었다. 고전적 · 현대적인 유토피아의 붕괴로 잠시나마 '디스토피아(Distopia)', 즉 유토피아에 반대되는 끔찍하고 결국은 재앙으로 나아가는 미래상이 유행했다. 그런데 후기 현대에서는 서구 사회의 미래의 지평선이 모든 면에서 위축되었다. 어떻게든 현재와 화해를 하는 정도만 가능했고, 현재와 근본적으로 다른 미래를 획득하겠다는 것은 오만으로 여겨졌다. 미래의 방향을 여전히 이런 식으로 정하겠다고 누가 감히 오만을 부리겠는가? 얼마 후에 '역사의 종말'이라는 구호로 표출되었던 감정은 이러한 기본 정서에 부응하는 것이었다. 역사의 발전은 제자리걸음을 하고, 세계는 양대 블록의 대결 속에 얼어붙었으며, 극단적인 역동성의 단계는 지나가고 이제는 정체기의 단계가 들어선 것으로 보였다.

미래가 더 이상 확보될 수 없는 것으로 여겨지자 차라리 과거로 관심을 돌리는 경향이 나타났다. 따라서 1980년대가 위대한 역사화의 시기였고, 완전히 새로운 문화적 형태로서 역사를 재발견하고 '철저하게 규명'하는 시기가 되었던 것은 우연이 아니었다. 정치는 미래를 더 이상 기획할 수 없고 제어할 수도 없었으므로 대신 '역사 정치(Geschichtspolitik)'*를 발견했고 과거에 대한 회상을 통해 자신의 정체성을 확립하려 시도했다. 거의 모든 서구 사회가 이러한 역사화의 소용돌이에 빠져들었는데, 특히 독일에서는 민족사회주의라는 과거의 부담으로 이러한 소용돌이가 더욱 크게 일어났다. 이런 현상은 두 개의 독일, 즉 콜 총리 시기의 서독과 정권 말기를 맞은 구동독 모두의 공통 사항이었다.

경제적 위기는 지속적인 번영에 대한 믿음만 앗아간 것이 아니라 몇 년 후에 드러난 바와 같이 위대하고 평화로운 사회적 평등화의 프로젝트를 파괴했다. 1970년경에는 자신의 경험을 토대로 미래의 모습을 그릴 때 계층 간의 격

---

* 정치적인 이유에서 역사를 특정 정당의 입장에서 해석하고 대중에게 이러한 해석을 주입하려는 정치 행위. 1983년 집권한 헬무트 콜은 '68혁명' 이후 독일 나치의 과거사에 대한 '자학적 역사관'에서 벗어나려고 측근 보수 역사학자들을 중심으로 나치 과거사를 '역사화'하는 '역사가 논쟁'(1986~1987년)을 일으켰다. 이 논쟁의 주역이 나치 역사를 복권시켜 독일을 '정상 국가'로 세우려던 친 콜 정부적인 학자 에른스트 놀테(보수 진영)와 이에 대응한 68세대의 아이콘 하버마스(진보 진영)였다.

차가 더욱 해소되고 노동자들의 지위가 계속 상승할 것이며, 사회복지국가의 지속적인 확대에도 여전히 극복되기 어려웠던 옛 빈곤의 잔존물이 사라질 것이라는 기대를 가졌었다. 그런데 그로부터 10년이나 지난 후의 경험은 완전히 달라 보였다. 과거 형태의 가난과 주변부, 다시 말해 노년이나 농촌 지역의 가난은 계속 줄었지만, '새로운 사회적 문제', 새로운 형태의 궁핍과 소외는 더 심각한 모습으로 나타났다. 노동시장에서의 지속적인 축출이라는 사회적인 구조의 문제로서의 대량 실업이 반세기 전(바이마르공화국 시기)보다 더 심각한 모습으로 독일에서 다시 나타날 것이라고는 아무도 예상치 못했다. 그것은 물론 한동안은 폭넓은 중산층의 복지에 영향을 줄 정도는 아니어서 '2/3의 사회'*라는 개념은 바로 복지를 누리는 다수 계층과 빈곤 상태의 소수 계층의 분리를 정확히 표현한 것이었다. 미국이나 영국에서보다는 심하지 않았지만 독일에서도 소득의 양극화 현상이 나타났으며, 오래 지속되어왔던 추세가 바뀌었다. 타인에게 의존하는 고용을 통해 얻는 소득은 자영업종사자, 기업가, 재산가의 소득을 더 이상 따라갈 수 없게 되었는데, 특히 1990년대에 '신경제(New Economy)'의 바람이 일시적으로 불었던 시기에는 이러한 현상이 더 심화되었다.

이런 추세에 상응하여 주거 및 생활의 사회적 격리도 다시 늘어났다. 과거처럼 여러 사회계층을 혼합하는 방식으로 도시 건축이 이루어져야 한다는 요구는 이제 더 이상 제기되지 않았고, 새로운 건축물들은 다시 계층의 특수성을 더욱 뚜렷하게 반영했다. 중산층은 1960년대와 1970년대의 대규모 아파트 입주와 같은 주택 형태에서 이탈했으며, 여기에는 저소득 계층만 남았다. 소

* 취업한 2/3는 복지를 누리지만 나머지 1/3의 빈곤층은 계속 가난을 벗어나지 못하는 사회라는 뜻으로, 슈뢰더 총리 시절에 유행한 용어다.

득이 높은 고객들은 도심 지역에 위치한 고풍스런 고급 주택이나 고층 건물의 펜트하우스가 지닌 장점을 발견했으며, 방치되는 구역과 '고급 주택' 구역 간의 양극화가 더욱 뚜렷해졌다.

이러한 분열은 이미 오래전부터 있어온 현상인 외국인 노동자의 유입과 상당히 연관이 있었지만 이 현상은 오랫동안 과소평가되었다. 유입 초기에는 남유럽, 그다음에는 특히 터키, 그리고 나중에 동유럽에서 몰려온 이주자들은 별로 명망이 없는 일자리들을 차지했고, 독자적인 사회문화적 · 사회공간적인 환경을 조성했다. 그들이 이런 환경에서 벗어나 신분 상승과 사회 통합에 성공하는 경우는 아주 드문 편이었다. 후기 현대의 사회는 '다문화주의적' 사회였으며 이러한 문화적 · 인종적 다양성에서 자신의 정체성을 찾았다. 왜냐하면 다문화 사회는 후기 현대의 다원성의 요구, 획일성의 포기라는 요구에 부응하는 것이기 때문이다. 진보라는 것이 만약 어떤 방향성을 갖고 있다면, 그것은 이제 세분화와 다양성의 증가라는 방향으로의 진보였다.

이러한 점에서 후기 현대의 예측 불가능과 리스크는 나름대로 장점이 있는 듯이 보였다. 예측 불가능과 리스크는 다른 한편으로 기회를 창출했고, 개인의 선택을 확대했으며, 비록 우선은 궁핍한 상황에서 나온 자유이기는 하지만 자유의 공간을 열어주었다. 고전적 산업 경제의 종말과 취업활동의 지평 축소는, 이러한 상황을 고전적 현대 이후의 새로운, 예를 들어 '탈물질적' 가치를 지향하는 삶을 사는 데 유리한 기회가 된다고 본다면, 반드시 나쁜 것이라고만은 할 수 없다. 이 경우 일반적인 노동시간 단축을 통해 아직 존재하는 노동의 총량을 공정하게 배분하는 것은 자유로운 시간, 다시 말해 스스로 결정을 내리고 그에 따라 점차로 개인주의화된 삶의 방식에 투자할 수 있는 시간의 확대라는 사회정책상의 목표에 부합하는 것이었다. 물질적인 궁핍에서 해방된 후 후기 현대는 이제 시간 부족이라는 궁핍에서도 해방되었다. 그때까지만 해도 거의 모든 사회형태에서 소수 상층부의 특권이었던 자유로운 여가시간은 일종의 공공자산이 되었으며, 여가가 지루한 것이 되지 않기 위해서는 새로운 형태의 활동으로 채워져야 했다. 이러한 배경으로 1980년대 이후에는 이벤트성 휴가부터 민영방송의 출범과 다른 전자 매체들을 거쳐 휴가 및 놀이공원까지 아주 다양한 분야에서 여가시간의 대대적인 상업화가 이루어졌다. 일각에서는 나라 전체가 여가를 위한 거대한 공원으로 변하는 것이 아닌가 하는 우려도 있었다.

이렇게 본다면 취업활동에서 자유로워진 시간은 결코 경제의 손아귀를 벗어나지 못했다. 과시적 소비가 늘어나고 소비 자체가 자기양식화의 과정을 걷는 것을 보면 이는 더욱 들어맞는 말이다. 이제야 고전적-현대적 생산 사회는 완전히 후기 현대의 소비사회가 되었다. 과거에는 한 나라의 경제적 능력을 말해주는 국부가 연기를 내뿜는 공장 굴뚝과 힘차게 돌아가는 기계 소리로 표출되었다면, 이제는 구시가지를 벗어난 도시 변두리의 베드타운에 자리 잡은 화려한 쇼핑몰이 이러한 상징적 기능을 대신하곤 했다. 한동안은 심지어 생산사회에서 실현되지 못했던 것, 다시 말해 평등과 정의의 이상이 소비에서 실현될 것이라는 환상을 갖기도 했다. 소비재가 풍족한 낙원에서는 모든 사람이 평등하리라고 순진하게 생각한 것이다. 그러나 얼마 지나지 않아 소비의 세계는 사회적인 위계질서를 후기 현대에서 지속시키고 또한 상징적으로 표시하기 위한 자체적인 메커니즘을 발견했다는 사실이 드러났다. 소득의 양극화 추세는 호화 명품점을 쉽게 드나드는 소비와 싸구려 할인매장을 드나드는 소비의 양극화로 연장되어 나타났다.

그리고 마지막으로 후기 현대의 최종적인 약속으로서 개인이 전통적인 속박과 의존에서 벗어나는 현상이 있었다. 가정은 그동안 공동체 의식과 사회적인 결속을 위해 반드시 필요한 개인적인 영역으로 여겨져 왔는데, 이러한 가정의 구속에서도 개인이 해방되는 현상이 나타났다. 자유주의는 적어도 200년 전부터 개인을 높이 평가하고 개인의 해방을 약속했다. 그런데 자세히 들여다보면, 자유주의에서 언급했던 개인은 다소 가부장적이며 평생 동안, 심지어 여러 세대에 걸쳐 결속을 지향하는 가족의 연대에서 남성인 가장을 지칭했던 것이었다. 20세기 말에는 이렇게 자명한 것으로 치부되었던 것들도 아주 심각하게 문제가 되었다. 68세대가 이미 이데올로기적이고 이론적인 측면에서 토대를 준비했지만, 1980년대부터는 후기 현대의 특성에 맞게 이데올로기에서 완전히 탈피한 실제적인 삶의 실현이 흡인력을 발했다. "모든 개인은 자신의 (삶의) 방식대로 행복해야 한다"*라는 18세기 프로이센의 고상한 계명이 아주 원초적인 방식으로 진지하게 받아들여졌다. 인생의 파트너를 만나면 보통 아이를 낳는다는 결정(출산율에서도 독일은 아주 후기 현대적 성향을 보인다)이나 결혼 관계의 평생 지속과 같은 것은 더 이상 예전과 같이 자명한 사실이 아니었다. 그 결과 독신 가정 또는 인생을 살아가면서 만난 파트너, 그리고 아버지나 어머니가 다른 형제자매로 자유롭게 구성된 형태의 '패치워크 패밀리(Patchwork family)'와 같은 새로운 형태의 관계가 증가했다.

이러한 사회는 또한 완전히 다른 주거형태, 완전히 다른 양식의 일상적 생활공간과 대단위 도시 건축을 요구할 것이라고 생각할 수도 있을 것이다. 하지만 이러한 측면에서도 유토피아의 시대, 즉 이데올로기적 동인을 지닌 대형 프로젝트의 시대는 지나갔다. 급진적인 개인화의 성향이 전통적인 주거용 건물에서도 압도적으로 완성되고 있다. 이러한 건물들은 새로운 주거 공동체 또는 관리인을 둔 싱글 족을 위한 주거시설일까? 이러한 추측은 대체로 빗나

* 모든 종교에 대해 관용을 가져야 하며 다른 사람에게 피해는 입히지 말아야 한다는 의미다.

간다. 전통적인 단독 주택이나 방 네 개를 갖춘 아파트에는 자식 없이 부부만 계속 살고 있거나 아내와 이혼한 남자가 혼자 살고 있다. 20세기 말 주택 건축에 나타난 이러한 인습화 · 통속화 추세는 아마도 임의의 가능성이 지배하는 세상에서 관습이 주는 안정감을 찾으려는 동경이 표출된 것으로 보인다.

III.

'후기 현대'의 사회는 성공 스토리인가, 아니면 막다른 골목에 몰린 실패작으로 수정이 필요한 사회인가? 어쨌거나 직선적으로 나아가는 진보의 뱃머리에 자신이 서 있다고 보는 것은 바로 후기 현대의 문화적 자기인식에 상충될 것이다. 항로를 벗어나게 하는 파도, 방향을 바꾸는 바람, 그리고 심지어 일시적인 무풍 상태(침체)는 후기 현대사회의 주된 요소다. 그런데도 지난 몇 년 동안은 다양한 관점에서 후기 현대의 사회발전 모델에 대한 회의가 더욱 빈번하게 피력되었다. 후기 현대는 일장춘몽에 지나지 않으며, 자유의 낙원을 약속했으나 자본주의의 역동성이라는 가혹한 현실과 자체의 모순 때문에 실패할 약속에 불과한 것인가?

후기 현대는 1989~1990년의 역사적인 전환기 이전에 서방 사회의 정신에서 생겨난 것이었다. 독일은 동 · 서독 통일의 환호와 동시에 그 부담과 맞물려서 오늘날까지 서방의 주변국들에서보다 이러한 전환의 계기를 더 뚜렷하게 경험하고 있다. 동독 지역은 뒤늦게나마 일단은 고전적 현대라는 구상이 실현되어야 할 정도로 심각하게 현대성이 부족한 상태였다. 독일에서는 1980년대에서 물려받은 경제적 구조 위기가 통일 과정에서 해소되지 못하고 오히려 심화되었다. 이러한 위기가 후기 현대의 수단으로 해결되거나, 아니면 적어도 호도될 수 있을 것이라고 보기에는 더욱 회의적이다. 빈부의 격차는 더욱 커졌으며, 여기에 지역적인 차원이 새롭게 추가되었다. 동독 지역은 특히 젊은 계층, 고학력자들, 그리고 성공의 의지가 강한 사람들의 이탈로 고전하고 있다. 이러한 변화는 황폐하게 내버려진 촌락들, 텅 빈 조립식 건물들, 확대가 아니라 축소되고 있는 도시 등 사회의 물질적 측면에도 반영되고 있는데, 이는 건축 분야에서든 사회정책 분야에서든 후기 현대의 구상으로 더 이상 대응할 수 없는 문제들이다.

고전적 현대가 가져온 산물의 하나인 복지국가는 이제 더욱 분명하게 그 한계에 부딪히고 있다. 독일인들은 1980년 이후 이러한 한계를 더 분명하게 인식했는데, 예를 들어 연금보험은 인구통계의 추세로 볼 때 더 이상 지탱하기 어려운 한계에 봉착했다. 하지만 문화적으로나 정치적으로 방향을 바꿀 수 있는 능력이 부재했다. 반대로 고전적 복지국가는 지난 20년 동안 후기 현대가 약속했던 선택과 자유에 따른 부담과 리스크까지 떠맡아야 했는데, 우리는 그때야 이 점을 알아차리기 시작했다. 덜 일하도록 하는 복지국가는 절대 공짜가 아니라, 반대로 더 많은 재정 보조금의 투입을 요구했다. 개인주의화와 가족관계의 자유화가 가져온 경제적 결과들에 대해서도 마찬가지 진단을 내릴 수 있었다. 그것은 연금 부족을 초래하는 것은 물론이고 당장에 여성들과 아이들에 대한 사회생계비 보조로 이어지고 있었다. 우리는 종종 전면에 부각되었던 다원성이 어떤 비용을 초래했는지 오랫동안 망각하고 있었는데, 이제 그 비용의 정산을 요구받게 되었던 것이다. 독일로 이주한 외국인 자녀들의 사회적인 격리와 지역적으로 고립된 게토 형성, 실패한 통합과 부실한 교육 상황을 감안하면 1960년대 이후 좌파의 단골 메뉴였던 '다문화주의'의 위기도 이러한 사례에 속한 것이었다.

이러한 문제 영역에 대처할 수 있으려면 후기 현대는 문화적인 방향 설정에서도 '수정'이 불가피하다. 과거로 돌아가려는 역사화의 제스처는 별로 도움이 되지 못한다. 적어도 1989년 이후에 우리는 '역사의 종말'이 아직 오지 않았다는 사실을 알고 있지만, 이러한 인식에 상응하는 결론을 내리는 데는 여전히 어려움을 안고 있다. 오늘날의 시각에서 보면 순진한 것으로 보이는, 고전적 현대가 가졌던 낙관주의적 진보에 대한 신뢰로 회귀하는 것은 가능하지 않다. 그래서 미래의 전망을 다시 획득하려고 계획한다. 너무 오랫동안 고착되어 행동력이 부족하고, 장식적인 수준의 변화만 이루어진 사회에서 역동성을 다시 회복하겠다는 것이다. 그런데 사회적인 문제 영역은 이제 더는 고도의 임의성을 지닌 프로그램으로 다룰 수 없으며, 어떤 가치를 우선할 것이냐는 가치의 토론과 재정립을 요구한다.

따라서 수정된 후기 현대는 과격한 개인화의 경향에 균형을 잡아줄 수 있는 방식으로 사회적 공동체의 복귀라는 특성을 띠게 될 가능성도 없지 않다. 이는 가족 내에서의 개인적인 관계의 영역, 세대 간의 연합에서뿐 아니라 상실된 연대감을 새롭게 확인해야 하는 사회 전체에도 해당된다. 이렇게 되면 아마 후기 현대의 가장 화려한 총아, 즉 무한한 쾌락주의적 소비의 세계도 새로운 한계에 부딪힐 것이고, 그로 인해 취업노동을 포함한 전반적으로 생산적인 활동성을 다시 회복하는 것이 의제가 될 수도 있다. 앞으로는 사람들이 교육과 노후보장 등 사회와 자신의 존재를 지속하는 데 책임감을 갖고 자립적으로 투자를 해야 하므로 소비에 쓸 수 있는 돈이 줄어들 가능성이 높다. 그렇다고 당장 쇼핑몰의 조명을 끌 필요는 없다. 하지만 후기 현대사회의 이러한 수정은 구축되어 있는 인간의 환경에 어떤 형태로든 영향을 끼칠 것이다. 개인적인 부의 축적과 공공의 빈곤 사이의 간극이 몹시 커진 데 대해서는 발상의 전환이 있어야 한다. 학교, 수영장, 시청, 교회 등 우리 주변에 있는 공공의 인프라 시설은 현대의 풍요롭던 시기에 건설된 것들인데, 계속 낡아가고 있으며 어떤 지역에서는 이미 쇠락의 조짐도 보이고 있다. 향후 20년은 사회와 건축, 정치와 도시 건설이 교차하는 영역에서 생겨나는 이러한 도전에 지속적으로 영향을 받을 수도 있다.

'잠자는 공주의 나라'에서 깨어나라!*

현대의 회복을 위한 변호

I.

일간신문 경제면을 보면 현재 독일의 철강 경기는 서유럽 국가들이 몹시 부러워할 정도로 세계적인 호황을 구가하고 있다. 철강 산업은 이미 시대적으로 종말을 맞은 사양 산업이 아니었던가? 그런데 중국과 세계의 다른 지역에서는 수십억에 달하는 사람들이 확신에 찬 자세와 엄청난 속도로 현대의 세계에 진입하고 있다. 요즘 중국 상하이를 둘러보면 100년 전 사람들이 시카고나 뉴욕 또는 베를린의 성장을 보고서 느꼈을 법한 현기증이 엄습할 정도다. 그리고 이러한 현기증에는 점차 새로운 종류의 불편한 기분도 더해지고 있다. 몇 년 전만 해도 구유럽은 확실한 우월감에 사로잡혀 착각하고 있었다. 유럽에서 철강시대는 과거사에 속하는 것이었고 그것은 나름대로 좋은 측면

* 독일의 낭만주의 동화 작가 그림 형제의 동화 「잠자는 숲속의 공주」에서 따온 것이다.

도 있었다. 왜냐하면 우리는 그와 같이 외형이 조야한 것을 별로 중요하게 여기지 않는 후기 현대에 도달했기 때문이다. 세계의 다른 지역이 이를 당장 따라잡아야 한다면, 그것은 문제의 지역이 기술적으로 공룡시대에 머물고 있으며 아울러 여전히 이러한 시대의 투박하고 순진한 사고방식을 고수하고 있음을 보여주는 분명한 표시로 치부되었다.

그런데 그 사이 우리는 더 이상 그렇게 확신만 할 수 없게 되었다. 세계 다른 지역의 성장 성과와 우리가 맞고 있는 지속적인 위기를 보면 전혀 다른 해석이 필요하다. 우리가 오래전에 결별할 수 있다고 여겼던 현대가 아직도 세계사적인 종착점에 도달하지 않았을 가능성이 높은 것이다. 현대의 역사는 계속되고 있고, 우리 자신은 후기 현대의 개척자가 아니라 좌초한 배에서 뛰어내린 사람들, 본대를 따라잡지 못한 탈영병일 가능성이 크다.

21세기에 접어들어 비판적인 눈으로 주위를 둘러보고 개별적인 조사 결과를 모아 전체적인 그림을 그려보면, 독일은 여러 분야에서 여전히 낙후성을 벗어나지 못한, 현대화되지 못한 나라로 나타난다. 우선 독일은 약 한 세대 전부터 핵에너지에서 유전공학에 이르기까지 실제로 어떤 리스크가 있는지 논쟁을 벌여볼 만한 가치가 있는 분야에서 리스크가 따르는 새로운 대형 기술을 적용하는 것을 포기해왔다. 그뿐만 아니라 별다른 리스크가 없는 일상적인 기술에서도 뒷전으로 물러났는데, 그동안 통상적인 자기도취에 빠져 이를 알아차리지 못했을 뿐이다. 인공지능 교통 시스템은 이러한 사례의 하나다. 독일은 아주 복잡한 시스템의 고속도로 화물 차량 통행세 징수 기술을 도입하려다가 하마터면 실패할 뻔했다. 다른 나라에서는 이미 오래전부터 통행 차단기에 자그마한 플라스틱 카드를 집어넣는다. 그리고 독일의 고속도로에서는 정체가 생기면 고속도로 위를 지나는 다리에 철제 경고 표지판을 수작업으로 내거는 경우가 많은데, 정체가 풀려 교통이 원활해진 뒤에도 한참 동안 표지판이 그대로 남아 있기도 한다. 루르 지역에서는 앞으로 몇 년 내에 전자장치로 교통상황을 알려주는 전광판을 시험할 것이라고 한다. 그런데 최근에 자동차를 타고 알프스 티롤에서 이탈리아로 연결되는 브레너 터널을 지나가본 적이 있는가? 이탈리아에서는 이미 오래전부터 전광판을 이용하고 있다.

독일에서는 이제 일부 슈퍼마켓에서 고객이 직접 물건을 들고 계산대를 통과하면서 상당히 혁신적이 되었다는 기분을 갖는다. 이것이 다른 지역에서는 이미 시험을 거쳐 일상적으로 이용하는 기술이라는 점을 알고 있는가? 그런데 기술적인 것은 문제의 절반에 불과하고, 문제의 나머지 절반은 우리가 갖고 있는 심리적 우려다. 말하자면, 고객이 '계산대에서 물건을 직접 스캔해도 괜찮을까?' 하고 걱정하거나 '혹시 그것은 고객을 너무 푸대접하는 것이며 아울러 일자리를 없애는 처사는 아닌가?' 하고 걱정한다. 물론 이런 질문을 해볼 수는 있겠지만, 독일인은 유달리 이런 걱정에 크게 시달리는 편이다.

늦어도 이쯤에서 현대사회가 경제와 기술, 단순한 도구적인 지식과 이러한 지식의 활용으로만 정의되는 것이 아니라 더 상위의 가치들, 즉 사회의 진보, 개인의 자유, 연대적 삶의 수준으로 정의된다고 이의를 제기할 수도 있을 것이다. 그런데 바로 후자의 영역에서도 독일은 후진성을 면치 못하고 있으며 현대성이 부족하다는 점이 아주 명백하다. 우리는 이러한 사실을 입증해주는 국제적 비교연구의 결과를 정기적으로 접하고 있다. 그것은 어학능력 및 전문지식의 부족, 상대적으로 낮은 대학졸업 비율 등 교육제도의 결함에서부터 시작된다. 최근에는 어린이와 청소년의 태도, 즉 여자 아이들의 흡연과 남자 아이들의 폭력 문제와 관련해서도 독일은 좋지 않은 순위에 올라 있다. 원칙적으로 잘 알려져 있으면서도 개선될 조짐이 보이지 않는 문제로는 여성의 취업활동이 있는데, 여성들의 직업 경력이나 상위직 진출에서 독일은 여타 선진국과 비교할 때 성적이 좋은 편이 아니다. 그리고 이주한 외국인들을 사회적으로 통합하는 문제에서도 독일은 대체로 실패했다.

이러한 현실만큼이나 경악스러운 것은, 우리가 이러한 영역 중 많은 영역에서 변화와 새 출발의 용기를 거의 보여주지 못하고 있다는 점이다. 오히려 경직된 태도로 이러한 상태를 참아내려는 모습을 보이며 전체적인 실상을 인정하기를 거부한다. 그런데 독일의 기술적 · 경제적인 후진성과 사회정책상의 후진성은 서로 연관된 사안이며 동전의 양면과 같은 것이 아닌가 하는 생각이 든다. 물론 이것은 듣기 좋은 진단은 아니다. 왜냐하면 이러한 진단에 담겨 있는 과격한 요구는 고전적인 '좌파'나 전통적인 '보수주의자들'에게는 원치 않는 결과를 수반할 수도 있기 때문이다.

독일은 그림 형제의 동화에 나오는 '잠자는 숲속의 공주'와 같은 병에 걸려 있다. 그러나 잠에 취한 지역을 벗어나면 삶은 계속되고 있고, 현대는 그 모든 갈등과 긴장 관계를 수반하면서 계속 전개되고 있다. 하지만 독일에서는 시간이 정체되어 있고 모든 발전은 중단되었거나 아주 느리게 진행되고 있다. 우리는 너무 오랫동안 잠들어 있는 공주의 성에 살면서 그것을 역사의 종착점으로 혼동하고 위안을 얻으려 했다. 그런데 이제 후기 현대에서의 불안감이 점차 늘어남을 보여주는 첫 조짐이 나타나고 있다. 현대를 다시 회복해야 할 시간이 되었다.

II.

'현대'라는 프로젝트는 유럽과 북미 지역에서 적어도 18세기 이후에 모습을 드러냈다. 그 밑바탕에는 역사가 제자리걸음을 하는 것이 아니라 미래를 향해 나아가고 있다는 의식이 깔려 있었다. 그리고 이러한 미래는 바로 인간에 의해 창출되는 진보로 이해되었다. 변화는 또 다른 변화를 유도했고, 세계와 자신의 삶을 가속화하는 경험은 현대의 본질적인 경험의 하나가 되었다. 계몽주의는 신화를 합리성으로 대체했으며, 인간과 주변 환경을 연구하고 측량했고, 이러한 방식으로 정치적 행동을 위한 척도를 얻으려는 노력을 기울였다. 개인의 발견이라는 단계를 지나서 개인의 권리 보호라는 계명이 생겨났으며, 아울러 각 개인은 적극적으로 오성에 맞게 살아야 한다는 요청도 생겨났다.

19세기에 들어와 산업화는 이러한 현대적 삶의 방식에 새로운 가능성을 열어주었다. 현대는 경제성장이라는 패러다임으로 정의되었고, 자본주의와 산업, 과학 및 기술이 집약된 아주 복잡한 네트워크로 이해되었다. 하지만 사람들은 동시에 근본적으로 위협을 받는다고 느끼면서 불안감에 사로잡혔는데, 이는 특히 19세기에서 20세기로 넘어가는 세기 전환기에 지배적인 감정이었다. 현대의 프로젝트는 제1차 세계대전이 있기 전에 진보에 대한 낙관적 도취와 더불어 깊은 당혹감도 수반한 산업적 대중사회에서 전형적인 형태를 취했는데, 우리는 지금도 여전히 이러한 전형적인 현대의 상황에 처해 있음을 다시 깨닫게 된다. 역사가들도 얼마 전부터 미술사에서 사용된 개념을 차용하여 '고전적 현대'라는 개념을 동원하고 있다.

그런데 당시의 불안감은 곧장 위대한 전망과 유토피아적 구상에 의해 묻혀 버렸고, 현대의 원리들은 이러한 전망과 유토피아적 구상에서 다시 한 번 고조되고 과격화되는 양상을 띠었다. 세계를 합리적으로 기획하고 조직해야 한다는 요구는 20세기에 접어들어 현대가 표방한 또 다른 약속인 자유 및 인권의 신장과는 합치되기 어려운 정치적 프로젝트의 형태로 나타나기도 했다. 바로 이것이 오늘날까지 독일에서의 현대의 경험과 현대에 대한 비판의 배경이 되고 있다.

그럼에도 전망과 유토피아는 정치적 환경이 변화된 상황에서 1945년 이후 다시 한 번 위대한 시기를 경험했다. 앞서 몇십 년 동안 정상적인 궤도에서 이탈하고 막다른 골목에 몰리기도 하며 대재앙(전쟁)을 경험하기도 했지만, 무한한 진보와 퇴색되지 않은 낙관주의, 성장, 그리고 기술적 · 경제적 확신을 표방하는 조짐이 제2차 세계대전 후에 나타났던 것이다. 이는 1960년대와 1970년대 초에 상상했던 2000년대의 미래상을 한번 회상해보면 알 수 있다. 2000년의 사람들은 아주 완벽하고 자동화된 여가의 세계를 맞을 것이며 자신이 사는 고층건물 지붕에서 바로 UFO와 비슷하게 생긴 개인 헬기를 타고 고가도로와 갱도가 복잡하게 얽혀 있는 도시 위를 날아다닐 것이라고 상상하곤 했다. 그것은 마치 르코르뷔지에의 합리적 냉철성과 프랭크 로이드 라이트의 낭만적 도취가 합성된 것과 같은 세계였다.

그로부터 30~40년의 세월이 지난 오늘날의 시점에서 보면 이 중 무엇이 현실이 되었는가? 거의 아무것도 실현되지 못했는데, 물론 이는 보는 시각에 따라 반드시 유감스럽게 여길 것만은 아니다. 그런데 이러한 전망에 대한 회상이 완전히 퇴색되기도 전에 우리는 세계의 다른 지역에서 이러한 전망이 실현되고 있음을 보고 있다. 이러한 지역은 현대에 대한 믿음을 아직 잃어버리지 않고 유례없는 활력을 펼쳐 보이면서 우리의 도시뿐 아니라 경제와 정신 상태까지 낙후된 것으로 보이게 만들고 있다. 우리는 과거의 유토피아를 추구하거나 미래의 중국을 쫓아가려고 열성을 다하지는 않겠지만, 다른 대안을 찾는 것을 포기한 것에 대해서는 자책감을 가져야 할 것이다. 그런데 독일, 특히 서독 지역 대부분은 이러한 각성 대신에 여전히 1970년대와 같은 모습을 보이고 있다. 문제는 '독일이 겉으로만 과거의 모습을 하고 있는 것이지 내적으로는 새로운 나라가 생기고 있다고 누가 자신 있게 말할 수 있겠는가' 하는 것이다.

III.

우리는 언제, 어떻게, 그리고 무엇 때문에 현대를 상실했을까? 되돌아보면 1970년대 초에 역사적인 전환의 계기가 있었다는 점이 더욱 분명하게 드러난다. 오래 지속되었던 전후의 번영기가 막바지에 발생한 1차 석유위기는 예상치 못했던 충격파를 던졌다. '로마 클럽'은 '성장의 한계'를 발표했다. 다른 어느 지역보다 독일에서는 이렇게 경제적으로 브레이크가 걸리면서 사회의 여러 영역에서도 진보에 대한 의식을 완전히 상실하는 방향으로 나아가는 대대적인 문화적 전환이 생겨났다. 상황을 냉철하게 분석하고 도전에 적극적으로 대처하는 대신에 독일은 고슴도치처럼 위축되었으며, 그동안 달성한 성과들을 관리하는 데 머물렀다. 미래에 대해 더 이상의 기대를 할 수 없게 되었다. 따라서 성장의 한계라는 진단은 자기 충족적 예언(self-fulfilling prophecy)이 되었다.

우리는 전반적인 수축 현상에 대해 이야기하면서, 이러한 수축이 실제로 현실화된 것은 아니라는 점을 인정하려고 하지 않았다. 지난 수십 년간 서독에서 제시된 잘못된 인구 추세 전망은 이러한 맥락에서 이해될 수 있다. 1980년에 나온 귄터 그라스(Günter Grass)의 『머릿속의 출산(Kopfgeburten)』은 전형적인 사례다. 그것은 '독일인이 멸종하고 있다'는 가상의 진단, 그리고 핵전쟁, 고도의 군비 확장, 미래에 대한 불안이 가득한 상황에서 미래는 살 만한 가치가 있는 것일까라는 고민을 담은 것이었다. 하지만 이후 독일의 인구는 전체적으로 증가했으며, 서독의 여러 지역에서는 아주 뚜렷한 증가세를 보였다. 하지만 이와 연관된 인프라, 도시 건설과 노동시장에 닥치는 도전들은 한 번도 중요한 의제가 되지 못했다. 우리는 오히려 파산 상황을 논의하면서 더 편안해했다. '성장하는 도시'라는 구상을 추구하던 당시 함부르크 시장은 오히려 심한 조롱과 조소를 받았다.

미래의 전망이 상실된 자리에는 무엇이 들어섰을까? 1970년대 초의 시기가 서구 사회에서 전반적인 역사화의 추세가 개가를 거둔 시기와 일치하는 것은 우연한 일이 아니다. 아주 광범위한 의미에서의 역사화 추세가 나타났는데, 여러 정황을 보면 독일은 특히 20세기의 부담스런 과거사로 이런 역사화 프로그램을 더욱 강하게 받아들였던 것으로 보인다. 대단위 기획의 포기, 보존과 재구성, 역사화의 추세는 건축과 도시 건설에만 영향을 준 것이 아니라 사회의 문화적 생산, 미학적 · 지성적인 차원에서의 정체성 확인과 같은 영역에도 영향을 끼쳤다. 1960년대에 현대에 대한 숭배가 역사성을 대거 상실한 형태로 국제적으로도 최고조에 달했던 상황을 감안한다면, 역사화의 추세는 우선은 이에 대한 반대운동으로 이해될 수 있는 것이다. 특히 독일에서는 전후에 도시들이 파괴된 진공상태에서, 그리고 '제3제국' 이후 새로운 독일의 건국이라는 문화적 정체성을 확인하는 형태로써 현대에 대한 숭배가 역사성을 상실한 형태로 대거 전개되었다. 그런 만큼 이제 세대교체와 문화적 분위기가 변화된 상황을 맞아 반대 방향으로의 운동은 큰 진폭을 보였다. 보존화의 추세는 아주 빈번하게 혁신을 압도했고 때로는 모든 역사적 형성물의 보존이라는 독단으로 나갔다.

그러나 그와 같은 여건에서는 어떤 사회도 자신의 미래를 창출할 수 없다. 도시 건축은 단순한 상징을 넘어 이를 구체적으로 보여주었다. 브레멘에서는 1950년대에 건설된 시청 강당을 새로운 필요에 맞추어 보수, 개조하고 확장하는 사업이 거의 불가능할 뻔했다. 쾰른에서는 세계문화유산보호기구(유네스코)가 도시의 문화적인 모습이 훼손되는 것을 반대했기 때문에 고층 건물을 신축하는 데 상당한 제약이 있다. 독일, 아니 현대의 세계는 거대한 박물관이 되어버린 것일까? 만약 문화재 보호와 같은 원칙들이 이미 100년 전, 200년 전 또는 500년 전에 적용되었다고 가정해보자. 우리는 여전히 목재와 진흙으로 지은 오두막에서 살고 있을 것이며, 오늘날 우리가 경탄을 표하면서 단호하게 보존하려는 이른바 '역사적인' 건축물은 거의 생겨나지 못했을 것이다. 사실은 거의 모든 성(城)과 모든 건물, 모든 주거 형태는 언제나 새로운 시대의 요구에 맞추어 개조되었으며, 건축물들은 다양한 시대, 새롭고 위대하며 나은 것을 추구하는 희망을 반영해왔다.

지성적인 차원에서 가해진 현대에 대한 이러한 과격한 비판은 아울러 더욱 높은 차원에서 정당화되었다. 진보가 있는 곳에는 늘 진보에 대한 회의도 있었다. 계몽주의는 종종 단순하며 이른바 '자연적인 것'으로 여겨지는 질서의 안전으로 단호하게 복귀하려는 동경도 보였다. 이러한 경향은 루소부터 카를 마르크스 그리고 20세기에는 그의 사상을 강제적으로 실행하려 했던 인물들에게서 나타났다. 한때는 거대한 정치적 · 이데올로기적 진영이 현대를 긍정하는 진영과 부정하는 진영으로 분열된 적도 있었다. 전통적인 좌파는 진보의 편에 섰지만, 전형적인 보수주의자들은 진보가 갖는 기술적 결과와 사회적 결과를 핑계로 들면서 진보를 부정했다. 20세기에 들어서는 지성인 계층이 내부적으로 크게 분열했다. 막스 베버(Max Weber)는 '서구 합리주의'의 전개를 열정적으로 분석하면서, 다른 한편으로는 근대의 위대한 약속인 개인의 자유가 점차 '강철과 같이 단단한 쇠창살'에 강제로 구속되었다고 한탄했다. 20세기 중반에는 역사적으로도 더 이상 논쟁의 여지가 없는 사실이 하나 확인되었는데, 그것은 원래 계몽주의에는 호르크하이머(Max Horkheimer)와 아도르노(Theodor W. Adorno)가 기술한 것과 같은 '계몽의 변증법'이 내재해 있다는 진단이다.

그러나 이 계몽의 변증법은 1970년대 이후 분명하게 한쪽으로 치우치는 모습을 보였다. 현대의 장점들과 이러한 장점들을 지속하겠다는 의지는 점점 보이지 않게 되었다. 일부 보수주의자들은 다소 성급하게 승리의 제스처를 취하면서 역사화의 추세에 동조했다. 그런데 더 중요하고 영향력이 컸었던 것은 이른바 '좌파적 현대'(좌파의 입장에서의 현대의 옹호)도 포기된 것인데, 자라나는 학자 세대 전체가 이러한 추세에 동조했다. 이는 단호한 발언의 형태나 모호한 감정의 형태로 나타났다. 하여튼 서구의 현대는 더 이상 확산하지 말아야 할 역사적 오류로 간주되었다. 나아가 현대를 고통스러운 것으로 여기고 현대에서는 자신이 제약을 받고 지배당하고 억압당한다고 여기기 시작했다. 막스 베버가 저항과 이성을 동원해 열어젖히려 했던 '쇠창살'과는 다른 것이었다. 이제 '쇠창살'의 자리에는 프랑스의 철학자 미셸 푸코(Michel Foucault)의 '감옥'이 들어섰다. 푸코는 근대를 인간을 훈육하고 감금하는 강압적인 프로젝트로 파악했으며, 따라서 현대를 진보의 역사가 아니라 상실의 역사로 규정했다. 푸코의 논증은 종종 더 세분화된 형태로 이루어졌지만 젊은 학자층에서는 통속적인 푸코주의자의 생활 감정이 급속히 퍼져나갔다. 현대를 여전히 정당화하려는 시도나 현대를 진정한 야누스의 얼굴로 제시하는 것은 그 즉시 조롱을 받고 지적인 후진성으로 간주될 정도였다.

전후 서독 사회에서 대단한 반향을 얻었던 이러한 추세 역시 서방의 추세를 보여준 것이다. 왜냐하면 부모세대와 조부모세대는 현대의 기술관료적 프로젝트를 철저하게 추진하려 시도했다는 이유로 비판을 받았던 것이다. 민족사회주의는 20~30년 전부터 격세유전이나 낭만적 후진성에서 나온 것이라기보다는 현대성의 실현이라는 망상이 과격하게 나타난 것으로 간주되고 있는데, 이는 타당한 시각이다. 유대인 대학살(홀로코스트)은 지그문트 바우만(Zygmunt Bauman; 폴란드 태생의 유대계 사회학자 — 옮긴이)이나 다른 학자들에 의해 현대성의 결과로 해석되었다. 이러한 시각이 현대를 오해한 것에서 나온 것인지 (하여튼 이러한 해석은 현대의 근본 사상을 해석하는 데서 극단적인 선택적 경향을 보여주는 것이다), 아니면 격리와 정화, 근절의 시도가 18세기 이후 계몽주의의 최종적이고 논리적인 결과에 해당하는 것인지에 대해서는 아직도 의견이 분분하다. 하여튼 적극적인 활동을 펴는 현대에 대해 독일에서 특히 문화적인 저항감을 보이는 것은, 인종적인 차원과 사회정책적인 차원에 초점을 맞춘 과도한 엔지니어의 사고에 내재해 있는 (기술)만능주의의 가공스런 측면을 나치의 경우에서 역사적으로 경험했기 때문이다. 이러한 이유에서도 독일에서는 오늘날 기본적인 기술의 개발과 활용에서 많은 어려움을 안고 있다.

이러한 상황에서 좀 더 합리적인 방향을 찾는다는 것은, 역사를 소거하거나 역사에서 아무런 교훈도 이끌어내지 않겠다는 의미가 아니다. 하지만 역사의 포로가 되어서도 곤란할 것이다. 과거에 시달리는 것은 행동력과 혁신의 능력을 저해하기 때문이다. 다른 한편으로 현대에서의 삶은 이미 너무 복잡하고 수고스럽다고 여기는 낭만주의적 생각에 잡혀 현재 상황을 감수하려는 경향도 보인다. 하지만 독일이 이러한 탈현대(포스트모던)의 정서를 가지고는 세계적으로 더욱 불리한 위치로 내몰릴 것이다.

IV.

위르겐 하버마스는 25년 전인 1981년에 발표한 중요한 에세이 중 하나에서 현대를 '미완성의 프로젝트(ein unvollendetes Projekt)'로 규정하고 있다. 이러한 공식은 자주 인용이 되었지만, 충분히 진지하게 받아들여지지는 않았다. 물론 문제가 되었던 당시의 상황도 이후에 변화가 있었다. 다양한 보수적인 추세의 '반(反)'현대, '전(前)'현대 또는 '후기(後期)'현대(포스트모던)는 당시 하버마스가 우려했던 것처럼 그렇게 영향력을 발휘하지 못했다.

반면에 하버마스가 부차적으로 표명했던 우려, 즉 '한 줌의 전현대주의 양념이 가해진 반현대주의가 녹색당과 대안 그룹들을 중심으로 발붙이고 있다'는 우려는 적중했다. 이러한 정신적 태도는 적어도 일시적으로는 사회민주주의 진영에까지 침투했다. 독일의 정치 · 문화는 환경 분야의 의제가 현대의 비판 및 혁신에 적대적인 것과 연결되는 것을 자연법칙처럼 받아들였다. 그런데 이러한 상황은 불행하고 특이한 사례로서, 그것이 나아간 방향과 결과에 대해서 우리는 결산을 해보아야 할 것이다.

다른 한편으로 나쁜 것이라고 비판받는 기술과 자본주의를 넘어서는 사회정책적 · 문화적인 현대화라는 하버마스의 전망도 너무 미흡한 것으로 드러났고 경험적으로도 반박되었다고 말할 수 있다. 모든 과학기술혁명이나 모든 자본주의의 발전 역량이 사회를 진보시키는 것은 아니다. 그런데 그 반대의 논리, 다시 말해 경제와 기술이라는 냉혹한 현실을 외면하고서는 사회적인 진보와 문화적인 역동성을 달성할 수 없다는 논리는 타당한 것으로 보인다. 현대의 다른 절반에 대해서는 저항을 하면서 논의의 차원과 사회적 관계에서만 조화를 유지하는 것, '단지' 합리적이기만 한 삶이라는 것은 비현실적인 대안이다. 1980년대 말 체르노빌 원전사고가 있은 후에 '리스크 사회'라는 표현이 주목을 끌었다. 현대에서의 삶은 화산 위에서 춤추는 것과 같다는 것이다. 우리는 이러한 리스크 사회를 그렇게 열심히 입에 담으면서도 이를 진지하게 인정하지 않았다. 오히려 현대에 내재된 리스크를 완전히 회피하거나 어느 정도 무력화하려는 방향으로 전략이 취해졌다. 우리는 리스크가 높은 사회에서 살아가는 법을 여전히 배워야 한다.

이는 추상적인 집단에 대해서뿐 아니라 각 개인의 능력에도 해당하는 것이며, 이미 막스 베버가 모색했던 것으로 현대적이면서 따라서 더욱 복잡해진 삶의 차원에 해당하는 것이다. 간단하게 말한다면, 삶은 가장 가혹한 현실의 하나이며, 현대에서의 삶은 더욱 그렇다는 것이다. 현대에서의 삶은 여러 역할을 수행할 수 있는 능력, 갈등을 감수하는 능력, 자립적인 삶을 포기하지 않는 의지를 필요로 한다. 독일 축구 대표팀 감독을 맡았던 유르겐 클리스만과 같은 사람이 자신이 거주하는 캘리포니아에서 다양한 일을 처리하고 동시에 '우선 순위대로 일하는 법'을 배웠기 때문에 자신이 독일 대표팀 감독을 맡아도 될 자격이 있다고 주장한다면, 이는 결국 독일에서 사는 보통 사람들의 자부심이 상당히 취약하다는 것을 보여주는 것이다. 그런데 살아가는 데 필요한 실질적인 능력을 습득하는 대신에 대용 능력을 습득하는 데 그치는 경향이 많다. '철인 3종 경기'를 치르거나 높은 다리에서 번지 점프를 하는 사람은 실제의 삶에서 육아와 가정을 직업과 조화하는 어려운 일은 포기하면서 대신 위안을 얻을지도 모른다. 하지만 그것은 실제로는 개인적으로 자기 능력을 입증해 보였다는 빈약한 환상에 불과한 것이다. 우리는 현대의 진정한 도전을 다시 받아들이는 법을 배워야 한다.

이는 과거, 다시 말해 이제는 마치 재앙의 징후와 같은 것으로 여겨지는 시기, 즉 성장에 매몰되었던 1950년대와 1960년대로 돌아가는 것이 아니다. 오히려 그 반대다. 현대는 경직된 채 불면하는 단 하나의 상태가 아니라 운동의 원리다. 이러한 원리를 회피하려 들면 결국은 아주 큰 대가를 치르게 된다. 이러한 현대에서는 주도적으로 행동에 나서지 않고 스스로를 희생자로 여기는 자는 이미 패배한 것이다. 우리는 스스로 변화와 혁신, 역동성을 추구하는 자세를 가져야 하며, 이제는 자신감을 갖고 현대를 주도적으로 받아들이는 자세를 가져야 한다.

반서양주의

현대를 둘러싼 문화적 갈등의 양상

독일을 포함한 여러 서방 사회가 2001년 9월 11일 이후 거쳐온 길을 묘사한다면, 테러가 일상이 되고 공동생활에서 공공연하고 살인적인 폭력의 위세가 현실을 짓누르는 당혹감으로 자리 잡았다고 표현할 수도 있을 것이다. 뉴욕을 떠올리면 현대미술의 거장인 설치 예술가 크리스토(Christo)와 잔-클로드(Jeanne-Claude) 부부의 '낙관주의적 오렌지'와 '그라운드 제로(Ground Zero)'의 섬뜩한 회색 풍경이 겹친다. 2004년 3월 11일에 있었던 스페인 마드리드의 열차 테러, 그리고 같은 해 11월에 반이슬람 영화를 제작한 반 고흐(Theo van Gogh) 네덜란드 영화감독이 살해된 사건은 이슬람 근본주의자들의 폭력이 유럽의 심장부에까지 진출했음을 보여주었다. 반 고흐 감독 살해는 정치적인 암살이 아니라, 아직까지 이런 개념의 범주는 없지만 일종의 문화적 살인이었다. 하지만 상황이 이렇게 변했다고 해서 테러범들에게 납치된 항공기를 격추시키는 것이 정당한가를 따지는 문제가 부차적이 되었다고 말할 수는 없다. 지속적으로 엄습하는 위협, 심한 동요는 일상 속 문화의 충돌과 연관된 것이다. 따라서 최근 몇 년 동안, 특히 반 고흐 감독 살해 사건 이후 안전 문제보다는 다문화·병행사회 및 사회 통합이라는 긴장 영역에서의 평범한 일상에 대해 우선은 토론이 벌어지고 있는데, 이것은 아주 정당한 것이다. 일상에서 부딪히는 이러한 문제로는 이슬람 신앙을 가진 소녀에 대한 수영 강습, 머리에 두건(이슬람의 히잡)을 쓰는 문제, 그리고 베를린 노이쾰른 구에서 터키계 청소년들이 완전히 방치된 상황 등이 있다.

불안해진 서방세계는 이슬람의 도전을 맞고 있다. 그리고 북미 지역보다는 특히 유럽 지역이 요란한 격정의 상태에 빠지지 않고서는 자신의 이상을 표현하기가 더욱 어려운 상황이다. 서방은 오래전부터, 다시 말해 서구적인 진보의 이상이 1970년대에 들어 문화적으로 크게 흔들린 이후부터 자신에 대한 회의에 젖어 있다. 아울러 서구에는 과거 식민지주의로 인한 가책도 남아 있다. 독일에서는 늘 자신의 과거사 때문에 부담을 안고 있으며, 따라서 자유주의 질서를 실제로 위협하는 세력은 독일 내에서는 영원히 수구적인 세력일 것이라는 식의 본능적인 반응을 보인다. 하여튼 독일은 네오나치 세력이 국회의사당이나 유대인 학살 기념물에 접근할 경우 어떤 대응을 보여야 할지 잘 알고 있다. 반면에 자유를 위협하는 새로운 적에 대한 독일 사회의 대비는 열악해 보인다. 어쩌면 이러한 도전은 전혀 새로운 것이 아니라 단지 겉모습만 달리한 우리 자신의 역사를 보여주는 것일까? 다시 말해 유대인 배척주의나 살의를 느낄 정도로 고조된 질서 의식에 잡혀 있는 평등하고 자유로운 사회, 자본주의적 현대에 대한 우려를 보여주는 것일까? 하여튼 지금은 자신을 설계하는 데 몰두하는 시기가 아니라 외부, 즉 자신에게 접근해오는 타자에 대해 매우 불안스러운 시선 또는 동경의 시선을 보내고 있는 시기다. 단단한 뿌리는 사라진 듯이 보이며, 독자적인 입지는 리스크를 감행해야 하는 현대의 모래 바람을 맞아 흔들리고 있다. 따라서 타자에 자신을 투사시키는 시기가 찾아왔는데, 이러한 현상은 역설적으로 현재 동방은 물론 서방에도 해당한다.

I.

지금은 고전이 되어버린 '오리엔탈리즘'이라는 개념은 타자에 대한 서방의 문화적 구상, 다시 말해 서방의 관찰자가 '타자'에 대해 인위적으로 만들어낸 것으로, 관찰의 대상에 불과한 타자는 아무 저항도 할 수 없는 개념이었다. 얼마 전에 고인이 된 팔레스타인 출신의 문화학자 에드워드 사이드(Edward Said)는 25년 전, 하필이면 서방의 정체성이 흔들리기 시작하던 시기에 뉴욕에서, 서구가 18세기 후반부터 만들어낸 오리엔트라는 개념은 하나의 권력의 역사, 지식과 담론의 역사에 지나지 않는다고 규정했다.[8] 나폴레옹과 모든 다른 정복자들의 배후에서 연구자들이 뒤를 따라가면서 유혹적이면서도 위협적으로 보이고, 생동감이 있으면서도 별 희망이 없어 보이는 낙후된 이국적인 동방에 대한 자신들의 이미지를 오리엔트라는 새로운 학문의 범주로 포장하여 겉으로 보기에 그럴듯하게 객관화시켰다는 주장이다. 이러한 작업은 사실상 식민지 작업에 나선 서방이 자신의 정체성, 자신의 권력의 우위를 확인하는 행위였다는 것이 에드워드 사이드의 견해였다.

관점을 바꾸어 도대체 동방은 서방에 대해 어떤 이미지를 갖고 있을까 하는 질문도 한번 가져볼 만하다. 이슬람세계에 형성되어 있는 유럽과 미국에 대한 문화적 이미지도 이국풍으로 가득한 모습, 그리고 반박하기 어려운 수단, 다시 말해 과학이 아니라 초월적인 계시를 동원해 자기 세계의 우월성을 과시하는 전략적인 담론으로 가득한 사회의 모습이 아닐까? 뛰어난 저술가인 이언 버루마(Ian Baruma)와 아비샤이 마갤릿(Avishai Margalit)은 이러한 '옥시덴탈리즘

(Occidentalism; 반서양주의)'을 자세히 들여다보는 작업에 함께 나섰다. 런던 출신의 정치 평론가인 이언 버루마는 국제 갈등의 분석가로서도 명망을 가졌으며 ≪뉴욕 리뷰 오브 북스(The New York Review of Books)≫의 편집자다. 그리고 아비샤이 마갤릿은 예루살렘 출신의 사회철학자로 독일에서도 토론되고 있는 '존엄성을 갖춘 사회'라는 구상을 제시했던 학자다.[9] 두 학자가 공동으로 펴낸 저서는 이슬람 근본주의자들의 증오에 대해 서구의 현대를 옹호하는 책인데, 특히 이슬람 근본주의자들의 증오심이 결정적으로 어디에서 나온 것인지 밝혀내고 있다. 즉 두 저자는 여러 목소리를 용납하는 현대적인 대도시 생활에 대한 경멸, 서방의 교역 정신에 대한 증오, 서구 문화의 자본주의의 우세에 대한 적대감, 그리고 원초적인 통일성과 유기적 연관성 및 당연한 것으로 추정되는 경계들을 파괴해나가는 자유로운 정신에 대한 반감에서 이슬람 근본주의의 서방에 대한 증오심이 시작된다고 보고 있다. 여기서 휴식을 모르는 유대인, 돈만 아는 유대인, 두뇌가 좋은 유대인 등 서방에서 있었던 유대인 배척주의는 핵심적인 기능을 하면서 이러한 동기들을 총괄하고 있다.

그것은 이미 다 알고 있는 사실이 아닌가? 버루마와 마갤릿의 명제는 바로 여기에 있다. 즉 두 사람은 이슬람 전통의 다양한 차원에서 서구에 대한 이러한 이미지가 어떤 형태로 나타나며 그 뿌리가 무엇인지 더 정확히 밝혀내기에 앞서, 먼저 서구라는 거울에 비추어 그 대답을 찾고 있다. 그것은 마치 에드워드 사이드가 유럽의 식민지주의자들인 독일과 영국, 프랑스의 오리엔트 연구자들은 오리엔트에 대해 비판적이고 특히 문화적 경멸감이 담긴 이미지라도 제대로 확립할 정도로 충분한 지식이나 상상력을 갖추지 못했다고 주장하는 것과 같다. 따라서 유럽의 식민지주의자들과 오리엔트 연구자들은 아랍세계의 내부, 이슬람세계의 내부에 있는 갈등과 자화상을 끌어들여야 했고 이를 자신들의 목적을 위해 이용해야만 했다고 주장하는 것과 같다. 버루마나 마갤릿은 결국 '옥시덴탈리즘'을 단지 이슬람이 서방에 대해 갖는 증오심 정도로 보고 있으며, 결국 이슬람은 가장 심각한 현대의 위기에 처해 있는 서방이 더욱 스스로에 대해 혐오감을 갖게 하면서 어부지리를 취하고 있다고 본다.

III.

서방이 맞은 현대의 위기는 이미 오래전부터 선행 현상이 나타났고 오늘날까지 그 여파를 끼치고 있는데, 이러한 위기는 20세기 초반에 있었다고 볼 수 있다. 이언 버루마와 아비샤이 마갤릿은 몇십 년에 걸쳐 산업화와 도시화, 문화적 상업화와 자유화가 급격하게 확산되고 난 후에 유럽의 상당한 지역과 미국에서 현대화된 서양에 대한 과격한 부정이 깊은 당혹감의 형태로 나타나기 시작했다고 본다. 안정과 결속이 해체되고 있다는 감정, 통일적인 실존이 아니라 파편화된 실존이라는 감정은 문화 비판적인 반대운동을 촉발했다. 이러한 반대운동은 한편으로는 낭만적으로 미화된 통일성과 단순함으로 복귀할 것을 호소했으며, 다른 한편으로 질서에 대한 깊은 동경에서 나온 현대의 특정한 요소, 예를 들어 기술 만능주의나 집단화된 인간의 매력과 같은 것을 과격하게 그리고 유토피아적으로 고조시키는 모습으로 나타났다. 양자는 개방적 사회와 민주주의적 정부 형태를 거부하는 방향으로 흘러갔다. 고전적 현대가 이렇게 위기를 맞은 상황에서 가장 심한 동요를 보인 곳은 중심부인 서방을 선도한 국가들이 아니라 주변국이었다. 다시 말해 독일이나 이탈리아, 러시아, 일본과 같이 19세기 후반 이후 엄청난 압박을 받으면서 현대의 세계를 어떻게든 따라가려고 시도했던 나라에서 심한 동요가 있었다.

따라서 이러한 '옥시덴탈리즘'은 아랍권 도시들의 한복판이나 이슬람의 사상 세계로 나아가는 것이 아니라 우선은 곧 바로 독일을 향하고 있다. 왜냐하면 바로 이곳에서 서방에 대한 투쟁이 생겨났기 때문인데, 이러한 투쟁은 깊은 문화적 염세주의, 프리츠 슈테른(Fritz Stern)이 이미 40년 전에 기술한 것과 같은 '문화적 절망의 정치'라는 형태로 표출되었다.[10] 그렇다면 히틀러에게 환호를 보냈던 독일인들이 첫 이슬람주의자들이란 말인가? 버루마와 마갤릿은 구체적인 비교에는 관심이 없으며, 또 이들에게 중요한 것은 히틀러와 스탈린, 호메이니, 빈 라덴을 포괄하는 전체주의 이데올로기라는 종합적인 구상이 아니다. 이들은 오히려 서방에 대한 반대 담론의 원천에 초점을 맞추고 있다. 이들은 헤르더의 독일 낭만주의에서 출발해 러시아의 슬라브 민족주의를 거쳐 이슬람세계의 서양에 대한 담론까지 상당한 연속성이 있다고 보는데, 그러면서도 이러한 담론이 수용되는 경로에 대해서는 때로는 분명하게 밝히지 못하고 있다.

그런데 이러한 시각에서 생겨나는 결론은 무엇인가? 우리가 집게손가락으로 상대방을 지적할 때 나머지 세 손가락은 자신을 향하게 되는데, 저자들의 메시지는 바로 이 세 손가락을 겨냥하고 있다. 즉 서구인들은 너무 그렇게 독선적이고 가식적인 태도를 보이지 말아야 한다는 것이다. 즉 서구인들이 이슬람에 대해 가하는 비난거리는 우선은 서구에서 나온 것이라고 보는 것이다. 하지만 이와는 다른 결론도 가능하다. 다시 말해 최초의 '옥시덴탈리즘'은 미국의 강력함과 결단력, 군사적 수단을 동원해서라도 서구 사회를 나치 독일로부터 수호하겠다는 의지, 그리고 민주주의의 재교육이 성공할 것이라는 깊은 확신으로 인해 결정적으로 실패했다고 해석할 수도 있는 것이다. 그렇다면 현재 미국이 중동에서 추구하는 개입의 전략과 민주화된 오리엔트의 전망은 그렇게 잘못된 것이 아니란 말인가?

버루마와 마갤릿이 서술하는 '옥시덴탈리즘'의 역사에 반드시 동조하지 않더라도 이러한 질문에는 긍정적인 대답을 할 수도 있을 것이다. 버루마와 마갤릿의 명제는, 무엇보다 이슬람 근본주의는 구(舊)서방 사회(또는 주변적 서방 사회)가 보인 현대에 대한 근본적 비판을 그대로 따르고 있지 않다는 점에서 확고하지 못한 명제다. 이슬람 근본주의가 이론의 여지없이 많은 현대적 요소를 수용했으며 또한 많은 엔지니어들이 테러범이 되고 있는 사실을 감안한다고 해도 사정은 마찬가지다. 특히 각 사회에서 종교가 어떤 위상을 갖고 있는지 살펴보면, 서방에서의 현대 비판과 이슬람 근본주의 사이에 어떤 차이가 있는지 분명하게 드러난다. 서방의 반(反)현대주의와 그 독재자들은 무신론을 장려하면서 스스로를 대체 종교로 자처하거나 반(半)공식적인 대체 문화를 만들어냈는데, 이러한 대체 종교와 문화는 자코뱅파에서부터 일본의 국가 신도이즘까지 전통을 지닌 것이다. 그런데 절대적인 종교 권력이 국가의 범위를 넘어서 권력을 요구하는 경우는 중세 유럽의 '서임권 분쟁'* 에서 보았듯이 이미 실패했다. 그리고 개인의 삶은 물론 정치적 지배권을 모두 주장하는 절대적인 이슬람에 버금가는 현상을 서방에서 굳이 찾는다면 기껏해야 청교도의 존재 정도를 지적할 수 있을 것이다. 아니면 미국에서의 기독교 근본주의가 훨씬 과격하게 반현대적인, 그리고 결국에는 반자본주의적인 성향을 보일 때까지 기다려야 할 텐데, 이것은 아주 개연성이 없는 전망이다.

사이드의 '오리엔탈리즘'은 서방이 오리엔트를 미성숙한 존재로 취급했다고 비난을 가했는데, 이는 실천적이고 정치적인 권력이 아니라 담론적인 권력을 비판한 것이었다. 버루마와 마갤릿은 창을 거꾸로 돌리려 하지만, 결국에는 이슬람 문화를 새롭게 미성숙한 것으로 보는 방향으로 흘러가고 있다. 왜냐하면 두 저자의 논리에 따르면 과격한 모슬렘들은 자신들의 전통에서 서

* 황제와 교황 사이의 성직 임명권을 둘러싼 분쟁.

방에 대한 증오심을 끌어낸 것이 아니라 바로 그들이 증오하는 대상인 서방에서 이러한 증오심을 배우고 받아들일 수밖에 없기 때문이다.

III.

우리가 어떤 식으로 말을 한다고 해도 서구와 오리엔트 사이의 근본적인 불균형에서 벗어나지는 못할 것이다. 이러한 불균형의 역사적인 뿌리는 특히 식민지주의에 있다. 따라서 '옥시덴탈리즘'의 저자들이 서구가 여타 세계를 식민지화한 사실을 너무 소홀히 취급하며 대체로 위험할 정도로 과소평가하고 있는 것은 아주 특이하다. 이는 17세기에서부터 20세기에까지 이르는 역사적인 식민 지배의 경험뿐만 아니라 문화적인 차원의 이차적 경험에도 해당된다. 식민 지배가 가져다준 문화적인 효과는 오리엔트에서 오래전부터 식민지주의라는 충격으로 자리 잡았으며, 이것은 결국에는 오리엔트가 자신의 취약함을 설명하는 핑계로 동원되기도 한다. 식민 지배라는 굴욕의 악몽은 이슬람주의의 중요한 원동력이 되고 있으며, 빈 라덴이나 이란이 나치 독일 또는 서방의 현대 비판자들과는 중요한 차이가 있음을 말해준다.

또한 이러한 불균형은 이슬람 연구자인 구드룬 크레머가 지적하듯이 가치 논쟁에서도 나타나고 있다.[11] 이러한 불균형은 모슬렘들에게 처음부터 방어적인 태도를 갖게 한다. 우선 이들은 서구의 (또는 보편적인?) 계몽주의와 인권의 가치를 인정할 것, 그리고 이러한 '우세한 타자'와의 관계성 속에서 자신을 정의내릴 것을 요구받기 때문이다. 다르게 표현한다면, 서방의 '오리엔탈리스트'들은 오리엔트가 없어도 잘 지낼 수 있는 반면에, 오리엔트의 '옥시덴탈리스트'들은 서방을 필요로 한다고 말할 수 있다. 그런데 만약 여기에는 일종의 담론적인 제국주의만 담겨 있다고 보면서 단순히 해석학적인 '책략'만

동원해도 이러한 불균형을 어느 정도 균형적이고 '정의롭게' 할 수 있을 것이라고 여긴다면, 그것은 오류일 것이다. 서방과 이슬람세계 사이에 존재하는 불균형의 근원을 서방 문화와 이슬람 문화의 실체에서 찾아보려는 의지가 없다면, 사태를 너무 안이하게 보는 것이다.

이 자리에서는 문화적인 투사와 비판에서 잘 드러나 있지 않은 부분에 좀 더 주목하는 것이 도움이 된다. 서구는 스스로를 문제 삼으면서 이슬람을 비판하고 있는데, 서구를 비판하고 있는 오리엔트는 과연 스스로에 대해서도 가차 없는 비판을 가할 수 있을까? 이슬람세계에서는 아직은 스스로를 비판하거나 과격한 이슬람 정권에 비판을 가할 경우 완전히 반체제의 입장이 되며 완전히 진영을 바꾸는 결과로 나아가는 경우가 많다. 하지만 이슬람세계에서도 이러한 자기비판의 조짐이 늘고 있다. 이러한 사례로는 특히 모슬렘 여성의 시각에서 이루어지는 이슬람 근본주의에 대한 비판을 들 수 있다. 반 고흐 감독이 살해된 이후 이슬람계 네덜란드 여자 국회의원 아얀 히르시 알리는 이슬람을 비판해 독일에서도 상징적인 인물이 되었다. 토론을 주도하고 있는 또 다른 여성으로는 12년 전에 파리로 도망쳤던 이란 출신의 차도르트 디야반(Chahdortt Djavann)이 있다. 그녀는 자신의 경험과 걱정을 문학작품의 형태로 가공하기도 했는데(2003년에 『파르바네는 나비(Parvaneh heißt Schnetterling)』라는 독일어 소설을 출간했다), 얼마 전에는 이슬람의 유럽 정복 위험을 다루는 전투적인 문체의 에세이집을 펴냈다.[12]

디야반의 글에서는 이슬람은 희생자가 아니며 수세적 위치에 있는 것도 결코 아니다. 여기에서는 이슬람의 그 어떤 것도 간단하게 '문화' 또는 '전통'으로 간주될 수 있는 것이 아니다. 오히려 모든 것을 냉정한 계산, 전략, 내적으로 취약해진 유럽을 정복하기 위한 마스터플랜의 일부로 본다. 그리고 디야반이 볼 때에 유럽에서 가장 취약한 자들은 바로 눈과 귀를 막고서 문화적인 다양성을 핑계로 억압에 대한 잘못된 이해를 일깨우는 자유주의적이고 다문화적인 성향의 사회학자들이다. 독일에서도 한동안 인기를 누렸던 사회학자들에 대한 책망을 다시 동경하는 자는 이러한 주장을 환영할 수도 있을 것이다. 디야반이 보는 핵심적인 문제는, 이슬람이 일괄적으로 베일(차도르)을 두르게 하고, 머리에 수건을 쓰게 하며, '모슬렘 여성임을 알리는 표시물'을 달게 하고 모슬렘 여성을 교환 물품 정도로 간주하는 '외설적인 사회'라는 것이다. 이슬람은 통합적인 거대한 '몸체'로 자신을 기획하고 있어 개성의 발달을 저해한다는 것이 그녀의 주장이다. 물론 이러한 유형은 서방에서도 발견되는데, 특히 독일 역사에서 있었던 과격한 이데올로기에서도 발견된다. 구드룬 크레머는 사태를 단순화시키는 서구의 학자들에 맞서 이슬람은 바로 코란을 중심으로 한 텍스트의 전통에 기반을 두고 있어서 "동질적이지도 않고 불변의 것도 아니다"라고 주장하는 반면, 차도르트 디야반은 이러한 변화의 가능성에 회의적이다. 이슬람이 텍스트라고? 디야반은 이슬람은 지성이 궤변으로 변질되도록 전략적인 의도를 갖고 잘못된 어휘들을 만들어냈는데, 아마도 이런 잘못된 어휘의 가면을 벗겨내야 한다는 점에서 이슬람은 텍스트일 것이라고 주장한다.

불균형은 프랑스혁명을 성취한 시민(시투아옝)들이 보였던 이러한 격정적인 스타일의 구호들을 통해 해소될 수 있을 것인가? 에드워드 사이드를 다시 한 번 출발점으로 삼는다면, 대략 다음과 같은 시험의 기준을 설정해보아야 할 것이다. 즉 과연 언제쯤 미국 남부지방에서 성장한 여성이 이란의 수도에서 강의와 집필 활동을 하면서 이슬람권에 형성된 서방에 대한 이미지를 근본적으로 비판하는 내용을 담은 저서를 펴내 이슬람세계에서 대대적인 인기를 끄는 지성인이 될 날이 올 것인가? 다시 말하지만 일차적인 비판의 대상은 서방이 아니라 (이슬람권에 형성된) 서방에 대한 이미지다. 이러한 비판이 가까운 장래에는 가능하지 않을 것으로 보이는데, 그것은 이중적인 불균형 때문이다. 다시 말해 깊이 각인된 식민지주의의 격차 때문에도 불가능하지만, 여전히 우월한 위치에 있는 서방의 문화적인 자산 때문에도 불가능하다. 그것은 바로 에드워드 사이드와 같은 학자가 서구에 형성된 오리엔탈리즘을 비판할 수 있게 했던 문화적 자산이기도 하다.

Ⅳ.

과격하고 근본주의적인 유형의 이슬람뿐 아니라 이슬람이라는 존재 전체가 오히려 서방 사회가 점차로 자신의 고유한 가치들과 종교적 잠재력을 다시 상기하도록 해주는 계기가 되고 있다. 더 구체적으로 말한다면, 바로 유럽은 현재 이러한 정체성 모색에 나서고 있다. 왜냐하면 유럽은 서구의 세속화와 가치 상대주의를 더 이상 보편적인 미래의 깃발로 여기지 않고 가치들이 계속 지배해온 세계에서 나타난 하나의 예외적인 현상으로 보고 있기 때문이다(북미 지역에서는 이러한 가치들이 정치적 영역까지 침투해 있다). 그런데 도대체 어떤 것이 '유럽의 문화적 가치들'인가? 그리고 어떻게 격정이나 구호에 빠지지 않으면서, 또 이미 68세대의 용어에서 지적되었듯이 무조건적인 '긍정'의 경직된 태도를 취하지 않으면서 이러한 가치들을 거론할 수 있을 것인가? 아니면 우리는 자유와 민주주의에 대한 격정(파토스)을 다시 필요로 하는가? 어린 시절 또는 청소년기에 '제3제국'(나치독일)을 체험했던 독일의 전후 세대는 자유와 민주주의 그리고 마침내 점유해야 할 서구의 이상들을 아무런 문제 없이 끌어들일 수 있을 것이다. 그러나 그 이후에 태어난 세대, 현재의 젊은 세대와 중년 세대는 난감해하는 경우가 많을 것이다. 누군가 가치와 자유에 대해 떠들어대면, 뭔가 답답한 기분이 들 수도 있다.

30년 전부터 미국의 실용주의와의 연결을 모색하는 연구를 해온 사회철학자 한스 요아스(Hans Joas)는 최근 몇 년간 가치에 대한 논쟁이 건설적이고 확고한 기초 위에서 다시 활기를 띠도록 하는 데 기여한 대표적인 인사다. 요아스에게 독일 이상주의에서 나타났던 과장된 가치는 답답한 무엇이 아니다. 따라서 그는 (단순한 행동 양식 이상을 의미하는) 가치의 본질적인 요소인 개인적 '감동(Ergriffenwerden; 사로잡힘)'에 대해 기탄없이 말하면서 아울러 가치를 고수할 때에야 비로소 자유가 가능하다는 점을 역설한다.[13] 사로잡힘과 자기 초월('나의 외부에 있는 무엇이라는')의 감정이 결국은 종교의 체험과 사회를 결속시키는 종교의 힘으로 나아갈 수 있다는 것이다.[14] 여기에서 서로 다른 문화와 서로 다른 종교 간의 대화를 위한 실효성 있는 기반이 생겨날 수 있을 것인가? 가치에 대한 요아스의 근본적인 이론은 우선은 최소한의 합의, 즉 누구라도 합의할 수 있는 인류학적인 보편성을 모색하는 듯이 보인다. 그런데 그것은 속박으로부터의 자유를 강조하는 경우 '더 서구적인' 것이 되어버리고 아울러 모슬렘으로서는 거의 받아들이기 어려운 대화의 기반이 될 위험도 있다.

이것은 서구 사회와 이슬람 문화 사이의 간극이 얼마나 깊은가를 보여주는 것이다. 아울러 여기저기에서 더욱 강하게 나타나는 추세, 다시 말해 서구 사회의 가치 타락, 또는 더 구체적으로 표현한다면 가치에 대한 무지, 서구 사회의 과격한 자유방임적 태도, 서구 사회의 '톨레랑스'에 대해 배꼽을 드러내기보다는 머리에 수건을 쓰는 것이 낫다고 외치면서 온건하며 문명화된 '유럽적' 이슬람의 '가치 보존적 잠재력'을 동원해 항거하는 추세가 더욱 고조되고 있다. 이런 것을 감안한다면 신중을 기할 필요가 있다. 서방에 대해 모든 것을 비판할 수 있지만, 그렇게 하면서 서방의 토대에 머무는 것이 좋을 것이다. 이것은 다문화주의의 딜레마이기도 하다. 그것은 즉 배꼽을 드러내는 것이든 속박에서 풀려난 신자유주의든 간에 자신이 속한 사회의 오류와 무절제에 대해 한 번쯤 다른 문화의 우월한 해결책을 맞세워보는 것은 얼마나 멋지고, 얼마나 정의로우며, 얼마나 다원주의적인 것일까라고 생각해보는 것이다. 그런데 많은 사색을 하면서 많은 다른 민족의 음식을 맛본다고 해도 머리에 수건을 쓰는 행위는 모슬렘의 경제 윤리와 마찬가지로 이러한 해결책이 아니다.

무절제할 정도로 관용적인 서방 사회가 이슬람 문화에 있는 종교적 · 문화적인 절제에서 무엇인가를 배울 수 있지 않을까 하는 생각을 조심스럽게 내비치기만 해도 차도르트 디야반은 크게 화를 낼 것이다. 디야반은 요아스를 포함한 여러 학자들이 제시한 대로 독일에서 논의되었던 논거, 즉 종교가 문명화와 책임성의 잠재력을 발휘함으로써 현대의 사회에 이득을 가져다줄 수 있을 것이라는 논거를 결코 받아들이지 못할 것이다. 디야반이 보기에는 종교는 그 자체로 위험한 것이고 변화의 의지라는 것도 '모든 유일신론에 이질적인' 것이어서 이슬람은 계속 이슬람으로 남고 기독교는 계속 기독교로 남는다는 것이다.

그러나 한스 요아스와 클라우스 비간트(Klaus Wiegandt)가 자신들의 저서에서 '유럽의 문화적 가치들'에 대해 수집한 자료는 이를 반박한다. 이스라엘 출신의 사회학자 스무엘 아이젠슈타트(Shmuel Eisenstadt)는 카를 야스퍼스(Karl T. Jaspers)의 개념에 의지해 다시 한 번 2000~3000년 전의 문화 및 종교의 형성이라는 이른바 '축의 시대(Achsenzeit)'에 대한 자신의 사고를 부각시키고 있다.[15] '초월' 능력은 세속적인 것과 신적인 것을 구분하는 능력이라는 의미에서뿐 아니라 두 영역을 예리한 긴장 관계로 접어들게 하는 능력이라는 의미에서도 중요한 혁신이었던 것으로 드러난다. 이것이 이슬람에 어떤 의미를 지니는지는 요아스나 아이젠슈타트에게서 다소 불분명하게 나타난다. 하지만 이슬람이 바로 이러한 기준에 대해서는 대단한 어려움을 갖고 있다는 인상을 받게 된다. 이러한 맥락에서 보면 터키에서의 이슬람 정교분리 모델의 중요성은 더욱 높은 평가를 받아야 하며 그것이 유럽과 근접한 것이라는 점을 간과해서는 안 될 것이다. 하지만 현재 주류를 이루고 있는 이슬람은 여전히 세속성에 대해 문제를 안고 있다. 다시 말해 이슬람은 세속화의 능력을 갖고 있지 못하다. 하지만 장기적으로 이슬람의 세속화는 불가피한 추세가 될 것이다.

V.

이언 버루마와 아비샤이 마갤릿의 견해를 따르면, 이슬람 근본주의, 다시 말해 서방에 대해 오리엔트가 갖는 증오심은 19세기 말에서 20세기 중반에 과격한 양상으로 나타났던 서구의 자기비판을 따르는 현상이다. 그러니까 시간적으로 지연되어 나타나는 문제일 뿐이라는 것이다. 왜냐하면 이러한 새로운 추세도 언젠가는 중단될 것이고 결국은 주류에 편입될 것이기 때문이다. 아니면 이슬람은 세계적인 기준에서 설득력을 갖춘 대안적 문화모델, 또는 심지어 '다른 현대'를 제공할 것인가? 현대가 단지 유일한 길로만 나아가고 북대서양을 중심으로 한 주변 지역, 구체적으로 말해 뉴욕과 텍사스와 로스앤젤레스의 삼각지대에서 결판이 날 것이라고 생각하는 것은 서방의 오만이 아닐까? 과거에 제시된 직선적이고 단선적인 현대화의 이론들을 종식시키고, '다원적 현대성(multiple modernities)'이라는 구상으로 새로운 방향을 제시한 사람이 바로 스무엘 아이젠슈타트였다. 그의 구상은 단순히 단일한(동질적인) 현대로 향한 여러 길이 있다는 것을 의미하는 것이 아니라, 무제한적인 세계화를 거부하고 자기 지역의 토착적인 문화적 전통에 접목되어 있는 경쟁적이고 다양한 여러 현대성이 있다는 것이다.[16]

오늘날 특히 서방세계 내에서 분명하게 진행되는 세분화는 이러한 모델을 따르는 듯이 보인다. 유럽, 특히 '구'유럽은 쉽게 미국의 모델을 따르지 않고 있으며, 대서양을 사이에 둔 양 지역의 골은 깊어가고 있다. 그렇다고 어느 한쪽이 다른 쪽보다 더 현대적이라고 할 수 있는 것은 아니다. '아시아의 서방적인 국가들', 지리적으로 말하면 '동아시아'에 대해서도 유사한 것이 적용될 수 있다. 한국과 일본, 대만과 싱가포르는 자신의 전통을 부인하지 않으면서 서방의 현대에 전적으로 몰두하는 형태로 서구적 현대로 제3의 길을 보이고 있다. 언젠가는 중국도 여기에 포함될 것이다. 인도도 이러한 국가군에 속할 수 있겠지만 아직은 경계가 모호한 사례로 남아 있다. 하지만 이슬람 문화, 이슬람 국가들에서 이러한 '다원적 현대성'에 기여할 조짐이 아직은 분명하게 보이지 않고 있다. 이러한 관점에서 그래도 가능성이 있는 첫 후보는 터키다. 반면 이집트의 발전 추세는 별로 낙관적이지 못하다. 이란은 교육의 전통과 상대적으로 강력한 중산층이 있어 아마도 여러 측면에서 이러한 잠재력을 갖추고는 있으나, 이러한 잠재력이 아직까지는 권위주의적 교권 절대주의에 파묻혀 있다.

왜냐하면 '다원적 현대성들'이라는 멋진 구상은 여기에서 한계에 부딪히며, 우리는 이러한 한계에 대해 10년 전보다 더 분명히 알고 있기 때문이다. 즉 다양한 양상의 현대가 있으며 또한 모두 변형된 형태와 절충적인 형태도 있다. 하지만 그 핵심은 분명히 단 하나만 존재하는 것이다. 간결하게 표현한다면, 단 하나의 민주주의, 단 하나의 학문, 단 하나의 자본주의 등이 있다고 말할 수 있다. 마지막으로 언급한 자본주의는 물론 서방 자체에서도 늘 불쾌한 것이 되고 있다. 민주주의와 관련해서 이러한 인식이 지난 2년간 유럽에서도 다시 높아졌다. 유럽인들은 당장 이라크에 군대를 파견하기는커녕 수사적인 면에서도 다른 세계의 민주화를 분명하게 지지하는 데 주저하는 태도를 보임으로써 여러모로 비판을 받았다. 이라크에서의 선거는 한편에는 탈레반의 통치, 물라(이슬람 학자 및 성직자)와 아야톨라(이슬람 시아파의 성직자), 군 장성들과 군벌의 통치 등 비민주적 구조가 있으며 다른 한편에는 보통선거, 자유선거와 정당의 형성, 서구식 의회민주주의가 존재함을 재차 일깨워주었다. 다른 대안의 부재가 안타까운 일이기는 하지만, 양자의 중간 형태나 대안적인 형태는 정말 거의 없다.

만약 서방이 수백 년에 걸친 갈등으로 점철된 역사를 지녔음에도 또 다른 특성, 이미 '초월' 또는 '세속화'라고 언급한 것 외에 또 다른 기준을 발전시키지 못했더라면, 이러한 전망은 아마 실제로 암울한 것일 수도 있다. 서방이 발전시킨 또 하나의 기준은 바로 자기비판 능력, 자기를 상대화할 수 있는 능력이다. 물론 여기서 말하는 자기비판이란 버루마와 마갤릿이 제시한 '옥시덴탈리즘'의 의미, 위험에 처한 서방의 자유에 대한 독단적인 전면적 공격을 의미하는 것이 아니다. 여기서 말하는 자기비판이란 '우발성(Kontingenz)'의 능력, 다시 말해 아주 다르게 전개될 수 있으며 반드시 그 상태에 머무를 필요는 없다고 말할 수 있는 능력을 의미한다. 그것은 사회질서의 변화 가능성이라는 사고인데, 한스 요아스는 이것이 일찍이 신적인 영역과 세속적 영역의 분리가 가져온 근본적인 결과라고 강조하고 있다. 따라서 그것은 역사의 발명품에 지나지 않으며, 이러한 역사의 발명은 19세기 역사주의 혁명에서 최고조에 달했다. 계몽주의와 역사의 만남은 모든 것을 새롭게 규명하고 모든 것에 새로운 근거를 부여하게 했으며, 결국 서구적인 삶을 어떤 신적인 계시로 파악하는 것을 파괴했다. 이에 따라 예수의 생애도 아주 평범한 한 인간의 생애가 되었다. 그러나 모슬렘들에게 자신 있게 말할 수 있는 것은, 그런데도 기독교가 멸망하지 않았다는 것이다.

이러한 역사주의의 혁명, 자기를 상대화할 줄 아는 능력의 발전에는 아마도 유럽과 타자와의 만남, 즉 17세기 이후 유럽의 팽창과 식민지화 과정에서 다른 문화의 '발견'이 아주 결정적인 역할을 했던 것으로 판단되는데, 예를 들어 위르겐 오스트하멜(Jürgen Osterhammel)의 논문은 이러한 관점에서 읽힐 수 있을 것이다.[17] 이것은 낙관주의적 태도를 갖게 한다. 이슬람 역시 서방과 만나면서 유사한 경험을 할 수도 있기 때문이다. 어쨌거나 이슬람도 자기 역사화와 자기비판의 이러한 문턱을 통과하지 않을 수 없을 것이다.

VI.

이런 추상적 범주들보다 더 눈앞에서 생생하게 벌어지고 있는 것은 여러 문화의 공존 또는 분리의 형태로 나타나는 일상이다. 이러한 문화적 공존 또는 분리의 일상은 현재 유럽의 도시들에서 진행되고 있는데, 다양하고 아주 실질적인 세계 문화와 충돌하는 형태뿐만 아니라 길거리의 현실이 대중문화를 만나는 형태, 다시 말해 언론에 의해 이러한 갈등이 재생산되는 형태로도 존재한다. 마치 모슬렘이 제작한 영화와 같이 발생한 테오 반 고흐 감독 살해 사건은 이러한 점도 잘 보여주는 상징이다. 차도르트 디야반이 말한 '정체성이라는 퍼즐'의 조각들은 여기저기에 산재하고 있다. 특히 프랑스 도시들에서 첨예하게 나타나는 사회적 갈등은 독일 어느 지역보다 더 극적인 모습을 보이고 있는데, 이러한 배경에서 디야반은 이슬람을 공격하고 있다. 2005년 가을 프랑스 대도시 변두리 빈민가에서 성난 이슬람 청년들에 의해 솟아올랐던 화염 장면은 마침내 이를 분명하게 보여주었다. 그런데 디야반은 핵심적인 문제는 종교적 문제가 아니라 사회정책상의 문제라고 일관되게 주장하면서, '진정한 문제'는 경제적 · 사회적 성격의 문제라고 보고 있다. 이것은 관심을 다른 곳으로 유도하기 위한 전략이나 잔존한 마르크스주의자의 어휘가 아니라 그녀가 갖고 있는 프랑스적인 관점에서 내린 결론이다. 문제가 되는 것은 바로 프랑스 국적을 가진 시민들이며, 이들을 '이주자'나 '모슬렘', 알제리인 또는 터키인이라고 부르는 것은 프랑스인으로 통합을 시켜야 할 국민의 일부를 '특정 민족으로 분류'하여 폐쇄성을 더욱 강화하는 행위라고 보는 것이다.

독일에서는 이러한 문제가 적은 편인데, 때로는 이러한 문제들이 더욱 분명하게 부각되었으면 하는 생각도 든다. 하여튼 지금은 국적법을 개혁하는 것만으로는 터키계 이주자들을 이슬람의 신앙을 가진 독일 국민으로 만들기에 미흡하다는 인식이 자라났다. 사회적 · 문화적 · 종교적인 유형들은 복잡한 방식으로 겹쳐 있다. 귄터 라흐만(Günther Lachmann)은 다소 흥미를 유발하는 『치명적 관용(tödliche Toleranz)』이라는 책에서 '사회 통합의 실패'와 이러한 실패의 원인이 양측에서 각각 어디에 있는지에 대해 아주 일독할 만한 개관을 해주고 있다.[18] 물론 가난과 실업이 특히 젊은 계층에서는 좌절을 가져다주는 이유가 되고, 아울러 더욱 엄격한 형식의 이슬람 종교에 귀의하는 이유가 되기도 한다. 그러나 유럽에서의 이슬람은 또한 디야반이 말하는 것과 같은 사회적인 문제 영역에서 정체성의 대체물 이상의 것이기도 하다. 그리고 오래전부터 독일에서 나타나는 모든 터키인들의 행동 양식은 사회 · 경제적 주변부로 내몰리는 추세가 강화된 데 대한 반응에 불과한 것이라고 간단히 해석할 수는 없다. 때로는 다른 경우로, 오랫동안 간과해왔지만 이제는 상당히 많이 토론되고 있는, 이른바 터키에 있는 동족의 여성을 아내로 선택하여 독일로 데려오는 것이 그 예이다. 이러한 형태의 이주는 사회적 상승, 언어 능력과 교육, 그리고 특히 독일 현지에서의 혼인 등을 통한 '제3세대' 이주자 계층의 형성이라는 우리의 기대를 무산시킨 것이다.

이러한 상황에서 여전히 다문화 사회라는 것은 무엇을 의미하는가? 우리는 한 걸음 뒤로 물러나 우선은 상호 간의 언어 능력(대화)이라는 여건을 창출해야 한다. "각 개인은 자신의 방식대로 행복해야 한다"라는 식의 처방만으로는 분명히 충분하지 않다. 우리가 요아스에게서 배우는 것은, 차이를 참아내는 것 이상을 의미하는 관용이다. 자신을 타자에 투사시키는 시대 그리고 타자에 대한 이미지를 형성하는 시대에 이어 이제 다시 자신을 기획하는 시대를 맞고 있다. 이 과정에서 서방과 이슬람에 최대의 도전은 여전히 서구라는 개방사회다.

리스크가 높은 삶

새로운 현대에서의

사회적 긴장 영역들

계급사회를 넘어서

21세기의 새로운 긴장 영역에서의 경제와 문화

I.

지난 20세기는 균열과 분열, 폭력성의 시대였고 영국 역사학자 에릭 홉스봄이 역사적인 결산을 하면서 명명한 '극단의 시대(Age of Extremes)'였다. 궁핍과 가난이 역사상 유례가 없는 복지와 충돌했고, 잔혹한 전체주의 정권들이 민주주의 및 시민사회와 병행했으며, 특히 20세기 초반의 전쟁과 인종 학살은 제2차 세계대전 이후 유럽의 상당한 지역에 찾아왔던 장기간의 평화와 안정 그리고 태평성대와는 대조를 이루는 것이었다. 20세기는 나름대로 꿈과 유토피아를 갖고 있었는데, 참 아이러니한 것은 유토피아들이 서로 완전히 다른 사회체제와 지배 형태를 가졌음에도 하나의 공통분모를 형성했다는 점이다.

지난 20세기가 가졌던 위대한 꿈으로서 파시즘과 민주주의, 서방의 복지사회, 그리고 역사적 현실로 나타났던 사회주의를 모두 포괄했던 하나의 위대한 꿈이 있다면 그것은 바로 사회적 조화라는 꿈이었다. 19세기의 산업화와 도시화, 이주와 민족국가의 형성이라는 대변혁의 과정은 전통적이고 동질적인 삶의 세계를 파괴했으며, 새롭고 첨예한 긴장 영역이 생겨나게 했다. 그리고 이러한 긴장 영역은 사람들의 의식에 고통스럽게 인식되었다. 하지만 빈부의 격차, 도시와 농촌 간의 격차, 세대 간의 격차, 남녀 간의 격차, 그리고 정치적 갈등과 여기에서 생겨나는 때로는 폭력적인 투쟁을 극복해낼 수 있다는 신념이 지배했다.

20세기의 위대한 유토피아는 조화로운 사회, 현대가 가져온 긴장의 영역과 갈등을 가능한 한 포용할 수 있는 동질적인 사회였다. 19세기에서 물려받은 '진보'의 이념은 20세기에서는 더 이상 과학기술적 세계 지배 또는 개인의 해방이라는 의미에서의 진보에만 국한되는 것이 아니었다. 진보는 복지가 폭넓게 분배된 상대적으로 평등한 사회라는 의미에서 사회적인 진보도 포함하는 것이었다. 물론 조만간에 스스로 중단될 수밖에 없는 이러한 진보의 논리를 모든 사람이 헤겔과 마르크스의 전통을 지닌 독일인들처럼 굳게 믿은 것은 아니었다. 하지만 대체로 미래는 과거보다 나을 것이며, 가능한 조화로운 질서에서 불평등과 갈등이 극복되는 것이 진보를 평가하는 결정적인 기준이 될 것이라는 확신이 있었다.

잘 알다시피 20세기의 역사에서는 이러한 목표를 달성하는 데 아주 다양한 수단을 선택했다. 영미 계열의 사회는 무엇보다 개인의 힘과 기업가 정신 그리고 경제적 번영이 풍족한 세계를 창출할 것이라는 신념을 가졌다. 누구나 백만장자가 되는 것은 아니지만, 보편적인 중산층 사회라는 이상을 분명하게 추구했다.

러시아에서 1917년 10월 혁명 이후, 그리고 동구권에서 1945년 이후 국가적인 차원에서 시행된 공산주의는 집단적이면서 동시에 극도로 관료주의적이고 낭만적인 조화의 전망을 따랐다. 그리고 공산주의는 수단을 선택하는

데 대담했다. 계급 간 대립(또는 계급 간 대립으로 간주된 것)을 해소하기 위한 것이라면 심지어 폭력 수단, 자유 박탈의 수단도 정당화되었다. 이는 유럽의 파시즘, 특히 독일의 민족사회주의에도 해당된다. 자유로운 산업사회의 갈등들은 사라져야 했고, 그 자리에는 동질적인 민족 공동체가 들어서야 했다. 이러한 동질성에 들어맞지 않는 존재, 특히 이러한 동질성을 저해하는 '인종'은 과감하게 배제되고 결국 물리적으로 청소되어야 했다.

제2차 세계대전 이후에는 서유럽과 중부 및 북부의 유럽 사회, 다시 말해 프랑스와 독일, 벨기에, 네덜란드, 스칸디나비아 국가들(부분적으로는 영국도 포함)은 다른 길을 갔다. 이들 국가들은 1948년에서 1973년 사이 20세기에서 '황금시대'라고 불리는 유례없는 경제적 번영의 혜택을 누렸으며 동시에 이러한 번영을 복지국가의 사회 안전망을 확충하는 데 활용했다. 사회복지국가는 과거의 독재국가 또는 '냉전' 당시에는 적대 체제였던 사회주의 체제가 자유를 억압하는 수단을 동원해서도 달성하지 못했던 바를 자유를 수단으로 하여 보장해야 했다. 그것은 바로 갈등을 해소하고, 계급 간의 투쟁을 해결하며, 상층부와 하층부 간에 큰 격차가 없는 폭넓은 중산층의 복지가 실현되는 사회였다. 서독에서는 이러한 이상이 이미 민족사회주의 정권이 종말을 고하고 얼마 지나지 않은 1950년대 초에 사회학자 헬무트 셸스키에 의해 '평준화된 중산층 사회'라는 개념으로 정립되었다. 하지만 미국에서 스웨덴에 이르는 다른 지역에서도 유사한 구상들이 생겨났다. 평준화의 경향을 띠는 이러한 사회는 동시에 민족적 · 인종적 또는 종교적 대립도 더 이상 아무런 역할을 하지 않는 되도록 통합적이고 동질적인 사회여야 했다.

경제적 여건과 인구통계상의 추세 그리고 문화적 여건이 유리한 국면에서의 실제 발전 추세도 이러한 꿈을 추구하는 사람들의 생각이 옳다는 것을 입증해주었다. 그리고 당시 사람들이 이렇게 조화롭고 평화로운 사회의 유토피아를 신봉했다고 해서 그들을 비판하는 것은 옳지 않다. 실제로 여러 나라에서 민족적인 사회의 내적인 동질성은 1960년대와 1970년대에 최고조에 달했다. 독일연방공화국(서독)은 좋은 사례였다. 역설적이고 가공스러운 일이기는 하지만 독일 사회의 동질성은, 이전의 민족사회주의 정권과 이 정권이 추진했던 (타인종의) 격리 및 소거 정책에 힘입은 것이었다. '다른' 존재들로 인식될 수 있는 사람들은 더 이상 이웃이 아니었다. 이어 동부에 있는 과거 프로이센 영토의 상실, 수백만에 달하는 독일인들의 피난과 추방은 때로는 지역적인 차이, 그리고 동향인 간의 차이는 물론 사회경제적 차이도 약화시켰다. 종교적인 대립은 종교개혁 이후 가장 뒷전으로 물러났다. 새로운 형태의 이주는 독일이 남부 유럽에서 '외국인 노동자'를 받아들이기 시작하면서 비로소 서서히 시작된 것이었다.

게다가 여러 세대에 걸쳐 사회의 주변부를 맴돌았으며 가난과 소외의 위협에 늘 시달렸던 사회계층 중 적어도 세 그룹이 약 20년에 걸쳐 사회의 안전한 중심부로 통합되었다. 첫째는 농촌의 가난이 사라졌으며, 소작농들과 농촌 지역 노동자들이 위태로운 실존에서 벗어났다. 둘째는 도시의 산업 노동자 계층의 상승이 계속되었다. 적어도 숙련 노동자들은 물질적인 삶의 기회는 물론 문화와 생활방식에서도 중산층의 하층부에 접근하면서 '무산계급 상태'를 탈피했다. 셋째로는 노년에 따르는 가난이 크게 줄어들었는데, 여기에는 1957년에 도입된 역동적인 방식으로 부과액을 산정한 연금보험이 결정적으로 기여했다. 따라서 개인의 인생에서도 과거에 전형적이었던 역사적인 경험과는 배치되는 새로운 유형의 경험이 생겨났으며, 오늘날까지 중요한 정서로 남아 있다. 즉 중년을 넘어선다는 것은 대개는 더 이상 자신을 다시 제약시켜야 한다는 것을 의미하지 않았다. 또 노년에는 과거와 같이 단지 주변적인 생계 수단만 갖는 데 머물지 않았다. 오히려 복지와 재산의 증가는 노년에 접어들고 연금을 받는 시절에도 계속되는 현상이 나타났다.

그런데 이러한 호시절의 20세기는 지나갔으며, 이러한 꿈의 실현도 끝났다. 문화적 이상으로서의 영속적인 진보라는 이념은 1970년대와 1980년대에 접어들면서 깨어졌다. 서방은 자신에 대해 회의를 갖게 되었으며, 자신의 현대를 회의적인 시각으로 바라보기 시작했다. 아울러 이제는 사회적 · 경제적인 기반도 문제가 되었다. 복지의 확대는 자연법칙과 같은 것이 아니며, 수명의 연장과 저출산율 추세를 보이는 인구통계 추이는 기존의 사회보장 체제에 과도한 부담이 되고 있다. 그런데 이제 서방 사회는 경제적으로만 어려운 시기를 맞은 것이 아니었다. 조화와 동질성이라는 사회적 요인들도 아주 취약한 것으로 드러나고 있으며, 극복된 것으로 여겼던 사회적 격차가 새로운 모습으로 되돌아오고 있다. 즉 가난과 저소득층은 다시 중요한 주제로 부상했다. 21세기의 세계는 분열된 세계로서, 이러한 분열은 세계적인 척도에서뿐 아니라 구체적으로 '고향', 내가 사는 도시, 내가 사는 나라에서 나타났으며 대부분의 사람들이 예전과 마찬가지로 현재도 더욱 구체적으로 체험할 수 있는 것이다.

19세기와 20세기 초의 분열된 현대는, 행여 차별은 있을지 몰라도 진정한 갈등은 없을 것이라고 선전된 '후기 현대'의 잔잔한 수면으로 매끄럽게 이행하지 못했다. 아직까지도 20세기의 조화로 복귀하기를 약속하는 사람이 있다면, 그는 미혹에 사로잡힌 사람이다. 리스크가 높아진 사회에서 간단하게 이탈하는 것은 가능하지 않다. 어쨌거나 우선은 새로운 긴장 영역들이 어떤 것인지 명확히 이해해야 할 것이다.

Ⅱ.

미래가 더 이상 복지와 평등, 조화를 지향하는 직선적인 진보가 아니라 새로운 갈등이 생겨나고 이러한 갈등들이 위태롭게 첨예해지는 모습을 보이는 경우, 우선은 새로운 문제들을 과거의 문제들의 부활로 이해하려는 유혹도 생겨날 것이다. 실제로 전통적인 산업사회의 긴장 영역들, 다시 말해 산업사회의 계급투쟁이 아직도 그 중요성을 완전히 잃지 않았으며 새로운 단계의 자본주의와 새로운 분배 투쟁의 여건에서 서방 사회의 현실을 다시 분명하게 각인시키고 있음을 보여주는 여러 조짐이 있다. 독일에서는 구동독 사회주의자들 잔존 세력과 서독 지역의 실망한 사회민주주의자들 및 노조원들을 주축으로 한 '좌파 정당'과 같은 새로운 정치적 세력이 이러한 상황에서 이득을 보고 있다. 이들은 유럽의 복지국가를 과거의 케인스식 경제와 '국가 주도의 사회민주주의'의 시절로 되돌릴 것을 제안하는데, 높은 임금, 국가 부채의 확대, 누진 과세, 그리고 '부자들'에게서 '가난한 자들'로 부의 재분배를 주장한다.

하지만 역사는 그대로 반복되지 않는다. 또한 역사는 위기를 맞았다고 갑자기 방향을 선회하여 과거의 시대로 되돌아가지도 않는다. 과거의 설명 방식과 과거의 현실을 끌어들이는 것은 일단은 빠르고 간단한 일차원적 해결을 약속한다는 점에서 유혹적이다. 그러나 21세기의 현실은 더욱 다층적이고 복잡해졌다. 자본주의 사회의 계급 대립과 같은 과거의 갈등들은 21세기의 현실에서도 완전히 사라지지 않았다. 아울러 새롭게 전체 사회를 지배하는 중요한 '모순'이 계급 대립의 자리를 차지한 것도 아니다. 한편 계급 사이의 갈등은 그 형태는 물론 문화적 · 정치적인 의미도 변했으며, 지금은 혼란스러운 모습으로 여기저기에 산재하면서 새로운 긴장 영역과 중첩되어 나타나는 현상을 보이고 있다.

이를 보여주는 구체적인 사례로는 외국인 이주에 따른 결과와 정체성 갈등에서 생겨나는 인종적인 갈등이 있다. 또 전통적인 복지국가의 틀을 넘어서서 인구통계상의 추이와 삶의 기회의 변화에서 생겨나는 세대 간의 갈등이 있다. 그렇다면 이 갈등들이 그렇게 새로운 것일까? 어쩌면 이러한 갈등은 역사적으로 계속 잠재해 있었다고 할 수도 있다. 다만 20세기 후반 20~30년 동안은 예외적인 상황을 맞아 한동안 정치적으로 제어당하고 문화적으로 뒷전에 밀려 있었다고 볼 수 있다. 왜냐하면 19세기 후반과 20세기 초반만 해도 계급투쟁은 물론 민족 간의 투쟁, 세대 간의 투쟁이 우리가 오랫동안 알고 있었던 것보다 큰 규모로 진행되었던 시기였기 때문이다.

사회적 대립들은 그동안 어떻게 전개되었으며, 현재는 어떤 모습을 띠고 있는가? 부인할 수 없는 것은, 약 20~30년 전부터 거의 모든 서방 사회에서 불평등이 다시 고개를 드는 거대한 추세 전환이 있었다는 사실이다. 1970년대까지만 해도 서유럽과 북미 지역에서는 한층 더 평등한 사회, 극단적인 빈부 대립의 해소를 지향하는 것이 단순히 집단적인 기대나 자기 정체성의 문화적 서술이라는 차원에서만 진행되었던 것은 아니다. 사회 · 경제적 발전도 이러한 기대에 부응했으며, 아울러 이러한 기대를 새롭게 불러일으켰다. 가장 열악한 형태의 궁핍과 비참함은 거의 완전히 제거되었다. 더욱 중요한 것은, 상층부와 하층부 간의 격차가 줄어든 것이었다. 문화적 · 상징적인 차원에서뿐 아니라 소득과 (좁은 의미에서의) 재산의 분배와 같은 물질적인 측면에서도 격차가 줄어들었다. 노동조합들의 임금정책은 이러한 추세에 결정적으로 기여했다. 서독 지역에서 노동조합들이 표방한 우선적인 원칙의 하나는 '저임 계층'을 완전히 없애거나 이들에게 정기적으로 고소득자나 고학력자보다 높은 폭의 소득 증가를 보장하는 것이었다. 종종 이른바 사회적 계층의 '승강기 효과'*로 설명되는 전반적인 복지의 증가로 인해 적어도 주관적인 체험의 차원에서는 이러한 격차의 해소 과정이 설득력 있어 보였다. 그리고 산업 노동자와 대학 교수, 은행원과 법조인 사이에 생활수준도 서로 대폭 조정되는 현상을 보였다.

그러나 1970년대 말에서 1980년대로 넘어가면서 이러한 추세는 역전되기 시작했다. 계층 간의 격차가 다시 벌어졌다. 영미계의 사회에서는 이러한 추세가 유럽에서보다 조기에, 더욱 첨예한 형태로 나타나서 공공의 토론과 학술적인 토론의 대상이 되었다. 이러한 추세의 전환이 영국의 경우에는 마거릿 대처 총리 그리고 미국에서는 로널드 레이건 대통령 시절, 다시 말해 보수적이고 경제적으로 '신자유주의'를 표방한 정부의 집권기에 일어난 것은 우연이 아니다. 하지만 기업 활동에 따른 소득이 급상승하는 현상이나 주변적인 서비스 활동이 증가하는 것과 같은 사회 · 경제적 과정을 일차적으로 신자유주의 정부들이 의도하거나 유인한 것이라고 단정할 수는 없는데, 그런 식으로 진단을 내리는 것은 정치의 제어 능력을 과대평가하는 것이다.

그런데 자본주의의 새로운 발전 추세는 국가적으로 규제를 받거나 여러 제약을 받는 유럽 대륙의 사회보다는 자유주의적 성향이 강한 시장 중심의 사회에서 쉽게 관철될 수 있었다. 물론 규제가 심한 사회라고 해서 결과적으로 적은 문제를 안게 되는 것은 아니다. 그 반대로 오히려 독일, 프랑스, 그리고 이탈리아를 포함해 공동체적인 형태로 조직된 복지국가 체제에서는, (예를 들어 영국처럼 계급사회이기를 한 번도 포기하지 않았고 스스로를 계급사회로 파악하는 나라에 비한다면) 새로운 도전들에 대해 유연한 대응을 보이는 것이 어려운 경우가 많으며, 때로는 어려운 현실을 단순히 인정하는 것도 쉽지 않다.

하여튼 '중심으로 몰리던 추세'는 역전되고 전체적으로 다시 빈부의 새로운

---

* 복지 증가로 전체 사회계층의 생활이 전반적으로 향상되는 현상.

양극화라는 추세가 나타나기 시작했다. 물론 이러한 진단은 경제협력개발기구(OECD) 국가들이 근본적으로 중산층의 특성을 지니고 있다는 사실을 원칙적으로 부정하는 것은 아니지만, 적어도 추세를 볼 때에는 가능하다. 소득과 재산 상황, 교육 기회, 주거 환경, 사회적 교류의 범위 등 사회적 불평등은 과거보다 삶의 현실에 더욱 강한 영향력을 끼쳤다. 사회적 불평등은 계층들이 서로 부드럽게 연결되어 있는 형태가 아니라 그 경계선을 뛰어넘기 어려운 형태로 나타나고 있다. 새로운 계급사회를 거론하는 것은 이러한 점에서 정확한 지적이다. 다양한 사회적 계층 사이의 경계선은 더욱 확고해졌으며, 사회적 상승, 상층부로의 이동은 더욱 힘들어졌다. 다른 한편으로 같은 계층에서의 내적인 동질성은 더욱 증가했다. 같은 계층에서는 서로에 대해 알며, 서로 비슷한 삶을 살고, 소비나 복장 또는 신체적인 스타일 등 외적인 표시를 보고 서로를 '알아보는' 현상이 생겨났다. 이러한 것을 보여주는 지표로는 중산층이 도심을 이탈하게 되면서 계층 간의 거주 지역이 더욱 분리되는 현상(물론 유럽에서는 북미 지역에서의 교외 지역의 도시화에는 못 미치는 정도지만), 사회적 출신성분과 교육 기회 간의 상관관계(독일은 많은 논의에서 보듯이 이러한 측면에서 선두를 차지하고 있다) 등이 있다. 한편, 사회적으로 낮은 계층의 일상 문화도 새로운 형식으로 자리를 잡았는데, 이러한 계층은 더 이상 시민적 중산층에 동화되는 것을 따르지 않고 외적인 경계 구분을 통해 자신을 주장하려 하며(특히 젊은 계층의 문신이나 피어싱 등) 동시에 자신의 정체성을 확고히 하면서 폐쇄적으로 되는 모습을 보인다.

따라서 새로운 '계급사회'는 과거의 부르주아(유산계급)와 프롤레타리아(무산계급), 기업가와 임금노동자 사이의 대립이 단순하게 부활한 것이라고는 할 수 없다. 독일은 특히 이 문제를 깊이 천착하여 해명해야 할 것이다. 왜냐하면 독일에서는 사회를 마르크스주의적으로 해석하는 전통이 협의의 마르크스주의를 넘어 지식인 계층과 노동조합 운동에서도 놀라울 정도로 각인되어 있기 때문이다. 새로운 계급사회의 여러 현상을 살펴보면, 그 배후에 경제적인 역동성, 더 정확히 말한다면 자본주의의 새로운 역동성이 있다는 것이 분명하다. 이러한 역동성의 일부는 세계화라는 구호로 나타난다. 노동시장의 세계적 경쟁은 북대서양(서유럽 및 북미) 사회의 편안한 격리 상황을 해체하고 있다. 이로 인해 가장 타격을 입은 분야는 자질이 낮은 산업 노동 인력, 그리고 점차적으로 직접적인 소비와 관련된 것이 아닌 서비스 분야다. 서유럽에서 나타나는 새로운 계급사회는 세계적인 차원에서 진행되는 사회구조의 역동화 과정의 일부이기도 하다. 기존의 선진 산업사회는 과거 주변부 국가들이 갖고 있던 특성의 일부를 넘겨받고 있는 반면(20세기 후반에 선진 공업국들이 누린 쾌적하고 폭넓은 복지는 주변부 국가들의 희생 위에서 이루어졌다는 점도 잊지 말아야 할 것이다), 인도 · 중국 또는 브라질과 같은 '신흥공업국'에서는 폭넓은 중산층(그리고 새로운 부유층)이 형성되고 있다. 1917년 또는 1945년 이후 세계경제와는 대체로 격리되고 이른바 평등하게 가난한 상태였던 중동부 유럽 사회에 대해서도 유사한 진단을 내릴 수 있을 것이다.

독일과 일부 다른 국가에서는 이러한 위기와 여기에서 생겨나는 여러 문제를 우선은 대량 실업의 관점, 다시 말해 취업 사회가 안고 있는 원칙적인 위기 측면에서 논의하려는 경향이 있다. 그런데 국제적인 차원에서 보면, 이러한 시각은 문제가 있고 여러 점에서 국지적인 것으로 나타난다. 전통적인 산업사회를 넘어선 산업사회에서는 노동시장이 서로 뒤엉켜 있으며 새로운 구조를 갖게 되었다. 하지만 미래의 사회에서 특히 독일과 프랑스의 좌파 지식인들이 늘 주장하는 것과 같이 '노동 자체가 고갈되는' 조짐은 거의 없다.

서유럽에서 실업률이 10퍼센트 또는 그 이상을 기록하고 있는 국가들의 문제는 오히려 서비스 경제, 지식 기반 경제로의 이행이 지연된 데 있고, 외국에서 유입된 자질이 낮은 이주민 계층에게 노동시장에 진입할 기회를 제대로 부여하지 못하는 데 있는 것으로 보인다. 이 두 사안을 보면, 문화적인 차원에서 심각한 정도의 유보적 태도를 보인 것도 문제가 되지만, 과거의 여건에서는 복지를 창출했으나 지금은 반대의 효과를 내고 있는 과도하게 규제된 경제라는 의미의 정치적 폐쇄성도 문제가 된다. 그런데 실업이 대중적인 현상이 되고 개인적으로도 계속 실업 상태를 벗어나지 못하는 곳에서는 과도한 규제의 경제가 오히려 새로운 계급사회 형성 추세를 강화한다. 실업은 개인의 환경을 결정할 뿐 아니라 점차로 문화적으로도 상승 기회나 상승 의지에 대해 더욱 폐쇄적이 되도록 만든다.

그런데 이러한 경제적 과정은 새로운 계급사회와 이러한 계급사회 내에서 새로운 하층부, 새로운 형태의 주변성이 형성되는 데 기여한 일련의 복잡한 원인 중 일부에 지나지 않는다. 적어도 세 가지 요인을 추가로 들 수 있는데, i) 외국인의 이주, ii) 가족의 위기, iii) 새로운 대중문화가 그것이다.

독일은 20세기 중반에 인종적으로 동질적인 사회에서 벗어나 이주자를 받아들이는 사회가 되었다. 독일은 이 새로운 이주를 우선은 i) 단지 일시적인 현상, 다시 말해 몇 년 후에는 다시 돌아갈 유동적인 노동 인력으로 이해했다. 그러다가 ii) 새로운 이주를 부인하는 단계를 거쳐, 이제는 결국 iii) 다양한 문화가 불가피하게 공존하는 다인종 사회라는 이상을 목표로 하거나, 또는 iv) 늦어도 원래 이주자들의 손자 세대인 '제3세대'에서는 사회적인 상승과 동화가 가능할 것이라 막연한 기대를 갖게 되었다.

이주자를 받아들인 유럽 국가들에서는 언급한 네 가지 구상 모두 실패한 편이다. 외국인의 이주는 지속적인 현상이었으며, 부정할 수 없는 현실이었다. 이러한 이주에서 생겨난 것은 다문화주의가 아니었고, 오히려 문화적인 격리와 사회적인 폐쇄였다. 이주자들은 대개 하층부에서 온 사람들이었고,

하여튼 자신들의 새로운 고향에서는 '밑바닥'에서부터 시작하는 것이 보통이었다. 사회적 상승이나 교육의 기회에 참여하고 다원적 사회에서 경제적 · 문화적으로 통합되는 것은 이례적으로 드문 케이스였다. 한 가지 원인은 예를 들면 계속해서 결혼 파트너를 자기 나라에서 데려오는 등 '제3세대'에 이르러서도 동화에 실패하는 것이다. 물론 외국에서 유입된 모든 이주자가 하층부에 속하는 것은 아니고, 사회의 하층부가 이주자 집단으로만 구성되어 있는 것은 아니다. 그러나 이주자 계층과 사회 하층부가 중첩되는 교집합의 영역은 유럽 사회에서 놀라울 정도로 커져 있다.

이주자 문제와 마찬가지로 중요한 새로운 주변성의 요인은 1970년대 이후에 나타난 전통적 가정 질서의 해체다. 사실 "가난이 얼굴을 바꾸었다"라는 말은 이미 진부한 표현이다. 노년에 맞는 가난은 대거 극복되었지만, 이제는 젊은 계층, 여자들, 특히 혼자서 아이를 양육하는 여성들이 가난에 빠지는 경우가 많아졌다. 직업적인 자질이 낮은 여성이 남자 친구나 남편과 헤어지고 자녀를 혼자 키우게 되거나 아니면 다른 남자를 만나 살면서 아이를 키우는 경우에 가난해질 위험이 가장 높다. 이것은 일단 환호부터 하고 보았던 자유화의 과정이 가져다준 그 가치에 상반된 결과인데, 가부장적인 가정 질서의 해체, 더 이상 구속력이 없는 속박을 벗어버리는 자유의 증가, 개인적인 자아실현 추세가 여기에 속한다. 여러 정황을 볼 때, 자유화의 결과로 나타난 것으로서 자신의 삶에 가해지는 요구, 직업과 가정생활의 어려운 조화, 다른 사람의 생명에 대한 책임감과 관련해 생겨나는 요구에 부응하는 데 미성숙한 모습을 보이는 경우는 여자보다 남자가 더 많은 편이다. 그런데 이러한 현상은 비단 사회적 하층부에만 국한되지 않고 그를 훨씬 넘어서는 전반적인 현상이 아닐까?

하지만 가족 구조를 해체하면서 새로운 계급을 형성하는 추세를 강화하는 것으로 적어도 세 가지 요소가 있다. 첫째로 사회 하층부는 물질적인 자원이 제한되어 있는데도 중산층이나 상층부보다 자식을 많이 낳는 경향이 있다는 것이다. 따라서 아동 계층의 새로운 빈곤과 관련해서는 아이가 많아 가난하다는 단순한 법칙이 통용되는 경우가 줄어들었다. 오히려 가난이 아이들을 만들어낸다고 할 수 있다. 둘째로 하층부에서는 물질적인 자원뿐만 아니라 특히 개인주의화된 가족 상황과 '패치워크 패밀리'에서의 삶을 사회적 · 심리적으로 완충시켜줄 수 있는 문화적 자원도 부족하다. 후기 현대에서 패치워크 패밀리를 찬미하는 것은 학술적 · 지성적인 계층에서는 하나의 인생 설계로서 가능할지 모르지만, 실제로 사회의 다른 계층에서는 점차 교육적 측면의 재앙 · 방치 · 황폐화가 일어나고 극단적인 경우에는 폭력으로 연결되는 경우가 많다. 셋째로는 가난과 사회적 고립 사이에 긴밀한 연관성이 있다는 것이다. 사회 · 경제적으로 주변부에 속하게 되는 것, 예를 들어 지속적으로 일자리를 갖지 못하는 것은 종종 사회적 접촉의 단절로 이어진다. 문제는 중산층이나 상층부의 경우 위기를 만났을 때 활용할 수 있는 '사회적 자본'(네트워크)을 많이 확보하고 있지만, 하층부의 경우는 그렇지 않아도 부족한 사회적 자본이 고갈된다는 것이다. 국가가 부담해왔던 사회적 책임을 개인과 가정이 다시 담당해야 하는 상황이 오면, 하층부에서는 이러한 사회적 자본의 부족이 더욱 심각한 것으로 나타날 것이다.

새로운 계급을 형성하는 마지막 요인은 대중문화이다. 수십 년 동안 평준화의 효과를 발휘했던 20세기의 대중문화는 다시 계층의 문화가 되었다. 대중문화는 하여튼 계층에 특수한 문화 및 생활양식으로 세분화되었다. 가장 인기 있는 대중매체인 텔레비전은 이러한 추세를 잘 보여준다. 텔레비전은 원래 민주화의 효과뿐 아니라 사회적으로 평준화와 동질화라는 순기능을 갖고 있었다. 한 나라의 국민 전체가 (많지 않은 수의) 같은 프로그램을 시청했을 때는 계급과 계층을 넘어서는 문화적 공통성이 촉진되었다. 아울러 텔레비전은 주로 상업적인 동기가 아니라 공공의 위탁을 받아 방송을 내보내던 시절에는 교양 매체로도 기능했다. 그런데 텔레비전이 상업화되고 프로그램이 대폭 늘어나서 세분화되면서 문화적인 공통성이 파괴되었다. 이는 특정 그룹을 겨냥한 매체가 생겨나게 했는데, 이러한 매체는 특정한 사회계층의 선호를 반영할 뿐 아니라, 부분적으로는 매체를 소비하는 과정에서 이러한 계층이 형성되도록 했다. 이러한 문제로 인해 독일에서는 최근에 하층부 계층에서 주로 소비하는 텔레비전에 대한 논쟁이 있었다. 그런데 소비와 문화적 양식의 세분화는 텔레비전의 소비를 넘어서는 것이다. 이러한 세분화는 소비재의 확보, 예를 들면 어떤 계층에 속했는지 알 수 있으며 따라서 자신의 신분을 표시하는 수단이 되는 특정한 상표의 자동차에 대한 선호에서도 나타난다. 피에르 부르디외(Pierre Bourdieu)가 이미 1979년에 프랑스 상류층의 특수한 문화를 설명하면서 동원한 '미세한 차이'는 이러한 점에서 또한 사회적 계층의 사다리 중에서 최하위 계층까지 영향을 끼치고 있다.

계층을 형성하는 문화적 힘이 얼마나 큰 영향력을 가지고 있는지 또는 특정한 문화적 선호나 생활방식이 과연 물질적인 상황의 직접적인 결과인지에 대해서는 여러 측면에서 논쟁을 벌일 수 있다. 하지만 새로운 긴장 영역들을 순전히 사회 · 경제적 측면에서만 설명하는 것은 미흡하다. 계층의 형성에서 문화가 지닌 자체적인 역동성은 상당한 편이며, 이는 사회정책을 수립하는 문제에서도 고려되어야 한다. 계층의 경계선들은 더 이상 간단하게 물질적인 여건의 개선을 통해, 사회복지의 경제 논리로써, 다시 말해 보조금 지원을 가능한 확대함으로써 극복할 수 있는 성격의 것이 아니다. 사회복지국가의 재원이 소모적인 지출로 흐르지 않고, 문화적 경계선들을 부드럽게 하고, 교육의 제한을 타파하며 사회 구성원의 사고방식을 바꿀 수 있는 사회적인 인프라 구조에도 투자될 때 더욱 의미 있는 투자가 될 것이다. 이러한 구상은 서방의 아주 다양한 사회, 즉 미국, 스웨덴, 독일과 같은 아주 다양한 복지사회 체제에서도 더욱 호응을 얻고 있으며, '투자적 복지국가' 또는 '지원과 요구'의 결합이라는 구호 등으로 표현되고 있다. 계층의 경계선이 더 이상 사회·경제적인 경계선을 따르지 않는 경우, 이러한 계층의 경계선은 더 이상 물질적인 분배 정책만으로 해결할 수 있는 것이 아니다.

III.

이 책에서는 변화되고 확대된 의미로 여전히 '계급사회'라는 표현을 사용하고 있지만, 긴장 영역들과 사회적인 불균형은 21세기에 접어든 시기에는 너무나 다양해져서 '계급사회'와 같은 하나의 개념으로 취급하기가 어렵다. 과거의 범주들은 적합하지 않으며, 자본주의적 취업 사회의 핵심 영역에도 더 이상 들어맞지 않는다. 아울러 새로운 사회적 경계선들이 추가되었거나 새로운 의미를 획득했다. 그리고 마지막으로 세계화된 형태로 '문화의 투쟁'이 진행되는 세계, 어떤 미래를 구상할 것인가와 관련해 서로 논쟁을 벌이는 상황을 맞아서 사회적 긴장들은 뒷전으로 물러나고 있는 것은 아닌지 질문을 던져볼 수 있다. 또 중요한 갈등 노선들은 더욱 문화적으로 결정되는 것은 아닌지에 대해서도 질문을 던져볼 수 있다. 계급투쟁 대신에 문화투쟁이 나타난 것일까?

경제적인 위기가 심화되고 새로운 분배의 투쟁이 벌어지는 상황에서 전통주의적인 좌파 세력은 고전적 산업사회의 산물인 마르크스주의적 용어를 동원해 설득하는 데 다시 한 번 놀라운 성공을 거두었다. 이에 따르면 우리는 세계적인 차원에서 벌어지는 '자본'과 '노동' 간의 새로운 투쟁을 경험하고 있으며, 이것이 바로 독일 노동조합들에서 흔히 말하는 '노동자'의 권리를 극적으로 위협하는 시나리오라는 것이다. 그런데 이러한 해석은, 노동이 국가적 차원에서 외부로부터 보호를 받고 시장이 폐쇄되어 있으며 아울러 동유럽과 아시아에 사는 수백만 명 사람들에게는 이제까지 서방의 특권이었던 높은 자질과 보수의 노동을 할 수 있는 기회가 배제되어 있다고 보는 등, 민족주의적 시각에서만 의미가 있는 해석이다. 그런데 국내의 관점에서 보아도 한편에는 자본과 기업가가 있고 다른 한편에는 의존적인 노동자 계층이 있어 서로 대립해 있다는 식으로는 더 이상 현실을 정확히 파악할 수가 없게 되었다. 세계적으로 활동하는 대기업이나 펀드 회사들은 자본의 측면에서만 길거리 소규모 점포의 주인이나 수공업 분야의 장인과 엄청난 격차를 보이는 것이 아니다. 다른 한편으로 반나절만 고용되어 일하는 판매 사원, 제대로 직업교육을 받지 않고 부정기적으로 일을 하는 노동자, 화물차 운전사의 삶의 여건과 회사의 중역, 대학교수, 변호사의 삶의 여건은 물질적으로 그리고 문화적으로 더 이상 공통된 것이 없다.

결정적인 경계선은 오히려 자질이 높은 (대체로 교육 수준이 높은) 전문 계층과 자질이 낮아 점차로 주변부에서 고용되는 계층 사이를 지나간다. 이는 1970년대와 1980년대 초 이후 미국에서 가장 먼저, 가장 극명한 형태로 나타났다. '자립적 경제활동 영위자'와 '임금에 의존하는 노동자'는 전문 계층이나 비전문 계층 양측 모두에 있고, 그 경계선은 양측에서 유동적인 것이 되었다. 고용된 매니저는 주식 옵션이나 경영 매각(Management-Buy-Out)*을 통해 기업가가 되고, 고용된 신분의 변호사는 자신이 일하는 변호사 인수 사무실에서 파트너가 되기도 한다. 그러나 사회적 스펙트럼의 또 다른 극단에서는

* 회사 내 경영진이나 임직원이 기업 또는 일부 사업부를 분리하는 것.

예를 들어 수공업자 또는 영세 서비스업자가 비중이 큰 유일한 고객의 주문에만 의존하는 경우, '자립적 경제활동'은 '가상'에 불과한 것이 된다. 또한 역으로 의존적인 고용에서 자립적인 경제활동으로 전환을 하되, 이른바 독일에서 노동시장 정책과 자립적 경제활동을 촉진하기 위한 수단으로 도입한 '1인 기업(Ich-AG)'처럼 위험한 형태로 전환하는 경우도 있다.

그런데 국가 업무에 종사하는 상당수 사람들에 대해서는 아직 전혀 언급을 하지 않았다. 이들은 법적으로 특수한 지위를 갖고 있어 사실상 해고가 불가능하거나 심지어 독일의 공무원법에서와 같이 특별한 권리들을 갖고 있어 노동시장의 진정한 리스크에 노출되어 있지 않다. 이들이 안고 있는 리스크란 상여금을 포기하는 것, 휴가를 며칠 줄이는 것 또는 봉급 인상분이 줄어드는 것을 감수하는 정도지 취업 사회의 외부에 있는 물질적 · 문화적 주변부로 추락할 염려는 없다. 따라서 자본주의적 노동사회에서 전문가와 자질이 낮은 계층의 경계선 외에 두 번째로 중요한 경계선은 근본적으로 안정적인 고용과 불안정한 고용을 구분하는 경계선이다. 그런데 불안정한 고용의 비중은 의심할 여지없이 증가했다. 아버지 세대처럼 전후의 '황금시대'에 특히 대기업이 부여했던 사실상 평생직장과 같은 안정된 직업을 기대하기 어렵게 된 젊은 세대에서는 불안정 고용의 비중이 더욱 높아졌다.

여기까지는 다음과 같이 말할 수도 있을 것이다. 즉 자본과 노동이라는 과거의 대립이 현실을 결정하는 힘은 줄어들었지만, 결정적인 갈등의 경계선은 여전히 노동 세계에서 그어지고 있고, 자본주의의 새로운 단계에서 인간의 위치는 옛날이나 지금이나 주변부의 영역 또는 공공 부문과 같은 보호받는 영역을 포함한 자본주의적 취업 사회에서 어떤 지위에 있는가에 따라 결정된다는 것이다. 이것은 맞는 말이지만, 이 역시 진실의 일부만 담고 있다. 이러한 경계선은 비록 노동 분야에서도 의미가 있을지 모르지만 노동의 세계에서 생겨나는 것이 아닌 다른 갈등의 경계선들과 중첩되어 있다. 이러한 새로운 갈등의 경계선들과 이해관계의 대립에 있는 공통분모는, 기껏해야 이러한 갈등의 경계선이나 이해의 대립이 공공의 영역과 경제의 영역에 뿌리를 둔 것이 아니라 사람들의 개인적인 실존과 개인적인 자기 설계와 다소 관계가 있다는 점에서 찾을 수 있을 것이다. 여기서 말하는 개인적인 자기 설계란 순전히 개별적인 자기 설계가 아니라 집단적이고 문화적인 정체성도 포함할 수 있다.

이를 보여주는 가장 중요한 사례가 이주와 인종적 측면의 긴장 영역들이다. 유럽의 거의 모든 사회는 미국과 캐나다와 같이 역사적으로 이주자의 사회로 이루어진 것은 아니지만 다양한 방식으로 이주자의 사회가 되었다. 이는 내전의 결과, '인종 청소'의 새로운 물결과 이로 인한 가난의 결과에서 보듯이 세계의 다른 지역에도 대체로 해당된다. 북미 지역에서는 각 인종 그룹 간의 분리가 심한 상태였고 일부는 더 심해졌으며, 사회적 격리의 위험도 더욱 커졌다. 왜냐하면 인종적 측면은 종교나 음식 문화와 같은 생활방식의 '소프트한 영역'만 구분하는 것이 아니다. 인종적 측면은 교육 · 기회 · 사회적 상승을 결정하는 삶의 '하드'한 현실에서도 차이를 보이기 때문이다. 이러한 것을 예를 들면 살고 있는 지역의 주택가, '게토'를 형성할 정도의 격리 상태, 인종적으로 구분된 학교 및 여타 교육 시설 그리고 때로는 인종적으로 정의되는 노동시장 등이 있다. 이러한 문제들에 대한 정치적 대응책은 아직까지 확실하게 나오지 않고 있다. 산업사회에서 계급의 대립은 레닌식의 혁명을 통해서든 가톨릭교회의 사회적 교리를 통해서든 해소 또는 완화되어야 한다고 말할 수 있었다. 그러나 종교적 · 문화적 차이들은 이러한 일차원적 해결을 거부하는데, 이는 종교적 · 문화적인 차이들은 균등화뿐 아니라 우선은 '인정', 다시 말해 때로는 기회의 불평등한 분배도 감수하면서까지 타자(他者)를 존중해주는 것을 촉구하기 때문이다. 타자를 인정하는 것과 통합을 위한 간섭 사이에 선을 어떻게 그어야 할 것인가는, 모슬렘 여성들이 머리에 수건을 쓰는 문제나 모슬렘 소녀들이 체육 수업이나 수영 강습에 참여하는 것과 같은 구체적인 쟁점의 형태로 현재 여러 나라에서 문제가 되고 있다.

지난 몇 년간 극적인 형태로 서방 사회의 담론을 결정지었던 완전히 다른 또 하나의 긴장 영역이 바로 세대 사이에 형성된 긴장 영역이다. 나이든 세대가 젊은 세대와 맞서 있고, 자녀 세대가 부모세대와 맞서 있다. 하지만 갈등은 30~40년 전에 68세대의 저항에서 보였던 것과 같은 가치나 삶의 설계와 같은 문제에 집중되어 있지 않다. 문제가 되는 것은 새로운 분배를 둘러싼 갈등이다. 물질적인 혜택과 관련한 세대 간의 불평등은 과거에도 있었던 문제다. 특히 농촌 사회에서 종종 노인들은 노동력이 줄거나 농장의 경영권이 아들 세대로 넘어가면 수입과 명망이 줄어드는 것을 감수해야 했다. 자신의 인생 역정에서 그것은 예상할 수 있는 것이었고, 대체로 누구에게나 닥쳤던 문제였다.

19세기 후반 이후 산업사회가 고도로 발달하고 특히 20세기에서는 복지국가가 추가로 달성되면서 과거의 이러한 메커니즘은 효력을 상실했다. 경제적 역동성은 어느 정도 긍정적인 방향으로의 세대 간의 불평등을 가능하게 했다. 즉 다음에 오는 세대는 부모세대보다는 대체로 형편이 나아졌다(장기적인 시각에서 보면 두 차례의 세계대전에 의해 흔들리는 현상도 있었다). 아울러 복지국가는 노인들의 생활수준의 안정과 직장에서 정년퇴직이라는 원칙을 관철시켰다. 그런데 이 두 가지는 아주 다른 형태로 젊은 계층에 불리한 것이 되고 있다. 젊은 계층은 부모세대가 경험한 것과 같은 경제적인 성장을 더 이상 기대할 수 없게 되었다. 젊은 세대는 오히려 부모세대가 누렸던 직업적 위상이나 물질적 수준에 도달하는 것도 어려운 경우가 많아졌다. 그리고 인구통계의 측면에서 전제가 충족되지 않아 현재의 젊은 세대는 앞으로 노년 세대에 이르면 생활수준이 어려워질 가능성이 높다. 기대 수명이 크게 늘어나서 전체 인생에서 상대적으로 단기간에 해당되는 취업 단계로는 때로 수십 년에 달하는 연금 단계를 경제적으로 지탱할 수 없게 된 것이다. 게다가 많은 서방 국가들의 경우 출산율이 크게 낮아져 노인 계층에 대한 재정 지원이 (독일의 연금보험의 사례에서 보듯이) 각 직업 분야에서 축적된 자산으로는 더 이상 보장할 수 없게 되었다.

이러한 맥락에서 보면 현재 60대, 70대가 되어 있는 노인 세대는 가히 '황금 세대'라고 할 수 있다. 이들은 전후 몇십 년 동안의 유례없는 경제적 팽창과 복지국가 확대로 거의 모든 면에서 그리고 거의 모든 인생 단계에서 가장 혜택을 누리는 세대다. 이러한 긴장 영역이 어떻게 조정될 수 있을 것인지, 이 문제가 도대체 정치적으로 해결될 수 있을 것인지, 아니면 개인적인 차원에서 해결책이 마련되어야 할 것인지는 현재로는 풀리지 않은 숙제다. 하여튼 개인적인 차원의 해결 방식은 이미 상당한 역할을 하고 있다. 이전에는 취업 활동을 하는 중년 세대가 노령 세대를 물질적으로 지원하고 가난에서 보호했다면, 이제는 60대, 70대 노인들이 금전적인 지원이나 자동차와 부동산을 넘겨주는 형태로, 그리고 때로는 물질적인 차원이 아니라 사회적 지원에 나서는 형태로 자신이 가진 자산을 자식과 손자손녀들에게 대거 이전해주는 현상이 나타나고 있다.

현대사회의 또 다른 긴장 영역도 인구통계 추세와 연관되어 있다. 출산율 저하로 과거에는 주변적인 현상에 불과했던 무자녀 상태가 아주 정상적인 생활방식, 종종 자발적으로 선택한 삶의 대안이 되었다. 서구 복지사회에서는 점차 많은 사람이 이러한 방식으로 자녀를 양육하는 데 들어가는 비용 부담에서 벗어나고 있다. 아이들이 자라나면 나중에는 세금과 사회보장비 기여를 통해 결국 자녀를 두지 않았던 사람들에게도 연금과 사회적인 안전을 제공한다는 점은 별로 고려되지 않는다. 이로써 계층적인 차원의 불평등과 분배의 문제를 가로지르는 또 다른 분배의 문제가 제기된다. 그리고 여기에서도 개인적인 차원을 넘어서는 해결책을 논의하기는 어렵다. 이 모든 것이 개인적인 문제가 아니냐고 질문을 던지는 것은 문제가 있다. 그리고 몇 년 전보다는 이러한 질문에 대해 "그렇지 않다"고 답하는 경우가 늘어나기도 했다. 다른 한편으로 자녀를 키우는 부모와 자녀를 두지 않는 사람들 간의 경계선은 물질적인 분배 문제를 넘어서 생활방식과 문화의 문제가 되어 있다. 교외적인 삶과 도심에서의 삶이 대립해 있고, 가계 운영과 여가시간 활용 면에서도 한편에서는 시간이 부족하고 다른 편에서는 시간이 풍족한 등 심한 차이를 보이고 있다. 그런데 고전적인 산업사회의 이해관계에 대해서는 경제 단체와 노동조합 등이 조직되어 100년 이상 활동해온 역사가 있으나, 세대 간의 분열의 문제나 이러한 다양한 이해관계는 아직까지는 정치적으로 조직화되기 어려운 문제로 남아 있다.

새로운 긴장 영역의 목록은 더욱 늘어날 수 있다. 여기에는 남녀 성별에 따른 차별과 같은 과거부터 알려진 긴장 영역도 있다. 남녀 간의 불평등은 사실은 현대사회에서 산업사회의 계급 문제보다 일찍 발견된 문제로서 20세기 마지막 30~40년간 지성적 · 정치적 논쟁에서 중요한 현안이 되기도 했지만, 현재 이 문제는 완전한 해방과 평등이라는 유토피아적 '해결책'에 이르지도 않은 상태에서 다시 뒷전으로 밀려났다. 그런데 앞에서 20세기의 위대한 유토피아적 구상들의 실패와 완전한 조화라는 환상에 대해 언급했던 것과 마찬가지로 남녀 간 불평등의 완전한 해결책은 실현 가능성이 낮은 것이다. 이러한 문제를 해결하려는 것은 시시포스(Sisyphos)의 과제를 해결하려는 것과 같은데, 차이가 있다면 바위를 굴려 올라가야 할 산의 모습이 계속 변하는 점이다.

또 다른 '고전적 사례'는 교육과 교육기회의 긴장 영역이다. 1960년대에 제시된 교육의 불평등 해소라는 목표는 남녀평등의 문제와 마찬가지로 지속적인 성공을 거두지 못했다. 갈등 해소를 위한 정치 전략이 변화하는 사회 상황에 충분히 신속하게 적응하지 못했기 때문이다. 숙련 노동자 자녀들의 경우에는 대학교육의 기회를 얻고 또 학문적인 분야의 직업에 진출하는 데 부분적으로 성공했다. 그러나 이주자 계층 또는 취업 사회의 주변부에서 복지국가의 지원에 의존하는 계층의 교육적 낙후성은 여전히 문제가 되고 있다. 게다가 교육이라는 것이 국민의 다수에게 접근이 가능하도록 해야 할 정적인 영역이라는 생각은 잘못된 것으로 드러났다. 교육과 학문은 예상치 못할 정도로 역동적이 되었고, 새로운 '지식사회'라는 환경은 종종 사회적으로 아주 선택적인 방법으로 사회적 기회를 새롭게 열었다. 세계화되고 국제화된 대학세계 또는 인터넷은 민주적인 기능을 할 수도 있지만 선택적인 계층에만 혜택을 주는 방향으로 기능을 하고 새로운 배제를 가져올 가능성도 있다.

Ⅳ.

앞에서 전개된 논의들을 고려한다면, 우리가 이미 자주 보았던 것과 같이 새로운 긴장 영역들과 관련된 문제는 좁은 의미에서의 사회·경제적 기준을 넘어서는 것이며, 이렇게 극적으로 변화하는 상황에서 선택할 수 있는 문화적·정치적 대안은 무엇인가 하는 문제로 확대된다. 이러한 문제는 세계적인 차원에서 문화와 사회가 경쟁하는 상황을 맞아 새로운 방식으로 제기된다. 과거 냉전기의 동서 대립은 사라졌다. 그런데 오랫동안 동서 대립의 그늘에 가려져 있던 '남북 대립'도 다시 뒷전으로 물러났다. 동서 냉전이 아니라 '동방'과 '서방' 사이의 새로운 긴장 영역이 앞으로 우리의 미래를 결정할 것으로 예상되는데, 서구 사회와 이슬람 사회, 서방과 오리엔트 간의 긴장 영역은 물론 대서양 사회와 인도·태평양 사회 간의 점증하는 경쟁도 여기에 속한다. 이러한 경쟁은 '더 나은 현대'를 추구하기 위한 유럽과 중국 사이의 경쟁으로 나타나기도 하겠지만, '서유럽'과 대서양보다는 태평양 쪽에 있는 미국과의 경쟁으로 나타날 것이다.

전통적인 서구의 민족국가 내부적으로도 과거 산업사회에 있었던 이해관계의 잔재를 다시 발견할 수 있는 새로운 정치적·문화적 진영들이 형성되었다. 오랫동안 아주 단단하게 유지되어왔던 좌파와 우파, 보수적 진영과 진보적 진영이라는 정치적 구도의 잔재가 그것이다. 그런데 대대적인 변화의 압력을 맞아 원래 좌파에 속하는가, 우파에 속하는가를 떠나서 한편에는 개혁을 지지하는 세력, 다른 편에서는 개혁에 적대적인 세력이 형성되고 있다. 개혁을 지지하는 자들은 특히 시민과 국가와의 관계 그리고 복지국가의 재정립과 같은 문제에서 원칙적으로 새로운 길을 가는 것이 시급하다고 확신하고 있다. 다른 진영은 이러한 패러다임의 변화 필요성을 부인하면서 이러한 패러다임의 변화를 순전히 이데올로기적인 것으로 치부한다. 이러한 균열은 지난 10년간 유럽의 좌파 진영을 관류했는데, 유럽의 좌파는 결국에는 토니 블레어 총리의 '새로운 노동당(New Labour)'의 사례를 따르면서 대체로 개혁을 지지하는 편에 섰다. 때로 이러한 갈등은 독일에서와 마찬가지로 사회민주주의 성향의 정당들과 지지층을 실제로 분열시키는 경우도 있었다.

노선은 크게 새로운 케인스주의와 자유주의적 개혁(적대자들은 '신자유주의'라고 한다)이라는 대안으로 나뉜다. 그 배후에는 국가의 간섭을 확대할 것인가 아니면 시민 개인의 책임성을 확대할 것인가, 더 많은 시장을 도입할 것인가 아니면 더 많은 규제를 도입할 것인가, 공공의 재정 적자를 늘릴 것인가, 아니면 재정 안정화로 나아갈 것인가 하는 특정한 정치적 행동 전략만 있는 것이 아니다. 사회의 전망과 관련해 국가 공동체를 택할 것인가 아니면 시민 공동체를 택할 것인가 하는 문제도 있다. 다시 말해 국가가 시민들에게 규제의 기관, 미래의 대비와 일반적인 삶의 문제를 책임지는 기관으로 다가갈 것인가, 아니면 시민의 계약, 시민 상호 간의 관계와 이에 따른 책임을 일깨우는 중재기관으로서의 국가의 성격이 다시 전면에 부각되는 것인가? 좀 더 자세히 들여다보면, 시민적인 사회의 개혁 대안은 좀 더 자유주의적인 대안과 공동사회의 대안으로 다시 구분된다. 양자는 '건강한 이기주의'를 포함한 시민의 자발적인 활동에 역점을 두는가 아니면 공동체에 대한 구성원들의 의무를 중시하는가 하는 차이가 있다. 그런데 1980년대에 첨예하게 벌어졌던 개인주의와 공동체주의 간의 지적인 논쟁은 구체적인 개혁의 논의를 통해 쟁점이 해소되기보다는 가중된 측면이 있다. 결국 이것은 동전의 양면과 같다.

'개혁 또는 보수'로 대별되는 대안의 배후에는 종종 더욱 보편적인 문화적 기본 태도가 있다. 확신과 우려가 서로 부딪히고 있고, 행동주의와 경직된 수동적 자세가 서로 부딪히고 있다. '문화적 낙관론자들'과 '문화적 염세주의자들' 사이의 새로운 분열이라고 말할 수도 있을 것이다. 여기서 염세주의자들은 구조적으로 자신들이 수세에 있다고 느끼는데, 이는 염세주의자들이 자신들이 처한 곤란한 상황을 설명할 때 차라리 음모론으로 도피하는 이유 중 하나이기도 하다. 이러한 음모론은 대체로 '신자유주의'라는 이름을 붙이고 있다. 전통적인 우파 인사들이나 일부 자본주의자들만 나서서 사회복지국가의 개혁 또는 더 많은 시민의 자율성을 요구하는 것이 아니라면, 여기에는 분명히 음모가 있다는 주장이다. 이와 관련해 '현대화의 승자들'(현대화로 이득을 얻는 계층)과 '현대화의 패자들' 사이에 새로운 전선이 형성되고 있다는 점이 거론되기도 한다. 이것은 부분적으로는 맞는 지적이다. 거대한 변혁의 과정에서는 언제나 승자와 패자가 있기 마련이며, 이러한 변화를 환영하거나 심지어 더욱 촉진하려는 경향은 패자보다는 승자에게서 나타난다. 그러나 물질적인 이해관계와 문화적 태도는 승자와 패자라는 개념이 암시하듯이 그렇게 긴밀한 것은 아니다. 특히 많은 노인세대는 변화에 대해 별로 우려할 것이 없는데도 '염세주의자'의 반응을 보이는 반면, 젊은 세대는 이러한 변화에 보호를 받지 못하고 노출되어 있는데도 '낙관론자'의 경향을 보인다. 아울러 취업생활과 개인의 인생경력에서 나타나는 새로운 불확실성 때문에 과연 누가 승자이고 누가 패자인지 조기에 예측하는 것이 불가능한 경우도 많다.

이러한 긴장 노선과 중첩되어 나타나는 또 하나의 문화적 긴장 노선이 있는데, '역동성의 지지자'와 '축소를 옹호하는 자' 간의 긴장이 그것이다. 이러한 긴장은 모든 서방 사회에서 어느 정도 나타나지만, 영미계의 사회에서는 가장 적게 그리고 아마 현재 독일 사회에서는 가장 심하게 나타나고 있는 것이다. 한쪽은 계속해서 성장과 역동성을 추구하는 정책이 위기에서 벗어나는 길이라고 본다. 여기에는 고전적인 경제성장의 형태는 물론 과학기술적인 혁신과 인구통계 추세의 전환도 포함될 수 있다. 반면에 다른 한쪽은 절반은 운명적 생각에 잡히고 절반은 회의적 현실주의에 잡혀 잘 통제된 긴축정책에 나라의 미래가 달려 있다고 본다. 인구가 줄어들고, 도시가 공동화 현상을 보이며, 취업노동이 사라지고, 기업과 인프라 분야에서의 혁신과 투자가 이루어지지 않고 있다면, 이를 인정해야 할 뿐 아니라 축소 과정에 있으며 '속도 조절'이라는 의미에서 서행하고 있는 세계의 장점들을 받아들여야 한다는 것이 수축을 옹호하는 자들의 주장이다. 때로 이러한 주장의 배후에는 과거에 있었던 문화 비판의 새로운 형태가 현대에 엿보이기도 한다. 현대의 문화 비판은 역사적으로 오래된 것이지만 특히 19세기 후반 이후 성장과 변화, 가속화에 적응하는 데 어려움을 겪으면서 나온 것이다.

다시 말해 낙관론자들과 염세주의자들 사이의 대립, 역동성을 지지하는 자들과 수축을 옹호하는 자들 사이의 대립이 있는데, 이러한 새로운 갈등은 정치적 진영을 정의내리는 데도 영향을 주었다. 이미 1970년대 이후 좌파는 특히 환경운동이 개가를 누리면서 고전적인 진보의 이념을 포기하고 보존의 성향을 보이는 문화주의적 좌파로 변했다. 이러한 전환에 대해서는 지난 10년 동안에 토니 블레어에서 앤서니 기든스를 거쳐 리처드 로티까지 좌파 진영 내에서 지적인 회의가 표명되기도 했다. 하지만 갈등은 여전히 풀리지 않은 채로 남아 있으며, 보존과 축소의 동경, 모든 소외를 넘어서는 위대한 조화의 동경은 좌파 진영의 일부에서는 세계화라는 변화의 추세 속에서 더욱 지속되는 경향을 보이고 있다. 반대편의 우파 진영도 유사한 도전을 맞았다. 하지만 대부분의 보수주의자들은 이러한 도전에 좀 더 실용적인 대응을 보였다. 하여튼 보수 진영의 인사들은, 현대에 회의적인 자들, 보존주의자들, 염세주의자들을 '연장된 현대화'를 지지하는 자들, 낙관론자들, 변화를 추구하는 자들로 단호하게 변화시키는 이러한 패러다임의 전환에 대해 좌파보다는 심각하게 숙고하지 않았다. 그러나 보수 진영에서도 좌파 진영에서와 마찬가지로 깊은 문화적 균열이 기존의 정치 진영을 관류하고 있다. 그리고 이러한 갈등이 양 진영 모두에 어떤 결과를 가져올지, 그리고 이후에도 전통적인 의미에서의 '좌파'와 '우파'가 존재할 것인지는 지켜보아야 할 문제다.

이러한 거대한 변혁의 결과가 과연 어떻게 나타날 것인지 아직은 예측하기 어렵다. 현재 개혁을 지지하는 자들이 회의적인 시각을 가진 사람들에게 변화의 용기를 갖도록 하기 위해 끌어대는 희망조차도 기만적인 것일 가능성이 있다. 다시 말해 서구 사회가 새로운 단계의 내적 균형과 안정의 단계로 나아가는 과도기에 있다는 희망이 그것이다. 중요한 측면, 예를 들어 사회보장 체제를 '인구의 변화 추세에도 튼튼한' 것으로 만드는 작업 또는 채무를 누적시키면서 공공 지출의 재원을 충당해온 것을 재정적인 지속성을 중시하는 형태로 전환시키는 것과 같은 문제에서는 이러한 희망이 실현될 수 있을 것이다. 그러나 모든 역사적인 경험을 보면, 우리가 지금은 예상하지 못한 새로운 문제와 갈등, 새로운 긴장 영역이 생겨날 것이다. 그렇다고 해서 우리는 물론 현재의 갈등을 해결하려는 노력을 포기하고 새로운 계급사회가 보이는 문화적 형태 또는 수백만 명이 교육과 취업의 기회를 배제당하는 현실에 만족할 수밖에 없다는 비극적인 결론을 도출해서는 안 될 것이다. 리스크를 감행해야 하는 현대에서는 유연한 대응을 보이는 수밖에 다른 도리가 없다.

새로운 긴장 영역에서의 사회정의

I.

21세기에 접어들어 정의는 다시 중요한 주제로 부상해 정치와 공공의 논쟁, 사회적 갈등에서 주도적인 개념이 되고 있다. 독일에서는 이러한 정의의 르네상스가 특히 두드러지게 나타났는데, 이는 적어도 두 가지의 의미를 갖고 있다.

첫째로 북대서양 연안의 국가들(유럽과 북미 지역)이 맞고 있는 고전적 복지사회의 위기가 독일에서는 더 심하게 나타났다. 이것은 독일이 이러한 문제 해결에 늦게 나선 탓도 있다. 여기에는 일련의 역사적인 원인이 있는데, 그것은 관료주의적이고 국가의 부양에 의존하는 사회적 정서부터 20세기에 독재체제(특히 민족사회주의 그리고 부차적으로는 구동독 정권)의 유산을 거쳐 15년 전의 동·서독 통일의 결과에까지 이른다.

둘째로 독일에서 정의가 르네상스를 맞았다는 것은, 논의의 초점이 주목할 정도로 다시 민족국가의 공간으로 이동했음을 의미하는 것이기도 하다. 1980년에는 세계적인 격차, 특히 세계적인 복지에서 남 · 북(남반구와 북반구)의 격차가 더욱 중요한 역할을 했다. 물론 이러한 격차는 여러 면에서 아프리카의 대부분의 지역과 비교해보면 이후 줄어든 것이 아니라 더욱 벌어졌다고 할 수 있다. 그런데 정치적인 관심과 특히 시민들의 주관적 당혹감은 (이른바 민족국가의 범주를 넘어섰다는 시대에서) 재산 · 소득 · 교육 그리고 일반적인 삶의 기회와 관련해 일차적으로는 다시 민족국가의 내부 공간을 향하고 있다. 자본주의의 새로운 역동성이 이러한 삶의 기회를 과거보다 정의롭지 못하게 분배하고 있다는 감정, 그리고 더 나아가 경제적 · 사회적 변화에 의해 강요된 개혁들이 조화와 균형 그리고 공평성을 가져오기보다는 새로운 불평등을 낳고 있다는 감정이 확산되어 있다(그리고 짐작컨대 새로운 역사적 정점에 달했다). 독일을 포함해 성공에 익숙하던 전후 서방 사회가 새로운, 더욱 어려운 시기를 맞았다는 것은 아마 부정할 수 없는 사실일 것이다. 다른 한편으로 이러한 발전 추세가 독일의 양대 국민정당(기민 · 기사 연합과 사민당)이 오래전부터 모두 자당의 강령에서 근본가치에 속하는 신조로 내세운 '정의'라는 목표에 어떤 결과를 가져올 것인지는 의견이 분분하다.

사회 · 경제적인 위기는 한편으로 이전의 '부'와 '빈곤'의 긴장 영역을 새롭게 하고 있다. 다른 한편으로 전혀 다른 종류의 갈등들이 생겨나서 정의의 문제로 부상하는 방식으로 새로운 갈등 상황이 생겨났는데, 예를 들어 인종 간의 긴장이나 세대 간의 격차와 같은 것이 그것이다. 그 결과는 역설적이다. 정의는 현재 일차원적인 것, 전통적인 것, 다시 말해 '상층부'와 '하층부'가 있는 사회 · 경제적 계급 체제에서 분배의 정의로서 이해되면서도 동시에 다층적이고 복잡하며 더 이상 고전적이라고 할 수 없는 갈등에 의해 규정되고 있다. 이와 같이 정의라는 개념 자체가 다양하게 규정되고 있는 상황에서 정의를 구현하기 위한 정책은 무엇인가? 과연 '정의로운' 사회를 구현하기 위해 어떤 정치적인 역량을 보일 수 있는가, 그리고 무엇보다 시대에 맞는 정의의 정책이 무엇인가 하는 문제는 상당한 논란이 되고 있다.

II.

그동안 '정의'가 무엇인지 규정하고 정의의 다양한 차원을 구분하는 많은 시도가 있었다. 서구에서 정의는 수천 년의 전통을 가진 중심 개념이며 아마 인간의 실존적 범주에 속하는 것이라고 할 것이다. 이 개념은 다양한 시대에 걸쳐 그리고 다양한 문화권에서 더욱 다양한 의미를 획득했으며, 지금까지도 개념에 대해 합의에 이르지 못했다. 서방, 다시 말해 북대서양을 중심으로 한 북미 지역과 유럽의 발달한 민주주의 사회에서도 상당한 차이가 확인된다. 정의의 다양한 측면이나 정의를 구현하기 위한 정책과 같은 전략과 관련해서뿐 아니라 사회 내에서 정의라는 기본 가치가 차지하는 위상에서도 이러한 차이가 나타난다.

예를 들면 미국에서는 의심할 여지가 없이 자유가 가치의 등급에서 가장 우선하는 반면에 독일에서는 정의나 평등이 종종 자유 못지않게 중요하다. 이러한 차이는 진부한 것이지만 정확하고도 중요한 지적이며, 다음과 같이 말할 수도 있을 것이다(그리고 이는 종종 확인되는 사실이기도 하다). 즉 영미 계열의 사회에서는 정의가 출발 여건의 평등 또는 공평함에 관계하며 따라서 개체의 법적인 지위에 근거를 둔 것이라면, 유럽 대륙에서의 정의는 결과의 평등에 초점을 맞추고 있다. 따라서 한편으로는 '사회적인' 정의에 우선권을 주며 다른 한편으로는 정의라는 목표의 달성을 위해 국가에 결정적인 역할을 부여한다.

한편 정의는 정체성 · 공평성과 평등이라는 세 가지 목표를 추구하고 있다고도 말할 수 있다. 정체성(Identity)으로서의 정의는 인간이 자신의 사회적 · 문화적인 정체성을 실현하고 강제와 소외가 없는 삶을 영위할 수 있는 존재여야 한다는 근본적인 요구를 의미한다. 예를 들면 자신의 삶에서 종교와 같은 본질적인 것을 포기하는 행동은 정의롭지 못하다. 정의의 이러한 측면은 또 자유의 차원에서도 이해할 수 있다. 그런데 이러한 측면은 실제로 정의에 대한 최근의 논의에서 (문화적) '인정'이라는 용어로 중심적인 역할을 했다. 다양하고 다원적인 사회에서는 다양한 정체성이 동일한 형태라는 강제에 굴복해서는 안 되며, 공동체로부터 인정(과 존중)을 받아야 하고, 자기 모습 그대로 남을 수 있는 권리를 가져야 한다는 주장이다.[19]

공평성(Fairness)으로서의 정의는 인종적인 차별을 받지 않는다는 것 또는 이미 도출된 정치적 합의를 근거로 마땅히 대우받아야 할 대우를 받는 것을 의미한다. 정체성에서는 다양한 경우가 다양하게 존재하도록 보장하는 것이 중요한 반면, 공평성에서의 최소한의 기준은 같은 (또는 비교 가능한) 경우를 동등하게 취급한다는 의미다. 같은 국적을 가진 시민들이 법률 앞에서 평등하고 '인간의 외적 조건(명망)'과는 상관없이 평가를 받고, 필요한 경우 재판을 받는다는 원칙은 아주 중요한 부분이다. 이러한 차원의 정의는 이제 서방의 민주체제에서는 그 기초나 역사적 제약성을 거의 생각해보지 않을 정도로 매우 자명한 것이 되었다. 그렇지만 '병역의무의 정의(Wehrgerechtigkeit)' 사례에서 보듯이 이런 의미의 정의는 여전히 시사성이 있다. 군대의 인력 수요가 감소한 상황에서 보편적인 병역의무는 아마 이제 더는 공평한 기준으로 시행되기 어려울 것이다. 이것은 젊은이들의 본질적인 삶의 기회에 관한 문제다. 하지만 이러한 사례를 보면, 다른 한편으로 이러한 측면의 정의는 동원력이나 정치화의 잠재력이 상대적으로 낮은 사안이라는 것을 알 수 있다.

마지막으로 정의의 문제는 평등이라는 척도를 지향한다. 이것은 기회의 평등을 의미하는 것일 수도 있고 물질적인 여건의 평등을 의미할 수도 있는데, 일반적으로 이러한 척도는 절대적인 것으로 고려되기보다는 다만 이상적인 목표점으로 설정된다. 그러나 여기에는 실제로 여러 시민사회의 계약론에서 나타나는 일종의 허구적인 자연 상태, 다시 말해 사적 소유와 분업이라는 자연 상태가 적어도 기본 전제로 암시되고 있다. 세분화된 분업이 이루어지고 사적인 소유를 보호하는 사회에서는 복지와 지위가 다양하게 생겨난다(그리고 물려받기도 한다). 그런데 부당하게 생겨난 불평등은 (도덕적으로) 정의롭지도 못하다는 것이다. 오늘날 불평등을 기능적인 측면에서 정당화하는 것은 대체로 이러한 맥락에 연결되어 있다. 예를 들어 자질과 책임을 포함한 특정한 지위에 있는 경우는 더 높은 수입을 받는 것이 정당하다고 본다. 지난 20년 동안 나온 정의에 관한 이론 중 가장 저명한 사회철학 이론인 존 롤스(John Rawls)의 '정의론'도 결국은 이러한 좌표 체계에서 움직이고 있다.[20] 이 이론의 중요 기준은 잘 알려져 있다시피 특권이 적은 자들에게도 엄격한 평등보다는 사실상의 불평등이 더 많은 장점을 가져다준다는 것이다. 아주 간단히 말하면, 노동자들이 공산주의 사회보다 자본주의 사회에서 더 좋은 수입을 보장받는 경우, 자본주의 사회는 정의롭다고 할 수 있다. 이러한 기준이 충족되지 않는 경우에는 정의를 실현하기 위한 전략으로서 특히 물질적인 재분배가 고려된다. 이러한 재분배는 미국을 포함한 대부분의 서방국가에서는 약 100년 전부터 조세국가(특히 누진세 방식의 소득세를 동원)와 복지국가(직접적 · 간접적인 재정 이전)를 통해 이루어지고 있다.

정체성과 공평성 그리고 평등이라는 정의의 세 측면은 서로 연결되어 있고 점차 복잡해진 전제들에 기반을 둔 정의의 단계로 이해될 수 있다. 게다가 (물질적인) 분배의 정의라는 의미에서의 평등이라는 정의의 사상은 결코 보편적으로 관철되는 규범은 아니며, 이러한 정의는 독일에서도 최근 몇십 년 사이에 비로소 최고조에 달했다. 그리고 분배의 정의라는 이상은 바로 고전적 사회복지국가와 그 분배 역량이 역사적으로 위기를 맞은 순간에 가장 예리하게 규정되고 정치적 · 도덕적으로 요구될 수 있다는 명제가 가능할 수도 있다. 지금 분배에 관한 논의가 르네상스를 맞고 있는 상황, 그리고 공공의 인식과 사회적인 현실 사이에 긴장이 생겨나는 이유는 이러한 점에서 설명될 수 있다. '구독일'(서독)이 고도의 성장을 누렸던 시기에는 분배는 자명한 것으로 이해되었으며, 정의를 실현하기 위한 정책이 지향하는 목표점은 희미한 형태로 존재할 수 있었다. 따라서 노동조합의 임금협상 정책은 수십 년 동안 임금을 받는 계층과 봉급을 받는 계층의 조정을 목표로 했는데, 저임 계층은 사라졌고 낮은 임금을 받는 노동자층은 큰 폭의 임금 인상을 누렸다. 하지만 일반 노동자와 엔지니어가 결국은 동일한 임금을 받아야 할 것이라는 점을 반드시 확정할 필요까지는 없었다. 팽창하는 사회복지국가가 위기를 맞게 되면서 비로소 분배라는 이상의 근저에 놓인 정치적 · 도덕적 척도를 더욱 정확히 규명할 것을 강요하고 있는 것이다.[21]

그러나 다른 한편으로 정의 실현 정책의 고전적인 전략들은 새로운 유형의 사회적 문제들이 생겨났는데도 전체적으로는 설득력과 정치적 호소력을 잃지 않았음이 더욱 분명하게 드러난다. 1980년대와 1990년대 다문화주의의 '인정하는 정책'은 이미 인종적 · 문화적으로 동질인 사회라는 이상에서 출발한 분배 정책이 한계에 부딪히는 상황에서 나온 답변이었다. 그런데 인정의 정책은 이제 적어도 두 방향에서 한계를 보이기 시작했다. 우선 문명화된 공동생활 · 법치국가 · 자유 · 남녀의 평등권 같은 기본적인 가치가 문제되는 곳에서는 더 이상 이러한 인정이 설득력을 갖지 못한다는 것이다. 다른 한편으로 문화적 차이가 개방적이고 다원적인 삶의 방식으로 연결되지 못하고 차별, 특히 아동

계층의 삶의 기회가 축소되는 형태로 나타나고 굳어지는 곳에서도 인정의 정책은 설득력이 없었다. 따라서 이 두 측면에서는 보편적인 규범의 원리가 다시 유효한 원리로 부상했다.

분배와 인정이 이중적 위기에 부딪힌 시기는 참여의 정의라는 새로운 개념이 형성되기 시작한 시기이기도 하다. 여기서 말하는 참여의 정의는 사회의 일반적 기회에 참여할 수 있는 능력을 의미하는데, 예를 들어 극장 입장권이나 영화 관람권을 포함하는 사회적 보조금 지급과 같은 좁은 의미의 물질적 형태의 혜택보다는 교육, 취업노동, 보건 분야의 기본적인 삶의 기회를 의미한다. 참여의 정의는 자립적인 삶을 위한 자원을 강화하는 것을 목표로 하며, 따라서 근본적으로는 한 사회에서 최상의 가능성에 접근할 수 있게 해주는 문화적 역량을 강화하는 것을 목표로 한다.

이렇게 강조점이 바뀌면서 정의 실현을 위한 정책에서는 특히 교육이 핵심적인 문제로 부각되었다. 예를 들어 이주자 가정의 청소년이 중등 과정의 교육을 제대로 마치지 못하여 수십 년간 삶의 기회를 상실한다면, 분배의 정책을 동원하는 것은 별로 도움을 주지 못한다. 분배의 정책은 원인을 제대로 치유하지 않고 또 정의의 핵심에는 이르지 못하면서 기껏해야 증상을 완화시켜주는 데 머문다. 정의에 대한 새로운 이해가 사회적으로도 관철되고 정치적으로 충분한 성과를 가져올지는 기다려볼 일이다. 정의에 대한 새로운 이해는 특히 산업사회에서 나타났던 고전적인 '빈부 갈등'의 틀을 벗어나는 새로운 사회적 긴장 영역에서 결정될 것이다.

III.

거듭 말하지만 '계급사회의 르네상스'라고 간단히 말하는 것은 문제를 불완전하게 진단하는 것이다. 그런데 공공의 인식, 그리고 특히 2003~ 2004년 이후 사회적인 긴장 노선들에 대한 도덕적 해석은 상당히 전통적인 분배의 문제, 즉 '빈부의 문제'에 집중되는 경향을 보였다. 하지만 역사는 거꾸로 흐르지 않으며, 21세기 초의 사회는 19세기 계급사회의 부활이 아니다. 오히려 새로운 긴장 영역이 생겨났는데, 이러한 영역들은 과거의 긴장 영역들과 교차하기도 하지만 그 양상은 아주 복잡하다. 이런 점에서 보면 계급의 문제에 집중하는 것, 특히 정의를 실현하기 위한 정책을 유일하게 또는 우선적으로 계급의 문제에서 출발해야 한다고 보는 것은 오류로 나아가게 한다. 새로운 긴장 영역과 관련해서는 우선은 남녀 간의 불평등에 대해서 생각해볼 수도 있을 것이다. 이것은 물론 아주 오래된 문제인데, 몇십 년 전에 기대했던 것과는 달리 여전히 미해결로 남아 있는 문제다. 예를 들어 직업과 가정의 조화 또는 여성의 상위직 진출 등 여러 측면에서 독일이 다른 서방국가에 비해 낙후되어 있음을 감안한다면, 이 문제는 여전히 '새로운 것'이며 현실적인 것이다. 그런데 이러한 불평등이 이제는 과거 1970년대와 1980년대에 여성운동이 최고조에 달했던 시절보다는 덜 강렬한 것으로(그리고 덜 '부당한 것'으로) 느껴진다.

현안이 되고 있는 새로운 불평등 중에서 가장 우선적으로 들 수 있는 것은 세대 간의 갈등이다. 모든 사회는 내재적으로 세대 간의 협약에 근거하고 있다. 즉 부모가 자녀를 부양하는 것은, 이 자녀들이 자라서 후에 나이든 세대가 되는 부모를 부양하고, 나아가서는 자기 자녀들도 부양할 것이기 때문이다. 중간에 놓인 세대(대체로는 취업활동을 하는 세대)는 종종 자녀들과 부모에 대해 이중적인 책임을 지고 있다. 하지만 이들이 이러한 책임을 다하는 것은 자신들이 부모의 부양으로 성장했으며 자신들도 나중에 노령과 연금 상태에 돌입하거나 병에 걸리면 부양을 받게 되리라는 확신에서다. 독일이라는 복지국가는 잘 알려져 있다시피 특히 적립금 부과 방식의 사회보장제도를 갖추고 있으며, 일차적으로는 이러한 세대의 원칙에 역점을 두어왔다. 그런데 그것은 적어도 안정적인 여건이 확보되어야만 제대로 작동하며 또한 사회적 정의에도 부응할 수 있다. 최상의 여건은 물론 인구통계 면에서나 경제적인 면에서 모두 팽창하는 경우다(독일은 오랫동안 이렇게 정상적인 국면에 있었다).

그런데 이러한 유리한 상황은 더는 존재하지 않으며, 따라서 새로운 모순(불일치)과 분배의 갈등이 생겨난다. 중간에 놓인 세대는 자신들이 현재 부모세대를 부양하는 것과 같은 수준의 안전을 더 이상 기대할 수 없게 되었다. 하지만 교육의 기회와 사회적 상승의 기회도 변했는데, 주로 기회가 줄어드는 방향으로 변화가 있었다. 이는 사회적 계층과 계급을 막론하고 겪고 있는 문제다. 평생직장과 같은 형태로 고용되어 있는 숙련 노동자 집안의 자식은 이제는 이같이 안정적이고 많은 봉급을 받는 일자리를 기대하기 어렵게 되었으며, 교육자 또는 판사 집안의 자식은 이같이 수준 높은 공무원 지위를 갖는 것이 상당히 어렵게 되었다. 세대 간에 기회가 불평등하다는 것은 결코 새로운 현상은 아니다. 하지만 지난 100~200년 동안의 불평등은 특히 자식 세대가 부모세대보다는 형편이 더 나아지는 데서 나왔으며, 우리는 이러한 경험에 익숙했다. 독일(서독)이 맞았던 팽창과 복지의 시대로 인해 특히 한 세대가 많은 혜택을 누리게 되었는데, 독일에서 1940년대에 태어난 이 세대는 전후의 '황금세대'*라고도 할 수 있을 것이다. 이 세대의 삶은 지속적인 상승과 복지의 증가라는 특징을 가지며, 이들은 역사적으로 최고의 사회보장 체제 및 여타 공공 인프라 시설의 혜택을 누렸다.

그런데 새로운 상황은 아직은 공공연한 세대 간의 갈등으로 비화되지는 않

---

* 이 황금세대는 정치적으로는 68년 혁명의 주역들로서 소위 '68세대'다.

았으며, 아마 그렇게 되지도 않을 것이다. 왜냐하면 이러한 잠재적 갈등은 일부는 예를 들어 연금보험 등을 통해 정치적으로 해결되고 있으며, 더 큰 부분은 개인적인 영역에 머물러 있기 때문이다. 다시 말해 나이든 부모세대가 노년에 물질적인 곤란에 처해 자녀들의 지원을 받는 것이 아니라, 역으로 이미 다 성장한 자녀를 물질적으로 지원하는 형태로 해결책이 나오고 있다(이러한 경우가 허다해졌다). 세대 간의 불평등한 축적이 '부당한' 것으로 여겨지지 않는 것은, 쉽게 그 원인을 인과적으로 밝히기 어렵기 때문이기도 하다. 다시 말해 불공평함을 확인해 도덕적으로 책임을 전가할 수 있는 대상을 쉽게 찾을 수 없기 때문이기도 하다. 계급의 차이, 다시 말해 고전적인 분배의 불평등에서는 원인 제공자를 찾아내는 것이 더 쉬운 일이었다. 오래전부터 원인 제공자로 지목된 것은 바로 '부자', 자본주의, 그리고 이러한 자본주의를 사회적으로 제어하는 능력을 발휘하지 못한 것으로 보이는 국가였다. 불평등의 문제가 정의의 문제로 발전하기 위해서는, 다시 말해 한편으로는 이러한 도덕적인 측면의 원인 규명이 필요하고, 다른 한편으로는 어떤 문제를 단순히 개인적인 것으로 돌리지 않고 공공의 차원에서 사회적으로 정의내리는 것이 필요하다.

지난 몇 년 동안 공공의 토론에서 전면에 크게 부상한 또 다른 '새로운 불평등'에서도 유사한 문제 상황을 보게 된다. 이는 자녀를 가진 부모 또는 가족과 (지속적으로) 자녀가 없는 가정 간에 존재하는 격차인데, 다른 어느 나라에서보다 독일에서 더욱 타당성을 갖는 문제다. 이 문제는 역사적인 차원의 사회적 구조 변화가 시작되었음을 보여주는 것이다. 정상적인 가정의 모습이 20세기 마지막 30년 정도에 걸쳐 급속히 해체되었는데, (의식적으로) 자녀를 갖지 않는 삶이 가능해졌고 정당한 것으로 여겨졌으며 확산되었다. 물론 생물학적인 문제 또는 문화적 · 종교적인 차원에서 자녀가 없는 상황은 과거에도 있었다. 그런데 그러한 경우는 우선은 양적인 면에서 부차적인 현상에 머물렀고, 둘째로 전형적으로 사회 · 문화적 주변성으로 나아가게 되거나 이러한 주변성을 보여주는 것이었다. 예를 들어 너무 가난해서 결혼해 가정을 꾸려 나가기 어려운 경우, 또는 파트너를 찾지 못하여 가족 중심의 시민사회의 주류에서 벗어나 있는 경우였다. 반면에 자녀를 갖지 않는 새로운 차원의 현상은 사회의 중심부에서 자부심을 가진 형태로 자리 잡고 있는데, 여기에는 자기 삶의 '해방'을 위해 자녀를 갖지 않는 결정도 있다.

이로써 우선은 어느 정도 시간적으로 지연되기는 했지만 불평등으로 논의된 하나의 차이에 대해 지적했다. 1980년대 이후 특히 세제와 자녀 양육 수당 같은 직접적 재정 보조를 통한 국가적인 차원의 '가족 부담의 조정'이 더욱 확대되었는데도, 불평등한 삶의 기회라는 인상은 더욱 굳어졌다. 자녀를 가진 부모는 개인적 차원에서뿐 아니라 사회적 차원에서도 다음 세대의 교육에 대한 책임을 지며, 이로 인해 개인적 삶을 발전시킬 기회가 제한되는 것을 감수하고 있다. 즉각적인 선택의 자유나 개인적인 '자아실현'의 기대가 문제되는 경우는 문화적인 차원의 제약이라고 할 수 있지만, 1인당 소득이 상당히 낮아지게 되어 물질적인 제한도 가해진다. 특히 여자들의 경우 자녀 양육의 단계에서 취업활동을 통한 소득이 제한되는(이는 노년의 사회보장에까지 영향을 주는 문제) 경우도 많다. 세계적으로 가장 낮은 출산율을 보이는 국가 중 하나이며 동시에 여성 취업률이 낮은 국가인 독일과 같은 나라에서는 이러한 불평등이 미국이나 프랑스보다 심각하다. 이러한 불평등은 사회 · 경제적 불평등과 중첩되어 더욱 심화되는데, 이는 교육 수준이 높고 수입이 좋은 (특히 대학 졸업자) 계층이 부분적으로는 이미 국가의 생계 보조를 받는 가난한 계층보다 자녀를 갖지 않는 경향이 강하기 때문이다.

(객관적인) 불평등이 이제 (주관적인 차원을 넘어서는 사회적으로 확인되는) 불

공평의 단계로 나아갈지는 아직 두고 보아야 할 문제다. 기술한 상황이 정의에 반대되는 불공평으로 나아가기 위해서는 이러한 불공평이 하나의 정치적인 문제, (그리고 개인의 문제일 뿐 아니라) 공동체의 문제로 간주되어야 한다. 또한 이러한 불공평의 해소를 위한 전략, 다시 말해 더 많은 정의를 실현하기 위한 정책이 적어도 논의라도 되어야 한다는 전제가 충족되어야 한다. 한동안은 이러한 움직임이 실제로 일어나는 듯했지만, 사적인 것(으로 치부되는 것)을 정치화하는 일은 쉽지 않아 보인다. 하여튼 가족에 유리한 방향으로 문화적 풍토가 변하는 것은 정치적으로 또한 인구 추세 면에서 별다른 성과를 거두지 못했다. 그리고 대부분의 '새로운' 불평등과 마찬가지로 여기에서도 전적으로 분명한 물질적 이해와 분배의 문제가 위협을 받고 있는데도 다양한 이해가 아직은 제대로 조직화되어 나타나지 못하고 있다. 자녀를 둔 부모와 자녀를 두지 않은 가정 사이의 계급투쟁은 기껏해야 가끔 신문의 학술 토론면에서나 등장하는 정도다. 예를 들어 세제 개혁의 논의에서는 가족분할과세(Familiensplitting)* 또는 소득세 등급의 대폭 차별화와 같은 제안들은 다시 뒷전으로 물러났다. 2005년 가을 연방하원 선거전에서는 정의와 분배의 문제가 상당히 중요한 역할을 했으나, 가족 정책, 세대 간의 정책, 남녀평등의 측면들은 거의 주목을 받지 못했다.

새로운 긴장 영역의 목록은 계속 늘어났다. 이 중에서도 뚜렷한 자리를 차지한 것은 독일 현지 주민과 이주한 주민 간의 구분이다. 세대 간의 문제 또는 유자녀 가정과 무자녀 가정 간의 문제와 마찬가지로 여기에서도 사회적·문화적 차이를 불공평한 것으로 경험하게 만드는 시각의 변화가 있었다. 이주자들은 첫 단계에서는 '외국인 노동자'의 신분을 가졌다. 외국인 노동자로

* 가족 구성원의 소득을 합산한 다음 구성원 수로 나누어 소득세를 산정하는 방법.

서 이주자들은 주류 사회에서 통용되는 정의의 기준을 요구할 권리를 갖지 못했거나 또는 이들의 사회적 지위는 단지 일시적인 것으로 간주되었다. 자주 언급한 이른바 '제3세대'가 완전히 통합되면 이러한 불평등의 근거가 되는 차이가 소멸될 것이라고 생각했다. 두 번째 단계에서는 이러한 차이는 아주 단순하게 취급되었고, 비로소 인정을 받기는 했지만 '다문화 사회'라는 구호 아래 공평하면서 지속될 수 있는 것으로 정당화되었다. 왜냐하면 이들의 정체성과 생활방식의 통합을 문제 삼지는 않았기 때문이다. 그런데 몇 년 전부터 독일에서 논의되기 시작한 세 번째 단계에 접어들어서야 비로소 이주자들의 생활 여건은 사회적인 차별 또는 배제 때문에 정치적인 간섭을 동원해서(라도) 해소해야 할 불공평한 상황으로 파악되었다. 그런데 이러한 과정에서 전면에 부각된 것은 물질적인 분배가 아니라 언어적인 측면과 교육적인 측면의 장려 그리고 사회 문화적 참여를 지원하는 다른 수단이었다. 여기에서도 우리는 이미 확인한 사실을 새삼 보게 된다.

첫째, 새로운 긴장 영역과 관련하여 생겨나는 이해관계들은 조직화되기가 매우 어렵다는 것이다. 예를 들어 독일 내 터키계 이주자들이나 러시아 지역에서 온 이주자들의 경우 교육의 낙후성, 언어 문제, 격리된 거주 구역의 형성 또는 일상에서 이슬람 문화가 차지하는 가치 등에 대해 수년간에 걸쳐 집중적인 논의가 있었는데도 그들을 대변하는 강력한 목소리가 아직 형성되어 있지 않았다. 둘째, 차별의 특수한 원인이 돈으로만 해소될 수 없는 것임을 감안할 때 다른 정책 수단에 역점을 두지 않을 수 없는데, 물질적인 분배의 수단이 아닌 다른 수단에 역점을 두는 정의 구현의 정책은 여전히 추진하기가 매우 어렵다. 다시 한 번 말하지만, 새로운 불평등과 새로운 정의 구현의 정책에 관해 수년간에 걸친 논의가 있었는데도 여전히 이러한 형편에서 벗어나지 못하고 있다.

이렇게 보면 정의가 처한 상황은 정말 역설적이다. 한편으로는 21세기의 사회는 긴장 영역들과 불평등들이 복잡하게 교차되어 있는 사회로 인식된다. 전통적 산업사회에서 사회 · 경제적으로 주도적이었던 차이, 다시 말해 부와 가난, 시민 계층과 무산 계층, 자본과 노동의 차이를 벗어나는 영역에서 새로운 불평등이 더욱 빈번하고 현저하게 생겨나고 있다. 그리고 이 새로운 영역에서 생겨난 불평등은 설령 물질적인 재분배로 다소 해소할 수 있다고 해도 부분적일 뿐이다. 따라서 정의구현을 위한 정책은 교육의 장려, 언어적 · 문화적 참여의 촉진과 같은 다른 부수적 수단도 필요로 한다. 또한 사회적인 통합의 핵심으로는 취업 능력과 취업활동도 중요하다. 다른 한편으로는 불공평을 지각하는 것이 위기 상황에서는 언제나 빈부의 격차로 제한되는 경향이 있어서 정의 실현을 위한 정책은 언제나 새로운 보상을 요구하므로, 새로운 재분배 수단을 제공하는 방향으로 너무 빨리 도피하기 쉽다. 왜냐하면 재분배가 이해관계를 신속하게 무마하는 즉각적 효과가 있어 보이기 때문이다. 과연 누가 다음 세대의 삶의 방식이 형성되기까지 수년 또는 수십 년 동안, 예를 들어 교육의 장려라는 분야에서 지속적인 정의 실현 정책의 결과가 나타날 때까지 기다리려고 할 것인가? 이러한 역설적인 상황을 해소하려는 시도가 적어도 첫 성과를 거두어야 정의의 진보는 다시 가능해질 것이다.

빈곤층과 부유층, 그리고 중산층

감독받는 사회에서 자립적인 사회로

I.

우선 중요한 현안으로 부상한 것은 단지 개혁이었다. 독일은 변해야 하고 현대화되어야 하며 내부의 장벽을 극복해야 한다. 수백만에 이르는 대량 실업은 불명예스러운 사태에 해당되는 것이고, 새로운 경제적 역동성이 생겨나야 한다. 사회체제는 시험대에 올라야 마땅하다. 마침내 오랫동안 외면했던 인구 변화 추세, 즉 늘어나는 저출산, 무자녀 상태, 사회의 노령화에서 결론을 이끌어내는 것이 중요하다. 이런 내용은 거창하면서도 상당히 추상적으로 들렸다. 2003년 3월 당시 사민당 · 녹색당 연립정부가 이런 정책에 붙였던 '어젠다 2010(Agenda 2010)'이라는 이름만큼이나 추상적이었다.

일단은 이렇게 출발했다. 개혁 작업은 특히 보건 분야, 연금 분야 등 사회보장제도에서 아직까지 미미한 시작 단계를 넘어서지 못했는데도, 그 사이에 고통스러운 삭감도 느낄 수 있을 정도다. 노동조합들이 움직이기 시작했고,

수만 명이 베를린을 비롯한 여러 지역에서 항의에 나서고 있다. 개혁 자체에 대한 항의라기보다는 다른 사람들은 그대로 혜택을 누리고 있는데 자신들만 부담이 늘어났다고 생각하여 보이는 항의다. 다른 말로 하면, 개혁은 마침내 분배의 투쟁이 되었다. 이것은 원칙적으로 새로운 것은 아니지만, 그 차이는 엄청난 것이다. 왜냐하면 한두 세대 전만 해도, 다시 말해 서독이 전후 역사에서 '황금시대'였을 때만 해도 부의 성장분이 풍족하게 분배되었다. 일부는 경제적인 수익에서 나온 것이었지만, 일부는 '부채 차입을 통해' 조달한 것이었다. 계속 이런 식으로 갈 수는 없다. 이제는 그동안 발생한 손해와 손실도 분배해야 했는데, 종종 해결이 불가능해 보이는 과제를 안고 있는 상황에서도 이러한 분배가 있어야 한다. 즉 우리는 다른 한편으로 더 많은 경제적인 활력을 원하고 또 능률과 개인의 책임성을 제고할 수 있는 방향의 인센티브를 원한다. 그렇지만 다른 한편으로 우리는 정의로운 사회라는 목표도 견지하려 한다. 예를 들면 세대 간의 정의를 포함해 그동안 상실된 정의를 다시 회복하려는 것이다.

그런데 이러한 분배의 투쟁은 어떤 결과를 가져올 것인가? 이제까지는 '사회적 약자들'이 '어젠다 2010'의 개혁 조치로 가장 타격을 입을 것이라는 주장이 강했다. 그렇지 않아도 가진 것이 적은 사람, 가난하거나 불안정한 고용관계를 감수하고 있는 사람이 더 많은 희생을 치른다는 것이다. 이것이 맞는 말인지는 별개의 문제다. 도대체 왜 30세의 간호사가 조기에 퇴직한 59세의 연금 생활자와 연대해 시위에 나서는가? 그 연금 생활자는 현재 간호사가 불입하는 연금 기금에서 이미 연금을 받고 있으며, 간호사로서는 꿈도 꾸기 어려운 직장 연금까지 별도로 받는데도 연금에 대한 과세에 불만을 갖고 있다. 그런데 다른 한편으로 최근에 당연히 공공의 관심을 끄는 것이 하나 있다. 즉 전문 경영자들의 엄청나게 많은 봉급, 퇴직금 또는 상여금에 대한 항의가 일고 있는데, 이러한 갈등의 실체는 무엇인가? '만네스만' 재판*에서 보이는 장면에서뿐 아니라 많은 사람들은 왜 사회의 일부 계층은 위기의 시기에도 언제나 더 많은 혜택을 누리면서 보편적인 연대에 대한 기여는 거부하는지 묻고 있는 것이다. 부자들이 세금을 도피하기 위해 취하는 조치들도 비애국적인 행동으로 비난받는다. 때로는 새로운 분배의 투쟁에서 형성된 전선들이 그렇게 새로운 것이 아니라는 인상을 받는다. '사회적 약자들'과 '부자들'이 맞서 있다. 함부르크에서 발행되는 주간신문 ≪디 차이트(Die Zeit)≫와 같은, 혁명적인 논조와는 거리가 먼 진지한 정론지에조차 독일에서 새로운 계급사회에 관한 기사가 더욱 빈번하게 실리고 있다.

부자와 가난한 자가 대립하고 있다는 것인가? 그런데 뭔가 이상한 구석이 하나 있다. 얼마 전만 해도 일반적이고 광범위한 대중 복지사회가 대대적으로 선전되었는데, 이런 복지사회는 도대체 어떻게 되었단 말인가? 복지와 교육의 건실한 사회적인 기반을 대표해왔던 계층은 어떻게 되었는가? 이것은 최근의 개혁 논쟁과 새로운 분배 투쟁에서 이상할 정도로 모습을 드러내지 않고 잠수해 침묵하고 있는 다수의 중산층을 두고 하는 말이다. 이러한 상황은 좀 더 자세히 살펴볼 필요가 있다. 일상적인 경험을 통해서 볼 때도 독일에서는 중간 계층이 그 사이에 해체되어 가난에 노출되었거나 아니면 반대로 상당한 재력을 가진 상층부로 상승했다고 보기는 어렵다.

아니면 중산층이 우리가 이전부터 익숙하게 기대하는 것처럼 자신을 드러내거나 사회, 문화 및 정치 분야에서 발언을 하지 않고 있는 것일까? 이러한 진단은 개연성이 있어 보인다. 그렇다면 그 이유는 무엇일까? 어쨌거나 주목

---

* 독일 기계 회사 만네스만의 경영자들이 회사를 영국 보다폰 사에 매각하면서 부당한 사례금을 받은 수뢰 혐의로 기소된 사건이다.

할 만한 점은, 독일에서는 정치적 무관심이 증가하고 정치적 이해관계를 조직화하는 작업이 어렵다고 거론되는 시기에, 그리고 이른바 '정치에 대한 염증'이 현실과는 거리가 멀어 보이는 중앙 정치권의 모습을 보여주는 시기에 중산층이 모습을 감추고 있다는 것이다. 이와 관련해 또 하나 부인할 수 없는 것은 정치권이 이제는 중산층을 총애하는 것을 포기했다는 것이다. 정치권은 몇 년 전만 해도 21세기의 정치적 지원을 확보하는 데 사실상 가장 중요한 대상이 될 것으로 보였던 저 '중도 세력'을 포기했다.

게하르트 슈뢰더(독일 전 총리)와 그를 자문하던 인사들이 1998년 동참을 호소하고 나섰던 이른바 '새로운 중도 세력'은 이제는 떠올리기 어렵게 되었다. 일부 관측통들은 6년 전만 해도 '새로운 중도'가 적 · 녹 연립정부의 중추라고까지 여겼다. 이것이 뜻하는 바는, 사민당이 전통적인 노동조합의 지지층 또는 1990년대에 사민당이 어느 정도 자신의 의지에 반해 점차 일체감을 가졌던 가난하고 궁핍한 사회적 주변부 계층에서 더 이상 자당의 미래를 찾지 않는다는 것이다. 사민당은 적극적인 직업활동을 하면서 상승하는 계층, 자신감을 갖고 미래의 사회에서 자신의 자리를 차지하려는 계층의 대변자 또는 전위 조직이 되었다. 예를 들어 35세의 정보공학(IT) 기술자, 대학 졸업자로서 실용적 성향을 가지고 있으며 결혼을 했고 두 자녀를 가진 사람들이 '새로운 중도 세력'을 상징했다. 이는 '정치적 중도'의 방향 설정도 포함하는 것이어서 좌우의 극단을 피하는 중도의 자리는 당연히 자신의 몫으로 요구해왔던 기민 · 기사 연합을 불쾌하게 만들었다. 아울러 사민당에게는 이제 중도를 모색한다는 것은 마치 진자처럼 헬무트 슈미트가 물러난 이후 오스카 라퐁텐(Oskar Lafontaine) 같은 인사들에 의해 좌측으로 옮겨 갔다가 다시 반대쪽으로 이동한 것을 의미했다.

그런데 이런 것에 대한 기억은 퇴색된 정도가 아니라 거의 사라졌다. 중도에 대해서는, 그것이 과거의 중도를 의미하든 새로운 중도를 의미하든 간에 더 이상 거론할 가치가 없어졌다. 사회적 첨예화가 극적으로 전개되는 상황을 맞아 그러한 중도는 더 이상 존재하지 않기 때문이다. 이것은 지난 몇 년 동안 공공의 논쟁과 집단적인 의식 속에서 더욱 굳어진 인상이다. 독일에서 현재의 세대는 자신이 살고 있는 사회를 기술하면서 엄청난 변혁을 목격하고 있다. 독일은 자신감을 가진 중산층이 도덕적 · 경제적으로 주도해가는 사회가 아니라 양극으로 분열된 사회가 되어 있다. '하르츠 IV'의 대상이 되는 가난한 계층과 '메뚜기 떼'* 사이의 대립보다 더 큰 대립은 없어 보이며, 그 사이에는 다만 커다란 간극과 공허가 있다. 2005년에 외부에서 독일이라는 나라를 바라본 사람은 '실업수당 II' 수령자와 조만간 불가피하게 이를 수령하게 되는 자들이 이미 국민의 절반에 이르고 있다는 인상을 받았을 것이 틀림없다. 따라서 분위기도 암울하다. 독일에는 강력한 중산층이 더는 존재하지 않는 것일까?

사회의 '중간 계층', 21세기에 접어든 시점에서 독일의 중간층이라는 말은 분명히 다의적이고 때로는 모호한 의미도 갖고 있다. 중간층에 대해 냉정하고 사실적이며 가치중립적인 분석을 내리는 것은 불가능하다. 왜냐하면 이 주제를 다루다 보면 가치 평가와 이데올로기의 지반을 피할 수 없기 때문이다.

이 문제는 역사적으로도 정말 오래된 것이다. 아리스토텔레스는 이미 2,500년 전에 고대 그리스와 고전적인 아테네의 도시국가들을 위해 중간 계층이 갖는 의의에 대해서 아주 유사한 가치 상반적 태도를 보이며, 오늘날 우리가 거의 벗어나지 못하는 도덕적 성향도 보이면서 기술한 바 있다. 그것은 한편

---

* 이윤만을 쫓아다니는 자본주의적 약탈자들에 대한 전 사민당 당수 뮌터페링의 비유. 이 책에서는 '반시장 · 반자본주의' 정서를 대표하는 말로 쓰였다.

으로 중산층에 대한 사회적 분석이었다. 즉 엄청난 부호들과 가난한 자들 사이에 재산과 삶의 기준이라는 면에서 중간 계층이 있어 양극단이 아무런 완충지대 없이 계급투쟁에 빠져들지 않도록 중요한 조정의 역할을 떠맡고 있다는 것이다. 다른 한편으로는 중산층에게 정치적인 과제가 부여되어 있었다. 중산층은 부족 때문이든 잉여 때문이든 어느 정도 부패하지 않은 계층이며, 따라서 가난한 자나 부자보다 더 폴리스(도시국가)와 민주적인 시민의 참여를 대변하는 세력이 되어야 한다. 중간 계층이 강하지 못한 경우, 중간 계층이 공동체의 문제에 적극적인 참여를 하지 않고 사적인 영역으로 물러서는 경우에 국가의 상태는 건강하지 못하다는 것이다.

여기서 우리는 오늘날의 문제를 다시 볼 수 있다. 우선 갖게 되는 질문은, 왜 중간층은 제대로 기능하는 훌륭한 사회와 정치에 대한 우리의 기획에 그렇게 중요한 역할을 했는가, 그리고 어째서 중간층의 모색과 중산층 상실에 대한 우려가 바로 독일에서는 종종 우울한 강박관념과 같은 것이 되었는가 하는 것이다. 이어서 갖게 되는 질문은 오늘날 중산층은 누구이며 이들의 경제적 · 사회적 상황은 어떠한가 하는 것이다. 이들은 시작된 개혁 작업에서 조용하게 고통을 받고 있는가? 아니면 이들은 어느 누구도 그 특권에 제대로 접근할 수 없을 정도로 은밀하게 혜택을 누리는 자들인가? 그리고 마지막으로, 아리스토텔레스 이후 언제나 주장되어온 중산층과 민주적인 정치 사이의 연관성은 여전히 존재하는가, 그런 연관성은 정말 있는 것인가 묻게 된다. 중산층은 아마 자신들이 오랫동안 전체 사회에 대해 행사했던 문화적 · 정치적 주도 기능을 상실한 것으로 보인다. 아니면 아마도 그들은 '중도'의 원칙이기도 한 시민적 개인주의를 지나치게 실천하여 민주사회에서 조직화의 능력을 상실한 것일까? 따라서 중산층 문제에는 우리가 오늘날 사회와 민주주의에 대해 던지는 기본 문제들이 결합되어 있다. 그러므로 이 문제를 좀 더 자세히 들여다보도록 하자. 독일 중산층을 해부대에 올려놓고 분석하면서 시체 이상의 무엇을 찾으려는 희망을 가져보자.

II.

현재의 문제들이 지닌 역사적 차원을 이해하기 위해서 반드시 고대 그리스로 거슬러 올라갈 필요는 없다. 현대적 의미의 중산층은 약 200년 전 프랑스혁명과 초기 산업화라는 거대한 변혁기에 생겨난 것이다. 상승하는 시민 계층은 귀족과 농민대중의 해묵은 대립의 중간에 끼어들었다. 도시에서 주도적 위치를 가졌던 시민 계층은 이전보다 더 큰 역할을 했다. 사회적 지위는 물려받은 권리와 특권이 아니라 교육과 소유와 같은 스스로 획득한 특성 덕분에 주어졌다. 새로운 시민 계층은 다소 역설적인 요구와 더불어 등장했다. 사회의 정상부에 있는 봉건적 계층을 대체할 새로운 엘리트 계층이면서 동시에 안락한 귀족이나 궁정의 유복한 삶과 가난한 대중의 중간에 위치하는 새로운 중간계급을 표방한 것이다. 이러한 긴장 관계는 오늘날까지도 남아 있다. 수공업 분야의 장인, 의사 또는 교사 등을 포괄하는 중산층은 '중도'(중간의 척도)를 표방하지만 신분제가 폐지된 민주적인 사회에서는 지도층의 요구도 보이면서 다른 계층이 볼 때는 엘리트의 것으로 보이는 규범과 행동 방식을 관철하려 시도한다.

게다가 특히 급격한 변화의 시기, 신속한 사회적 상승과 '신흥 부자'의 시기에는 원심력을 조정하려 하며 가능한 넓은 중산층을 주축으로 안정적인 질서가 구축되는 것을 바라는 동경도 커졌다. 현대 산업사회가 아직 초보적인 단계였을 때는, 이제 위계적인 신분제적 특권의 시대가 지나가고 시민이라면 누구라도 스스로 작은 기업을 운영하는 자로서 다른 시민에 대해 우월적 위치를 갖지도 않고 다른 시민에게 종속되지도 않은 상황에서 소박한 복지 상태를 이룩할 수 있는 조화의 시대가 올 것이라는 기대가 확산되었다. 중산층으로 이루어졌으며 협회 · 정당 · 지방자치단체의 정치에서 시민적 · 정치적 참여의 좋은 기반을 형성해야 할 이러한 '무계급의 시민사회'는, 그러나 1848년의 혁명이 실패하고 이어 수십 년간에 걸쳐 산업사회의 계급적 대립이 대두되면서 아주 빠른 속도로 사라졌다. 크룹 철강사를 창립한 크룹과 같은 인물은 군주처럼 화려한 대저택('빌라 휘겔')에서 살고 수만의 노동자들은 비참한 여건에서 의존된 삶을 살아야 했던 당시에 중산층은 어디에 있었는가? 20세기로 넘어오는 전환기에 살았던 많은 동시대인들은 사회의 '사다리'가 아래와 위로만 자꾸 늘어나서 중간의 디딤판들이 사다리에서 떨어져 나가는 것을 우려했다.

따라서 지난 세기, 다시 말해 20세기에 이르러 독일과 다른 여러 나라에서 비로소 완전한 중산층 사회가 형성되었는데, 독일에서는 특별히 분열되고 모순적인 양상을 보였다. 사회적 하층부의 고통은 민족사회주의에 중요한 자양분을 제공하는 토양이었다. '민족 공동체'의 약속은 '인종적 순수'를 추구하며 '다른 종족'을 배제하고 결국은 소멸시키는 방향으로 나아갔다. 그러나 그것은 동시에 '머리 부분'과 '주먹 부분'의 조정을 의미하기도 했는데, 상층부의 계급의식을 폭로하면서 노동자층에 대해서는 사회의 중간에 통합되어 있음을 느끼도록 제안하는 것이었다.

현실은 종종 다르게 보였으나, 그런데도 — 또는 바로 그 때문에 — 두 독일 국가(서독과 동독)는 1945년 이후에도 사회적 안정과 사회적 평등을 지향하는 이중적인 동경을 가졌다. 전쟁 직후 모든 것이 원점에서 다시 출발했으며, 모든 사람을 동일한 출발선상에 올려놓았다는 '0시(Stunde Null)'라는 신화가 여기에 기여했다. 구동독은 낡은 엘리트 계층을 제거하려 시도했고 추방했는데, 여기에는 엘리트 시민 계층도 포함되었다. 그리고 구동독은 문화적인 스타일에서도 숙련 노동자 계층과 소시민 계층의 중간 정도가 되는 단일한 수준에서 안전과 소박한 복지를 실현하려 시도했다.

서독 지역에서는 미국이 위대한 모범이었다. 그리고 서독에서는 동시에 1948년 이후 유례없는 경제적 팽창, 오래 지속된 성장과 번성기의 열매를 누렸다. 미국에서는 이미 1920년대에 라디오에서 자동차에 이르기까지 공장에서 생산된 가정용 제품들의 대량 소비가 확산되어 새로운 라이프스타일을 창출했다.

이러한 추세는 1950년대에 가속화되었으며, 사회학자들은 세계적인 차원에서 무엇인가 새로운 것을 인식했다. 그것은 바로 전체 사회가 중산층의 복지수준과 삶의 기회를 누리는 형태로 발전한 것이었다. 나아가 당장은 아니더라도 가까운 장래에는 갑부들이 극소수에 불과하며 아울러 사회의 하층부에도 스스로 빈곤을 자초하고 사회에 통합되기 힘든 계층은 극소수에 불과할 것으로 보였다. 그리고 시장의 힘, 자본주의적 역동성 자체만으로 충분하지 못한 곳에서는, 사회복지국가의 안정망이 준비되어 있어서 위기의 시기를 맞아도 개인이 중산층에서 떨어져나오지 않게 막아줄 것으로 기대했다.

그것은 독일(서독)에서도 전후의 위대한 전망이었고, 이러한 전망은 '경제기적'에 힘입어 곧 바로 현실이 될 것처럼 보였다. 궁핍과 가난은 사라졌고, 노동자 계층은 더 이상 혁명적이지 않았으며 점차로 '시민계급'화되었다. 전통적인 노동운동은 자신들의 가치 체계에 '성과'나 '교양'과 같은 시민적 기준들을 오래전부터 그대로 받아들였다. 이제는 이에 상응하는 물질적인 안정이 생겨났다. 이러한 안정의 외적인 표시는 냉장고, 자동차, 그리고 정기적인 휴가여행이었다. '보통 사람'이 이제 이 모든 것과 그 이상의 것을 누리는 상황이라면, '진정한' 시민계급을 식별하게 해주는 것은 도대체 무엇이란 말인가?

따라서 산업사회의 미래는 기술적인 능력이 중요한 역할을 하는 상대적으로 평준화된 중산층의 사회에 있는 것으로 보였다.

가난이란 것은 기껏해야 노년기에 닥칠 수 있는 위험에 불과했는데, 1957년 이후 역동적으로 발전한 연금보험은 이러한 문제도 해결해주었다. 서독의 보편적인 중산층 사회로의 여정에서 마지막 남은 문제로 간주되었던 것은 교육을 받을 기회, 특히 김나지움과 대학교육을 받을 기회가 오랫동안 제한되어 있었다는 것이었다. 이러한 상황이 1960년대와 1970년대 초의 교육개혁과 교육의 기회 확대를 가져온 원동력이 되었다. '시민적' 문화의 유산은 서독에서도 이제 역할이 줄어들었고, 시간이 지나면서 시민적인 특성은 심지어 조롱을 당하고 때로는 혐오의 대상까지 되었다. 그리고 과거의 시민적인 특성이 더는 필요하지 않은 상황이 도래했다. 여기저기에서 쓰레기통을 비우는 일을 하는 '외국인 노동자'를 제외한다면 독일 중산층 사회의 행복은 거의 완벽해 보였다.

III.

이것은 지난 20세기, 즉 1970년대에 있었던 상황이고 이제 그로부터 거의 한 세대가 지났다. 그리고 우리는 전체 그림에서 무엇인가 들어맞지 않는 것이 있음을 확인하게 된다. 우리의 경험과 더 이상 일치하지 않는 부분이 있다. 이러한 불일치는 이미 얼마 전부터 나타났지만, 첨예한 개혁 논쟁의 분위기, 사회적 위기, 그리고 '어젠다 2010'이 나온 이후에는 더욱 분명하게 보인다. 일종의 단절이 생겨났으며, 이러한 단절은 다양한 차원에서 확인할 수 있다. 우선 사람들이 '가혹한 현실'이라고 부르는 것, 즉 사회적 구조와 경제적 구조, '소중히 여기는 돈', 그리고 이와 연관된 모든 것을 한번 살펴보자.

우선 늘 확인되는 한 가지 기본 사실이 있다. 소득과 재산 상황이 '아래에서' 그리고 '위에서' 중간 방향으로 점차로 조정되는 형태로 계속 이동할 것이라는 기대는 충족되지 않았다는 것이다.

1970년대 말까지만 해도 이러한 기대가 실현될 것이라는 확실한 조짐이 있었다. 고용 취업자의 실질임금과 명목임금은 대폭 상승했고, 낮은 임금이나 낮은 봉급을 받는 계층은 상응하는 임금정책으로 추가적인 상승세를 탔다. 그러나 그 이후에는 모든 서방 사회에서 추세가 다시 역전되었는데, 예를 들어 미국에서는 독일에서보다 이러한 추세가 더 뚜렷하게 나타났다. 기업 활동이나 자본이라는 자산에서 나오는 소득과 '일반적인' 고용 형태의 취업을 통해 얻는 소득 사이의 격차가 점차 벌어졌다. '신경제(New Economy)'가 호황을 구가하던 1990년대에는 이러한 추세가 더욱 뚜렷하게 나타났다. 오늘날 회사 간부급 인사들의 월급은 보통 사람들을 화나게 할 정도에 이르렀다. 중산층도 이러한 추세에 영향을 받았으며, 이러한 추세 때문에 분열되는 양상이 나타났다. 자영업자와 수입이 적지 않은 고학력자들 또는 보통 봉급 생활자 사이의 간격이 더욱 벌어졌다.

그런데 정작 중요한 것은 따로 있다. 가난과 하층부의 곤경을 근본적으로 정복했다는 확신은 1980년대 이후 완전히 무너졌는데도, 우리는 그것을 뒤늦게 알아차렸다는 점이다. 새로운 빈곤과 사회학자들이 말하는 사회의 새로운 '하위 계층(Unterschichtung)'*은 더 이상 빈곤과 기아의 형태, 소비재의 빈곤,

* 슈뢰더 정부는 2003년 독일 사회에서 신빈곤층이라고 일컫는 새로운 주변부 계층이 약 8%에 이른다는 사회 조사 결과를 발표했다. 파울 놀테는 공식적으로 '처음'으로 이들을 '하위 계층'이라고 불러 논란을 일으켰고, 2006년 10월 사민당수 쿠르트 벡도 정치인으로서는 처음으로 독일에서 하위 계층이 존재함을 시인했다가 정치적 논란을 불러일으킨 바 있다. 하위 계층의 존재는 곧 전후 독일이 유지해온 사회적 시장경제

냉장고나 자동차의 부족에서 반드시 나타나는 것이 아니다. 그리고 새로운 빈곤과 사회의 하위 계층은 이전에는 볼 수 없었던 현상이었기 때문에 별로 주목하지 않았던 그룹에서 나타난다. 노년에 나타나는 가난이나 자녀가 많은 가족의 상대적 가난은 이제 문제되지 않는다. 문제가 되는 그룹은 실업 상태와 문화적 소홀, 국가의 생계비 지원에 대한 의존과 가족의 해체에 따라 중첩되어 나타나는 영역이다. 이로 인해 주로 젊은 계층, 특히 어린이와 청소년들이 타격을 입고 있다.

새로운 빈곤은 우리가 또한 너무 오랫동안 부인해왔던 이주자의 현실과도 연결되어 있다. 이주자들, 막 독일에 들어온 사람들, 인종적으로 주변에 속하는 계층은 거의 언제나 낮은 사회적 지위에서 시작한다. 독일에서는 (그러나 다른 유럽 지역, 예를 들어 프랑스에서도) 이들 대부분은 사회에 통합되지 못하고 있고 점진적인 사회적 지위 상승을 경험하지 못한다. 이주자 계층에서는 한편으로 다수가 주도하는 사회의 배타성, 다른 한편으로 스스로 갖는 좌절감과 폐쇄적 태도가 서로 상승작용을 불러일으킨다. 교육을 통한 상승의 기회는 1960년대나 1970년대에 비해 줄어들었다. 전문가들이 '사회 공간적 격리'라고 부르는 것이 다시 늘어났다. 거주와 생활이 같은 부류의 사람들 사이에서만 이루어진다. 완곡하게 '사회적 초점(관심거리)'이라고 불리는 이런 문제는 보통은 들어서 알거나 지역신문을 보고 알게 된다. 여러모로 독일은 중산층 사회에서 다시 계급사회 쪽으로 움직였다.

그 결과 중산층은 다시 강하게 구분되어 나타나며 사회의 낮은 계층에 대해 다시 뚜렷하게 부각되고 있다. 그 경계선은 종종 자녀가 김나지움을 다니고 있는지, 자택을 구입할 수 있는지 여부에 따라 생긴다. 미디어의 활용과

체제의 문제점을 인정하는 것이기 때문이다.

소비 또는 여가시간의 활용과 같은 문화적 태도에서는 경계선이 그렇게 분명한 것 같지는 않다. 그리고 현재 중산층의 삶은 물질이 풍족하며 돈이 얼마 남았는지 따지지 않고 화려한 생활을 하는 삶과는 대체로 거리가 멀다. 부부와 두 자녀가 사는 가정이 중산층 수준의 삶을 영위하려면 두 명 또는 적어도 한 명 반은 수입이 있어야 한다. 그렇지만 독일에서 중산층은 지난 10~20년 동안을 살펴보면 심각한 물질적 곤경에는 처하지 않았다. 보편화된 중산층 사회는 미국에서도 제2차 세계대전 후 희망이 사라졌는데, 속사정을 들여다보면 독일과는 상당히 다르다. 첫눈에 보면 달러화의 수입이 현저히 늘어나 보이지만, '신분에 맞는' 모든 물질적인 의무를 이행하기에는 충분하지 못하다. 융자금 상환과 승용차 두세 대의 유지비부터 시작해 개인적으로 해결해야 하는 육아 비용, 자녀를 학교에 보내는 비용, 대학 등록금은 물론 개인적인 연금보험료 납입까지 돈이 들어가는 곳이 많다. 일시적으로는 사회적으로 중산층의 안정권에서 추락하는 것이 아니냐는 생생한 우려가 확산되기도 했다.

그런데 그 결과는 역설적인 측면도 있다. 즉 독일 사회에 대한 논의는 언제부터인가 한편에는 빈곤과 하위 계층, 다른 한편에는 엄청난 소득을 취하는 계층이라는 새로운 현상으로 과격하게 옮겨 갔다. 이는 전 사민당 대표 뮌터페링(Franz Müntefering)의 '메뚜기 떼 자본주의'라는 비유와 라퐁텐*식의 사회적 인기 영합주의와 결합해 새로 불거지고 있으며, 수사학적으로 첨예한 계급투쟁에만 국한되지 않는 현상이다. 사민당·녹색당 연립정부는 2005년 3월에 두 번째로 「빈곤과 부에 관한 보고서」를 제시했다. 이 보고서는 복지와 불평등에 대해 비판적이면서도 아주 세분된 분석을 담고 있다. 재앙적인 시

* 사민당 출신의 주지사였으나 '어젠다 2010'에 반발해 사민당을 탈당했다. 기존의 복지를 고수하려는 신좌파당의 당수.

나리오와는 거리가 먼 이 보고서는 노년의 가난을 퇴치한 것에 대한 진보를 인정하면서 가난의 원인으로 물질적인 부족뿐 아니라 문화적 자원의 측면에도 눈을 돌리고 있다. 아울러 서독 지역 가계의 월 평균 소득은 약 3,000유로 정도 되는 것으로 조사되었다. 그런데 보고서의 제목만 보면 한탄을 해야 할 정도의 빈곤과 정당화되지 못한 부가 있으며, 그외에는 아무것도 없다는 것을 암시하는 듯한 인상을 준다. 따라서 독일에서 널리 확산되어 있는 아주 정상적인 복지에 대한 관심을 다시 환기해주는 '중산층'에 관한 보고서를 작성해 보완하는 것이 시급해 보인다.

'하르츠 IV'를 둘러싼 논쟁은 이러한 인지의 왜곡이 때로는 기괴한 형태로 고조되게 했다. 모든 사람들이 '대중적 빈곤'을 확고하게 믿는 상황에서는 — 아주 낮은 귓속말로 전해지는 것이지만 때로는 공공연하게 — 정부가 아주 의식적으로 음험한 악의를 갖고 국민 다수 계층의 빈곤화를 조장하고 있다고 비난할 경우, 정부로서는 이에 대해 어떤 효과적인 답변을 떠올리기 어렵다. 따라서 더 많은 돈이 새로운 사회보장 혜택을 위해 투입되는 문제는 사회정책적인 차원에서가 아니라 주로 재정적인 차원에서 논의되었다. 즉 재정적 지원을 받는 계층의 구조가 어떠한가의 문제, 그리고 '하르츠 IV'가 결국에는 사회복지국가의 '철폐'가 아닌 지속적 팽창으로 나아가는 것이 아닌가 하는 문제보다는 새로운 재정 적자의 문제가 부각되었다. 노동조합이 '노동자 계층'은 완전히 위협을 받고 있고 권리를 박탈당해 가난해졌다는 구호로 더욱 도피하는 것도 주목을 끄는데, 이러한 구호와 사고방식은 사태를 자칫 극단화하고 진실을 호도하는 것이다. 왜냐하면 반나절 판매원으로 일하는 사람과 회사 임원, 지게차 운전사와 중등학교 교사 사이에는 500만에 달하는 다른 실업자들과는 달리 일자리를 하나 갖고 있다는 점 외에는 다른 공통점이 없기 때문이다. 소위 '자본의 편'에도 파렴치할 정도로 높은 소득을 누리는 자보다는 생계를 위해 한 푼이라도 벌기 위해 안간힘을 다하는 가판대 임차인과 수공업자, 사법시험에 합격하고 연간 수천 명이나 양산되는 신참내기 변호사들이 더 많다는 사실에 주목하는 사람은 거의 없다.

미국과의 비교는 두 가지 측면에서 매우 시사적이다. 우선 확연하게 드러나는 것은, 독일의 중산층은 자신감이 부족하고 좌절감을 느끼는지는 몰라도 여전히 물질적으로는 상당한 안정을 누리고 있다는 점이다. 따라서 중산층이 현재의 개혁 위기에서 항의에 나설 이유는 하나 줄어든다. 아울러 개인적으로 인생에 대비하는 다양한 계획을 세움으로써 새로운 안전의 탈출구를 마련하고 있는데, 물론 이러한 탈출구가 다소 협소해지는 위험도 있고 정기적으로 휴가를 떠나거나 새로운 자동차를 구입하는 것이 어려운 경우도 있다. 아울러 의식적인 선택으로서 확산되고 있는 자녀를 갖지 않는다는 결정은 안정적인 생활수준과 소비라는 세계로 입장하도록 해주는데, 이러한 길을 가는 경우가 독일을 포함한 서유럽 국가에서는 더욱 늘어났다. 그런데 미국과의 비교는 더욱 중요한 사실도 일깨워준다. 즉 독일에서보다 미국에서는 소득 중에서 훨씬 많은 부분이 삶의 리스크에 대해 보장을 하고 자신의 사회적 안전을 지불하는 데 사용되며, 특히 세대의 이전이라는 형태의 사회적 재생산에 투입된다는 것이다. 쉬운 말로 하면 미국에서는 자녀들이 중산층의 생활수준을 유지하기 위해서 받아야 하는 교육과 경력 축적에 필요한 많은 돈이 부모들에 의해 투자된다.

미국과는 달리 독일을 포함한 유럽의 복지국가에서는 이제까지 높은 세금 납부와 높은 수준의 국가보조금 지급을 연결시키는 형태가 보통이었다. 중산층은 한편으로는 상대적으로 높은 세율과 누진세율의 적용으로 소득세에서 가장 큰 비중을 차지하는데, 최근 몇 달간의 세금 정책 논의에서 종종 이러한 점을 지적한 것은 정당한 것이다. 다른 한편으로 이에 대한 대가로 직 · 간접적인 국가의 보조, 사회적 보조, 그리고 공공의 비용 부담 등 공적인 차원의 반대급부가 있어왔다. 최근 상당한 논쟁이 되었던 '주택 보유자에 대한 보조금 지급'은 이를 보여주는 아주 중요한 사례다. 그런데 좀 더 좋은 학교, 대학 무상교육 혜택과 같은 것도 독일 중산층의 경우는 국가가 재정을 부담하고 있다. 이런 식으로 종종 한탄의 대상이 되는 '재정 보조의 사고방식', 즉 물질적인 생활에 대한 책임을 개인적으로 떠맡는 것이 아니라 새로운 국가의 혜택과 보조를 기대하는 정서가 상대적으로 형편이 나은 상위 계층으로까지 침투했다. 독일에서는 이러한 계층의 대다수가 공공 분야 종사자, 월급 생활자 또는 심지어 국가공무원이어서 상황이 더욱 심각한 편이다.

이러한 배경에서 '어젠다 2010'과 사회복지국가의 개혁이라는 차원에서 생겨나는 현재의 분배투쟁을 들여다보면 그다지 확실한 인상을 받기 어렵다. 여론에서는 사회적 약자들이 주로 부담을 떠맡고 긴축 조치의 피해를 본다는 인상이 굳어져 있지만, 공정하게 따져보면 대다수의 중산층도 아무런 희생을 당하지 않는 것은 아니다. 이들은 다만 조용하게 지켜보고 있다. 이러한 태도는 개혁의 결과들이 시간이 상당히 지나서야 드러나기 때문이기도 하다. 예를 들어 중·고등학교 교사나 대학교수들의 경우에도 연말 상여금이 대폭 줄었거나 완전히 없어졌는데, 이것은 당장에 봉급이 실질적으로 줄어드는 것을 의미한다. 그런데 대학교육을 받은 기간을 연금 산정에서 완전히 제외한 조치도 이에 못지않은 결과를 가져올 것이며, 이러한 비용은 현재는 보이지 않지만 나중에는 경악을 불러일으킬 것이다. 또는 때때로 비판을 받는 이른바 직장 연금의 과세를 보자. 이 조치는 가난한 소액 연금 생활자가 아니라 훌륭한 자질을 갖추고 지속적인 고용 상태로 지낸 중간 계층이나 상부 계층의 연금 생활자들에게 타격을 주는 것이다. 그렇지만 이 모든 것에도 상황은 절망적이지 않다. 중산층은 자신들이 후퇴할 수 있는 공간과 안전지대를 잘 마련해놓고 있다. 이들은 아직은 국가의 안전망을 신뢰할 수 있다. 연대의 공동체가 이들에게 자신의 계층에 상응하는 사회 투자적인 과제를 떠맡도록 강요하지 않는 한, 국가의 안전망을 계속 신뢰할 수 있을 것이다.

IV.

이러한 고찰을 근거로 다시 사회의 하층부로 눈을 돌리면 우선 분명하게 드러나는 사실이 하나 있다. 즉 정치적으로 우선적인 근본 문제가 되는 진정한 딜레마는 진단에 있는 것이 아니라 치료, 다시 말해 이러한 문제에 대처할 정치적 · 사회적 전략은 무엇인가 하는 것이다. 빈곤의 새로운 형태, 즉 흔히 인용되는 '교육과는 거리가 먼 계층'의 빈곤은 재분배라는 고전적인 정책 수단을 통해서는 해소될 수 없다는 사실을 깨닫게 된다. 사민당의 새로운 슬로건에서도 나타나는 것처럼 시민의 역량을 강화하는 것이 중요하다. 다시 말해 시민들이 넓은 의미에서의 삶의 능력, 즉 취업 능력에서 육아와 자녀 교육, 가족을 위한 요리 실력까지 포함하는 자립적이고 책임감 있는 삶의 능력을 갖추도록 인생의 초기에 문화적 자원을 제공하는 것이 중요하다. 이렇게 되면 국가에 의한 부양이나 보살핌을 받지 않아도 될 것이며, 사회의 중심부로 상승하려는 의지와 자질을 보이는 성숙한 시민들의 연대적 공동체가 지평에 모습을 드러낼 것이다.

하지만 이러한 상태가 저절로 생겨나지는 않는다. 오히려 이러한 상태로 진입하려면 우선은 국가에 의한 규제, 교육, 감독이라는 형태의 간섭이 필요한 것으로 보이는데, 바로 여기에 딜레마가 있다. 이는 좁게는 국가의 지원에 의존해 있는 계층에 해당되며, 구체적으로 '하르츠 IV'를 적용하는 데 '지원과 요구'라는 원칙을 어떻게 제대로 실현할 수 있는가 하는 문제로 귀결된다. 다시 말해 지원에 의존하는 계층이 늘어나는 결과만 가져오거나 개인에 대한 요구가 다만 국가가 특정한 개인적 태도의 기준을 제시하는 방식으로 흘러가지 않도록 하는 것이 중요하다. 이러한 딜레마는 실질적인 것이며, '부양의 형태로 이루어지는 방관', 국가의 보조를 통한 사회적 문제의 미온적 해결이라는 과거의 형태로 퇴보하지 않으면서 해결하는 것은 쉬운 일이 아니다. 그런데 이제는 흡연 청소년부터 육아 능력이 없는 부모까지 너무나 많은 약점과 문제 영역을 인식한 상태여서, 이 모든 해결책을 종합하면 좀 더 자유롭고 성숙한 사회라는 목표가 부조리하게 보일 정도다.

새로운 형태의 간섭을 통한 사회의 치유는 이미 오래전부터 국가에 의존하는 계층이라는 좁은 범위를 넘어서는 것이며, 즉 중산층도 이러한 형태의 지도와 교육을 감수해야 한다. 교육정책부터 소비자 보호, 보건 정책까지 도처에서 선전되었던 개인의 책임성은 이제 상당히 옆으로 밀려났다. 시민들이 혼자서는 더 이상 해결할 수 없는 상태이므로 일단은 국가가 동일한 여건을 창출해야 한다. 이어 모든 사람을 위한 올바른 영양 공급을 규정해야 하고, 모든 사람을 위해 흡연을 금지하고, 국가가 지도하는 새로운 최고 형태로 세 살이 된 아동에 대한 취학의무를 도입해야 한다. 사민당·녹색당은 한때 자유화, 해방, 자발성 강조라는 프로젝트를 지지했다. 이제 우리는 감독받는 사회라는 새로운 프로젝트에 순응하는 것인가? 그리고 자기 빈곤화의 불평을 일삼는 것은 계속해서 막다른 골목으로 나아가는 길인가?

그런데 중산층의 경우 상황이 그렇게 절망적이지는 않지만 그렇다고 과거의 역사적 광휘는 더 이상 발하고 있지 않다. 다른 한편으로 중산층의 문화적 정체성과 정치적 행동력에 대한 질문이 제기된다. 아직도 이들을 결속하는 것은 무엇인가? 인생관의 근거가 되는 공통의 가치 규범이 있는가? 그리고 '중간층'은 정치에서 무엇을 지지하는가? 이들은 공적인 영역에 어떤 참여를 보이고 있는가? 이 모든 것에서 전망은 그리 낙관적이지 않다.

문화적 측면에서 중산층은 20~30년 전보다 더 불분명한 모습을 보이고 있다. 전후에는 먼저 가치, 삶의 방식, 문화 소비에서 시민적 모델이 복귀했다. 전통의 보존과 전위적 성향이 결합되어 있는 시민 계층은 중산층의 '주도문화'와 같은 것을 대표했다. 이러한 문화는 같은 계층을 통합하는 내부적인 접합제로만 머물지 않았다. 오히려 시민적인 삶의 모범은 오랫동안 사회의 하층부에까지 영향력을 발산했다. 노동자 계층은 더 이상 혁명을 원하지 않았으며, 주거 · 의복 · 독서라는 외적인 형태까지 시민적으로 되려고 노력했다. 그런데 시민적인 '규범'이라고도 할 수 있는 이러한 기준들은 지금은 영향력을 상실했다. 이러한 현상은 물질적으로 중산층에 속한다고 해도 손색이 없는 계층의 내부에서도 나타났다. 그 자리에는 유례없는 문화적 다원주의가 들어서 있다. 확고한 양식상의 규범은 이제 거의 존재하지 않으며, 주거시설에서나 음악적 취향 등에서 거의 모든 것이 모든 것과 결합하는 모습을 보였다. 아직도 음악적인 성향이 계층의 경계를 표시해준다고 가정하더라도, 이제는 이른바 '진지한 음악'(E)과 '오락적인 음악'(U)* 으로 계층의 경계를 구분하기는 어렵게 되었다.

정치적인 가치와 방향 설정에서도 합의를 도출하기가 어렵다는 점은 놀라운 일이 아니다. 그런데 문화적인 차원에서 중산층의 탈시민화는 이들 계층이 정치적으로 부분적 후퇴를 보이는 유일한 원인이라고는 할 수 없지만 긴밀한 상관관계가 있다. 문화와 삶의 방식의 다원화는 개인화의 일환으로 실현된 것이며, 자기실현이라는 원칙을 따르는 것이다. 개인주의는 오래전부터 시민적 가치의 근간을 형성해왔으며, 이러한 점에서 현대의 문화는 지난

---

* E: Elite, U: Unterhaltung(오락).

20~30년 동안은 오래된 시민적 원리를 실현하려 모색했는데, 지나칠 정도로 과격했다고까지 할 수 있다. 반면에 이러한 과정에서 공동체의 형성, 공공의 사안에 공통의 이해라는 고전적인 평형추는 너무 줄어들었고 실체를 많이 상실했다.

세대가 교체되는 과정에서도 새로운 정치적 태만, 비정치화의 성향, 사적 영역으로 후퇴하는 성향이 분명하게 나타났다. 1960년대와 1970년대에는 학생운동에 이어 특히 고학력자 및 교육에 종사하는 중산층이 정치적 성향을 보였으나 이후 젊은 계층에서는 후속 모델이 전해지지 않았다. 아울러 정당과 노동조합과 같은 기존의 거대한 조직의 형태에서 이해관계를 반영하는 것이 점차 힘들어진 상황을 감안한다면, 이것은 중요한 확인이다. 그렇지 않아도 시민 계층, 중산층을 조직화하는 것은 언제나 하층부를 조직하는 것보다 힘든 일이었다. 어느 누가 한 정당에 확고하게 속하면서 스스로의 정치적 견해와 판단력을 자신이 속한 집단의 견해와 판단력의 뒷전에 물러나 있도록 하겠는가? 이것은 민주주의의 미래를 위한 가장 큰 도전의 하나이며, 특히 중산층에 대한 도전이다.

이것이 도대체 어떤 결과를 초래할 것인가? 사회는 중산층의 이러한 후퇴를 지속적으로 감당할 수 있을 것인가? 아리스토텔레스의 말을 상기해볼 때, 사회의 중간 계층이 자신을 공동체의 중심으로 이해하지 않는 경우, 그리고 더욱 중요한 것으로 중간 계층이 공동체의 중심으로서의 역할을 적극적으로 하지 않는 경우 무슨 일이 일어날 것인가? 중산층 내부에서 좌절감이 더욱 확산되고 "자신을 위해 챙길 수 있는 것은 챙겨야 한다"라는 구호 아래 더욱 자기 폐쇄적 자세를 보이는 정도는 아직은 최악의 상태를 보여준다고 할 수 없다. 이미 위험할 정도로 커져 버린 사회와 '정치권' 간의 간극은 줄어들지 않을 것이며, 극단적인 정치 세력에 치우치는 현상이 심화될 것이다. 바로 갈등이 첨예한 시기, 현재 많은 서방 사회가 맞고 있는 급속한 변화의 시기, 양극화의 현상이 심화되는 시기, 그리고 민주주의가 계속 잠식되는 시기에는 중산층의 공공 참여가 더욱 시급하다.

영국의 저명한 사회학자 앤서니 기든스(Anthony Giddens)는 이러한 관찰의 연장선상에서 한 사회가 기능하고 사회적으로 결속되는 데는 아주 부유한 사람들이 아니라 '다소 유복한 정도의 계층'이 중요하다고 강조한 바 있다. 부자들은 높은 담장과 전기철문 뒤로 후퇴하거나 스위스나 모나코로 가버리는 경향이 있다. 그러나 '다소 유복한 정도의 계층', 다시 말해 중산층은 사회의 중심부에서 활동한다. 비록 아직은 이들이 실제 담장이나 정신적 담장을 주변에 쌓아올리지 않는다고 해도, 중산층을 포기하는 것은 개방적인 민주주의에 도움이 안 되고 이러한 민주주의를 가능하게 하는 교육, 문화, 공동체의 자원을 포기하는 것이다. 중산층이 수동적 태도와 좌절감에 빠져 있다고 보는 것은 기껏해야 중간 진단에 불과하며, 이러한 상황에 만족해서는 안 된다. 개혁의 과제는 중산층이 새로운 '자립성'의 길로 나아가도록 하는 것일 수도 있다. 이것은 수백만의 시민들에게 독자적인 자영업체를 설립하거나 기업적 활동을 벌이게 한다는 의미에서가 아니다. 우선은 국가의 감독과 공공의 재정 보조에서 스스로를 자유롭게 만들고, 아울러 창조적 참여보다는 단순한 수용인 소비에 역점을 둔 대중문화를 오랫동안 조장해온 수동성에서 벗어나게 하는 자주적인 생활방식으로서의 자립성을 의미한다. 이러한 형태의 자립성이 있어야 그다음으로 사회적 · 정치적 책임도 성장할 수 있을 것이다.

V.

독일에서는 선거가 중간 계층에서 결정된다는 것이 자명한 사실로 받아들여진다. 이것은 선거전이 지배적인 시대정신에 따라 때로 다소 진보적이거나 다소 보수적인 성향을 보이는 실용주의적이고 자유주의적인 중간 지대를 겨냥한다는 것을 의미한다. 이에 따라 2005년 가을에 있었던 연방하원 선거도 중간 계층의 지지를 얻기 위한 싸움이었다. 그것은 바로 사민당과 녹색당이 부흥을 맞던 시기에 슈뢰더와 피셔가 성공적으로 지지를 유도해냈던 중간 계층이다. 당시의 새로운 중도는 지금은 정치적으로 고향을 상실했다. '하르츠 IV'의 수혜자들과 농민 계층 사이의 대립으로 나타나는 사회에 대한 정치적 투쟁에서 중산층은 잊힌 존재가 되었고 독일 정치에서 거대한 블랙박스와 같은 것이 되었다.

따라서 정당들이 선거전에서 특권이 적은 자들, 장기 실업자들, 사회에서 가장 낮은 계층의 사람들을 위한 최고의 공약을 남발해야 할 것이라고 생각하는 것은 잘못된 것이다. 실질적인 역동성은 중산층이 보이는 역동성이다. 이것은 이미 노르트라인-베스트팔렌 주 선거에서도 인상 깊게 입증되었다. 공공의 관심은 주에서 문제 지역, 다시 말해 루르 지역에서 사민당이 선전할 것인지 아니면 몰락할 것인지, 그리고 실망한 노동자 계층에게 기민당은 어떤 매력을 가질 것인지에 집중되었던 반면, 집권당이었던 사민당 · 녹색당에 대한 지지는 다른 지역에서 무너져버렸다. 다시 말해 선거는 루르 지역이나 고전적인 대도시에서가 아니라 라인 강변의 경우 유복하고 성장을 거듭하고 있는 중소 도시 형태의 교외 지역이나 베스트팔렌의 동부 지역에서 결판이 났다. 주의 수도인 뒤셀도르프의 서쪽과 동쪽에 있는 노이스와 메트만 또는 번성하고 있는 귀터스로와 라인-지크 선거구에서 이러한 중산층의 동력은 기민당에 10퍼센트 정도의 지지율 증가를 선사했다.

이제 선거가 끝나고 아울러 중앙정부 차원에서 대연정(사민당 · 기민당)이 방향을 모색하는 과정에서도 크고 작은 정당들이 원칙적으로 변화의 의지가 있는 이러한 중간 계층에 대해 무엇을 제시하는지가 중요한 문제가 될 것이다. 이 과정에서 사민당은 가장 큰 어려움을 겪을 것이다. 왜냐하면 사민당 내의 분위기는 사민당 · 녹색당 연립정부가 추진했던 프로젝트를 일괄적으로 부정하지는 않겠다는 분위기이기 때문이다. 하지만 국가보조금에 대해 불평하며 더 많은 국가의 감독을 요청하는 대신에 강자의 입장에서 마침내 필요한 변화를 주도적으로 추진하는 의지를 보이는 것이 아니라, 점점 더 자신을 패자들의 비극적인 집합체로 규정하면서 봉쇄에 나서는 사회에 염증을 보이는 경향도 나타나고 있다. 사민당은 프란츠 뮌터페링 전 당수가 불명예스럽게 물러난 이후 강력한 중도의 표상을 다시 회복할 수 있는 새로운 기회를 맞고 있다. 이러한 측면에서 보면 좌파 정당의 경쟁은 사민당에 위협보다는 간접적인 지원이 될 것이다. 다시 말해 사민당이 역사적으로도 결코 '하층의 무산계급'을 대변한 정당이 아니라 야심이 있고 상승의 의지가 있는 '노동자 귀족 계층'의 정당이라는 인식에 도움을 줄 것이다. 사민당 정파 내에서 개혁의 의지를 보이는 '네트워크' 분파가 얼마 전에 제시한 것과 같은, '열심히 일하고 규칙을 지키는 계층'을 대변하는 정당이라는 이미지가 그것이다.

녹색당은 당분간 이타적이며 경제 문제와는 거리를 두는 중산층의 정당으로 활동하기 쉬울 것이다. 녹색당은 수입이 좋은 계층에서도 지지자를 끌어내면서 동시에 강령적 차원에서는 약자들과 사회적으로 권리를 박탈당한 자들의 정당으로 자신을 소개하는 특이한 줄타기에 성공했다. 그러나 과거 학생운동과 평화운동 사이를 오간 전통적인 녹색당이 사회 경험도 없고 독단적인 성향도 보이지 않는 젊은 유권자 그룹의 지지를 이끌어내기에는 이것만으로는 불충분하다. 이것은 노르트라인-베스트팔렌 주 선거에서 나타난 중요한 조짐이기도 하다. 전통적인 좌파인 녹색당은 연방하원 선거를 둘러싸고 '적 · 황 · 녹 신호등 연정'(기민당 · 자민당 · 녹색당 연정)이라는 제안을 거부하면서까지 다시 한 번 녹색당의 성격을 홍보했다. 그렇지만 녹색당은 조만간에 자기 당이 시민정당이 되는 것에 대해 아마도 강령적인 차원에서 해답을 찾아야 할 것이다.

이러한 어려움이 있지만, 이른바 시민적이라고 자처하는 정당들이 중산층의 지지를 이끌어내는 것은 자연발생적으로 이루어지지 않는다. 이미 고전적이면서도 실패한 유형을 따라 최대의 선물을 약속하는 정당, 순전히 물질적인 이해를 가장 잘 다루는 정당이 선두를 달리고 있다는 식의 피상적인 투쟁이 시작되었다. 독일에서 정치의 표상을 다시 중산층, 상대적으로 좋은 교육을 받았고 좋은 여건에 있는 적극적인 다수의 국민에게 두는 것은 꼭 필요한 일이다. 하지만 이렇게 한다고 중산층이 대연정 정부에 대해 일차적으로 자신의 삶을 용이하게 해주리라 기대한다고 보기는 어렵다. 이론의 여지가 없는 것으로 기민 · 기사 연합에 위험한 것은 국가보조에 기대는 사고방식이다. 즉 안정되고 상대적으로 높은 소득을 가지면서도 국가가 자신의 삶을 보조하기를 기대하는 의존적인 사고방식은 최근 20~30년 사이에 중산층에까지 침투했다. 바로 이 때문에 이 그룹의 경우에는 신중한 조세정책이 시금석이 될 수 있는데, 첫 번째 기준은 값싼 감세 약속을 하면서 접근하지 말라는 것이 될 것이다. 왜냐하면 사민당 · 녹색당 연립정부의 소득세 개혁이 있은 후에도 소득세에서 가장 많은 비중을 차지하는 계층은 바로 중산층이지만, 국가를 경멸하는 것, 공공의 서비스를 경시하는 것은 아직은 이 잠재적인 부동층의 주된 정서가 아니기 때문이다. 그렇지만 중산층은 자신에게 가장 유리한 봉급계산서 이상의 것도 중시하고 있다. 아직은 불분명하지만 사민당 · 녹색당이 제시하는 인생 설계를 대신할 수 있는 인생 설계를 모색하는 것도 중요하다.

중도에 대한 질문은 따라서 다수의 지지를 추구하는 전략적인 질문 이상을 의미한다. 이 질문은 사회의 이상을 향한 질문이다. 이러한 이상이 사회의 주변부를 향할 것인가? 아니면 중심부에 뿌리를 박고 이곳부터 위로 그리고 아래로 발산될 것인가? 오랫동안 잊힌 존재였던 중산층으로서는 그것은 하나의 기회이기도 하지만, 나아가 공공의 양극화 바람이 불지 않는 곳에서 편안하게 지내왔던 상황을 감안하면 하나의 도전을 의미한다. 그런데 중산층은 세금을 (아마도) 잘 내고 헬스클럽에서 체력을 다지며 자동차와 정원을 제대로 가꾸는 것만으로 자신의 책임을 다했다고 할 수 없다. 수동적으로 된 국민이 국가에 모든 것을 기대하고 정치인들에게 모든 책임을 전가하는 경직성에서 벗어나지 못하면, 독일에서 성공적인 개혁은 가능하지 않을 것이다. 새로운 중간층이 적극적으로 성숙한 사회를 주도하는 세력이 되어야 한다.

자라나는 세대와 노년층, 유자녀 부부와 싱글 계층

세대 간의 갈등이냐 연대냐?

I.

독일은 서방의 여러 다른 선진 산업국들과 마찬가지로 깊은 사회적 위기에 처해 있다. 따라서 이제는 더 이상 이러한 위기의 해결이 사회제도의 조정만을 통해 가능할 것이라고 기대하거나 몇 가지 재정적인 조정 조치를 취하면 필요한 성과가 나올 수 있을 것이라고 보기는 어렵게 되었다. '어젠다 2010'의 개혁 정책은 어느 정도 기술적으로 극복할 수 있는 프로젝트라는 인상을 계속 불러일으키려 했지만, 3년이 지난 시점에서 보면 국가의 개조 작업, 다시 말해 연방제 국가, 사회복지국가, 조세국가의 개조 작업은 정작 이루어지지 않았다는 것이 다시 한 번 여실히 드러났다. 국민은 이러한 작업을 관심을 갖고 쳐다볼 수 있고, 지루해하거나 아니면 쇼크를 받고 쳐다볼 수도 있다. 개혁 작업이 독일 국민에게 부담으로 다가오는 것은 자신들이 처한 상황이 더 이상 정상이지 않고 정의의 균형이 여러모로 깨졌기 때문이며, 아울러 국가가 시민사회의 손상을 제거할 능력이 없기 때문이다.

사회에서 개별 그룹은 다른 그룹을 희생시키면서 살아가고 있는가? 부와 가난의 관계, 노인 세대와 젊은 세대의 관계, 취업활동을 하는 자와 연금 생활자의 관계, 유자녀 가정과 무자녀 가정의 관계가 이제는 조화를 이루지 못하고 있는 것이 아닌가? 우리가 사는 사회는 영속적이고 '지속적인' 실존, 다시 말해 자신의 실체를 잠식하지 않는 실존을 지향하고 있는가? 하여튼 지난 3년간은 이러한 점에서도 상당한 인식을 가져다주었다. '정의'와 '연대 의식'과 같은 개념들이 다시 논의 대상이 되었고, 이러한 개념을 시대에 맞게 규정하려는 시도가 있었다. 우리는 개혁 작업이 우리를 낙원에서 추방하려는 것이 아니라는 사실, 그리고 과거와는 새로운 방식으로 분열되고, 많은 갈등을 안고 있으며, 여러모로 불공평하고, 연대성을 상실한 사회가 조금이라도 다시 옳은 길로 가게 하려면 개혁이 필요하다는 점을 파악하기 시작했다.

이러한 사회정책상의 문제가 지난 몇 년 동안은 다른 어느 분야에서보다 세대 간의 관계, 가족, 자녀와 같은 거대한 주제에서 가장 분명하고도 종합적으로 나타났다. 조세법이나 교육정책, 연금보험 또는 이주자들의 사회 통합을 생각해보면, 언제나 논쟁은 핵심적인 문제로 흘러간다. 다시 말해 세대 간의 부담이 공정하게 분배되어 있는지, 그리고 점차 많은 사람들이 자녀를 갖지 않고 있으며, 유자녀 가정은 때로 이미 우려하듯이 이국적인 특별한 형태의 사회적 실존이 되어가는 상황이 어떤 결과를 가져올 것이냐는 문제다.

언론과 저널리즘 그리고 정치의 분야에서 가족이라는 주제는 예상치 못한 호황을 맞았다. 좌·우파를 막론하고 각 정당은 가족 및 자녀에 우호적인 방향에서 다른 정당을 능가하는 제안을 하려는 모습을 보이고 있다. 몇 년 전만 해도 그것은 아무런 실질적 가치가 없으며 향수에 젖은 보수적인 추억에 불과하다고 말했을 것이다. 대체로 여성들이 직업을 갖고 경력을 쌓는 기회를 제한하며, 이미 사라진 지 오래인 단란한 가정의 행복 같은 고루한 가치에 호소하는 것이라고 말이다. 그런데 이제 상황은 더욱 복잡해졌을 뿐 아니라 완전히 달라졌다. 어린이들에 대한 문화적 홀대, 부족한 언어 능력 및 교육의 후진성은 정치적 우파는 물론 정치적 좌파에게도 사회의 인큐베이터로서 가족이 불가결한 것이고 가정을 지원하는 것이 사회정책 면에서 '진보적인' 목표가 될 수 있다는 사실을 상기시켰다. 그리고 남녀 문제에서도 독일은 한편으로 출산율도 낮고 다른 한편으로 여성의 직업 경력이라는 면에서도 결함이 많은 특이한 역설적 상황에 처해 있다.

그러니까 무엇인가 잘못되어 있다. 그런데 우리는 어떤 방향으로 나아가고 있는가? 이전 세대를 각인한 과거 기업가와 노동자들, 부자와 가난한 자 간에 있었던 고전적 산업사회에서의 계급투쟁은 아마도 21세기를 각인할 새로운 갈등 영역에 대체된 것으로 보인다. 계급 간의 대립 대신에 노인 세대와 다른 세대가 대립해 있다. 젊은 세대는 나이든 세대에 맞서 투쟁을 하는데, 나이든 세대가 수상쩍다고 여기며 자신들이 이런 세대를 위해 연금을 내고 있다고 본다. 반면 나이든 세대는 자녀 세대에 대해 저항하는데, 자녀 세대가 자신들이 쌓아올린 공로를 과소평가하고 자신들을 노년의 가난, 위험한 보건 상태, 그리고 문화적 주변부로 몰아넣으려 한다고 본다. 그리고 이러한 시나리오에서 같은 세대에 속한 동년배들 사이에도 적어도 하나의 깊은 골이 있다. 즉 유자녀 부모와 무자녀 성인들 간의 골이 그것이다. 이 두 그룹의 생활양식과 일상의 문제들은 서로 판이하며, 두 그룹은 모두 높은 세율 또는 연금의 미래를 보장하는 형태로 서로 상대방을 재정적으로 지원하고 보조하고 있다고 확신한다. 우리는 이러한 갈등의 시나리오, 즉 경제적 계급이 아니라 다양한 개인적인 삶의 상황에 따른 적나라한 이해관계의 투쟁으로 나아가고 있는 것이 아닌가?

따라서 예상치 못했던 방법으로 사적인 것이 다시 정치적인 것이 되었다. 오랫동안 운명적인 결점 또는 순수하게 사적인 것으로 보였던 사안이 이제 큰 주목을 끄는 토론을 불러일으키고 있다. 경제학자들과 사회학자들은 개인적인 결정이 공동체에 미치는 집단적 결과를 오랫동안 간과해왔거나 과소평가해왔는데, 이제는 전면에 부각되고 있다고 말할 것이다. 오늘날 젊은 세대는 앞으로 도달하지 못할 유복한 연금 상태에 나이든 세대가 너무 일찍 돌입한 것인가? 자녀가 없는 사람들은 육아와 직업 사이에서 갈등하면서 자녀를 키우는 사람들의 희생으로 안락한 생활을 누리고 있으므로 사회에 더 많이 기여해야 하는 것일까? 우리는 아주 원칙적인 딜레마에 처한 것이 분명하다. 즉 한편으로는 삶의 방식, 특정한 삶의 모델을 스스로 결정하는 개인의 자유가 침해되면 안 되고 이러한 결정이 '처벌'(불이익)을 받아도 안 된다. 다른 한편으로 우리 사회는 순수한 개별성, 아무 연대성도 없는 존재, 싱글의 집합체로 생존할 수 없으며, 자녀와 가족이 없이는 영속적이고 지속적인 생존이 가능하지 않다. 따라서 국가가 이러한 문제에 규제적이고 분배적인 차원에서 개입하기를 기대하는 것이다. 어떤 주장이 정당할 것인가. 한편으로는 삶의 방식의 다양성과 자유를 미래에 어떻게 결합할 수 있을지, 그리고 다른 한편으로는 연대성과 책임을 결합하는 것이 가능할지에 대한 주장인 것이다.

II.

우선 확인 가능한 사실, 특히 인구통계상의 수치들이 잘 알려져 있다. 독일은 세계에서 출산율이 가장 낮은 국가 중 하나다. 이는 그렇지 않아도 수명 연장으로 인한 사회의 노령화 추세를 더욱 강화하며 미래에는 이를 더욱 가중시킬 것이다. 그러나 이러한 기본적인 통계자료의 구체적인 내용과 이것이 어떤 결과를 가져오는지는 아직 제대로 인식하지 못하고 있다. 독일인들은 '멸종해가는 민족'이며 어느 정도 사라질 운명에 처해 있다는 이전의 우려는 당연히 더 이상 토론의 전면에 부상하지 않는다. 시사 주간지 ≪슈피겔≫이 얼마 전에 도발적으로 표제 기사로 실었던 '마지막 독일인'은 아직 태어나지도 않은 셈이다. 이 문제는 더 정확하게 고찰해야 한다. 원주민의 출산율은 낮은 반면에 이주민의 출산율은 상대적으로 높은 편이다. 그리고 출산율은 계층별로도 차이를 보인다. 특히 고학력 계층에서는 자녀가 없는 경우가 많다. 자녀가 많은 가정은 대체로 사회에서 아주 낮은 계층에서 발견되는 경향이 있으며, 부분적으로는 최상층부에도 있다. 이러한 사실을 확실하게 밝히고, 예를 들어 이 사실이 전체 교육의 잠재력에 어떤 결과를 초래하는지, 그리고 차별을 받는 가족의 개별적인 교육기회에는 어떤 결과가 발생하는지 물어보는 것은 더 이상 '정치적으로 올바르지 못한' 질문이 아니다.

그런데도 독일의 개혁 논의가 갖는 이상한 성격, 즉 개혁 논의를 서로 아무런 연관성이 없어 보이는 울타리 안에 깔끔하게 가둬버리는 것에는 절로 고개가 저어진다. 울타리의 한편에서는 새로운 가족 정책이 논의되고, 또 다른 어느 곳에서는 근본적으로 유사한 전문가들이 지난 몇 년 동안 있었던 두 번째의 중요한 주제를 놓고 전혀 다른 토론을 벌인다. 즉 독일에서의 사회적 불평등의 증가, 변화된 빈곤의 출현 방식과 문화적으로 후진적인 환경에서의 빈곤의 정착과 같은 주제를 두고 토론이 전개되고 있다. 이 모든 것에 대해 현재 유행하고 있는 '교육의 소외(Bildungsferne)'라는 말을 사용하는 것은 완곡한 표현이라고 할 수 있다. 어제는 빈곤과 부에 대한 두 번째 보고서가 소개되고, 오늘은 가족의 상황에 대한 논의가 이루어진다. 그런데 그것은 서로 연결된 문제들이 아닌가? 예를 들어 우리는 이제 자녀를 갖는 것이 전형적인 가난의 위험이라는 말을 듣고 있지 않는가?

실제로 빈곤은 오래전에 얼굴을 바꾸었다. 빈곤은 이제 더는 노년에 맞는 가난으로 나타나지 않는다. 반면 생계비 보조 대상이 되는 미성년자의 수치는 경악스러운 수준이다. 어린아이들 그리고 혼자서 아이를 키우면서 취업활동은 제대로 못하고 있는 어머니들이 여러 지역에서 '현재 생계비 보조' 수령자의 절반 이상을 차지한다. 그렇지만 빈곤의 위험을 가져오는 아이들이라는 확연한 공식을 거론하면서, 만약 품위 있게 살 수 있는 사람들인데 아이 하나를 갖거나 둘째 아이를 가짐으로써 가족의 수입이 빈곤해지고 국가의 보조에 의존하게 되며 생계비 보조의 악순환에 빠진다는 식으로 이러한 공식을 거론하는 것이라면, 그것은 기껏해야 절반의 진실만 말해줄 뿐이다. 그런 일은 일어날 수 있지만, 결코 독일 사회가 안고 있는 핵심적인 문제라고 할 수는 없다. 그러한 시각은 아울러 조세법부터 직접적인 보조금 지급까지 지금까지 시행되어온 가족 정책의 성과를 과소평가하는 것이다.

원인을 지적하는 화살표는 오히려 다른 방향을 가리킨다. 독일에서는 그렇지 않아도 위험한 문턱에 서 있는 사회의 하위 계층에서 아이들이 상대적으로 많이 태어나고 있다. 예를 들어 러시아 또는 터키에서 온 이주자의 가정에서, 교육과 확실한 취업활동의 기회가 적은 계층, 자립적인 생활 그리고 특히 아이를 책임성 있게 양육할 수 있는 능력을 상실한 계층에서 아이들이 많이 태어나고 있는 것이다. 아이들로 인해서 가난하게 되는 것이 아니라, 가난이 아이들을 태어나게 하고 있다. 빈곤은 물질적인 자원, 문화적인 자원의 부족에서 시작되어 좌절, 예를 들어 아버지들이 책임을 거부하는 등 사회적 의무를 다하는 능력을 상실하는 방향으로 흘러가며, 결국 아이들에게는 빈곤과 기회 박탈의 악순환이 계속된다.

그러나 이것은 한 측면만 본 것이고, 반대의 측면도 있다. 즉 독일에서는 고학력자 계층이 자녀를 갖지 않는 현상이 있다. 그런데 그렇게 열정적으로 논의되거나 마지못해 논의되고 있는 이러한 현상은, 좋은 교육을 받고 기회가 풍부한, 그리고 평균 이상의 수입이 있는 계층이 가난한 계층에게 아이를 낳고 양육하는 과제를 더 떠넘기고 있다는 뜻이다. 고학력의 중산층은 이런 방식으로 자녀를 갖지 않는 행위를 자기실현이라는 특권을 위한 보호 장치로 요구하고 있다. 이것은 실질적 · 물질적인 생활형편이 더욱 차이가 나게 되는 추가적인 원인이기도 하다. 결국 대학을 나와 자녀를 갖지 않고 맞벌이를 하는 젊은 부부인 '딩크족(DINKS: double income with no kids)'과 생계비 보조를 필요로 하는 가정 또는 새로운 하위 계층의 파편화된 가정이 대립한다.

물론 고학력자 계층은 사회적으로 낮은 계층의 사람들보다 자신들이 자녀를 돌보면서 키울 만한 여유가 없고 우선은 자신의 경력을 안전하게 해야 한다고 더 유창하게 불평을 하면서 마치 다른 계층에는 경력을 망칠 리스크가 상당히 적은 것처럼 주장할 것이다. 이런 식으로 자녀를 포기하는 것은, 지난 10~15년을 되돌아보면, 고학력자와 전문 인력과 지도적 위치의 인사들 중 자녀를 가진 부모가 가정에서의 책임을 다하면서 직장에서도 이상한 인간이라는 취급을 받지 않고 책임을 다하는 것을 더욱 어렵게 만들었다. 특히 이러한 환경에서는 이제 집단 전체가 아이들과는 전혀 접촉하지 않고 살았다는 레나테 쾨허(Renate Köcher; 사회학자 – 옮긴이)의 확인은 정곡을 찌른다. 아주 냉철하게는 이렇게도 볼 수 있을 것이다. 즉 중산층에서는 자녀를 자신이 추구하는 삶의 목표를 방해하는 존재로까지 여기지는 않지만, 자녀라는 것이 특이할 정도로 아무런 역할을 하지 않는 존재가 되어 있다. 반면에 사회의 하층부에 있는 계층, 특히 다른 문화와 종교의 전통을 지닌 계층에서는 자녀는 활력을 주는 역할을 한다. 이는 또한 두 명 이상의 자녀를 두는 경우가 많은 사회의 최상 계층에도 해당되는데, 이러한 계층에서는 가족의 전통, 사업, 재산을 승계하는 것이 그 자체로 계속해서 가치를 지니고 있기 때문이다.

분명하게 표현하면, 고학력 계층에서 자녀를 갖지 않는 것은 후세대에게 전수해주어야 할 교육과 문화의 자산을 허비하는 것이다. 자녀를 갖지 않은 원인들도 일괄적으로 취급할 수 없다. 돈이 부족한 곳에는 경제적인 문제가 주된 이유다. 예를 들어 숙련 노동자와 사무직 종사자의 경우 자녀 가지기를 포기하는 것은 중산층의 생활방식으로 상승하도록 약속한다. 다른 경우에는 독립적인 삶과 제약을 받지 않는 자아실현의 희망, 완전한 자율성이라는 이상의 추구 등 문화적 이유가 더 중요할 수 있다. 그런데 이렇게 자아를 중시하는 의식과 정반대가 되는 것도 퍼져 있는데, 자신이 개인적으로 성숙하지 못하다는 것을 깨달아 자녀를 갖는 것을 지연시키는 경우다. 독일에서는 언제나 늦은 시기, 때로는 너무 늦은 시기에 성인이 되는 경향이 있다. 심지어 서른 살이 되어도 여전히 자신을 늦은 청소년, '후기 사춘기(post-adolescent)'로 여기기도 한다.

세대 간의 갈등이라는 것도 자연스럽게 만들어진 것이 아니라 어떤 정책노선을 취하고 또 문화적인 우선권을 어디에 두었는가에 따른 결과다. 예를 들어 우리는 잘못된 시점에 취업노동에서 조기에 퇴직하는 것을 선전했으며 물질적으로 장려했다. 조기 퇴직은 기업가들의 이해와 노동조합의 이해가 온당하지 못하게 맞아 떨어진 것인데, 국가의 지원까지 받는 형태가 되었다. 이러한 오류는 이제야 서서히, 너무 늦은 속도로 교정되고 있다. 그런데 이 문제도 자세히 들여다보아야 한다. 왜냐하면 한편으로 크루즈 여행뿐만 아니라 여러 방면에서 노인세대의 생활공간과 자유의 기회가 늘어났는데, 다른 한편으로 이 때문에 세대 간의 연대가 반드시 손상을 입은 것은 아니다. 이와는 반대로 조부모의 역할이 더욱 중요해 보인다. 전일제로 아이를 맡길 기회가 부족한 아이의 어머니를 위해 조부모가 다소 규칙적으로 아이를 맡아줌으로써 아이의 어머니가 직업활동을 계속할 수 있기 때문이다.

이것은 세대의 문제와 자녀의 문제가 아주 긴밀하게 연관된 문제임을 보여준다는 점에서 중요한 사례다. 첫째로 노인들은 조부모세대로서 상당한 정도로 물질적인 지원을 해준다. 가족이 새로 자동차를 장만하면 돈을 보태 주고, 손자손녀를 위해 저금통장을 만들어주기도 한다. 이것은 피상적으로만 보면 '개인적인 사안'이지만, 실제로는 자녀가 없거나 손자손녀가 없는 성인들은 참여할 수 없는, 대대적으로 이루어지는 비공식적인(사회보장법이나 조세법에 의해 강요되지 않은) 분배를 의미한다. 둘째로 노인 세대는 시간적인 지원을 제공하는데, 위에서 암시했듯이 자신에게 속한 시간을 젊은 부부의 가정에 투자하는 것이다. 셋째로는 감정적인 차원의 지원, 교육과 인지적인 발달의 지원이다. 이것은 측정하기는 쉽지 않지만 과소평가할 수 없다. 매일 저녁 할머니가 손자손녀에게 책을 읽어주는 것은 신경에 비유한다면 많은 연접부가 서로 연결되게 하는 의미를 가진 행위다. 이런 식으로 끝까지 생각해보면, 자녀를 갖지 않는 문제는 오늘날 종종 말하듯이 30대에서 50대에만 국한되는 문제가 아니라 다음 세대에서는 두 배로 증폭되어 나타날 것이다. 왜냐하면 지금 자녀를 갖지 않는 사람들은 나중에는 손자손녀도 없기 때문이다. 점차 증가 추세인 이러한 계층은 나중에, 예를 들어 2030년이 되면, 사회의 연대성을 위해 어떤 방식으로 자신의 자유로운 시간과 특히 자신의 돈을 투입할 것인가? 이 질문은 정당하다.

이에 대해 '그것은 다른 사람과는 무관한 일'이라고 대답해서는 안 된다. 이렇게 대답하는 것은 '사적인 것의 양극화', 이 경우에는 개인 가계라는 경제의 양극화를 보여주는 또 다른 표시다. 우리가 최근의 개혁 논의에서 놀라울 정도로 빠르게 깨달은 것은, 경제라는 것이 지멘스나 다임러크라이슬러 같은 대기업에만 관계하는 것이 아니라 내 지갑 속의 돈과도 관계가 있다는 것이다. 이 돈은 어디에서 오며, 내게 주어진 것은 얼마이고, 나는 이 돈을 누구와 나누어야 하는가? 경제학자들은 최근에 아이 하나를 키우는 비용이 의식주는 물론 자본화된 시간의 투입과 돌보는 비용까지 포함하면 매달 2,800유로에 달한다고 계산해냈다. 이러한 비용을 공동체로부터 완전히 보상받을 수 있는가, 또는 도대체 보상을 받게 해야 하는가에 대한 논쟁이 있다. 이렇게 하는 것은 자녀와 가정을 순전히 경제적인 재화, 완전히 경제적인 계산의 대상으로 만드는 것은 아닐까? 많은 자녀를 추가적인 노동력과 자신의 노년을 대비하는 수단으로 보는 것은 일부 개발도상국에서는 오늘날에도 적용되는 공식인데, 우리는 다행스럽게도 이러한 상태는 벗어났다. 그렇지만 현재의 형태로 이루어지는 '가족 간의 부담 조정'은 미흡하며 세대 간의 조정 같은 새로운 요소로 보완되어야 한다는 점에 의견이 모아진다. 왜냐하면 독일의 사회보장체제는 아직까지도 아데나워 독트린을 정상적인 경우로 상정하고 있기 때문이다. 오늘날의 연금제도를 만든 아데나워는 50년 전에 "아이는 사람들이 늘 낳는 법"이라고 말했다.

이런 점은 다음과 같은 추세가 동시에 나타나고 있음을 감안하면 더욱 염두에 두어야 한다. 즉 일차적인 도움은 낮은 단위에서 시작한다는 의미인 '보완성의 원칙'이라는 사고의 의미에서, 사회적인 부담을 국가 또는 추상적인 재정 보조 체제부터 다시 가족과 소규모 공동체로 다시 옮겨 가는 추세가 분명하고도 정치적인 의지로 나타나고 있다. 곤경 · 빈곤 · 부양의 필요가 있는 경우에는 물질적인 차원의 것이든 아주 실질적인 것이든 가족 구성원에 의한 지원이 다시 우선적인 것이 되어야 한다. 이러한 기본적인 보장의 형태를 포기하고 원자화된 개인을 공공의 재정 보조 체제를 동원해서만 지원할 수 있을 것이라는 기대는 실제로 착각인 것으로 입증되었다. '하르츠 IV' 개혁 조치는 이를 분명하게 보여주었다. 이 개혁 조치가 사회정책상 갖고 있는 결함은 실업자에 대한 지원과 생계비 보조를 통합한 것이나 이전에는 동일하지 않았던 것을 같은 부류로 취급한 데 있지 않다. 오히려 오류는 일차적인 연대나 책임의 포기를 받아들일 뿐 아니라 심지어 국가적 차원에서 보상을 받게 하는 악명 높은 '필요 공동체(Bedarfsgemeinschaft)'를 구성한 데 있다. 심지어 이제 막 성년에 이른 아이들도 자기 부모에게 의지하기보다는 국가의 재정 보조를 기대할 수 있게 한 것이다. 과도한 개인주의화 경향이 가져오는 위험한 결과들에 대한 인식이 보편화된 시점에 이런 조치가 결정된 것은 정말 이해하기 어렵다.

III.

일차적인 사회적 네트워크가 더 이상 작동하지 않으면 어떤 공동체도 재정적 비용을 책임지기 어렵다. 그런데 문제는 돈만이 아니다. '모든 사람이 필요 공동체'라는 구호는 무책임한 태도를 조장하는 것이므로 도덕적으로도 문제가 있다. 그런데 여기서 상황은 조금 복잡해진다. 왜냐하면 책임을 가정으로 다시 가져가는 아주 시급한 일은 결혼한 가정인지, 전통적인 가정인지, 완전한 가정인지 등의 여부를 떠나서 이미 가정을 유지하고 있는 사람들의 이해를 도외시하고 이루어져서는 곤란하기 때문이다. 예를 들어 자녀를 가질 정도로 어리석은 자는 스스로 이러한 비용을 부담해야 하며, 국가는 더 현명한 자들을 지원한다는 식이 되어서는 곤란하다. 이는 세대의 갈등과 자녀의 문제가 서로 긴밀하게 연관된 문제임을 다시 한 번 보여준다.

그런데 정치는 이 문제에서 어떻게 조정 기능을 하면서 개입할 수 있는가? 이러한 새로운 문화적 갈등, 분배의 갈등을 감안할 때 어떤 정치적 대응이 가능하며, 어떤 대응이 의미 있는 조치가 될 것인가? 연금보험과 간병보험의 구체적인 할증금 논쟁을 넘어 세 가지 커다란 전략을 구분해볼 수 있다. 첫째는 자녀를 갖는 것에 대해 국가가 보상을 해주는 것, 즉 '출산을 장려하는' 인구 정책이다. 나치의 민족사회주의에서 이러한 정책을 오용한 사례가 있어 독일은 이 정책에 어려움을 갖고 있으며, 21세기에는 '다산모 십자훈장'을 수여할 필요는 없다. 그렇지만 잘못된 금기를 고집할 이유도 없다. 세대를 통한 사회의 지속성 유지라는 통찰에서 결론을 내려야 한다. 이것은 이미 다양한 방식으로 진행되고 있으며 결코 독일만 걷고 있는 특별한 길이 아니다. 독일의 특수 상황은 오히려 어린이를 소중히 하는 사회를 가꾸지 못하고 있는 것이다.

그렇다고 해도 획일적으로 두세 자녀를 둔 가정으로 이루어진 사회 역시 끔찍한 구상일 것이다. 자녀를 갖느냐 갖지 않느냐의 결정은 당연히 개인적인 사안으로 남아야 한다. 그렇지만 그 결과는 당연히 집단적으로 고려되고 조정되어야 한다. 그래서 두 번째 전략은 이전에 잘 작동했던 '분배'의 전략이다. 최근에는 분배의 정의가 한계에 부딪혔으며, 구체적으로 교육 · 문화 등에 대한 참여의 정의로 대체되어야 할 것이라는 이야기가 많이 있었다. 이것은 많은 진실을 포함하지만, 가족 정책과 세대의 정책은 분배가 지속적으로 정당한 것이고 필요한 것임을 보여주는 사례다. 향후의 개혁은 이런 방향으로 더욱 나아가야 할 것이다. 이것은 현재 경고되는 것, 즉 자녀를 갖지 않는 사람들에게 일종의 '처벌'을 가하는 것과 관계가 없다. 소득세에 누진세율을 적용하는 것도 '처벌'의 성격이 아니라, 공동체 내에서 공동체를 위하는 상대적인 기여 능력을 인정해주는 것이다. 이러한 재분배를 위한 중요한 두 가지 정책수단은 조세제도, 즉 세금에서 자녀 공제액을 높이거나 현재 많은 토론이 이루어지는 '가족분할과세'를 도입하는 방식과 사회보장제도가 있다.

마지막으로 세 번째 전략은, 이미 앞에서 언급한 구상, 즉 자녀 양육을 경제적인 투자로만 보지 말고 공동체를 위한 상당한 시간적 투자로 보자는 구상에서 출발한다. 자녀를 갖지 않는 사람들이 상응하는 시간을 투자해 다른 자녀들을 돌보게 하는 것은 어떨까? 유치원이나 전일제 학교에서 일주일에 한두 번 정도 구체적으로 아이들을 돌보는 일에 나서서 자녀를 둔 부모, 특히 어머니들이 가정과 직업을 더욱 잘 조화하게 도울 수 있을 것이다. 얼핏 보면 이런 제안이 놀랍겠지만 이를 고민한 일부 사회학자는 아주 진지하게 제안한다. 이것은 탈고전적 사회복지국가에서 시민적인 참여와 자발적인 시민활동에 대한 새로운 논쟁들에 기초한다. 그런데 여기서는 의도가 아무리 좋다고 해도 쉽게 한계에 부딪힐 것이다. 강제 수단을 동원해서는 성과를 거두기가 어려우며, 여러모로 활동에 바쁜 싱글들이 자발적으로 다른 아이들을 돌보는 이러한 활동에 나서리라고 기대하기는 어렵다.

몇 안 되는 이 전략들이 보여주듯이 가정 간의 정의와 세대 간의 정의라는 문제에서는 모든 문제를 단번에 해결할 수 있는 특효 처방이 없다. 공산주의라는 낙원에서도 계급 갈등은 해결되지 못했던 만큼, 새로운 갈등에도 유사한 기대를 해서는 안 된다. 우리가 이런 문제들을 인식하고 개방된 자세로 논쟁하는 것만 해도 상당한 성과를 거둔 것이다. 이러한 과정에서 적어도 중요한 최소한의 합의는 도출할 수 있다. 즉 각자 어떤 삶의 방식을 취할 것인지는 개인적으로 결정하며 개인적인 사안으로 남겠지만 그 결과는 개인적인 것으로만 남지 않는다. 공동체적 책임, 자녀와 자녀 양육이 이제는 사회에서 단지 경제적인 '잉여가치'만 의미하는 것이 아니라는 사실을 고려해서 결론을 도출해야 한다. 경제적 요소만 고려한다면 개인적인 삶의 방식과 재정적인 상황을 단순하게 연결시키는 것, 다시 말해 자녀를 키우는 것은 일반적으로 같은 상황에서는 자녀를 갖지 않는 경우보다 물질적으로 궁핍해진다는 사실에서 벗어나지 못할 것이다. 취업활동으로 얻은 수입을 단지 성인이 되어 있는 한 사람만을 위해 소비하는 것이 사회적인 기본 요구인 것처럼 여겨지는 독일 같은 사회는 이러한 사실을 새롭게 배워나가야 한다.

남성과 여성, 그리고 아이들

성해방의 실패와 새로운 성차별

사실 21세기에 접어든 시점에서는 새삼 거론하지 않아야 할 문제들이 있다. 예를 들면 남성과 여성이 자신의 자녀를 포함한 어린이의 양육에서 어떤 과제를 부여받고 있는가 하는 문제가 여기에 속한다. 또 어린 남자 아이들과 청소년기의 남자 아이들이 우리 사회에서 새로운 문제로 부상했다는 것도 마찬가지다. 왜 남자들은 도대체 아버지가 되는 것을 어려워하고, 또한 직업 생활뿐만 아니라 아버지가 되는 것에 자부심을 갖는 것을 어려워하는가? 그리고 남자 아이, 여자 아이를 떠나 아이들이 아버지라는 존재를 경험하지 않고 자라나는 경우 나중에 자신이 후세대에 다시 모범이 되고 여러 역할을 동시에 감당할 수 있는 존재가 되기 어렵다는 점도 이러한 문제에 속한다.

I.

사실 이런 문제들은 더는 나오지 않아야 할 문제들이다. 왜냐하면 몇십 년 전, 1960년대에서 1980년대에 있었던 개인적인 기대들과 정치적 목표들에 비춰본다면, 우리는 벌써 오래전에 남녀 평등이 보장된 사회, '성적 차이에 무감각한' 사회에서 살고 있어야 한다. 여성들은 당시 도처에서 인구에 회자되었던 이른바 '해방'을 맞이했으며, 가정과 직업, 개인적 삶과 공공의 생활에서 남자들과 동등한 지위를 갖게 되었다. 여성이 직장 생활을 하고 결혼 생활에서도 가족 및 자녀를 직업과 결합시킬 수 있게 하는 동반자 관계를 남성은 받아들였으며, 이를 통해 여성도 이제는 남성과 마찬가지로 수입이 좋은 경력을 쌓고 있다.

그런데 기대하던 수준에는 아직 도달하지 못했으며, 확실한 것으로 믿었던 진보는 이루어지지 않았다. 아니면 이제는 쉽게 말할 수 있는 것과 같이 이 모든 프로젝트는 다만 이데올로기적인 키메라(전설상의 괴물)에 불과했던 것일까? 독일인들이 최근 몇 년간 접하는 수많은 객관적인 비교 자료들은 하여튼 반대의 사실을 말해준다. 왜냐하면 유럽과 북미 지역의 다른 서방국가들 역시 이러한 여정에서 낙원에 도달한 것은 아니지만 한 단계 나은 상태에 와 있기 때문이다. 예를 들어 남성과 아버지의 역할에 관한 것이나 여성의 취업부터 상위직 진출 또는 잘 알려져 있으며 어려운 문제인 가정과 직업의 조화라는 면에서 그러하다. 독일은 이러한 점에서 보면 오래전부터 선두 주자가 아니라 낙후된 상태다. 이러한 낙후성은 가족이라는 친밀한 영역, 부모와 자녀의 관계부터 시작되는데, 이러한 영역에만 국한되지 않고 전체의 경제적·문화적인 상태에까지 이른다. 1960년대에 생각했던 것과는 다른 방식이지만, 이러한 점에서도 사적인 영역은 대단히 정치적인 측면을 갖고 있기 때문이다. 아직 전통적인 '여성 문제'가 해결된 상황도 아닌데, 어린 남자 아이들, 청소년기의 남자 아이들, 그리고 아버지들의 문제까지 추가되었다.

이렇게 실패한 진보는 한 세대의 좌절로 기술될 수 있다. '68세대'와 그 이후의 세대는 이러한 문제를 해소할 수 있는 상황에 있었다. 그들은 정치적인 체제 문제뿐만 아니라 개인적인 인생 설계에서도 가부장적 사회에 항거하려 했다. 돌이켜보면 이런 운동을 시작한 사람들에게는 그것이 쉬운 일은 아니었다. 혁명적인 해방의 제스처는 종종 남성 우위의 제스처가 되었다. 대체로 항거에 나선 사람들은 남자들이었고, 특히 이후에 사회적인 장치들을 마련하면서 승리의 행진에 가담한 사람들도 남자들이었다. 반면에 여자들은 시장을 보고 세탁일, 아이들의 기저귀를 채우는 일을 맡았다. 아니, 시간이 한참 지나서, 68세대 이후에 태어난 세대는 남녀의 성에 관한 정책상의 해방이라는 거대한 프로그램을 실행하며 자신의 인생에서 이를 실현할 수 있는 기회를 맞았다.

대략 1970년대 중반에서 1980년대 중반 당시 독일의 청소년층과 젊은 성인 세대에게는 미래를 향한 창문 하나가 열려 있었다. 거창한 구호들은 진정되고 요란한 깃발은 내려졌지만, 다르게 행동해야 한다는 도덕성이 담긴 요구는 여전히 소멸되지 않았다. 역사상 전무후무할 정도로 이 시기의 아동과 청소년 문화는 남자 아이와 여자 아이 간의 평등이라는 사고에 의해 영향을 받았는데, 이러한 평등의 사고는 일상에서의 행동 양식 · 의복 · 장난감 그리고 여가 활용에까지 영향을 끼쳤다. 아울러 교육 수준의 면에서 여자 아이들이 남자 아이들을 마침내 따라잡았고, 그 여파가 자연스럽게 경력을 쌓는 등 취업 세계에까지 반영되었던 시기였다. 또한 남자 아이들이 울음을 터뜨리는 것도 허용되었고, 아버지가 일요일 오후가 아닌 평일에도 유모차를 끄는 모습을 보였으며, 남자들이 부드러운 존재가 되는 것을 바람직하게 여겼던 시기였다.

그런데 곧 이어 아마도 1980년대를 지나는 동안 이러한 추세는 중단되었다. 외적 모습이나 행동 방식에서 남녀가 유사해지는 현상은 퇴색되고 여자 아이들은 다시 붉은색, 남자 아이들은 파란색을 띠게 되었는데, 이는 분명 독일적인 현상만은 아닌 시대정신의 변화였다. 1980년대에 자라난 청소년들은 교육 · 직업 · 가정에서 남녀의 파트너적인 평등이 그렇게 쉽게 실현될 수 없다는 점을 확인했으며, 의심스러운 경우 우선은 은밀하게 한 걸음씩 서서히 아주 전통적인 생활로 되돌아갔다. 그리고 이러한 삶은 솔직하게 말해 자기 부모세대의 생활방식에 비해 센세이션을 일으킬 정도의 변화를 의미하는 것도 아니었다. 현대적인 성별 정체성은 고학력자의 계층, 특히 교육계나 대학과 같은 특정한 부류의 집단에서 더욱 강하게 나타났다.

이런 환경에서는 1990년대에 들어서도 자녀 양육을 위해 휴가를 내면서 여기에 따르는 이상한 난처함을 무릅쓸 수 있을 정도의 자부심을 보이는 남자는 드물었다. 그런데 이러한 생활 모델은 자유주의적 성향을 지닌 학자층에서도 정당한 것이라기보다는 대체로 바람직하지 않은 것으로 여겨졌다. 남녀의 기회 균등은 더욱 빈번하게 한 가지 결정적인 전제, 즉 자녀 갖기를 포기한다는 전제에서 실현되었다. 즉 남자와 여자는 이러한 '문제'를 배제함으로써 자신들의 평등한 인생 설계를 상당히 쉽게 실현할 수 있었으며, 직업적인 일과를 마친 후에 고급 이탈리아 식당에서 만나 자신들이 마침내 평등을 잘 실현했다면서 술잔을 마주칠 수 있었다. 자녀를 양육하는 데 따르는 문제들은 다른 사람들, 대체로 다른 사회적 계층이 안고 있는 문제였다.

이러한 실패, 현대의 근본적인 갈등에 대해 이와 같이 상대적으로 값싼 해결책을 취한 것에 대해서는 지금 40대, 50대가 된 세대가 비난을 감수해야 할 것이다. 이는 앞에서 말했듯이 다른 서방국가에서보다 독일에 더욱 해당하는 말이다. 그런데 자녀를 갖지 않는 것은 싸구려 해결책 중 한 변종에 불과했다. 또 다른 변종의 하나는 자신의 삶은 물론 종종 자녀를 양육하는 문제에서도 전통적인 역할 분담의 모델로 되돌아간 것이다. 독일에서는 지난 30년 동안 남녀의 성에 관한 정체성, 자녀 양육과 직업 경력에 대한 개인적이고 낭만적인 구상을 효율적인 제도의 구조, 다시 말해 사회와 교육제도 및 직업 세계의 구조적인 변화로 전환시키는 데 미미하게 성공했을 뿐이다. 이것은 더 크게는 현대에 대한 점증하는 거부의 추세, 즉 개인적인 삶의 방식에서도 가능한 리스크를 배제하려는 추세를 보여주는 거대한 현상의 일부다.

게다가 1980년대 이후 더욱 늘어난 현상이지만, 남녀의 관계, 가족과 자녀 양육에서 직선적인 해방을 기대하기 더욱 어렵게 만드는 위태로운 사회적 · 경제적인 발전이 있었다. 자녀가 있건 없건 이혼 또는 별거가 점증하는 것은, 남녀가 동일하게 경력을 추구할 수 있으며 동등한 파트너의 관계에서 가사를 해결하고 자녀도 함께 양육하는 이상적인 방식으로 개인적인 삶을 완벽하게 영위해야 한다는 부담감이 너무 커졌기 때문이다. 그것도 당연히 권위주의적이거나 자유방임적인 자세로서가 아니라 민주적으로, 즉 시간과 감정을 최대한 투입하면서 이러한 이상을 추구해야 한다고 생각했던 것이다. 이와는 반대로 특히 자녀 양육의 임무가 여성에게 더 많이 맡겨져 여성이 취업활동을 하는 것이 더욱 어렵게 되는 등 먼저 가정이 불안정하게 됨으로써 그러한 삶을 추구하는 것이 어렵게 되는 경우도 늘어났다.

사회정책 측면에서 보면 이러한 상황이 가장 분명하게 (그리고 어느 정도 극단적으로) 나타난 형태는 직업이 없고 정부의 보조에 의존하면서 아버지가 없는 자녀를 혼자 양육하는 가정이라고 할 수 있다. '패치워크 패밀리'와 같은 낭만적인 자유와는 대체로 거리가 먼 이러한 구조에 비춰본다면, 전통적인 가정이 모든 희생과 리스크에도 '마법의 삼각형', 다시 말해 남녀 관계의 평등과 자녀 양육의 협력적 분담 그리고 남녀의 취업활동을 동시에 실현할 수 있는 기회가 가장 높다고 할 수 있다. 경험적으로 볼 때 새로운 상황에서 배우자가 서로 결별하기 전보다 자녀 교육에 더 많이, 더 자립적으로, 그리고 더 많은 시간을 투입해 동참하는 법을 배우는 계층은 '이혼한 아버지들'인 경우가 많다(사회적 위상이 높을수록 더 많다). 그런데도 평등의 기회는 전통적인 가족의 모델에서 더 높다고 할 수 있다. '자원 절약의 모델'이라는 측면에서도 전통적인 가족이 유리하다.

다른 외부적 요인들도 마찬가지로 거론할 수 있는데, 우선은 상당히 협소해진 노동시장의 문제가 주는 압박을 들 수 있다. 1980년대 이후 이러한 상황에 처음으로 아주 격렬하게 그리고 충분히 준비되지 못한 채 부딪힌 세대는 바로 청소년기만 해도 남녀 간의 새로운 평등, 직업활동과 개인 생활, 경력과 가족 간의 의미 있는 균형이라는 이상주의를 경험했던 세대이다. 이제 현실은 달라 보였고, 특히 남자들은 놀라 뒤로 물러나면서 아버지가 되기에 앞서 우선은 이러저러한 직업적인 안정을 확보해야 한다거나 이미 아버지가 된 경우에는 자신의 직업 경력에 유리한 편으로 비중을 조절해야 한다는 감정을 갖게 되었다. 왜냐하면 지금은 조금이라도 우위를 확보하고, 모든 기회를 포착하며, 경쟁을 물리치는 일이 이전보다 중요해졌기 때문이며, 그 누구도 '딸을 유치원에서 데려와야 하므로 회의를 다른 시간으로 조정할 것을 제안'하는 식의 약점을 보일 수 없게 되었기 때문이다. 여러 정황을 보면, 불안정해진 노동시장은 남성은 물론 여성에게도 전통적인, 즉 남녀의 차이를 고려한 직업 영역과 경력을 갖도록 장려해왔음을 볼 수 있다. 고용주가 사업이 확대되지 못해 언젠가는 가장 약하다고 생각되는 종업원을 해고해야 하는 상황을 가정할 때, 여자들이 굳이 자동차 정비 기술자가 되어야 할 이유가 어디 있겠는가?

II.

거의 눈에 띄지 않게, 그렇지만 아주 상당한 정도로 지난 20~30년 동안 부모의 삶은 물론 아이들의 삶에서도 이런 식으로 기본적인 여건이 변했다. 그리고 부모와 자녀 세대 모두에 걸쳐 성의 차이는 종종 예상치 못한, 때로 당시의 기대와는 상반되는 새로운 특징을 띠었다. 이는 우선은 남자 아이와 여자 아이인 어린이들에게 해당된다. 한 세대 전만 해도 근세의 세속적인 역사적 해방 과정에 상응하는 목표가 여전히 남아 있었다. 즉 남자 아이는 모든 기회를 가졌으며 기준을 형성했고, 이에 비하면 여자 아이들의 상황은 결핍된 것이었다. 따라서 역할이나 사회적인 기회의 측면에서 여자 아이를 남자 아이의 기준에 접근시키는 것이 중요했다. 여자 아이들은 더 이상 인형놀이를 하지 않아도 되었고, 조용히 저항해도 된다는 말을 듣게 되었다. 교육에서의 차별은 점차 사라졌고 여자 아이들은 곧 모든 김나지움 졸업생의 절반 그리고 심지어 대학생의 절반을 차지하게 되었다.

그러나 이로써 안정적인 균형이 생겨지는 않았으며, 오히려 그 반대였다. 상황은 드라마틱하고 사상 유례가 없을 정도로 바뀌었다. 이제는 여자 아이들이 정상적인 경우가 되었고, 남자 아이들은 교육에서 특이한 결핍을 보여주는 사례가 되었다. 남자 아이들은 여러 과목에서 여자 아이들보다 뒤떨어지고, 아울러 신체적인 발달에서도 이러한 현상이 나타나며, 특히 사회적인 능력에서 뒤처진다. 즉 과거의 여성해방운동이 자라나는 남자들에게서, 물론 원칙적이고 도덕적이며 이데올로기적인 고려에서, 요구하려 했던 '부드러운 기술(soft skills)'이라는 측면에서 남자 아이들은 뒤처져 있다. 그런데 이러한 결핍은 노동시장과 성인으로서의 생활방식에 확고한 단점으로 작용한다. 이는 특히 자원은 부족하고 자격 취득의 프로필은 확대된 상황을 맞아 경제적으로 자신을 관철해나가기 위해 이러한 자질이 더욱 필요한 계층에 해당된다. 성공의 부재, 자신의 능력 부족으로 인한 실패에서 생겨나는 좌절감은 다시 사회에서 자신을 고립시키는 방향으로 나가게 하거나 때로는 폭력적인 성향을 갖게 만든다.

다른 한편으로 남자 아이들을 여자 아이들에게 적응시키는 것, 남자 아이들이 여자 아이들에게서 배우는 것은 더욱 어렵게 되었다. 왜냐하면 남녀라는 성의 정체성의 경계가 1970년대와 같이 그렇게 쉽게 유동적이지 않기 때문이다. 헤어스타일이나 복장, 언어, 여가활동 등 일상에 이르기까지 남자 아이들은 다시 더 남성적이 되고 여자 아이들은 다시 더 여성적이 되어야 하는 시기가 찾아온 이후로 '동료 집단(peer group)'에서 남녀의 차이에 따른 태도의 장벽은 더욱 높아졌다. 아울러 어떻게 자신감을 갖고 자기를 주장하며 갈등을 해결하는지 대안을 미리 보여주는 아버지라는 존재와 남자들이 보일 수 있는 다른 모범적인 역할들도 과거보다 줄어들었다. 이에 대한 몇 가지 이유는 이미 설명한 바 있다. 아버지들은 남자로서의 역할이라는 일시적인 불안정 상태에서 자신을 해방시켰으며, 안도감과 편안함을 느낄 수 있는 자신만의 공간과 행동 양식으로 후퇴했다. 2005년이 되면 아버지들이 학교 행사에서 남성다움을 강화하는 소시지 그릴파티나 무거운 맥주 천막 비품을 운반하는 것 외에는 별로 필요하지 않는 존재가 될 것이라고 1980년에 과연 누가 예상했을까? 이는 물론 반대의 경우에도 적용된다. 21세기 초가 되면 어머니들이 서로 나서서 자신이 만든 케이크를 제공하는 것이 가능하리라고 1980년 당시에 과연 누가 예상했을까?

경계선에 대해서는 더 이상 말을 하지 않지만, 아버지와 어머니가 공적으로, 즉 처음에는 유치원에서 그리고 다음에는 학교에서, 자신의 부모의 역할을 드러내는 경우에 이러한 경계선은 종종 예리하게 그어져 있다. 만약에 아버지가 낮 하교 시간에 학교에 아이를 데리러 오면 이상한 눈길을 느낄 것이다. 다른 사람들은 아마 다른 할 일이 없는 모양이라고 생각할 수도 있으며, 이로써 하필이면 남자들이 거의 전적으로 자신을 규정하는 저 직업적인 자존심의 감정을 건드릴 수 있을 것이다. 그런데 다시 한 번 강조하면, 이 세대는 바로 20년 전만 해도 남녀평등에 관한 정책에서 아마도 역사상 가장 진보된 상태를 체험했던 세대다. 이러한 딜레마에서 벗어나는 길은 차라리 아버지가 되지 않는 것인 듯 보인다. 따라서 독일에서 자녀를 갖지 않는 여자보다는 자녀가 없는 남자가 더 많다는 것은 이제 놀라운 현상이 아니다.

이것이 자라나는 아이들, 특히 남자 아이들에게 어떤 영향을 줄 것이라는 점은 예측할 수 있는 일이다. 이들은 남자의 역할을 해내는 사람을 필요로 하는데 이렇게 남자의 역할을 하는 사람들이 너무 적다. 아울러 이들은 독자적인 삶을 살면서 전통적인 남자의 정체성, 특히 남성 특유의 의례적인 행위를 문제 삼는 진정한 남자들을 만날 필요가 있는데 거의 만나지 못하고 있다. 한편 교육의 사적인 영역(가정)에서 문제가 되고 있는 것이 공적인 영역에서는 더욱 심하게 나타난다. 공적인 영역의 경우 교육 분야에서는 직업의 여성화 경향이 과격하게 진행되었다. 특히 유치원과 초등학교 과정은 100년 전에 교직 전공을 위해 처음으로 투쟁을 벌였던 여성들의 입장에서 보면 몹시 놀라울 정도로 여성화되어 있다. 공공 교육의 이러한 여성화는 교육제도에서는 물론 취업 사회에서도 최대 약점의 하나가 되었다. 유아원, 유치원, 6세까지의 탁아시설에서는 아이들의 말상대가 되어주고, 아이들을 돌보고 배려하면서 도전을 가하는 역할을 하는 남자 교사가 거의 없다고 해도 과언이 아니다. 아울러 많은 초등학교에서도 전체 교사 중에서 남자 교사가 한 명이라도 있다면 다행으로 여겨야 할 정도가 되었다.

따라서 대부분의 아이들은 열 살이 될 때까지 가족의 범위를 벗어나면 자신들에게 교사이자 교육자의 역할을 해주는 남성을 만날 기회가 거의 없다. 사회적으로 취약한 가정에서 자라는 남자 아이들에 대해서는 더욱 심한 진단을 내릴 수 있을 것이다. 즉 이들은 자기 아버지의 행동과는 다른 대안적인 모범이 될 수 있는 남자의 행동을 체험할 기회가 전혀 없다. 즉 남자라면 이런 경우에는 경청을 하고, 이런 경우에는 논리적인 대응을 보이며, 이런 경우에는 포옹을 해주면서도 동시에 원칙에 충실해야 한다는 모범을 체험할 기회가 없는 것이다. 이는 독일에서 여성들의 경력에 따르는 딜레마이기도 하다. 과거에는 대체로 초등학교 교장은 남자 교사였다. 이러한 불균형은 그 사이 해소되어 지금은 여자들도 이러한 지위를 맡게 되었다. 그러나 사실상 취업과 교육에서 여성화된 특별한 영역이 가져오는 대가도 있다. 이제는 여러 곳에서 순수하게 여성적이 되어 있는 교육의 조화를 해치지 않기 위해 초등학교 학부모 모임과 교사들과의 면담 자리에는 아버지가 오는 것이 아니라 어머니가 출석하는 것이 암묵적인 합의로 되어 있다.

교육의 실상과 직업 경력이 아주 긴밀한 관계에 있다는 사실은 부인할 수 없다. 독일에서는 이미 해체 과정에 있던 것으로 보였던 업무 분담이 다시 집요하게 굳어졌다. 남자들은 어려운 일을 맡고, 여자들은 부드러운 일을 담당하는 것이다. 직업 영역에서 남자들은 기술, 제품, 이익 등 '사물'에 관계하고 여자들은 주로 '사람'과 관계한다. 자기 부모와 학교의 교사들에게서 이미 체험한 이러한 현상은 남자 청소년들과 젊은 남성들의 사회성 발달을 저해하는 요인이 되었다. 이러한 사회성 발달 장애는 점차 자주 문제가 되고 있는 사회 하층부의 남자 청소년들을 더욱 궁지로 몰고 가기도 한다. 우리는 오늘날 낡은 산업사회의 구조가 더욱 급변하고 있는 것을 체험하고 있는데, 새로운 환경에서는 사회성의 부족은 더욱 치명적인 것이 될 수 있다. 왜냐하면 언어능력, 감정이입 능력, 사회적 유연성의 부족으로 나타나는 이러한 약점은 미래의 남자들이 현대사회의 서비스 직종에서 살아남기 힘들게 하기 때문이다. 이로써 불이익을 당하는 악순환은 계속될 것이며, 멀지 않은 장래에 다음 세대의 아이들과 청소년들에게 계속 대물림될 수 있다.

그런데 이 모든 것의 핵심은 무엇인가? 하나의 꿈은 성취되지 않았고, 아직은 새로운 전망들이 부재한 상황이다. 우리는 우선은 손실이 무엇인지를 결산해보는 데 몰두했다. 남녀의 상호 접근, 사회적으로 형성된 남녀의 정체성의 해체로 이해되었던 과거의 여성해방에 관한 구상으로 다시 복귀하는 것은 가능하지 않다. 남녀의 차별을 없애는 것이 문제가 되는 것은 아니지만, 우리는 전통적인 역할을 문제 삼는 법을 여전히 그리고 새롭게 배워야 한다는 통찰에서 쉽게 벗어날 수 없다. 아이들은 자신들을 교육하는 존재로 남자와 여자 모두를 필요로 하는데, 역설적으로 남성적인 교육은 현재 너무 많기도 하고 동시에 너무 적기도 하다. 너무 적다는 것은 아이들이 주로 여자들에 의해 양육되고 교육받고 있으며, 아버지 · 교육자 · 교사로서 남자들의 역할이 너무 미미하다는 것이다. 이로 인해 남자 아이들뿐 아니라 여자 아이들도 피해를 입고 있다. 왜냐하면 여자 아이들에게는 나중에 인생의 파트너를 선택하거나 '여성들의 왕국'에서 벗어나는 직업을 선택할 때 남성에 대한 이미지를 반추해볼 거울 같은 존재가 부족하기 때문이다. 한편 남성적인 교육이 너무 많다는 것은, 많은 남성들이 인습과 상투성에 갇혀 있어 어린아이들이 잘못된 모범을 보고 배울 가능성이 많다는 이야기다.

이러한 도전을 받아들이는 데 특단의 해결책은 없다. 오늘날 다른 이유에서 다시 더욱 토론이 되고 있는 고전적인 가족 정책의 조치들은 그 나름대로 정당성이 있다. 이러한 것으로는 자녀를 양육하느라 일시적으로 축소되는 아버지의 취업활동에 물질적인 인센티브를 제공하는 것부터 탁아 및 육아 인프라를 전반적으로 개선하는 것이 있다. 그런데 이러한 목록은 아주 오랫동안 너무 미미한 효과를 거두었다. 지금은 가정과 직장, 교육과 취업 사회의 교차점에 있는 조치들이 전면에 부각되고 있는데, 남자와 여자 직원들에게 가정에 대한 책임을 다하고 이를 위한 시간을 낼 수 있도록 배려해주는 직장에서의 변화들과 기업 문화가 그것이다. 그리고 '소녀의 날'에 남자 아이들을 학교에 보내는 대신에 '소년의 날'을 제정하여 이들을 유치원, 초등학교 또는 양로원 등을 방문하도록 해야 할 것이다. 졸업하는 남학생들이 직업으로 초등학교 교사나 교육자를 선택하는 경우, 이러한 결심을 격려하고 보상하는 방안도 생각해볼 수 있을 것이다. 그러나 이런 모든 제도적인 지원이 있더라도 어느 정도 의식의 변화가 없이는 성공을 거두기 어렵다. 이러한 발상의 전환은 30년 전과 같이 정의에 대한 도덕적인 동경에 관계되는 문제만이 아니다. 낙후된 사회가 얼마나 미래의 능력을 갖출 수 있는가 하는 것이 점차로 이러한 발상의 전환에 달려 있다.

10 노동과의 결별

Riskante Moderne

독일 취업 사회의 위기

독일에서는 약 30년 전부터 수백만에 이르는 실업인구가 가장 큰 경제적 · 사회적 문제가 되었다. 우선은 서독 지역에서 이러한 문제가 나타났고, 통일 후에는 동독 지역에서 더욱 심각하게 나타났다. 이 주제는 약 30년 전부터 정치적으로 공론화되고 공공의 주목을 받고 있지만, 문제를 떠들어대는 것에 비해 문제를 해결하는 능력은 아주 미약하다. 약 30년 전부터 기대와 실망이 반복되고 있으며, 이제는 누구나 이것을 예상할 정도가 되었다. 다시 말해 조만간 경제가 부흥하고 경기가 회복되면 실업자 수가 현저히 줄어들 것이라고 전망한다. 또는 정치화된 형태로는 다음 국회회기, 차기 정권에서는 뉘른베르크 연방 노동청에서 매달 발표하는 실업자 수치가 최대한 절반까지 줄어들 정도로 노동시장의 추세가 전환될 것이라고 전망한다.

그런데 30년 전부터는 반대 현상이 정기적으로 나타나고 있다. 경제가 위축되고 경기가 침체하는 시기에는 실업자 수가 종종 크게 늘어나는 것은 물론, 경기가 좋고 경제가 성장을 보이는 단계에서도 실업률은 줄지 않고 기껏해야 제자리에 머무는 현상을 보인다. 이러한 방식으로 실업자 수는 늘어나 새로운 100만 명 단위로 계속 늘어났다. 2005년 초에 독일의 공식 실업자 수는 500만을 넘어섰는데, 드러나지 않은 여러 형태의 비공식 실업자는 포함되지 않은 수치다. 물론 지역적인 차이는 매우 크다. 대략 지도상에서 독일의 남부 지역, 북서부 지역, 북동부 지역으로 크게 구분된다. 과거 동독 지역에 해당하는 북동부 지역, 루르 지역과 같이 서독에서 과거에 산업 중심지였던 일부 지역, 그리고 겉으로는 관광과 정부 소재지로 분주함을 보이는 베를린에서는 실업률이 거의 20퍼센트에 육박한다.

이로써 실업률은 경제적으로 해결해야 할 문제로만 머물지 않고 사회적인 구조에 영향을 끼치는 요소가 되었다. 좀 더 구체적으로 말하면 제대로 작동하며 어떤 하중에도 버틸 수 있는 안정적인 사회 환경을 잠식하고 파괴해버리는 요소가 되었다. 취업노동의 부족은 그 자체로 취업 사회의 기반을 갉아먹는다. 0.2~0.3퍼센트라는 소폭의 국내총생산(GDP) 성장으로 일자리를 창출한다는 기대는 언제나 오류로 드러나고 있는 상황을 고려할 때, 이러한 소용돌이 효과를 중단시키고 역전시키는 것이 정치의 중심과제다. 왜냐하면 어디에서 새로운 성장이 오는지, 어떻게 생산성과 활력이 생겨나는지, 그리고 미래에는 어떤 분야에서 노동과 경제활동, 투자와 수익활동이 이루어지는지에 대해서는 놀라울 정도로 토론이 이루어지고 있지 않기 때문이다. 2~3퍼센트의 성장 목표 설정이나 이른바 정기적인 전문가 집단의 성장 전망치 제시는, 마치 나라의 경제라는 것이 일단 주어진 구조에서 간단하고 단선적으로 모든 분야에서 조금씩 증가만 하면 달성되며, 가장 간단하고 좋은 방법은 내수나 소비 등로 증가하는 것이라는 인상을 준다. 미래의 경제활동과 미래의 고용에서 취약점이 무엇이고 역점을 두어야 할 사안은 무엇인지에 관한 진지한 토의는 거의 없었다.

따라서 이제까지 독일에서 실업 문제를 해결하기 위해 취한 전략들이 언제나 상대적으로 정적인 모델들, 즉 가능한 보존해야 할 기존의 산업적 생산구조, 노동시간 단축을 통해 가능한 공평하게 분배해야 할 남아 있는 취업노동시간의 일정한 총량 등을 전제로 하는 것은 우연이 아니다. 그런데 이러한 전략들은 실패했다. 왜냐하면 가장 오랫동안 가장 역점을 두어 이러한 수단에 매달린 서유럽의 두 국가, 즉 독일과 프랑스가 가장 높은 실업률을 기록하고 있기 때문이다. 아울러 두 나라에서는 그 결과들이, 비록 2005년 가을 프랑스 도시들의 외곽 지역에서 화염이 치솟는 것과 같이 늘 그렇게 노골적으로 표현되지는 않았지만, 위험한 사회문제로 나타나고 있다. 그리고 그다지 자주 관찰되는 현상은 아니지만 주목할 만한 공통성이 또 하나 있다. 한때 성공적인 모델이었던 '취업노동'에 대한 문화적 실망감이 독일과 프랑스에서만큼 심각한 곳은 아마도 없다는 것이다. 취업 사회가 갖는 미래의 능력에 대해 가장 심각한 회의를 표시하면서 차라리 뒤로 물러날 것, 다시 말해 취업 사회의 이상을 더 이상 고수하지 말고 취업 사회의 범주를 벗어나는 대안적 생활방식의 모델을 시험해볼 것을 권고하는 인사들이 지도적 위치의 인사들, 특히 거의 전적으로 독일과 프랑스의 사회학자들 및 지식인들이다.

적어도 이 정도의 논의로만 보아도 노동의 미래에 관한 문제가 경제의 기반뿐 아니라 사회적 관계, 한 사회의 사고방식과 문화적 정체성의 기반에도 관계되는 문제라는 점이 분명해진다. 다음에서는 종종 소홀히 여겨왔던 이러한 측면을 좀 더 자세히 살펴보아야 할 것이다. 우선은 고전적 산업사회에서의 완전고용과 전일제 고용에 대한 회고부터 시작하려 한다. 이러한 상황은 1970년대, 1980년대가 지나면서 지나갔다. 그런데 전 세계적으로 노동이 사라지고 있는 것은 아니며, 이는 서방의 선진 공업국에도 해당되는 말이다. 그렇다면 어떻게 하여 독일에서는 경제적인 면에서뿐 아니라 문화적으로도 '노동의 상실'을 지향할 정도로 취업노동이 내리막길로 접어들었는가?

취업노동의 경계선들은 여러 면에서 이동했는데, 취업노동이 사라지고 있다고 일괄적으로 말하기는 어렵고 다만 특정한 분야, 사회의 특정한 영역에서만 사라지고 있다고 말할 수 있다. 다른 분야와 다른 영역의 취업노동은 오히려 증가했다. 그리고 임금이나 봉급, 보수와 수익을 위한 고전적이고 자본주의적인 취업노동을 넘어서는 다양한 '노동형태', 의미 있고 생산적인 활동의 형식은 없을까? 이러한 노동의 스펙트럼은 명예직(자원봉사) 활동부터 교육과 가정을 위한 활동까지 이를 것이다. 그렇다면 이를 위한 새로운 시간적 여유를 창출하는 것은 의미 있지 않을까? 그러나 결국에는 취업 사회의 대안이 되는 전망들은 결코 장밋빛이 아니라는 것을 깨닫게 된다. 아마도 그러한 전망들은 오늘은 이것, 내일은 저것을 하는 편안한 세계의 낭만적 몽상에서나 장밋빛을 띨 것이다. 어떤 취업노동을 벗어나서도 복지와 사회적 안정을 이룩할 수 있다는 생각은 환상에 불과하다.

Ⅰ.

오늘날 많은 사람들이 그 장래성에 의구심을 보이는 취업노동은 여러 면에서 역사가 오래되지 않은 현상이다. 역사적으로 그것은 19세기에 고전적 산업사회가 정착되고 산업적인 측면에서 생활방식이 표준화된 현상, 또는 구체적으로 말하면 공장에 맞추는 형태로 생활방식이 표준화된 것과 연관이 있다.[22] 물론 취업노동의 논리는 여기에 국한된다고는 할 수 없는데, 만약 이러한 논리가 전부라면 사실상 산업 생산의 종말과 더불어 취업노동도 다시 사라질 것이라는 주장도 가능하기 때문이다.

두 번째 뿌리는 역사적으로 더 오래된 시기, 산업화의 시작 이전으로 거슬러 올라간다. 그것은 목적 지향적인 노동과 노력을 통한 진보라는 시민적 이상이었다. 세계는 적극적으로 형성될 수 있고, 더 '개선'되며, 더 자유롭고 유복한 상태로 변할 수 있는데, 이를 위해서는 세계를 '가공'하는 것이 필요하고, 이를 위해서는 다시 사회와 개인의 규율화가 필요했다. 세계를 획득한다는 이러한 이상에는 종교적인 요소, 즉 유대교와 기독교 그리고 프로테스탄티즘의 요소들이 큰 영향을 끼쳤다. 이러한 예로는 인간은 낙원에서 추방된 이후 '얼굴에 땀을 흘려야' 양식을 얻을 수 있다는 구약적인 인간 존재의 규정에서부터 개인이 신의 은총을 얻는 방편으로 제시된 금욕과 소명 의식(직업)이라는 프로테스탄티즘의 윤리가 있다. 막스 베버는 프로테스탄티즘의 윤리와 자본주의 '정신'과의 연관성에 대한 자신의 연구에서 이 문제를 고전적으로 분석한 바 있다.

그동안 많은 사람들에게 설득력을 잃었던 현대의 프로젝트에서 이제 다시 노동을 통한 규율화와 규제라는 이러한 측면을 크게 강조하는 경향이 생겨나고 있다. 이렇게 보면 우리에게는 이를 벗어나는 것이 그저 반갑기만 했던 가공스러운 강제와 부담이 마침내 지워져 있다고도 할 수 있다. 가혹한 시간이라는 지배로부터 시작하여 노동의 강제에 삶을 굴복시키는 것은 자유를 앗아가며 또한 베버가 암울한 어조로 말했던 '강철 같은 쇠창살'에 인간을 가두는 것이 아니었던가? 하지만 그것은 한 측면에 불과한 것일 수 있다. 다른 한편으로 노동을 통한 규율화는 자유 · 해방 · 복지의 요구와 불가분의 관계를 맺고 있으며, 아울러 20세기 후반의 '황금시대'에 이러한 이상들이 역사상 유례없는 성공을 거둔 것과도 불가분의 관계를 맺고 있다. 노동과 해방의 상관성은 18세기 계몽주의적 과거에 대한 추억일 뿐 아니라 오늘날까지 계속되고 있는 것이 분명하다. 노동의 상실은 개별적인 경우에 피상적으로 보면 강제로부터 자유를 가져다줄지도 모른다. 하지만 노동의 상실은 실제로는 의존성, 미성숙, 그리고 개인과 공공복지의 상실을 초래한다.

여기에는 무엇인가 다른 요소도 추가된다. 조금 앞에서 표현한 것과 같이 취업노동은 '여러 면에서' 현대 산업사회의 새로운 원리, 새로운 조직 형태다. 특히 19세기 중반 이후 노동시간은 점차로 구조적이 되었다. 노동시간은 일반적인 생활방식, 인생과 일상의 규칙적인 흐름에서 벗어났는데, 농업 사회나 전 산업사회에서는 대체로 이러한 시간의 분리가 존재하지 않았다. 여기에서는 노동시간에 대립되는 것은 기껏해야 '축제 기간'이었고, 우리가 100여 년 전에 비로소 알게 된 '자유시간'(여가, 휴가)이 아니었다. 취업노동과 노동시간은 농촌에서 도시로, 들판에서 공장으로 이행해가는 과정에서 뚜렷한 윤곽을 점차로 드러냈다. 그것은 근무일 또는 '교대 근무'가 얼마인지와는 별도로 제한되고 측정된 시간으로 나타났다. 그것은 또한 대체로 직장과 주거지, 취업 영역과 사적 영역이 분리되면서 독자적인 장소와 연관되어 나타났는데, 농업 사회나 과거의 수공업 및 교역에서는 이러한 분리가 나타나지 않았다. 임금노동이라는 자본주의 형태로 이행되면서 노동의 법적·사회적 조직도 변했다. 이것은 새로웠고, 종종 혁명적이었다. 그러나 노동 자체가 변한 것은 아니었다. 현대 이전에는 기껏해야 아주 소수의 귀족층이 노동과 수고에서 자유로웠다. 대다수의 주민들은 끊임없는 중노동을 치러야만 종종 기아와 곤궁에서 벗어날 수 있었던 가혹한 일상을 보냈다는 사실을 되돌아보면, 현대 이전에는 현대에 들어서 시간의 지배를 받는 것보다 나은 것으로 이상화할 만한 것은 아무것도 없었다.

취업노동이 지닌 상반된 가치, 즉 복지의 창출과 강제적 지배의 긴장 관계는 이미 노동운동의 초기에 나타났다. 노동운동은 한편으로는 '노동권'을 요구했고, 다른 한편으로는 노동에서 자유롭고 경제에서 벗어나는 사회, 개인적으로 자율적인 활동을 할 수 있는 시간과 공간을 보장하는 사회라는 유토피아를 발전시켰다. 카를 마르크스(Karl Marx)는 청년 시절인 1845년 『독일 이데올로기(Deutsche Ideologie)』라는 저작물에서 이러한 유토피아를 고전적이고 자주 인용되는 방식으로 표현한 바 있다. 그는 근본적인 '공산주의 사회'를 꿈꾸었다. 이러한 사회에서 각 개인은 하나의 배타적인 직업에 고정되어 있지 않고 자신의 생활 리듬이 타율적으로 결정되는 것에서 자유롭다. 이러한 사회에서는 '사회 전체가 전반적인 생산을 조절'하며, 이렇게 할 경우 '사냥꾼, 어부, 목동 또는 비판자가 되지 않고도 자기가 하고 싶은 대로 오늘은 이것, 내일은 저것, 아침에는 사냥, 오후에는 낚시, 저녁에는 목축, 그리고 식사 후에는 비판할 수 있다'는 것이다.[23]

공정한 평가를 내리자면, 이러한 낭만적 유토피아는 결코 독일 노동운동의 정치적 기준이 되지 못했다. 이러한 유토피아는 극히 소수의 대중만 사냥, 낚시, 목축을 하는 현대사회의 직업 현실을 간과하고 있다는 점에서 이미 터무니없이 낭만적이다. 아마도 아침에 프랑스어 문법을 가르치고, 오후에 압력주조 공정을 적정화하는 일을 하며, 저녁에는 민사소송의 답변서를 작성하는 것은 좀 더 어려울 것이다. 그런데도 청년 마르크스의 이러한 전망은 많은 지식인들의 머리에 파고들었고 20세기 후반에 노동사회의 위기를 맞아 놀라운 르네상스를 구가하고 있다.

물론 '전일제 취업', 즉 오늘날 우리가 흔히 말하는 일주일에 5일, 하루 8시간 노동, 전문적인 직업훈련 및 특수한 직업활동을 연상하는 노동시간 및 생애라는 표상은 지난 200년 사이에 상당한 변화를 겪었다. 고전적 산업사회에서는 노동시간의 분배라는 것이 대체로 사회적 위상이 높을수록 노동시간이 적고 융통성이 있다는 기본 규칙에 따라 이루어졌다. 임금 노동자, 산업 프롤레타리아는 물론 농업 종사자, 가내수공업자는 대체로 노동시간이 아주 길었는데, 하루 12시간에서 14시간, 일주일에 6일을 일하고 휴가는 없는 경우가 많았다. 사회 지도층, 특히 경제적으로 유복한 시민 계층은 프로테스탄티즘의 윤리가 있었는데도 오랫동안 더 풍족하고 평온한 나날을 보냈다. 아침에 사무실에 출근했다가 점심이면 집에서 여유 있게 오래 식사를 하고 휴식을 가진 후 다시 업무를 보았는데, 심지어 시민적 클럽의 공간에서 사교를 갖는 시간도 충분했다. 동시에 일반적으로 취업노동은 모든 사회계층에서 오랫동안 하루 일과 중 가장 큰 부분을 차지했지만 그렇게 빡빡한 것은 아니었다고 말할 수 있다. 이것은 1900년경에는 확실하게 말할 수 있으며 1950년에도 해당된다고 할 수 있다. 하루 일과는 보통 아침에 일찍 일을 시작해 저녁이 되어야 멈추었는데, 휴식이나 작업 중단을 분 단위로 계산하지는 않았다. 베를린에 있는 '카데베'(백화점)의 직원들은 1908년의 경우 근무시간이 아침 8시 반에 시작되어 저녁 8시에 끝났다. 하지만 근무시간 내에는 아침 식사를 위한 휴식과 낮에 취하는 2시간의 휴식도 포함되어 있었다.[24]

노동시간의 세분화, 다시 말해 노동시간을 표준화하고 압축시키며, 노동시간을 노동에서 자유로운 시간과 엄격하게 구분하는 것은 20세기에 접어들어 비로소 최고조에 달했으며, 우리의 문화적 척도와 정치적 목표는 오늘날까지도 이를 지향하고 있다. 그것은 자본주의적인 합리화의 동인(자본이 움직이지 않는 2시간의 점심시간이 누구에게 쓰일 것인가?)과 마찬가지로 일과 후의 '자유시간'을 누리기 위해 노동시간을 단축하려 했던 종업원들의 투쟁이 가져다준 결과였다.

하루 8시간 노동은 아주 일찍부터 하나의 이상으로 여겨졌는데, 하루를 합리적으로 3등분한다는 타당한 생각에서 나온 것이었다. 즉 하루에 8시간은 육체적인 수고를 다하며 다른 사람을 위해 봉사하고, 8시간은 잠을 자며, 8시간은 자신이 원하는 일을 할 수 있는 시간을 갖는다는 것이다. 따라서 하루 8시간 노동을 관철하기 위해 미국의 노동운동은 "8시간은 우리가 원하는 것을 위해(Eight hours for what we will)"라는 구호를 내걸었다.[25] 독일에서는 하루 8시간 노동이 1918년 이후 통상적인 규범으로 여겨졌다. 기업가들에게는 작업장의 효율성이라는 관점에서 보면 8시간씩 하루 3교대를 하면 생산 설비의 가동을 중단할 필요가 없이 하루가 완전히 채워진다는 계산도 나왔으므로 이를 받아들일 만했다. 알다시피 이런 모델은 처음에는 일주일에 6일간 적용되었으며, 훨씬 후에야 노동조합들이 아이들을 동원해 "토요일은 아버지가 나와 함께하는 날"이라는 구호를 요구하면서 토요일이 여기에서 제외되었다. 하지만 규범이 정작 현실이 되었던 기간은 오늘날의 시각에서 보면 놀라울 정도로 짧은 기간이었다.

이후 겨우 10~20년이 지나지 않아 오늘날의 대량 실업이 시작되었다. 주 35시간 노동을 위한 투쟁이 시작되었는데, 이것은 인간적인 노동조건보다는 오히려 취업 시간의 공평한 분배라는 취지에서 나온 것이었다. 동시에 노동시간의 유연화는 영어로 '9시에서 5시까지(nine till five)'라고 하는 하루의 고정된 시간 궤도에 근거한 '8시간씩 5일'이라는 고전적인 공식을 점차 무너뜨리는 경우가 많아졌다.

III.

서방 사회가 맞은 전후 번성기였던 '황금시대'는 1970년대에 끝났다. 독일(서독)에서는 이미 1966~1967년에 첫 굴곡을 경험했던 '경제 기적'의 거센 호황기가 1970년대에 종말을 고했다. 완전고용의 시대, 노동력 부족을 겪던 시대는 지나갔다. 독일인들은 '실업'이라는 개념을 다시 정치적 · 개인적 어휘로 받아들여야 했다. 경제발전이 일시적 장애를 겪고 있으며, 경기에 따른 현상이거나 원자재 가격 상승으로 인한 외적인 장애 요인의 결과일 것이라는 기대와는 달리, 실업은 사회에서 확고하게 자리를 잡았으며 서방 경제, 특히 복지 · 성장 · 안전에서 자신의 정체성을 상당히 찾았던 독일의 구조적인 위기를 나타내는 상징이 되었다. 그런데 1930년대 세계경제의 위기와는 달리, 제2차 세계대전 직후의 시기와는 다른 새로운 취업의 위기는 대량의 빈곤과 직접적인 비참함을 대체로 배제하는 일련의 사회적 안전망을 통해 상당한 완충장치를 갖추고 있던 복지사회라는 상황에서 일어난 것이었다. 이러한 점에서 복지국가는 실제로 시험을 받은 것이었고, 이러한 시험을 견뎌냈다. 그런데 물질적인 차원에서 위기를 완충해줌으로써 단호한 대응 조치를 도입해야 한다는 부담이 상당히 줄어든 측면도 분명히 있었다.

그런데 1970년 이후, 아니 늦어도 1980년 이후 우선은 서독 지역에서 일어난 현상이지만, 통일 후에는 동독 지역까지 걸쳐 취업노동을 사회의 중심에서 점차 밀쳐내게 만드는 다양한 사회적 · 문화적 추세가 중첩되어 나타났다. 20년 정도의 단기간에 걸쳐 노동사회는 그 경제적 실체뿐만 아니라 사회적 실천과 문화적 규범으로서도 부식되는 결과를 보였는데, 이러한 현상은 전후 시기에 체제는 달랐지만 유사한 방식으로 취업노동의 사회에서 자신의 정체성을 찾았던 양 독일 지역, 즉 서독 지역과 동독 지역 모두에서 나타났다.

취업노동과 점증하는 실업 문제에 경제적으로 대처하는 데서, 1980년 초 이후에 기술적으로 고도로 발달했으면서 동시에 환경적으로 '성장의 한계'에 부딪힌 사회에서는 기존의 취업노동의 수는 기껏해야 안정을 유지하겠지만 장기적으로는 축소될 수밖에 없다는 견해가 지배적이었다. 여기에서 나올 수 있는 결론은 이른바 고정된 취업노동의 총량을 공정하게 분배하는 것, 다시 말해 노동시간의 단축을 통해 실업자를 다시 노동시장에 편입시키는 것이 전부였다. 이러한 구상을 임금정책을 통해 정치적으로 지지했던 노동조합의 시각에서 보면 그것은 자유시간의 확대를 위한 장기적인 노력과 취업 위기에 대한 대응을 종합하는 논리적 귀결이었다.

이 과도기에서 기술적 진보와 사회적 진보의 상관성에 대한 아주 전통적인 믿음(더 많은 기계가 생산성 제고와 동시에 노동은 줄이면서 복지를 증가시킨다는 공식)이 어떻게 성장과 혁신에 대한 새로운 근본적 회의와 결합되었는지에 대해서는 좀 더 정확하게 고찰하려 한다. 유럽과 세계에서의 경쟁 여건의 변화가 독일 경제와 독일 노동시장에 도전이 되고 있으며 대응책을 요구하고 있었지만, 이러한 사실은 다른 확신, 즉 사람들이 일자리가 없는 것은 우리가 너무 훌륭하고 생산적이며 현대적이기 때문이며 노동으로부터 자유로운 복지사회로의 일반적 행진에서 세계적인 개척자들에 속한다는 확신에 묻혀서 오랫동안 뒷전에 밀려나 있었다.

이제는 취업노동의 축소론과 분배 이론이 안정적인 효과를 가져다주기보다는 더욱 심각한 취업 사회의 위기를 초래한 이례적인 길이었다는 것을 쉽게 깨달을 수 있다. 경제와 노동시장이 특정한 크기를 갖고 있다는 생각, 따라서 어떤 대가를 치르더라도, 특히 막대한 공공 재정의 보조를 통해서라도 기존의 일자리를 보전해야 한다는 생각은 혁신과 경제적 구조 변화의 능력을 방해했다. 이는 특히 산업사회에서 서비스 사회로의 변화에 적용된다. 과거 서독과 동독은 스스로를 생산 경제로 이해했다. 공장 굴뚝에서는 연기가 피어오르고 컨베이어 벨트가 계속 움직이면 성장과 생산성이 확보되었다고 본 것이다. 반면에 고도로 전문화된 서비스 활동을 통한 경제적 성과와 생산성의 증가는 별로 신뢰하지 않았다. 따라서 기존의 것에 대한 관리, 즉 기존의 기업과 기존의 일자리 심지어 기존의 실업까지 관리하는 것을 중시하는 경제문화가 정착되어 있다. 노 · 사 · 정 3자의 합의 체제에서 주역을 맡은 기업 · 노동계 · 정치계는 약 20년간은 이러한 상태로 잘 지낼 수 있었다.

그런데 취업노동의 현실이 다른 요인들, 특히 인구통계상의 변화, 수명의 연장과 경력 과정의 변화 등에 의해서도 더욱 위협을 받게 되었다는 사실을 너무 오랫동안 주목하지 못했다. 지난 25년의 기간을 두고 보면 인생 전체에서 취업노동의 단계가 독일에서만큼 단축된 곳은 찾기 어려울 것이다. 한편으로 독일에서는 직업 생활을 시작하는 시기가 상대적으로 늦다. 특히 대학교육을 마치는 경우 취업활동을 시작하는 시기는 약 30세가 되는데, 이는 다른 나라보다 5년 정도 늦은 것이다. 그렇다고 늦은 취업 시기가 노동시장의 부담을 지속적으로 경감시키는 효과도 별로 없었다. 취업활동에서 물러나는 '퇴직의 시기'를 앞당겨 연금 상태에 일찍 돌입한 것이 별 효과를 발휘하지 못한 것과 마찬가지다. 정치적으로 오랫동안 혜택까지 부여하면서 장려했던 조치, 즉 58세 또는 55세, 그리고 부분적으로는 더 빨리 취업활동에서 은퇴하도록 하는 교사를 포함한 공무원들이 대거 조기 연금에 돌입하도록 한 조치는, 좀 극단적으로 말한다면 취업활동 기간이 인생의 중간에서 거쳐 가는 단계가 되게 했다. 30년 정도의 어린 시절과 청소년기를 보내고 나서 30년 정도 취업활동을 하다가 다시 30년 정도의 연금생활을 보내는 것이었다.

이렇게 말하는 것이 크게 과장된 것은 아니다. 왜냐하면 수명이 대폭 연장됨으로써 이러한 '3등분'은 이제 거의 현실이 되었기 때문이다. 90세 또는 그 이상의 수명을 기대하는 오늘날의 젊은이들에게는 아주 자명한 것이다. 게다가 출산율 저하로 전체 인구에서 노령 인구가 차지하는 비중은 더욱 늘어나서 잠재적 또는 실질적인 취업활동을 하는 인구의 비중은 상대적으로 더욱 줄어들었다. 최근에 일부 제한 조치가 있는데도 오늘날 독일에서 취업활동을 하는 인구는 국제적인 비교를 해보면 예나 지금이나 특히 낮은 주당 노동시간과 많은 휴가일을 누리고 있다. 어림잡아 계산해보면, 독일의 보통 취업자 한 명이 1년에 일하는 시간은 약 1,500시간으로 이는 하루 평균 4시간 정도 일하는 것이고, 이를 전체 인구로 확대하면 독일인 한 사람은 하루 평균 2시간 정도 취업활동을 하고 있는 셈이다. 이러한 추세가 지속될 경우 어떤 극적인 결과가 초래될 것이라는 점이 서서히 우리의 의식을 파고 들어온다. 그것은 예를 들어 취업 시기의 '저축 단계'만큼이나 길어진 연금 상태에 대한 재원조달과 같은 경제적 결과에만 국한되지 않을 것이다. 사회적인 결과, 다시 말해 취업노동이 소수의 현상이 되는 사회, 취업노동이 한 사람의 인생 또는 인생의 대부분을 더 이상 대표적으로 규정하지 않는 사회의 일상에 생겨나는 결과도 이에 못지않게 중요하다.

여기에는 노동의 '반대편'에서 노동으로부터 자유로운 시간을 새롭게 평가하는 새로운 문화적 표준들, 새로운 생활방식과 태도도 기여했다. 특히 1980년대에는 자유시간(여가)이 양적인 면에서만 확대된 것이 아니라 그 형태도 바뀌고 새로운 상징적인 의미를 갖게 되었다. 자유시간의 형태 변화는 상업화의 추진력과 연결되었다. 일요일에는 그냥 산책을 하는 것이 아니라 놀이공원을 찾아가서 즐겼다. 20세기 말의 미디어 혁명, 특히 상업 텔레비전의 성공은 이러한 추세를 집안에까지 파급시켰다. 자유시간이 새로운 상징적 의미를 갖게 되었다는 것은, 예를 들어 자유시간을 일차적으로 취업노동시간에 대한 직접적인 대응물, 즉 당초 휴식과 레크리에이션을 위한 시간으로 보지 않고 자유시간이 그 자체로 목적이 되었다는 것이다. 이러한 논리의 연장선상에서 자유시간은 '본래적인' 생활, 개인의 인생 목표를 채워주는 현장이 되었다. 자유시간이 인생에서 '주된 시간'으로 간주되었고, 노동시간은 이러한 자유시간을 중단시키는 시간으로 여겨졌다.

이러한 변화는 20세기 마지막 25년 정도에 걸쳐 모든 서방 사회에서 나타난 현상이었는데, 특히 문화와 상업, 자유시간의 교차영역에서 대부분의 발명품이 생겨난 미국에서도 나타났다. 그런데 독일에서는 이러한 변화가 다른 나라에서보다 더 심했던 것 같다. 그 원인은 일반적인 원인도 있고 독일적인 특이성도 추가되었을 가능성이 있어 아주 다층적이다. 우선은 전후 시기의 재건의 의지가 사라진 것을 들 수 있을 것이다. 엄청난 노력을 동원한 결과, 이제는 마침내 대중적인 복지가 찾아온 듯이 보였다. 젊은 세대는 궁핍과 엄청난 수고를 단지 들어서 알고 있는 정도였다. 68세대의 운동은 원칙적으로 독일(서독)적인 특별한 운동은 아니었지만 미국에서와는 달리 독일에서는 성과라는 기준과 노력의 윤리에 대해 원칙적으로 회의를 보였다. 이에 대한 원인은 다시 민족사회주의의 역사로까지 거슬러 올라간다. 노동과 수고를 통한 자기 규율에 대한 회의는 '제3제국'에서 이를 전체주의와 대량 살상의 차원에서 오용한 것에 대한 반성이었다. 독일인들은 오늘날까지도 민주적인 성과와 경쟁의 윤리를 받아들이고 내면화하는 데 어려움을 안고 있다.

노동은 다른 측면에서도 과거 고전적 시민사회에서 지녔던 가치를 상실했다. 예를 들어 프로테스탄티즘의 노동 윤리라는 의미에서 노동 자체가 가졌던 종교적인 의미의 가치는 이미 19세기의 교양 시민에 의해 다소간의 세계 내에서 성취라는 세속적인 범주로 넘어갔다. 그런데 이러한 가치조차도 20세기 말에는 점차로 퇴색되었다. 노동은 일종의 '날품을 파는 것(Job)'이 되었고 이로써 임의적인 것, 변동적인 것, 인간에게 외적인 의미만 지니는 것으로 간주되었다. 친구들 사이에서도 일에 대해 이야기를 할 때는 냉소적인 거리감을 가지고 이야기를 했는데, 그것은 상대방에게 혹시 자신이 모든 수고를 다하고 때로는 싫증이 나지만 정말 노동하는 것을 좋아하며 마음속 깊은 곳에서는 자신을 노동과 일치시키는 정신 나간 인간으로 보이지 않도록 하기 위해서였다. 이러한 내적인 거리감은 실제로 불안해진 직업적인 전망과 고용관계에 대한 반응, 또는 노동과 더불어 자신의 정체성을 잃게 될 위험에 대한 일종의 심리적 방어벽으로 간주될 수 있을 것이다. (노동시장에 아직 본격 진입하지 못한) '인턴사원 세대'*로서는 이런 것이 중요한 문제일 수도 있겠지만,

실질적인 노동시장의 추세를 앞질러 문화적인 차원에서 '노동의 상실'이라는 현상이 나타나고 있는 것으로 보인다.

그런데 지금은 노동시장의 상황이 너무 위험스럽고, 자신의 일자리를 상실할 위험이 상존하며, 낮은 취업으로 인한 사회적인 위기가 아주 분명해져서, 우리는 어쩔 수 없이 다시 취업노동에 매달리는 상황이 되었다. 몇 년 전만 해도 일상적인 문화로 존재했던 정서, 즉 노동을 경시하거나 냉소적으로 취급하는 태도는 점점 사라지고 있다. 인기 있는 라디오 방송들이 「월요일은 싫어(I don't like Mondays)」로 한 주간의 방송을 시작하고 월요일 오후가 되면 진행자가 우울한 목소리로 '이제 나흘만 지나면 주말'이라고 말하던 시절은 아마 곧 과거가 될 것이다. 그렇게 되면 우리는 하필이면 취업노동이 가장 위기에 처했던 시기, 대충 1970년대 이후의 시기에 어떻게 노동에 대한 일상적 고통이 문화적으로 그렇게 깊이 자리 잡았는가 하는 모순을 설명해야 할 것이다. 취업노동이 지난 50년에서 100년 동안 평균적으로 육체적인 수고와 위협이 줄어들고 타율성도 약화되었다는 상황을 감안한다면, 이는 더욱 특이한 현상이라고 할 수 있다. 사무직 노동자나 운전자로 일하는 사람들은 고열의 용광로 앞에서 일하는 사람들에 대해서는 여전히 최대의 존경을 가질 수밖에 없을 것이다. 그런데 노동을 고통스러운 것으로 보는 사람들의 대부분은 오래전부터 편안한 쿠션의 사무실 의자에, 컴퓨터를 갖춘 작업장에, 에어컨 시설을 갖춘 차량에 앉아 일하고 있다. 하지만 독일인들이 노동을 하면서 특이할 정도의 불만을 보이고 있다는 판단은 그리 잘못된 평가가 아닐 것이다.

---

* 1990년대 이후 실업의 장기화, 특히 청년층 실업이 심화되면서 나타난 용어. 우리나라의 '88만 원 세대'와 비슷하지만 독일에서 인턴은 거의 무급 실습직이다.

III.

그런데 이쯤에서, '노동의 이미지는 복잡하고 세분화되었으며 긍정적인 의미에서 다양해진 것은 아닐까?'라는 의미를 제시할 수도 있을 것이다. 한편으로 고전적 취업노동을 넘어서 가사와 가족노동부터 명예직(자원봉사) 활동에 이르기까지 다양한 활동 형태에 눈을 돌리게 된다. 의미 있는 활동인지 아니면 단지 필수적인 활동인지를 떠나서 결코 새로운 형태라고 할 수 없는 이러한 활동 형태는 전통적인 노동이 위기를 맞은 상황에서 새로운 조명을 받고 있다. 이는 아마도 취업활동이 사라지는 것이 다른 활동을 위한 시간적 여유를 가져다준다는 점 때문일 수도 있다. 다른 한편으로 취업노동과 노동시간의 유연화에 대해 생각해볼 수 있다. 취업노동과 노동시간의 유연화는 하루('아침에서 늦은 오후까지'), 주간('월요일에서 금요일까지'), 그리고 심지어 생활리듬('우선 일을 하고 나서 휴식')이라는 경직된 시간의 틀을 벗어나는 것이다. 그리고 활동의 형태에서와 마찬가지로 경제적인 변화의 압력도 사회적·개인적인 기회와 연결되어 있다. 토요일에 노동을 하도록 강요를 받기도 하지만, 이렇게 할 경우 월요일 또는 목요일에 자녀를 돌보거나 병원을 찾을 수 있는 이득을 얻을 수도 있다.

그런데 우리는 유연성을 갖춘, 특정한 구조에서 벗어난 노동시간이라는 문제에 어려움을 갖고 있으며, 취업노동시간의 단축·연장·이동에서 생겨나는 사회정책상의 결과에 대해서는 피상적인 토론만 하곤 했다. 그런데 독일에서는 사실 다른 여러 나라보다 노동시간의 유연화를 기회와 새로운 자유로 보는 데 더 어려움을 겪고 있지는 않다. 우리는 토요일이나 일요일의 주말 노동에 대해 불평하는 소리를 듣지만, 정작 이러한 노동을 하는 '당사자'는 주말노동을 함으로써 평일에 하는 노동시간의 절반을 채울 수도 있으며 대체로는 임금이나 세제상으로 불리하지 않는 노동을 하고 다른 때에 자유시간을 갖는다는 점은 잊고 있다.

더 위험스럽고 복잡한 문제는 이미 시행되고 있거나 현재 선전되고 있는 다른 형태의 노동시간이다. 선전되고 있는 형태의 하나는 '평생 근로시간 계정'*이라는 아이디어인데, 이것은 갑자기 연금 상태로 돌입하는 것이 아니라 부드럽게 연금 상태로 진입할 수 있도록 평생 노동시간을 유연하게 조정하는 것이다. 다시 말해 젊은 시절에는 육체의 능력에 맞게 더 많은 시간을 일하고 45~50세가 넘으면 근로시간을 줄이는 것이다. 역사학자의 시각에서 보면 산업시대 이전 또는 초기 산업시대에 평생의 근로시간을 분배하던 유형을 상기시켜주는 모델이다.

그런데 이러한 모델은 현대사회의 현실과는 여러 면에서 갈등을 빚고 있다. 첫째로 신체적인 능력이나 정신적인 능력의 곡선은 다행스럽게도 전혀 다른 형태를 보이고 있어 취업활동을 변화와 연결시킬 때 60세의 근로자라고 해서 40세의 근로자처럼 장시간 일하지 못한다고 생각할 근거가 없다. 이미 말했듯이 여기서 말하는 근로자란 앞에서 예외적인 사례로 들었던 고열의 용광로 앞에서 일하는 노동자를 의미하지는 않는다. 둘째로 젊은 계층이 소수가 되어가는 인구통계상의 추세를 감안할 때 이러한 모델은 받아들이기 어렵다. 마지막으로 이러한 모델은 전체 가족 정책 및 사회정책상의 토론에도 대립되는 것이다. 50~60대가 취업노동에서 시간적 유연성을 시급히 필요로 하는 것이 아니라, 오히려 우리가 가정을 꾸리고 돌볼 기회를 주어야 할 30~40대가 시간적인 측면에서 이러한 여유를 시급하게 필요로 한다는 것이다. 그

---

* 주 단위로 분포되었던 노동시간 제도의 경직성을 유연화하기 위해 도입된 제도. 일정한 노동시간 초과분을 장기적으로 축적해 유급 조기 퇴직 또는 사후에 근로시간 단축에 활용하는 형태다.

러니까 노동시간을 유연하게 하려면 일단은 자녀가 있는 부모들이 당장에 주당 노동시간을 단축하여 휴가일을 늘리고, 그 이후의 인생 단계에서는 오히려 노동시간을 늘리고 휴가를 줄이는 방향으로 가야 할 것이다.

취업노동시간의 또 다른 추이는 한 번도 광범위한 토론을 불러일으키지도 않은 채 지난 수십 년에 걸쳐 이미 상당한 영역에서 진행되었다. 바로 '새로운 계급사회'의 경계선을 따라 노동시간의 사회적인 분리가 매우 가속화된 현상을 지적하는 것이다. 간단히 말해 전통적인 시민사회에서 나타났던 '상층부는 적게 일하고 하층부는 많이 일하는' 현상은 이제 역전되었다. 사회의 상층부, 자질이 높은 계층, 그리고 수입이 좋은 계층에서는 노동시간이 연장되었는데, 이것은 하루의 사이클은 물론이고 연간 사이클, 나아가 평생의 사이클에서도 나타나는 현상이다. 사회적 하층부, 자질이 낮은 계층, 그리고 수입이 적은 계층에서는 노동시간이 줄어들었다. 이것은 주 35시간 노동이라는 표어에서 보듯이 우선은 이해를 관철시키는 정책으로 시작되었다. 그런데 이제는 당사자들이 원치 않는데도 노동시간을 단축시키는 일이 일어나고 있다. 취업노동 자체(취업 또는 실업 상태)뿐만 아니라 노동시간의 규모도 이러한 방식으로 사회계층을 구분하는 표시가 되었다. 아침에 일찍 출근했다가 저녁에 늦게 퇴근하는 것은 과거와 같이 동정을 받을 가치가 있는 피착취자의 신분을 말해주는 것이 아니라 이웃에게 직업적인 성공과 더 높은 사회적 지위를 과시하는 것이 되었다.

역사적인 관점에서 보면 좀 당혹감을 주는 이 특이한 추세는 수년 전부터 계속되고 있고 또한 정치적 · 기업적인 차원에서 의식적으로 내려지는 결정에 의해 강화되고 있다. 그런데 노동시간의 이러한 분열이 문화적 · 사회정책적인 측면에서 어떤 결과를 가져오는지는 제대로 인식하지 못하는 것 같다. 이에 대해서는 지난 몇 년 동안 독일의 대기업에서는 물론 공공 부문에서 있었던 사례들을 들 수 있다. 2003년 11월 뤼셀스하임에 소재한 '오펠 자동차' 공장에서 타결된 노동시간 합의는 이의 신호탄이었다. 자동차가 잘 판매되지 않는 상황에서 해고를 피하기 위해 회사 종업원들은 노동시간을 단축하면서 이에 따른 임금 보전의 일부를 포기한다는 결정을 내렸다. 주당 노동시간을 35시간에서 30시간으로 줄이고 32.6시간에 해당하는 월급을 받는 것이었다. 그런데 잘 알다시피 이는 공장에서 일하는 생산직 노동자에게만 적용된 것이었다. 관리직과 다른 사무직 근무자들, 엔지니어, 디자이너, 경영에 관여하는 사람들은 다른 방식, 즉 생산직 노동자와는 반대되는 방식으로 '연대적인 기여'를 했다. 이들은 추가로 돈이나 여가 형태의 보전을 받지 않고 노동시간을 늘리는 데(하루 10분 또는 월 3시간) 동의했던 것이다. 회사의 상급직 근무자 750여 명은 별다른 보상 없이 휴가를 이틀 줄였다. 결국 이들의 노동시간은 이후 줄어든 것이 아니라 늘어났다.

도이치 텔레콤과 다른 대기업에서도 유사한 합의가 있었다. 국가도 이제는 다양한 영역의 종사자들에 대해 이러한 모델을 활용하고 있고 이를 통해 노동시간에 따르는 사회적 차별을 강화하고 있다. 공무원은 일을 많이 하고, 일반 노동자의 노동시간은 줄고 있다. 예를 들어 베를린 지역의 대학에서 전일제 비서직은 주당 노동시간이 34시간으로 줄어든 반면에, 대학교수의 책임 수업시간 수는 늘어났다. 그 효과는 명백했다. 많이 일하는 계층과 적게 일하는 계층의 격차가 더욱 벌어지면서 사회의 '상층부'와 '하층부'를 구분하고, 사회의 중상층부와 노동자 및 저소득 계층을 구분하며, 전문직과 자질이 낮은 계층을 구분하는 경계선이 그어지고 있다. 노동이 줄어들고 있는 독일과 같은 사회에서는 지금은 더욱 많은 일을 하고 자유시간이 적은 것으로 자신이 '나은' 사회에 속한다는 것을 과시할 수 있다.

이러한 추세는 위험한 것이며, 정치권에서든 기업에서든 이런 결정에 참여한 사람들의 심각한 실책 또는 단견을 보여주는 것이다. 자질이 낮은 계층을 취업노동에서 벗어나게 하는 이러한 모델은 경제적으로 취업노동을 몰아내는 악순환에 더욱 빠져들게 한다. 왜냐하면 비생산적 구조가 보존되고 노동시장이 장기적으로 역동성을 상실하며 혁신의 압박을 받지 않게 될 것이기 때문이다.

이러한 모델은 사회정책 면에서 그렇지 않아도 소득의 차이, 생활여건, 교육의 기회, 문화적 취향의 차이를 보이는 사회의 분열을 가중시키며, 이런 분열에 또 다른 차원을 추가한다. 이러한 분열은 그렇지 않아도 취업노동의 상실로 가장 타격을 입은 사회계층에서 취업노동이 문화적 · 상징적으로 더욱 주변부로 밀려나는 경향을 강화시킨다. 한 사회의 라이프스타일과 사회적 현실을 보여주는 본질적 요소라고 할 수 있는 일상적인 시간 활용 면에서도 자질이 높은 계층과 자질이 낮은 계층은 확연히 구분된다. 반면에 실업과 주변적 고용, 자질이 낮은 취업활동 사이의 경계선은 점차로 유동적이 된다. 한 가지 더 추가할 모델은, 요즈음 자주 한탄을 하는 고학력 출신으로 '많은 일을 하는' 계층의 무자녀 추세를 고려한다면, 남녀평등이나 가족 정책 면에서도 문제가 있다. 여기에서도 취업노동과 시간의 활용 그리고 생활방식 사이에는 직접적인 연관이 있다.

IV.

취업노동의 여건 변화에서 시간 활용이 변한 것은 한 가지 측면일 뿐이다. 좀 더 중요한 다른 측면은 아주 넓은 의미의 대안적 · 경쟁적인 노동 또는 활동 형태다. 자유로운 시간과 상업화된 여가시간이 유례가 없을 정도로 팽창했는데도 우리는 지난 20~30년 동안 여러 면에서 활동이 줄어들거나 게을러

지지 않았다. 이는 최근 몇 년 또는 몇십 년 사이에 취업노동이 줄어든 많은 사람들에게도 해당된다. 많은 분야에서 '음성적 노동'이 크게 증가했다. 다양한 사회적 계층이 여러 활동 분야에서 여러 형태로 이러한 음성적 노동을 주고받는 데 참여하고 있다. '자신의 위험 부담'과 책임으로 이루어지는 이런 노동은 부분적으로는 '정상적인' 취업노동보다 상당한 동기부여를 받고 있는 것이 분명하다. 노동에 따른 세금과 사회보장세의 부담이 문제가 될 수 있는데, 구체적인 부담 금액은 단지 아주 간접적인 상관관계에 있는 것으로 보인다. 그것은 다른 한편으로 대규모 부과 방식의 사회보장 체제와 국가에 대한 신뢰가 사라진 문제기도 하다.

부분적으로 음성적 노동에 근접하면서도 부분적으로는 이러한 음성적 노동과 차이가 있는 형태로는 다양한 형태의 '손수 하는 작업(do it yourself)', 이웃 도와주기 및 자신을 위한 노동이 있는데, 이러한 형태의 활동도 지난 몇십 년 동안 크게 늘어났다. 마지막으로 한 건축자재 연쇄점에서 내걸었던 구호처럼 집과 정원, 자동차 등에서 무엇을 마련하고 수리하고 가꾸는 등 '늘 무엇인가를 하는 것'이 있다. 특히 남자들은 취업노동이 줄어들어 얻은 자유시간의 상당 부분, 노동에서 자유로운 평일, 일찍 퇴근한 후의 시간, 조기 퇴직으로 남는 시간을 이러한 분야에 어느 정도 재투자한 것으로 보인다.

그다음으로는 가사활동과 가족을 위한 노동을 들 수 있다. 노동을 연구하는 사람들은 오래전부터 사회적으로 의미 있고 필요한 활동이라는 것을 중시하는 경우 일방적으로 취업노동에만 눈을 돌리지 말 것을 요구해왔다. 이들이 특히 염두에 두고 있는 것은 집에서 이루어진 '재생산 활동'(공장에서의 '생산 활동'과는 대립된다는 의미에서)이다. 이러한 것으로는 장보기와 집안 청소, 빨래, 설거지, 그리고 특히 미성년 자녀들을 보살피고 양육하는 데 따르는 다양한 과제가 있다. 개인적인 차원에서 이루어지는 이러한 가사활동이 원칙적으로 정당한 것이라는 점을 인정하기 위해서는 굳이 이러한 '재생산'은 체계적으로 급여를 받지 못하는 노동력의 재활용이라는 자본주의적 논리로만 이해할 필요는 없다.

이러한 노동은 시민사회에서(그리고 사회주의 사회에서조차도) 전통적으로 여성들이 감당해온 일이었다. 이러한 부분에서 몇 가지 변화가 있기는 했지만, 30년 전에 가능하게 여겼고 실현될 것으로 전망했던 정도의 변화가 있었던 것은 아니다. 이 문제는 연금 산정에서 자녀 양육의 시기를 포함시키는 등 여성의 특수한 취업 경력(또는 비취업 경력)을 고려하는 형태로 오늘날 정치적 의제가 되었다. 그런데 한동안 중요한 역할을 했던 전망의 하나, 즉 가사활동의 사회화라는 전망은 결국 실현되지 못했다. 우리는 국민 급식소에서 식사를 하지 않으며 세탁물을 조합이 운영하는 대형 세탁소에 맡기지 않는다. 재생산 활동은 개인적인 가계에 머물렀고 부분적으로는 되돌아온 것도 있다. 그런 만큼 우리는 '생산'과 '재생산'의 관계를 더욱 균형 있게 하고 이러한 관계를 남녀 간에서도 더 정의롭게 만들기 위해서는 취업활동의 부담을 경감해주는 것이 필요하다고 주장할 만도 하다.

대체적 활동의 마지막 영역은 지난 몇 년 동안 가장 많이 논의되어온 활동이다. 급여를 받는 취업노동과 개인적 가사활동을 넘어서 자원봉사(명예직) 활동, 시민 참여적 활동의 거대한 영역이 열려 있다. 이러한 활동이 개인적인 취미를 가꾸는 것과는 달리 다소간 지속적인 활동인 경우, 최근에 나온 '시민활동'이라는 개념을 사용할 수 있겠다. 물론 '취업활동'에 병행하는 이러한 개념이 암시해주듯이 '시민활동'이 '취업활동'에 버금가는 활동일 것이라는 점은 여러 점에서 기만적이다. 그렇지만 한편으로 시간 자원이 자유롭고 다른 한편으로 사회적으로 소홀한 현재 상황을 감안할 때 시민의 참여를 지원하고 확대하는 것보다 더 폭넓은 공감대를 형성하고 있는 것은 없을 것이다. '시민사회'와 시민의 참여라는 프로젝트가 항상 취업활동의 위기와 연결되어 있는 것은 아니다. 하지만 취업활동이 위기를 맞은 상황에서 적어도 취업활동에서 자유로운 시간을 이러한 참여 활동에 투입하는 문제를 검토해보는 것은 추가적인 유혹이 되고 있다. 이렇게 되면 우리는 더 많은 '자발적인'(자결적인) 삶을 살 수 있을 것이며, 동시에 공동체도 이로 인해 이득을 누릴 것이라고 보는 것이다. 취업노동이 부족한 상황에서 생계를 보장하고 시민의 참여에 대해 공공의 차원에서 보수를 지급할 수 있도록 이러한 시민활동의 일부는 급여를 받는 시민활동으로 조직할 수도 있을 것이라고 생각해보는 것이다.

이러한 관찰에서 출발하여 일각에서는 한 발자국만 더 나가면 오랫동안 지속된 취업 사회의 지배가 마침내 종말을 고하는 시나리오가 올 것이라고 여길 수도 있다. 이렇게 되면 그것은 위기나 공포의 시나리오가 아니라 수익 지향적인 노동의 강제로부터 벗어나는 '더욱 자유로운' 사회라는 유토피아가 될 것이다. 독일과 프랑스 같은 나라에서는 취업노동의 위기는 일반적인 모델로 선언되고, 아울러 이러한 시각에서 보면 사회적 · 경제적 결함을 해결해야 하는 후진성을 보이는 국가가 아니라 새로운 후기 물질적(post-material) 질서를 선도하는 국가로 된다. 각 개인의 경우 나머지 취업노동시간은 균등하게 분배를 하여 급격히 줄어들고, 주당 35~40시간의 예속된 삶 대신에 마음 내키는 대로 오늘은 이것, 내일은 저것을 하는 마르크스의 이상이 실현될 것이라고 보는 것이다.

이러한 이론들은 1980년대 이후 확고해지는 대량 실업에 대한 대응으로 개발되었으며, 낭만주의적이고 지적인 좌파와 부분적으로는 비교조적인 노동조합 주변에서 놀라운 호응을 얻었다. 취업 사회에서의 탈피라는 이러한 상상력을 공개적이고 분명한 어조로 반박하는 지식인이 거의 없다는 것은 더욱 놀라운 일이다. 따라서 스스로 비교조인 성향을 띠고 있다고 자처하는 경제

잡지조차도 취업노동의 종말이 아주 가까워졌다는 인상을 불러일으키면서, 경제학자들의 다수는 이미 오래전에 자동화가 우리를 노동에서 자유롭고 복지에 익숙한 사회로 이끌어갈 것이라는 점을 인식했다. 그런데 경직된 사고를 하는 '신스탈린주의자들'만이 여전히 '노동이라는 거짓말'을 선전하고 있다는 식의 주장을 편다.[26] 하지만 1950년에는 자동화의 낙관적 도취에서 곧장 수입한 것과 같은 이러한 명제를 지지하며 증언해줄 수 있는 경제학자를 찾는 것은 거의 불가능하다.[27] 그런데도 라인 강 양쪽(독일과 프랑스)의 사회학자들과 철학자들은 실제로 이러한 이론을 쉽게 신봉하려는 성향을 보인다.

예를 들어 프랑스의 철학자 겸 사회학자인 앙드레 고르(André Gorz)는 '다원적 활동'의 사회를 옹호하면서 '노동사회'로부터 탈출하는 용기를 갖도록 촉구한다. 그는 "노동사회는 더 이상 존재하지 않으며 다시 복귀하지도 않는다"는 진단을 내리고 있다.[28] 앙드레 고르가 도대체 어떤 환경에서 활동하고 있는지 묻지 않을 수가 없는데, 그 이유는 모든 심각한 위기에도 취업 능력이 있는 사람들의 압도적인 다수는 여전히 취업활동을 하고 있으며, 이는 프랑스에도 해당되기 때문이다. 독일이나 프랑스에서 잃어버린 일자리는 헝가리나 중국에서 다시 생기고 있다.

베를린 출신의 사회학자이자 동독 사회에 아주 정통한 인물인 볼프강 엥글러(Wolfgang Engler)는 구동독의 체제 전환의 위기를 분석하면서 취업 사회로부터의 완전한 이탈이 가져다줄 유사한 결론을 이끌어내고는 이를 일반적인 모델로 확대시키고 있는데, 이러한 방식으로 구동독은 임종을 맞으면서 적어도 세계에 다시 한 번 올바른 방향을 제시하고 있다고 보고 있다.[29] 시민들은 취업노동이 없는 상황에서도 예를 들어 의미를 부여하는 사회적인 활동을 통해서 정체성을 발견할 수 있어야 한다는 것이다. 이러한 논조에 대해 이의를 제기할 수는 없겠지만, 취업활동과 이러한 취업활동의 이른바 끔찍한 '명령'(요구)에 맹목적인 증오심을 보이는 것은 참으로 이해하기 어렵다.

뮌헨의 동료 학자인 울리히 벡의 경우에는 유사한 구상을 '다원적 활동 사회'라는 이름으로 말한다. 그가 말하는 이러한 활동에는 비록 현저하게 줄어들기는 했지만 취업노동도 포함되고 자녀 양육, 노인들의 간병, 문화의 향유, 시민활동도 들어 있으며 게다가 어느 정도 '허공을 쳐다보는 삶'도 들어가 있다.[30] 물론 그러한 삶은 노력할 만한 가치가 있으며 이미 오늘날 많은 사람들에게서 성공을 거두고 있다. 이런 사람들은 직업을 갖고 있고 자녀도 양육하고 있으며 가끔씩 극장도 가고 정당에서 활동을 하는 것은 아니지만 이상적인 형태로 시민활동에 참여하고 있다. 그리고 일요일에는 즐겁게 늦잠을 자면서 게으름을 피우기도 한다.

한마디로 이것은 시민적 취업 사회의 고전적 생활방식이며 이러한 사회에서의 교양 있는 시민의 역할을 보여주는 생활방식이다. 그런데 취업 사회라는 핵심이 빠지면 다른 아름다운 요소들은 전혀 가치가 없거나 놀라울 정도로 파손되기 쉽다. 고학력자라면 직장이 없이도 이러한 삶이 가능할지 모르지만, 다른 사회계층에서는 성공하지 못한다. 일이 전혀 없거나 주변적인 일만 있는 사람은 종종 자녀를 양육하는 것도 어렵다. 이러한 사람은 공공의 활동, 참여적 활동에서 뒤로 물러난다. 게으름을 피우는 것도 그것이 주된 일과가 되어 일상을 파괴하는 정도가 되면 그 가치를 잃어버린다. 자질이 낮고 '교육 수준이 낮은' 계층에서 지속적인 취업노동의 상실 뒤편에 있는 혹독한 사회적 · 문화적 현실, 예를 들어 자녀들의 방치, 정치적 무관심, 무절제한 텔레비전 소비 같은 것은 정치적 논쟁 및 공공의 토론에서 중요한 주제의 하나가 되어 있다.

이러한 현실에서 마침내 취업노동의 예속에서 해방된 미래 사회의 이상을 그려낼 수 있다고 생각하는 학자들은 불과 몇 명의 독일과 프랑스 교수들이다. 도대체 취업노동이라는 것이 그렇게도 감당하기 어려운 부담이었단 말인가? 취업노동과 복지, 취업노동과 개인적 자유, 취업노동과 민주주의의 연관성을 보지 못하거나 보지 않으려는 낭만적인 좌파 지식인들의 이러한 암울한 결론을 감안할 때, 마르크스주의 계열의 사회학자 오스카 넥트(Oskar Negt)가 노동이 '폭력 행위'가 아니라 실업 상태가 폭력 행위라고 대담하게 기술한 것을 보면 안도감을 갖게 된다. 그는 실업은 '많은 비용을 투입하는 교육을 통해 어렵게 얻은 자격과 자질이 녹슬어가고 있는데, 이제 그것을 앗아가 버리고 박탈하는 것'으로 간주했다.[31]

하지만 전통적 취업노동의 대안이 되는 잠재력을 검토하기 위해 다시 한 번 자세히 들여다보자. 모든 가능한 대안은 당연히 장점도 갖고 있지만, 그것이 지닌 함정과 난관도 쉽게 드러난다. 이는 정규적인 취업활동의 대안으로 실제로 행해지는 음성적 노동에도 해당된다. 간혹 어깨를 으쓱하면서, 음성적 노동을 하는 사람들은 취업활동으로는 수입이 적어 음성적인 노동의 형태가 아니면 얻지 못하는 것을 벌고 있을 뿐이라고 말하는 사람도 있을 것이다. 이러한 예로서 영수증을 발급하지 않고 타일 공사를 하는 영세 수공업자나 '비공식적인 부업으로' 일을 하는 여자 미용사를 생각할 수 있을 것이다. 이들을 그대로 방치해두면 국가는 다소의 세금과 사회보장 납부금을 받지 못하겠지만 그래도 이런 방식으로 번성하는 경제의 자율적인 영역이 형성되었다고 생각하는 것이다. 그런데 이 문제를 끝까지 생각해보면, 각자가 단지 스스로의 책임으로 일을 하며 사회보장이나 노후 보장, 연대성과 노동 보호가 아주 어색한 용어가 되어 있는, 규제가 모두 철폐된 취업 경제라는 '신자유주의적'으로 완전히 해방된 낙원에 이르게 된다. 결국 도달하게 되는 곳은 전 산업사회의 일당 노동자 사회가 현대적으로 변형된 형태다.

한편 국가는 세금과 사회보장비 납부가 없이는 유지될 수 없으므로 점차로 부가가치세와 같은 간접세를 통해 재원을 충당해야 할 것이다. 그런데 부가가치세도 제대로 납부하지 않는다면, 소득이나 매출과는 무관한 '주민세'를 다시 도입해야 할 것이다. 이러한 것은 이론적으로 상상해볼 수는 있지만 체제적으로 또는 정치적으로 바람직하지는 않다. 왜냐하면 이러한 체제에서는 바로 사회적 약자들에게로 신속하게 부담이 전가될 것이기 때문이다. 다른 말로 한다면, 고전적 취업노동은 소득 및 사업상의 매출과 세금을 연계시키며 분배 정책에서 연대성의 가장 강력한 근간을 이루는 것이다. 바로 이러한 이유에서만 해도 고전적 취업노동은 쉽게 문제 삼아서는 안 된다.

그런데 단순하게 '이웃 도와주기'나 자신을 위한 노동은 어떠한가? 이러한 활동이 음성적 노동과 탈세를 위장하는 것이라고 간단하게 말할 수는 없다고 하더라도 문제는 명약관화하다. 자신을 위한 노동과 '손수 하는 작업'의 추세는 지난 20~30년 동안 상당히 증가했고 상당한 활동 영역을 탈전문화시켰으며, 이로 인해 특히 수작업 노동으로 성장했던 분야가 고전하고 있다. 벽지를 바르는 것도 스스로 하고, 가구를 설치하는 것도 스스로 하고, 자동차 수리도 스스로 하며 이발도 스스로 한다. 이러한 것을 비판해서는 안 되겠지만, 그것이 어떤 경제적인 결과를 초래하는지는 냉철하게 살펴보아야 한다. 이러한 분야의 취업노동이 주변적인 노동으로 과소평가되며, 직업훈련을 받은 전문가들의 취업 기회가 상실된다. 이는 시민들이 스스로 활동에 나서는 일이 크게 증가한 개인 가계의 차원을 넘어서도 적용된다. 학교에서 교실을 전문적으로 수리하는 데 공공 재원이 부족한 경우 학부형들이 주말에 직접 페인트와 붓을 잡는다. 이는 시민적 참여의 측면에서는 이득이 되지만, 성공적으로 상업화된 경제를 위해서는 손실을 의미한다.

그렇다면 적어도 가사 노동 또는 가족을 위한 노동은 취업활동과 사회정책상의 진보와 결합될 수 있는 다른 형태의 활동 사이에 더 합리적인 균형을 찾을 수 있는 좋은 사례가 아닐까? 가사 및 가족을 위한 노동을 진보와 결합시키는 기대는 특히 여성의 기회를 염두에 둔 것이다. 취업노동시간이 줄어들면, 취업활동을 하는 여성들만 (가사 노동을 포함해) 주당 70시간 또는 80시간의 노동을 하는 데서 보호받는 것이 아니라 특히 남자들이 가사 노동과 자녀 양육에 더 참여할 수 있는 시간과 인센티브를 발견할 것이라고 보는 것이다. 그러나 이러한 효과는 거의 나타나지 않았거나 아주 미미한 정도(그것도 특정한 사회계층에 국한되어)로 나타난다. 가정에서의 '재생산 활동'의 주된 부담은 여전히 여자들, 자녀가 있는 어머니들에게 돌아가고 있다. 그리고 남자들이 과거보다 오늘날에 이러한 활동에 더 많이 참여하고 있다면, 그것은 일차적으로 노동시간이 단축된 결과가 아니다. 하여튼 취업노동시간의 단축이 남녀평등을 더 실현할 수 있다는 증거는 거의 없다. 파트타임 노동이 하나의 대안이 될 수 있을지 모르지만, 파트타임으로 일하는 것은 일정한 자질의 한도를 넘어서는 경우에는 거의 불가능한 형태의 노동이다.

이제 남은 것은 시민적인 참여 활동, 명예직(자원봉사) 활동인데 여기에는 아마도 급여를 받는 '시민활동'의 전망도 포함될 수 있을 것이다(하지만 급여를 받는 시민활동은 공익적인 노동의무에 대해 국가가 보수를 지불하는 것과 거의 구분되지 않을 것이다). 취업노동으로부터 자유로워진 시간이 자발적인 시민적 참여 활동으로 전환될 것이라는 구상은 이제까지는 주로 착각이었던 것으로 드러났다. 이러한 구상은 아마도 취업 생활이 끝난 후에 적극적인 연금 생활의 단계에서나 가능할 것이다. 취업활동을 대체하는 것으로서의 시민의 참여 활동은 오히려 예외에 속한다.

경험으로 보면 직업이 없거나 주변적인 취업활동을 하는 사람은 사회활동에서도 뒤로 물러난다는 것을 알 수 있다. 장기적인 실업은 사회적 접촉의 단절, '사회자본'의 상실로 나아간다. 반대로 취업 사회의 중심에 서 있으며 이 사회에서 기본적인 안전과 사회활동을 누리는 사람은 사실상 시간이 적은데도 오히려 적극적으로 참여하는 경향을 보인다. 이러한 사실은 사회적 위계질서에서 입증되는 현상인데, 취업활동을 하는 숙련 노동자 계층과 중산층이 주로 평균 이상의 활발한 활동을 벌인다. 이러한 사실은 가족적인 상황에서도 나타난다. 상당히 시간이 부족한 상황일지라도 자녀가 있는 부모들은 자녀가 없는 부부들보다 시민적인 참여 활동과 명예직(자원봉사) 활동에 쉽게, 자주 참여한다. 이러한 활동은 전형적으로 유치원에서의 그릴 파티와 학교 육성회에 가입하는 것에서 시작한다. 이러한 중요한 경험을 살펴보면, 취업노동시간의 '절약분'이 마치 통신에 사용되는 파이프라인 체제처럼 즉시 다른 '의미 있는' 활동으로 나타날 것이라고 생각하는 모든 시간 경제에 관한 제로섬 이론과 대체 이론은 완전히 실패한 것이다. 달리 표현한다면, 취업 사회는 결코 적극적이고 참여적인 시민사회의 장애가 아니라 이런 활동의 전제다.

V.

대량 실업은 독일만 안고 있는 문제는 아니다. 그렇기 때문에 취업노동을 과소평가하고 취업노동이 축소되는 것을 환영해야 하는가? 이는 질병 앞에서 항복하는 것과 같다. 왜냐하면 독일보다 상당히 낮은 실업과 상당히 높은 취업률을 보이고 있는 선진 산업사회, 서비스 사회의 사례도 충분히 있기 때문이다. 이러한 사례의 일부는 심지어 독일 내에서도 발견된다. 달리 말하면, 이러한 질병을 성공적으로 퇴치한 사회, 시장경제의 사례가 독일 내에도 충분히 있다. 성공을 위한 처방은 더 나은 교육, 더 높은 기동성, 혁신과 구조 변화의 의지였다. 이제 독일은 이른바 이상주의적 시민 노동자들로 구성된 취업에서 자유로운 사회라는 낙원으로 나아가는 여정에 있다고 주장하면서, 세계에 어떻게 하는지를 새롭게 보여주는 낭만적인 성향의 특이한 길을 가는 것을 중단해야 한다. 독일은 실제로는 선구자의 길을 가는 것이 아니라 후진적인 상태로 비틀거리면서 뒤따라가고 있다는 사실을 알아야 한다.

노동의 총량이 고정된 부피를 갖고 있어 자동화가 진행되면 노동은 수축될 것이라며, '남은 노동'은 다만 공정하게 분배되어야 할 것임을 말해주는 조짐은 전혀 없다. 만약에 그렇다면 대부분의 사람들에게는 이미 100년 전에 전혀 할 일이 없었을 것이다. 아니면 200년 전에 농업 분야에서 남아도는 근로자들이 일자리를 찾아 도시로 몰려들던 시절에 벌써 일자리는 바닥이 났을 것이다. 아니면 우리는 모두 농장에 앉아서 농업 분야의 노동을 각자 일주일에 5시간만 들판이나 우리에 가서 일하는 방식으로 분배해야 했을 것이다. 하지만 그것은 복지 · 안전 · 개인적 자유의 사회는 아닐 것이며, 게다가 그것은 지루한 사회일 것이다. 왜냐하면 그러한 사회에는 책이나 교사, 영화도 없을 것이기 때문이다. 그러한 사회에는 자유시간(여가)조차 없을 것인데, 그 이유는 여가란 것은 취업노동의 대응물로 생겨난 것이기 때문이다. 그리고 분명히 시민적 참여 활동도 없을 것이다.

실상은 다음과 같다. 사람들은 공장에서, 나중에는 사무실과 대학 · 비행기 등에서 일자리를 찾았고, 복잡한 서비스를 제공하는 일을 발견했다. 기술의 진보는 사회의 수준을 고도로 높이는 것을 가능하게 했으며, 경제적 구조 변화는 새로운 취업노동을 창출했다. 우리가 구조 변화에 반대할 경우 새로운 일자리도 창출할 수가 없는데, 독일은 얼마 전부터 이런 행동을 보이고 있다. 세계 도처에서 사람들은 일을 하고 있으며, 이들은 노동의 미래에 대해 절망하지 않는다. 독일은 혹시 여전히 프랑스와 이러한 면에서 연대를 취하면서 이러한 추세에서 이탈하려고 하는가?

그런데 취업노동을 옹호하는 가장 중요한 이유는 경제적인 이유가 아니라 사회정책적인 이유, 도덕적인 이유다. 마르크스가 기술했듯이 '오늘은 이것 내일은 저것'을 하는 식으로 시민 노동과 시민 급여라는 네트워크를 통해 취업노동에서 벗어나서 대안적 의미를 부여하는 사회로 전환하겠다는 것은 지식인들의 아름다운 환상에 불과하다. 대다수의 사람들에게 취업노동에서 이탈하는 것은 '마침내' 무엇인가 '의미 있는 것'을 행하는 자유로 나아가는 것이 아니라 개인적인 방치 상태, 사회적 접촉의 단절, 좌절과 같은 사회적 곤경으로 나아가는 길이다. 우리는 수백만의 실업자와 완전고용이 되지 못한 사람들에게 취업노동을 보장하고 확대하기 위해 모든 것을 다할 책임이 있다. 목표를 설정하고 노력하며 열심히 일하는 사회, 내일을 위해 꼭 필요한 물품, 교육 또는 노년의 의료 서비스와 같은 형태로 미래를 위한 가치를 창출하는 사회만 영속적으로 생존할 수 있다. 취업노동을 포기하려는 사회는 자신과 자신의 미래를 포기하는 사회다.

시장에 대한 불안

독일인과 자본주의의 어려운 관계

우리는 시장경제에 대해 뭔가 다르게 생각해왔다. 가장 훌륭한 완충 · 제어 장치를 갖춘 '사회적 시장경제'라는 독일적인 형태의 자본주의는 원래 복지와 안전을 대거 약속하지 않았던가? 그런데 이제 복지는 도처에서 어려운 상황을 맞고 있고, 경제의 장기적인 예측 가능성에서 생겨나는 안전이라는 생활감정은 점차 많은 사람들에게서 사라지고 있다. 시장의 약속은 한때 루드비히 에르하르트(Ludwig Erhard)* 총리가 고전적이면서도 효과적으로 선전했던 '만인을 위한 복지'로서 전체 사회, 모든 사회계층과 소득 계층에 적용되어야 하는 것이 아닌가? 그런데 지금은 재갈이 풀린 자본주의에서 엄청난 이득을 누리는 소수의 계층이 있는가 하면 나머지 대중은 한때 그렇게 찬양을 받던 경제체제로부터 아무런 혜택도 취하지 못하는 패자들, 기만당한 자들이 되어

* 1897~1977. 전후 아데나워 정부의 경제장관으로 아데나워 이후 1963~1967년에 독일 총리를 역임했다. 독일의 사회적 시장경제에 초석을 마련한 인물이다.

있는 것처럼 보인다.

경제 분야에서 우리가 원칙적이면서 아주 구체적이고 실존적인 차원에서 당면하고 있는 문제들의 목록은 참으로 길다. 우선은 정치적인 제어가 거의 통하지 않는 수백만에 이르는 실업 문제부터, 전통이 풍부한 기업들이 갑자기 전통은 외면하고 순전히 합리적인 관점에서 저임의 외국으로 새로운 생산기회와 수익의 기회를 이전하는 문제가 있다. 합병을 하는 것도 또 여러 분야로 분리시키는 것도 리스크가 높은 기업의 구조조정 문제, 매니저 및 기업과 자금을 거래하는 자들이 이러한 구조조정을 성공적으로 추진하면서 받는 보상금도 문제가 된다. 이들이 거두는 '성공'이라는 것은 때로는 수천 개의 일자리를 정리하는 것이다. 세계화는 경제활동의 사회적 · 윤리적 기준은 더 이상 문제 삼지 않는 완전히 새로운 게임의 규칙을 수립하고 있는 것으로 보인다. 세계화는 몇 년 전부터, 그리고 완전히 잘못 본 것이 아니라면 다른 선진국보다 특히 독일에서 무력감을 불러일으키고, 아주 개인적인 실존까지 과하게 위협받고 있다는 느낌을 주고 있다. 또한 유연성이라는 새로운 명령에 마구 노출되어 있다는 감정을 불러일으킨다. 시장은 통찰하기 어려운 것이 되어 있으며, 거기에는 수백 년 전에 애덤 스미스(Adam Smith)가 이미 기술했듯이 '보이지 않는 손(invisible hand)'이 작용한다. 보이지 않는 것은 사람들에게 시장이 마치 다른 사람을 기만하기 위해 자신의 비밀을 의도적으로 숨기고 있는 악한 같다는 불안감을 심어준다.

몇 년 전부터 자본주의에 대한 불만이 더욱 뚜렷하게 표출되고 있는데, 여기에는 종종 현재 통용되고 있는 경제에 대한 일반적인 불쾌감도 들어 있다. 68세대와 후속 세대가 수사학적으로 고조되고 원칙적이고 이데올로기적인 차원에서 표방했던 반자본주의의 단계는 지나갔다. 거대한 동서체제 경쟁에서 1990년 서방은 시장의 모델을 갖고 승자로 부상했다. 자본주의에 대해 실질적으로 존재했던 유일한 대안은 신용이 떨어졌을 뿐 아니라 더 이상 존재하지 않게 되었다. 그런데 놀랍게도 빨리 풍향의 변화가 있었다. '신경제'로 번성을 보였던 1990년대는 지나갔다. 사회적 시장경제가 그동안 훌륭한 체제임을 입증해 보여왔다고 말하는 독일인의 수는 지난 5년 사이에 점차 줄어들어 이제는 겨우 절반이 조금 넘는 수가 그렇다고 응답하는 반면, 절반이 조금 안 되는 수는 '입증해 보이지 못했다'는 의견에 동조하고 있다. 프란츠 뮌터페링에 의해 촉발된 '메뚜기 떼'(약탈자들)와 이른바 '약탈 자본주의'에 관한 논쟁은 이러한 분위기를 더욱 고조시켰으며, 동시에 (자본주의에 대한) 새로운 유보적인 태도도 일깨웠다. 아울러 지식인들도 이러한 토론에 가담했는데, 새로운 후기 사회주의적 입장에서 가하는 자본주의에 대한 비판이 주조를 이룬다. 이들의 자본주의 비판은, 어떻게 신자유주의의 외관을 취하고 있는 시장이 우리의 의식까지 정복하면서 삶 전체에 침투하고 있는가, 경제가 어떻게 원래 영역이 아니라 보호를 받아온 영역에까지 문어발식으로 달려들고 있는가에 관한 것이다.

우리는 전반적으로 경제에 대한 이러한 불만, 구체적으로 시장과 자본주의에 대한 이러한 불만에 동조하는 태도를 취할 수도 있을 것이다. 하지만 어느 정도 거리를 갖고 상투적인 것과 편견을 버리며 사태에 대한 더 정확한 분석을 시도해볼 수도 있을 것이다. 예를 들어 독일에서는 자본주의가 비교적 길들여져 있고 규제와 제약을 받고 있으며 비판자들이 흔히 그려내는 약탈 자본주의의 이미지에는 별로 부합하지 않는 편인데, 다른 어느 지역보다 독일에서 자유로운 시장의 요구에 대해 불평이 요란한 것은 어떻게 설명할 수 있을까? 그렇다면 문제를 한번 뒤집어놓고도 생각해보아야 할 것이다. 즉 독일인들의 문제는 시장이 과도한 상태가 아니라 너무 적다는 것이다. 우리는 넘쳐나는 자본주의로 고전하고 있는 것이 아니라, 여러 측면에서 아직도 시장경제의 원리를 제대로 받아들이는 것을 배우지 못했다. 우리는 시장경제의 원리를 제대로 이해하는 것도 어려워한다. 시장경제에 대해 이렇게 거리감을 갖는 것은, 우선은 불안감을 조성하며, 따라서 우리를 이른바 보호구역, 즉 삶의 후방으로, 다시 말해 '차가운' 자본주의, 냉철하게 침투하는 시장의 메커니즘으로부터 안전한 영역으로 후퇴하게 만든다. 독일 민족은 어떤 민족보다 정신적으로나 제도적인 면에서 자본주의에 대처하는 데, 그리고 자본주의와 대결하면서도 삶에서 자본주의를 밀어내지 않고 자신의 목적을 위해 활용하는 데 어려움을 안고 있다. 그런데 한 가지는 분명하다. 21세기에 접어들어 세계화의 단계에 있는 자본주의에는 150년 전의 초기 산업화 상태와 마찬가지로 미화할 것이 거의 없다. 시장을 낭만시하는 것이나 반대로 낭만적인 반자본주의적 동경을 갖는 것은 모두 잘못된 것이다. 시장은 우리가 속한 리스크를 감행해야 하는 현대의 일부이기 때문에, 우리가 적절히 대처해나가야 할 리스크이며, 우리가 벗어날 수 있는 것이 아니다.

Ⅱ.

좀 더 자세하게 들여다보자. 앞에서 말했듯이 독일인들은 '아직도' 시장의 형태로 경쟁 체제를 갖추고 있는 경제에 대해 특별한 어려움을 안고 있다. 왜냐하면 시장경제에 대한 깊은 회의는 새로운 것이 아니라 역사적으로 뿌리 깊은 것이기 때문이다. 그리고 이러한 회의는 언제나 반민주적인 사고와 병행하여 나타났다. 의도적이든 아니든 간에 '메뚜기 떼', 위험한 해충이라는 자본주의의 이미지는, 19세기 후반과 20세기 초반에 인간이 오늘날과 아주 유사하게 새로운 차원의 자본주의에 의해 도전을 맞았다고 느꼈을 당시의 불안과 편견에 직접 연결되어 있다. 세계적인 차원에서의 생산과 교역의 결합은 이미 당시에도 크게 진척되어 있었고, 경제적 힘은 사상 유례가 없을 정도로 대규모로 응집되어 나타났으며, 영세생산자와 영세상인 사이의 조망 가능한 관계가 뒤흔들렸다. 따라서 100년 전 당시 '독일제국'에서는 대형 백화점에 대해 조치를 취해야 한다는 의견이 대두되었고, 얼마 지나지 않아서는 바로 '유대계 금융자본'이 전통적인 생활 질서의 파괴를 획책하고 있다는 주장도 흘러나왔다.

독일연방공화국(서독)의 건국과 더불어 이러한 불안은 세 가지 측면에서 극복된 것으로 보였다. 자유로운 시장에 철저하게 반대했던 보수주의자들은 시장 및 민주주의와 평화로운 관계에 접어들었다. 민주주의적 좌파는 반자본주의적인 잔재를 부정했는데, 독일에서 사민당(SPD)의 '고데스베르크 강령(Godesberg Grundsatzprogramm)'은 새로운 입장을 지지하는 것이었다. 그리고 특히 1948년 이후 독일(서독)에 적용되었던 사회적 시장경제는 세계경제가 아주 유리하게 전개된 국면에서 성공적인 모델로 발전했다. 사회적 시장경제는 서독 주민들이 자본주의와 화해하도록 했다. 경제 기적으로 호황과 팽창을 누리던 시기에는 거의 모두가 이러한 질서의 장점을 알아차렸기 때문이었다. 민족사회주의 독재와 세계대전 이후 독일의 역사는 종종 '서방으로 향하는 길(Weg nach Westen)'로 표현되었다. 루드비히 에르하르트가 공공의 차원에서 아주 효과적으로 표방한 사회적 시장경제라는 구상은 경제적인 면에서 독일을 서방의 이웃 나라들로 나아가게 해준 가교와 같은 것이었다. 그것은 자본주의를 인정하는 방향으로 나아가는 독일적인 가교였다.

다른 한편으로 이 가교는 바로 현대의 경제가 사회 및 정치와의 관계에서 안고 있는 문제들에 대한 독일적인 대응 형태였다. 이러한 점에서 초기 서독의 사회적 시장경제는 시장의 힘이 자유롭게 발휘되는 것에 역점을 두기보다는 역사적으로 시장의 규제, 도덕적이고 국가적인 차원의 통제에 더 역점을 두었던 사고와 제도들을 지속시키는 방향으로 나아갔다. 이를 이해하기 위해서는 다시 역사를 좀 더 거슬러 올라가야 한다. 1830년 이후 산업자본주의가 본격적으로 형성된 이후 '독일적 삼각형'이라는 세 초석이 형성되었고, 1850년부터는 더욱 공고한 형태를 띠었다. 즉 대기업과 기간산업에 의해 주도된 역동적인 자본주의, 의심스러운 경우 규제 조치를 취하면서 개입하는 비교적 강력한 국가, 마지막으로 국민을 배려하는 사회적 요소라는 세 초석이다. 마지막에 언급한 사회적 요소는 한편으로 관료주의적인 형태로 이루어지는 사회적인 책임, 다른 한편으로 산업자본주의로 차별받는 사람들의 사회적 조직화와 정치 세력화라는 이중적인 성격을 띠었다. 제1차 세계대전 이후 고도의 산업화 단계와 바이마르공화국에 이르는 시기에 이러한 삼각형은 점차로 단체의 형태를 취하기 시작했다. 그리고 강력한 단체들의 지원을 받으면서 경제 질서는 원래의 경제주체들을 대변하고 이들 경제주체에게 독자적인 영역을 보장하는 이해관계의 복합체로 수립되었다. 즉 경제 단체와 노동조합 그리고 사회보장이라는 삼각 축은 바로 '독일적인 삼각형'을 모방한 것이며, 정치적인 형태로 나타났다. 이것은 국가 또는 소비자가 중심적 위치를 차지하지 않는 생산자 경제에 유리한 노선과 연결되었다.

그런데 이러한 체계는 독일에서뿐 아니라 전체 서방세계에서 1930년대의 세계적인 경제 위기와 더불어 큰 도전을 받고 뒤흔들렸다. 사회적 시장경제의 제도적 뿌리는 물론 특히 지적·정신적 뿌리가 결정적으로 이 시기(1930년대)로 거슬러 올라가게 된 것은 우연이 아니다. 자유로우며 경제적인 측면에서는 가능한 자제를 보이는 국가에 대한 회의가 일반적인 분위기가 되었다. 이러한 위기를 맞아 나온 가장 중요한 국제적인 혁신은 '케인스주의(Keynesianism)'였는데, 시장경제를 적극적인 국가의 '총체적 제어'와 결합하려 모색했으며 동시에 수요의 우위를 통해 소비자의 역할, 최종 소비자인 시민의 역할을 상당히 격상시켰다. 그런데 독일은, 경제사학자 베르너 아벨스하우저(Werner Abelshauser)가 지적했듯이 1933년 이후 30여 년 동안 케인스주의에 예외적인 체제를 형성했다.[32] '제3제국'에서의 경제정책은 1939년까지, 그리고 제2차 세계대전의 기간에도 케인스의 요소들을 적용하거나, 일종의 실용적인 관점에서 선점하는 형태로 이러한 요소들을 직관적으로 추구했다. 하지만 여기서 나온 결과는 국가의 조정과 기업의 자율성, 생산의 우위와 소비의 지향을 매우 독창적으로 혼합한 형태였다. 그것은 특히 '노동 전선' 또는 '기쁨을 통한 활력(Kraft durch Freude)'*의 범주로 나타난 사이비 단체 형태의 국가의 사회활동, 그리고 점차로 인종차별 정책 및 소멸 정책을 지향한 사이비 자유주의적 다원주의가 혼합된 형태였다.

1930년대에는 또한 케인스에 대한 독일적인 대안의 이러한 경계 지역에서 후에 독일연방공화국(서독) 체제의 지적인 뼈대가 되는 것이 생겨났는데, 그것은 민족사회주의 경제에 대해서는 협력 · 개혁 · 반대에 이르는 다층적이고 복잡 미묘한 관계를 보이는 것이었다. 알렉산더 뤼스토브(Alexander von Rüstow), 발터 오이켄(Walter Eucken), 프란츠 뵘(Franz Böhm), 그리고 얼마 후에 루드비히 에르하르트는 케인스식 간섭주의를 넘어서 시장적 자유와 규제적 국가를 결합하는 경제정책의 윤곽을 구상했다. 그런데 국가의 규제라는 도덕적인 동인은 케인스의 구상에서보다 더 뚜렷하게 나타났다. 그것은 대량 실업의 시대에서 개인을 경제적으로뿐만 아니라 윤리적으로 구해내려는 차원의 규제였다. 그것은 무엇보다 독일제국 시절에 형성되었던 윤리적 국가경제의 독일적인 변형이라는 연속선상에 있었다. 즉 국가는 집단주의의 대리 역할을 해서는 안 되며, 이와는 반대로 발달하고 무절제한 자본주의의 산물인

---

* 나치가 국민들의 여가시간 활용을 관장한 정치적 조직체.

다원주의적 평준화로부터 경제와 사회를 보호해야 한다는 것이었다. 아울러 이러한 위험으로부터 국가 자체를 보호하는 것도 중요했다. 루드비히 에르하르트는 1950년대만 해도 공동체를 개미의 사회로 만드는 가공스러운 전망, 즉 '흰개미들의 국가'라는 비유를 들면서 이러한 위험을 지적한 바 있다.

이렇게 하여 당시 질서자유주의(Ordoliberalismus)*와 '프라이부르크 학파'가 얻었던 경험들, 즉 '독일적 삼각형'을 배경으로 세계적인 경제 위기를 겪으면서 얻은 경험들은 독일연방공화국(서독)의 창건 구도와 사회적 시장경제의 구상에 유입되었다. 오늘날 우리는 '사회적'이라는 개념을 통상적으로 국가의 사회적 활동, 조밀한 복지국가의 네트워크, 사회정책의 활동으로 이해하지만, 실상 '사회적'이라는 개념이 얼마나 다층적인 의미를 갖고 형성되었는가 하는 것은 이러한 배경에서 비로소 분명하게 드러난다. '사회적'이라는 개념에는 우리가 오늘날 이해하는 의미도 있지만, 원래는 더 많은 의미가 내포되어 있다. 가장 우선적으로는 사회적 시장경제라기보다는 규제적 시장경제라고 말할 수 있을 정도로 국가의 규제적 기능이 강조되었다. 둘째로 '사회적'이라는 말은 지금은 아주 역설적으로 들릴지 모르겠지만 우려되는 집단주의에 대해 개인을 강조하는 것이었고 따라서 동시에 자본주의에 '윤리적'인 색채를 가미한 것이었다. 셋째로 이 개념에는 연대적인 것, 국가적으로 규제를 받는 경제주체의 공동체에 역점을 둔다는 의미가 있었는데, 일종의 도덕적이고 연대적인 국민경제를 염두에 둔 것이었다.

* 발터 오이켄, 프란츠 뵘 등 프라이부르크 학파에서 제시된 이론으로 국가가 시장경제의 법적 환경을 창출하는 체제. 즉 국가주의와 자유방임주의의 중간에 해당하는 독일적 노선이다.

III.

이런 가교가 얼마나 하중을 견딜 정도로 튼튼했으며, 그리고 과거의 유보적 자세를 벗어나는 이러한 길은 지난 수십 년 동안 얼마나 완전한 것이었을까? 이러한 질문은 시장경제의 기본 원리들에 대해 다시 격렬하게 회의가 일어나는 상황에서 예상치 못한 현실성을 얻게 된다. '서방에 안착했다는 것'은 단지 환상, 피상적인 변화에 불과했으며 변화의 뒤에는 어려운 시기를 맞아 다시 예전의 사고방식이 나타나고 있는 것일까? 이렇게 보는 것은 사태를 너무 단순하게 파악하는 것이며, 국민성이 변화되지 않는다고 생각하는 것은 오류로 나아가기 쉽다. 더 중요한 사실은, 사회적 시장경제 자체가 서방의 자본주의에 대해 유보적인 것을 보존하고 있었다는 것이다. 이러한 것으로는 경제에 대한 도덕적 규제의 요청이 있다. 다시 말해 최종적인 판단에서는 경제적인 행동에 대해 '선'과 '악'의 척도를 고수하는 것이다. 특히 도덕적 · 사회적 기준이 위험해지는 경우 또는 어떤 이해 그룹이 이러한 위험을 관철시키려고 할 경우 국가의 규제를 요청하는 것이 여기에 속한다. 이런 상황에서는 국가가 개입을 하여 시장의 법칙을 무효가 되도록 해야 하는데, 예를 들어 국가가 카르텔법과 같은 것을 근거로 (공정한) 경쟁의 여건이 조성되도록 하는 것이다.

그리고 경제의 세계화라는 상황을 맞아 잊지 말아야 할 것은, 이러한 '규제를 받는 시장경제'는 보호받는 국내 시장이라는 모델, 외부와 명확하게 구분되는 국민경제의 모델에서 출발했다는 사실이다. 독일은 현실을 외면하면서 너무 오랫동안 이러한 모델을 고수해왔다. '새로운' 자본주의라는 것은 이런 면에서 아주 새로운 현상은 아니다. 자본주의가 자신의 영역을 다시 한 번 확대한 것이다. 그리고 자본주의는 제2차 세계대전 이후에 서독을 포함한 서유럽 국가들이 아주 편안한 시절을 보냈던 국가의 보호 지대라는 울타리를 부숴버린 것이다. 우리가 한편으로는 규제의 완화, 고루한 국수주의적 정책의 극복을 환영하면서 자본주의의 모습을 비판하는 것은 정당하지 못하다. 서독을 비롯한 서유럽 국가들이 맞았던 이러한 특수한 여건이 이른바 '제3세계'라고 불리는 국가들의 희생으로 얻어진 것이라는 사실을 오래전부터 알고 있었다면, 사실 자본주의가 영역을 확대한 것에 대해 놀라워할 수 없을 것이다.

대내외적으로 여러모로 폐쇄된 안전지대에서는 시장에 적극 대처하려는 의지가 부족하고, 아울러 이러한 대응 능력이 제대로 발전하지 못한 것은 놀라운 일이 아니다. 자본주의는 일단은 '경제'에 관계되는 것이었다. 따라서 똑똑한 사람들은 이에 대해서는 거리를 갖고 차라리 관직(공무원)으로 나아갔다. 이런 식으로 경제에 대해 탁월한 거리감을 유지하는 것은 결국 경제적 사안에 대한 자질을 향상시켜주는 것이 아니라 경제에 대한 문외한, 경제를 경시하는 태도로 연결되었다. 과거 서독에서는 사회적 국가와 사회보장제도 그리고 공공의 연대 활동에 이와 유사한 치명적인 무지가 있었다. 여기에서도 자신이 내는 연금 납입금이 나중에 받게 되는 노후 연금을 위해 저축되는 것이 아니라는 사실을 깨닫거나 오래전부터 국가 부채를 확대함으로써만 국가의 수입과 지출 간의 틈을 메울 수 있다는 사실을 깨닫는 데는 우선은 위협적인 충격이 필요했다. 이제는 현실을 외면하는 상황은 끝났으며 공공서비스가 지닌 경제적 측면에 대한 인식이 늘어나고 있는데, 이는 다소간의 계몽이 이루어진 것이며 사회생활의 경제화가 너무 심해졌다고 불평할 이유가 없다.

경제 분야에서도 사정은 마찬가지다. 기업의 결정이나 일반적인 시장의 논리를 이해하는 데 무능할 뿐 아니라, 종종 일상에서도 경제적 이해가 부족하다. 독일인들은 대체로 일상에서의 자본주의를 이해하는 데 서툰 사람들이라고 말할 수 있을 것이다. 예를 들어 물은 거의 공짜고 한 잔에 들어가는 커피

분말의 가격은 5센트 정도라고 생각해서 레스토랑에서 파는 커피의 가격이 2~3유로나 되는 것을 이해하지 못한다. 레스토랑의 임차료를 지불하고 가구와 주방 시설의 할부금을 갚아야 하며 서비스를 하는 종업원들에 대한 인건비를 지불해야 하는 등 레스토랑에서 커피 한 잔을 서비스하는 데 얼마나 많은 비용이 들어가는지 모르는 것이다. 그러면서도 서비스 분야 임금이 낮은 데는 당연히 반대하는 입장이다.

여기서 서비스 분야를 언급하는 것은 당연하다. 왜냐하면 독일은 다른 어느 나라보다도 서비스 경제를 이해하는 데, 서비스를 인정하고 나아가 서비스 사회에 도달하는 데 어려움을 안고 있는 것이 분명하기 때문이다. 독일인의 사고방식은 여전히 생산 경제의 사고방식이며, 이는 오늘날까지 경제적 구조에 반영된다. 이것도 전후 서독과 동독의 상황 등 역사적인 이유가 있는데, 오늘날에는 더 이상 반드시 장점이라고는 할 수 없다. 18세기에 중농학자들이 경제의 가치 창출은 본질적으로 토지와 토지 자원을 활용하는 농업 · 광업 등의 분야에서 나온다고 보았던 것처럼, 우리는 사람의 손과 기계로 제작하는 물건의 생산성에 집착하고 있으며 다른 모든 것은 불가사의한 것으로 남아 있다.

최상의 상황은 이런 물건이 가계에서 사용될 수 있는 소비재인 경우다. 왜냐하면 독일의 시장경제는 이제는 특히 거대한 소비 기계로 이해되고 기껏해야 일자리를 창출하는 기계 정도로 이해된다고도 말할 수 있기 때문이다. 이 점에는 동독 지역이나 서독 지역이 별 차이가 없다. 반면에 이를 넘어서는 것 또는 이것에 직접적으로 기여하지 않는 것은 오히려 의심스러운 것이다. '이윤(Profit)'이라고 경멸받는 수익이나 혁신 및 투자, 기업을 거래하는 행위, 예를 들어 선물 거래(Futures)나 옵션과 같은 경제적 장래성과 미래의 약속을 거래하는 행위는 독일에서는 재빨리 '투기'와 같은 것이라고 혹평을 받는다. 자본주의를 개인적인 소비 공장과 같은 것으로 개인화하여 이해하고 점유하는 태도에서는 민주주의에 대해서도 주목할 정도의 유사한 태도를 엿볼 수 있다. 즉 민주주의에 대한 이런 식의 이해는 대다수의 사람을 위한 공공의 사안에는 대체로 무관심하며, 오히려 개인적인 사안이 간섭받지 않도록 보장하는 정권에 가장 호응을 보이는 태도로 연결된다.

따라서 자본주의를 둘러싼 새로운 투쟁에서 여러모로 예리한 소리가 나오고 있는 상황을 보면, 혹시 현실감을 상실한 것은 아닌가, 그리고 사태를 더욱 잘 알고 있어야만 하는 교육 수준이 높은 사람들이나 지식인들도 이러한 상태에 있는 것이 아닌가 하는 의문이 생긴다. 자본주의를 역사의 끔찍한 오류로 간주하는 자는, 디오게네스의 통 안으로 들어가든지 은둔자가 되어 숲으로 도망가 살아야 할 것이다. 우리는 일상에서 시장경제를 당연한 것으로 여길지 모르겠지만, 우리의 일상이 붕괴해버리거나 너무나 수고로운 것이 되지 않도록 하는 데 시장경제가 얼마나 많이 필요한지 이해하기 위해서는 굳이 주식시장이나 국제 펀드매니저의 사업까지 이해할 필요는 없다. 시장경제는 항상 물건이 가득 차 있는 슈퍼마켓의 진열장처럼 사소해 보이는 영역부터 시작되며, 국가로부터 집을 배당받는 대신에 스스로 집을 찾는 기회에도 시장경제가 해당된다.

이러한 사고방식, 때로는 아주 정신분열적인 모습을 보이는 이러한 일상의 경제에 들어맞는 사례가 또 하나 있다. 사람들은 대형 할인매장으로 달려가면서 동시에 대기업들이 길거리 모퉁이에 있는 소매상들을 다 망쳤다고 욕을 한다. 이렇게 무지하고 성숙하지 못한 시민을 '경제'의 과도한 요구, 속임수, 야비한 기만에서 보호하는 활동을 하는 일련의 제도적 기구들도 이러한 사례다. 현대인 중에는 강박관념에 사로잡혀 경제적인 이해관계를 모두 자신을 속이는 행위라고 이해하는 사람이 많다. 자신을 익명의 시장이 가하는 조작의 무력한 대상으로 이해하는 사람은 시장에서 자신감을 가진 주체가 되지 못할 것이며, 따라서 국가와 같은 다른 존재의 보호를 필요로 한다.

예를 들어 독일에서 소비자 보호라고 하면 자신을 조직화하며 자기 이해를 대변하는 소비자를 떠올리는 것이 아니라 다른 사람을 대표해서 행동에 나서며 최선으로는 금지 조치를 동원해 시장의 나쁜 종양들, 악한 수익들을 대충 제어하는 국가기관을 떠올린다. 여전히 소비자는 어리석은 행동을 할 수 있으며 실질적으로 전혀 책임이 없다고 보기 때문이다. 청소년들이 휴대폰을 사용하는 데 절제하지 못하면, 서비스를 제공하는 업체들을 대상으로 새로운 규정을 만들어야 한다. 반면 소비자의 우둔함, 매체를 다루는 능력 부족 또는 부모의 교육 소홀을 거론하는 경우는 드물다. 이러한 방식으로는 시장에 대한 무지의 덫에서 벗어나지 못한다. 시장을 통찰하고 외부의 지원에만 의존하지 않는 자만이 주도적으로 시장과 현대의 세계에서 자신을 관철해나갈 수 있다.

시장을 항상 물샐틈없이 규제하는 것에 대한 독일적인 동경은 여러 다른 측면도 갖고 있다. 겉으로는 공공의 복지라는 이름으로 이기주의적인 개인적 이해들을 조정하는 작업이 일어나는데, 국민경제의 저편에서 여건의 변화가 일어나는 상황을 감안해보아도 그것이 과연 장기적으로 합리적인 전략인지는 점점 의심스럽다. 시장의 자유에 대한 국가 차원의 간섭을 통해 이러한 자유를 더 높은 차원으로 끌어올린다는 독일 카르텔청(독점 규제)의 사실상 역설적인 시도가 궁지에 빠지는 경우가 더욱 빈번해졌다. 최근에는 베를린의 한 신문사[≪데어 타게스슈피겔(Der Tagesspiegel)≫ 지 — 옮긴이]를 같은 지역의 경쟁 업체가 인수하는 것을 금지하는 조치가 있었다. 그러면서 다른 가능한 대안에는 크게 무지했던 것이 분명하다. 왜냐하면 문제의 신문사가 결국 '메뚜기 떼'라고 할 수 있는 국제적인 투자자에게 매각되자 크게 비통해하는 분위기가 있었으며, 정치가들도 쉽게 이러한 분위기에 동조하는 가식적인 모습을 보였기 때문이다.

그렇지 않아도 시장의 역동성을 국가가 나서서 제한하고 제동을 거는 시도는 기존의 구조를 보존하는 방향으로 작용하면서 성장의 동력에도 브레이크를 걸었다. 시장의 추세를 거스르면서 과거의 산업 분야들을 확실히 보조하는 곳에서는 새로운 산업 분야가 생겨나기 어렵다. 이것은 독일의 경제성장 및 경제구조의 문제를 보여주는 것이며, 이는 아마도 시장의 자체적인 활력이 과거 자신의 터전이었던 국가경제를 갑자기 어려운 상황에 내버려두고 있는 것보다 더 심각한 문제일 것이다.

III.

독일인들이 '자신들의' 자본주의에 대해 갖고 있는 특별하고 풍부한 긴장관계를 어느 정도 제대로 설명하려면, 경제에 대한 사고방식과 국가의 규제 외에 마지막으로 세 번째 측면도 언급해야 할 것이다. 그것은 사회에서의 시장의 관철, 시장 원리의 관철에 관한 문제다. 달리 말하면, 사회의 어느 부문을 시장 형태로 조직할 것인지에 관한 문제다. 우선 받게 되는 인상은, 시간이 지남에 따라 시장이 더욱 확대되었고 점차로 이전에는 다른 원칙들이 통용되었던 여러 영역에도 침투했다고 말할 수 있을 것이다. 현대사회에서는 모든 것이 완전히 상업화된 것은 아니지만 점차 상업화되어가고 있다는 불평을 많이 듣게 되는 것도 이를 말해준다. 현재의 자본주의 비판에서 나온 시대에 맞는 구호는 '모든 생활 영역의 경제화'라는 구호이며, 이러한 가공스러운 경제화는 막아야 한다고 주장하는 것이다.

우선, 모든 것이 더욱 상업적이 되었고 시장은 저지할 수 없을 정도로 나아가고 있다는 인상은, 간단히 말해 잘못된 것이다. 그 반대의 상황을 말해주는 사례도 아주 다양한 형태로 많다. 예를 들어 개인적인 관계, 동반자 관계, 사랑과 같은 것은 시장의 규칙에서 자유롭게 되었으며, 지난 몇백 년 동안 서방에서는 점차로 자율적인 영역이 되었다. 또 전진과 퇴보를 오가는 현상들도 있다. 도시계획과 주택 건설은 독일에서 다시 20~30년 전보다는 시장에 맞는 형태로 조직되고 있다. 하지만 공공 주택 건설은 시장의 법칙에 대한 논란이 오늘날보다 훨씬 적었던 시기(약 100년 전)에 이어 개가를 거두었다. 여기에서 또 다른 사실을 하나 깨닫게 된다. 독일은 1980년 이후 여러 국가적 차원의 과제와 활동이 '민영화', 더 정확히 말하면 상업화되었지만, 시장에서 자유로운 영역은 아직도 더 확대되어야 한다는 점이다.

여러 경고의 목소리에도 시장은 많은 생활 영역에 아직까지 진입하지 못했다. 이는 특히 예전이나 지금이나 아주 약한 상업적 · 경쟁적 동인을 갖고 있는 교육 부문에 해당하며, 교통 인프라 시설의 상당 부분에도 해당한다. 예를 들어 병원 운영을 포함한 보건 분야와 다른 부문들은 민영화를 체험하고 있으나, 동시에 다른 곳에서는 시장의 힘을 무력하게 만드는 국가의 규제가 늘고 있다. 그런데 시장과 경쟁이 국가의 독점을 대신하고 있는 곳에서는 아마도 이를 다시 포기하려는 사람은 극소수에 불과할 것이다. 여러 종류의 자동차가 있는 것과 같이 이동 통신 서비스 업체의 수가 늘어난 것을 이제는 당연한 것으로 여긴다.

이러한 맥락에서 본다면 '모든 생활 영역의 경제화'라는 구호는 오히려 현실과는 거리가 먼 주장이다. 오히려 독일에서는 그 반대가 문제가 아닐까? 다시 말해 시장의 부족이 문제가 아니냐고 물을 만한 근거가 있다. 시장이 더 큰 기회를 갖게 되면, 성장과 역동성, 다양성과 경쟁, 그리고 심지어 사회정의도 더 건실해질 가능성이 있다. 독일은 경제가 과도한 것이 아니라 구조적으로 상업화가 낮은 수준에 있다. 시장에서 살아남을 수 있는 경제재의 공급이나 수요가 너무 적다. 상품뿐만 아니라 서비스 시장, 교육 시장 및 노동시장이 이로 인해 타격을 입고 있다. 왜냐하면 음성적 노동으로 도피하는 것도 시장의 발달 정도가 낮다는 것, 개인적인 교환이나 개인적 후방의 안전한 영역으로 도피하는 것을 보여주는 표시이기 때문이다. 반면에 시장경제는 이러한 도피처에서 나오도록 하며, 제공물을 서로 비교할 수 있고 투명하게 해주며, 음성적 노동과는 달리 사회적으로도 정의로운 것이다. 왜냐하면 시장경제는 세금의 납부와 사회보장이라는 집단적 연대와도 연결되었기 때문이다.

그렇다면 이 모든 것에서 어떤 결론을 내릴 것인가? 중요한 것은 자본주의를 진부하게 옹호하는 것, 우리에게 시급한 문제들을 대충 미화시키는 것이 아니다. 특히 적대감에서 출발하는 일부 자본주의에 대한 비판의 수준으로 떨어져서는 안 된다. 중요한 것은 다소의 수정을 가하는 것이다. 만약에 독일인들이 순진하게 자본주의를 찬양하는 민족, 시장을 우상시하는 민족이라면, 시장경제가 생산하고 약속하는 모든 것이 좋은 것은 아니므로 낙관적 도취에서 깨어나 그 대안을 검토해보라고 경고해야 할 충분한 이유가 있다. 그런데 상황은 그 반대이며, 독일인들의 다수는 시장에 대해 우려하는 것으로 보이고, 자본주의를 세계화의 시대에서 추방해야 할 공포의 대상으로 여기고 있는 형편이므로 자본주의의 여러 장점들을 지적해주는 것도 필요하다.

대안을 발견하기 위해서는 어쩔 수 없이 수고로운 모색을 해야 할 것이다. 우리가 마치 우리 자신이 발견해낸 것들과 제도적인 발명품들이 인류의 미래를 위해 유일하게 축복된 처방인 것처럼 생각하는 자만적인 도취에 빠져야 할 이유가 없다는 것은 맞는 말이다. 현대의 생활방식은 유럽 또는 북미 지역, 동아시아 지역에서는 물론 이슬람이 우세를 보이는 아프리카와 서아시아 지역에서도 다양한 형태를 띠고 있다. 하지만 이를 통해 높은 수준의 자유와 높은 수준의 복지를 결합시키는 효율적인 경제를 거대한 척도로 조직화하는 방안이 많이 생겨나지 않았다. 자본주의와 같이 때로는 심하게 삐걱거리기도 하지만 민주주의와 결합이 가능한 경제체제를 제시하는 방안은 세상 어디를 둘러보아도 별로 발견할 수가 없다. 솔직하게 말하면, 하나도 없다. 그리고 이러한 상황은 과거의 음모론에서 주장하듯이 월스트리트에서 세계를 착취하기로 마음먹은 대자본의 사악한 세력에 책임을 전가할 수 있는 것이 아니다.

따라서 애매한 의미를 가진 '대안'이라는 것은 결국 자기비판을 위한 정당한 호소, 나아가 시장의 메커니즘을 정치적 · 도덕적으로 제약하기 위해 필요한 호소일 것이다. 그게 아니라면 '대안'이라는 것은 그 파괴적인 결과는 전혀 살펴보지도 않으면서 시장 메커니즘을 무력화시키려는, 고도로 도덕성을 갖춘 고도로 규제된 경제라는 낭만적인 전망에 만족할 것이다. 이 경우 기껏해야 나타나는 결과는 경제적인 역동성이 추가로 소멸되고, 취업노동은 계속 축소되며, 결국은 복지와 안전 · 자유와 같은 장점들을 위협하는 새로운 부양(국가에 의한 생계 지원) 및 수요 충족의 원칙으로 이행하는 것이다.

자본주의에 대한 불안 때문에 시장과는 거리가 먼 안전지대로 후퇴하는 것을 바람직하지 못한 것으로 간주하려면, 이미 앞에서 언급한 자본주의의 장점들을 순진하게 과대 칭찬만 해서는 안 되며 어두운 측면도 보아야 할 것이다. 자본주의는 리스크를 안고 있다. 리스크가 높은 이러한 자본주의를 길들이려면, 우선은 자본주의의 소굴로 들어가야 한다.

정치적 전망

리스크를 감행해야 하는

현대에서의 정책 방향

'좌파적' 대안

새로운 긴장 영역의 사회민주주의적 강령

I. 도전

지난 30년간 독일 사회는 다른 모든 서구 산업사회와 마찬가지로 근본적인 변화를 겪어왔으며, 이러한 변화는 지금도 계속되고 있다. 그리고 이 변화는 1989~1990년의 '전환기' 훨씬 이전에 시작된 것이다. 이전, 다시 말해 종전 후 몇십 년의 과정이 위기를 맞이하면서 마무리되던 무렵에 이미 시작된 것이었다. 독일의 통일은 이러한 변화에 추가적인 발화의 계기를 부여했는데, 무엇보다 이미 '구'독일(서독 지역)에서 잉태되어 자라나던 문제들이 공공연하게 드러나기 시작했다. 경제의 구조적인 위기와 대량 실업 사태, 공공부채, 그리고 (논쟁에서 흔히 새로운 프롤레타리아의 추세라고 규정한) 문화적 변동이 이러한 문제였다. 족히 1세기 동안이나 우리의 경제적 · 문화적 · 정치적 패러다임을 형성해왔던 산업사회라는 고전적 현대가 해체 과정에 있는 것이다. 계속 발전하는 중에 사소한 조정 국면 정도를 겪고 있는 것이 아니다

(단순한 경기 약세 또는 금융 위기는 더욱 아니다). 문제는 역사적 차원의 변화가 진행되고 있다는 것이다.

이 변화는 세계화 · 인구통계의 추세 등 사회의 '물질적인' 토대에만 관여하는 것이 아니라, 현대의 근본적인 가치 정립과 관계된다. 따라서 이러한 변화를 먼저 파악하고, 이를 기초로 행동 지침을 이끌어낼 수 있는 자는 전략적으로도 유리한 입장에 있는 것이다.

그런데 1989년 사민당이 '베를린 강령(Berliner Programm)'을 채택했던 당시에 이러한 변화는 단초적인 차원에서 겨우 감지되는 정도였다. 따라서 당시 채택된 강령은 오늘날의 시각에서 보면 고전적인 사회민주주의의 전망을 계속 추진해나가면서 동시에 환경운동과 같은 회의적인 동인들과 결합시킨 형태로 나타났다. 다시 말해 정치적 목표와 관련해 낭만화의 경향을 보이며 21세기의 도전을 외면하는 혼합된 형태로 나타난 것이다. 그러나 사민당에는 새로운 강령 이상의 것이 필요하다. 사민당은 무엇보다 새로운 인간상, 그리고 새로운 좌표 체계의 사회상을 필요로 한다. 이러한 작업이 선행되어야만 자유 · 정의 · 연대 의식과 같은 사회민주주의가 추구해온 기존의 가치들을 새롭게 정의할 수 있고, 이를 통해 연속성과 신뢰성을 확보할 수 있다.

물론 정치적 방향 정립이라는 일차원적인 좌표가 복잡한 상황에 대처하는 문제는 사민당만 안고 있는 것은 아니다. 하지만 사민당은 헤겔 · 마르크스주의적 진보 모델에 오래 매달려왔던 까닭에 해답을 찾는 데 다른 정당보다 더 어려운 입장에 있을 것이다. '진보'라는 개념은 이중으로 의문스럽다. 우선 진보는 더 이상 분명한 방향성을 갖고 있지 못하며, 아울러 진보의 다양한 목표는 이제 원래 목표가 서로 갈등하는 양상으로 세분되었다. 이는 (이런 식으로 적어도 새로운 좌표들이 정립될 때까지 기다려야 할 것이라는) 단기적인 과도기 현상이 아니라, 21세기를 맞은 현대의 진정한 특성이 되고 있다. 우리가 맞고 있는 도전은, 새로운 긴장 영역의 정책 구상이라는 문제다. 이것을 행정 분야의 실용주의와 혼동해서는 곤란하다. 더 중요한 것은, 이 새로운 긴장 영역을 이미 강령적인 차원에서 성찰하고 반영하는 것이다. 어떤 긴장 영역이 문제가 되는가?

i. 기술적·경제적인 진보와 진보에 대한 회의론 사이의 긴장, 진보의 가속화와 속도 조절 사이의 긴장

사민당은 오랫동안 기술적 · 경제적인 진보와 가속화라는 첫 번째 입장을 지지해왔다. 그러다가 1980년대 이후부터 현대에서의 발전은 전적으로 두 번째 측면, 즉 성장의 포기와 소유의 재분배 그리고 전반적인 성장 속도의 완화에 있다는 신념도 부분적으로 피력해왔다. 그러나 이제는 이러한 신념조차 환상이었던 것으로 드러났다. 우리는 다시 성장과 역동성을 필요로 하며 '첫 번째 현대'의 활력을 필요로 하는데, 이것은 '성장의 한계'와 긴장 관계에 있다. 우리가 '성장의 한계' 이전 시절로 되돌아갈 수도 없다. 이와 같이 상이한 목표가 서로 충돌하는 상황 외의 다른 '제3의 방안', 즉 동질적이며 새로운 유토피아를 지향하는 방안은 거의 존재하지 않는다. 이것이 바로 '긴장 영역에서의 정책'이 의미하는 바다.

ii. 사회경제적인 역동성과 사회보장·사회적 정의 사이의 긴장

독일은 개인의 행복과 안정적인 복지의 확보 그리고 일자리 확대를 위해서 향후 몇 년간은 물론 몇십 년에 걸쳐 새로운 출발과 역동성을 필요로 한다. 그런데 이렇게 꼭 필요한 새출발은 다수 국민의 권리 요구 및 습관과 원칙적으로 긴장 관계에 있다. 새로운 출발은 어떤 점에서는 불평등을 오히려 심화시킬 것이고 우리는 이러한 긴장 상태를 간단하게 벗어날 수 없다. 이러한 긴장 상태에 대해서는 정치적인 대응이 이루어져야 하며, 아울러 지속적인 정의라는 새로운 기준에서 이러한 긴장 상태를 해석해야 할 것이다.

iii. 국가의 간섭과 탈국가화 사이의 긴장

독일의 사회민주주의 세력은 그 기원에 이중성(황제를 정점으로 한 관료국가와 사회주의자 탄압법, 그리고 국가의 해체라는 마르크스의 유토피아 등)이 있더라도 본질적으로 국가의 정당이다. 삶의 영역을 전반적으로 국유화하는 것이 진보라고 보았던 관점은 이제는 효력을 상실했지만, 그렇다고 해서 과격한 '탈국가화'(탈관료주의, 민영화, '공동체론' 등의 형태)가 미래를 위한 모델이 될 수 있는 것도 아니다. 국가는 불확실한 실체이면서도 포기할 수 없는 것이다. 이러한 판단은 진부한 변명이 아니라 우리가 살고 있는 현대의 한 특성이며, 이러한 특성은 정당의 강령적 차원에서도 표현될 수 있어야 한다.

iv. 삶의 방식, 즉 다원성·개인주의화와 가족제도 사이의 긴장

긴장 영역의 새로운 정책은 경제나 국가와 같은 '하드한' 분야는 물론이고 문화나 사회와 같은 '소프트한' 분야에도 관계되는 것이다. 한편으로는 1970년대 이후 삶의 기획이나 개인적인 삶의 방식이 다원화되었는데, 그 배후에는 급격한 개인주의라는 동인이 자리 잡고 있었다. 사회민주주의자들은 이를 환영하고 장려했으며, 앞으로도 그렇게 할 것이다. 그렇지만 다원화는 다른 한편으로 사회라는 것이 자라나는 아이들을 필요로 한다는 사실, 사회적인 책임을 가장 직접적으로 지는 것은 부모의 역할을 하는 데 있다는 사실, 그리고 아이들은 안정적인 일차적(부모와 자녀의) 관계를 요구할 권리가 있다는 사실과는 배치된다. 결국 다원화 때문에 긴장이 야기되기도 한다는 사실은 부인하기 어렵다. 그리고 이 문제 역시 이러한 갈등을 원만하게 해결해줄 수 있

는 어떤 방안도 외부에서는 찾을 수가 없다(과거의 사민당이라면 아마 이러한 문제의 해결책으로 국가에 의한 교육, 동지적인 삶, '국민 급식소'에 대한 구상을 내놓았을 것이다). 따라서 이러한 갈등도 강령의 형태로 공식화되어야 하며, 이에 대한 정책적인 구상도 마련해야 할 것이다.

V. 문화의 다양성과 문화적 모범 사이의 긴장

지난 100여 년 이상 사민당은 기본적으로 명확하고 동질적인 문화적 표상을 따르는 데 익숙했다. 그것은 바로 시민화의 이상, 시민사회의 이상이었다. 노동자의 교육부터 시민적인 주거 형식까지 광범위한 영역에서 이러한 이상을 추구했다. 그런데 이러한 문화적 표상은 이제 부서지기 쉬운 것이 되어버렸고, 대신에 문화적 다원성이 대두되었다. '진보'의 본질은, 이제는 점점 다양한 삶의 방식으로 분화되는 것, 심지어 윤리 영역에서조차 다양한 문화로 분화되는 것처럼 보였다. 그리고 이에 대한 정치적인 답변으로 나온 것이 타자에 대한 '인정'(이는 사회철학에서도 유행한 용어다), 다원성의 인정이었다.

그러나 최근 들어서는 다원성이 결코 문화적 이상을 대체할 수는 없다는 사실, 그리고 여기에서도 근본적인 긴장 관계가 존재한다는 사실을 점차 인식하게 되었다. '다원성 인정'의 모델은 적어도 두 가지 문제를 소홀하게 다루었는데, 이는 아마도 사회민주주의자들에게 특히 중요한 문제일 것이다. 첫째는 대중문화에서 시민사회의 근본 가치들과 충돌하는 영역들이 생겨났다. 둘째는 다원성의 인정이 주변부의 소외 상황을 오히려 강화시키는 방향으로 흘러갈 수도 있다는 것이다. 이러한 것에 대항하여 참여와 통합의 요구가 제기되지만, 문제는 참여와 통합이라는 것도 당사자들에게는 아무 대가 없이 주어지는 것이 아니라 특정한 가치(예를 들어 '성과')를 받아들이는 대가로만 주어진다. 이러한 문제도 지엽적인 갈등이 아니라 새로운 단계의 현대가 맞고 있는 근본적인 긴장 영역이며, 여기에서 헤어날 수 있는 방법 역시 그리 간단하지는 않다.

Ⅱ. 새로운 긴장 영역의 사회민주주의적 근본 가치

사회의 변화는 사민당만 겪고 있는 문제는 아니며, 이런 점에서 본다면 새로운 긴장 영역은 모든 정치적 강령과 정책적 구상에 대해 하나의 도전이 되고 있다. 아울러 과거의 경계선은 더욱 취약하고 불분명한 것이 되었다. 이미 오래전에 선언되었던 이른바 '이데올로기 시대의 종말'이 이제야 효력을 보이고 있다고 말할 수 있다. 현재 진행되는 개혁 논의, 특히 사회복지국가의 개혁을 보면, 각 정당 사이에 확실한 대립이 생겨나는 것이 아니라 모든 정당(사민당과 기민당 그리고 녹색당)의 내부에서 '전통주의자'와 '혁신주의자'가 서로 분열하는 현상이 자주 나타나는 것은, 이러한 상황을 잘 보여주는 것이다. 그렇다고 이러한 상황이 기존 정당 구도의 종말, 또는 나아가 '좌파와 우파의 초월'을 의미하는 것은 아니다. 서로 다른 근본 가치와 기본적인 방향 설정은 여전히 중요한 차이로 남아 있다. 이른바 '대중정당'들은 각자의 정체성과 기원 그리고 전통에 따라 독자적인 방법으로 새로운 긴장 영역의 정책에 대비해야 한다.

그런데 사민당의 전통적인 목표 설정과 관련해 중요한 것은, 19세기에 생겨났으며 '고데스베르크 강령'은 물론 '베를린 강령'에도 영향을 끼쳤던 '갈등의 극복이라는 유토피아'가 21세기에는 더 이상 시대에 적합하지 않다는 것이다. 아쉽게도 실제로는 강령적인 차원에서도 자본과 노동 간의 갈등, 성적 차별, 경제와 환경 간의 갈등 등 특정한 근본 갈등이 조화롭게 해소되는 미래의 사회상을 진지하게 제시하는 것이 더는 가능하지 않게 되었다. 기존의 근본 가치는, 새로운 단계의 현대에서 나타나는 긴장 상황에서의 정책이라는 관점에서 새롭게 규정되어야 한다. 이러한 긴장 영역의 해소라는 낭만적인 동경은 이제는 비현실적인 것이 되었기 때문이다. 모순적인 세계 저편에서가 아니라 바로 이 모순된 세계 안에서 자유와 정의 그리고 연대 의식이 문제가 되고 있다.

낡은 이상, 그리고 핑계거리로 끌어들인 가상의 적과 작별을 고하기 위해서 이러한 전환점은 역사적으로 매우 중요한데, 이는 아주 일반적으로 적용되는 것이지만 사민당에도 해당하는 것이다. 사민당은 '민주적 사회주의'라는 개념을 포기하는 것이 나을 듯한데, 이는 이 개념이 실재했던 사회주의에 의해 오염되었기 때문이 아니라 현실 문제의 해결과 관련해 낭만적 동경과 연결되어 있어 이런 문제에 내재해 있는 실질적인 정치적 과제를 제대로 통찰하지 못하게 하기 때문이다. 가상의 적과 관련해서 지난 20년 동안에는 사회민주주의의 경쟁자로 '신자유주의'가 흔히 언급되어왔는데, 이러한 개념은 우리를 오류에 빠지게 한다. 즉 '신자유주의'라는 유령은 그 말을 사용하는 사람들이 사회적 변화를 통찰하지 못하게 하고, 화해하기 어려운 모순적 가치들을 제대로 알아차리지 못하게 만드는 진부한 개념이자 장벽으로서 사유를 방해하고 있다.

그렇다면 앞에서 개괄한 긴장 영역에서 사회민주주의의 특징을 지닌 방향 설정, 다시 말해 다른 정당의 가치 지평이나 강령 설정과는 차별성을 갖는 근본적인 방향 설정은 어떤 모습이어야 할까?

정체 대신 역동성. 사민당은 언제나 변화와 개혁을 추구하고 시대에 부응해온 정당이었다. 따라서 자신의 전통 면에서는 물론 보수적인 구조를 지니고 있고 유연성이 부족한 사회 상황을 고려한다면, 현 상황에 안주하는 것은 현재의 위기에 대한 잘못된 대응일 것이다.

사회적 평등에 대한 요구. 능력과 자질, 수입 면에서의 모든 차이를 평준화하는 것이 더 이상 중요하지 않게 되었다. 하지만 향후에도 사민당은 결정을 내리기 곤란한 경우 평등 정책을 중시할 것이라는 점에서 다른 정당들과 차별성을 가질 수 있을 것이다. 비록 그 기준이 부분적으로 바뀌기는 했지만 사회적 평등에 대한 사민당의 정책은 과거와 마찬가지로 경제적 재분배의 메커니즘도 포함한다.

국가의 규제 정책. 국가의 간섭을 정치적·사회적 갈등 조정의 만병통치약으로 보는 믿음은 이미 오래전에 깨졌다. 하지만 사회민주주의의 영속성을 보장하는 요소의 하나는, 국가의 기능을 내부적 안정이나 외부적 안전보장에만 국한시키지 않고 규제 철폐의 우위에 대해 국가의 규제라는 정책을 균형 있게 추구하는 것이다. 다시 말해 국가가 모든 것을 담당할 필요는 없지만 그렇다고 민간 영역이 모든 분야를 더 잘 감당하리라고 보거나 자율적인 '시민사회'가 반드시 모든 것을 더 잘 하리라고 보지는 않는다.

사민당은 '긴장 영역의 정책'으로 패러다임의 전환을 감행하고 여기에서 당의 정체성을 새롭게 설정한다면, 자유·정의·연대 의식과 같은 전통적인 근본 가치도 옹호하면서 이러한 가치를 미래에도 통하는 의미로 채울 수 있을 것이다. 이러한 근본 가치들은 새로운 도전과 긴장 영역에 직면해서도 충분한 유연성을 갖출 뿐 아니라 새로운 기회를 열어 줄 것이다.

자유는 이제 더 이상 자본력이나 부권 등 전통적인 권력의 족쇄로부터의 해방이라는 측면에서만 의의를 갖는 것이 아니다. 자유의 가치는 1980년대의 포스트모던의 유토피아, 즉 개인을 과격하게 모든 속박에서 벗어나도록 완전히 방기하는 것에서도 성취되지 않고 있다. 또한 자유는 성공적인 생활방식을 가능하게 하는 것, 개인과 집단 차원에서의 기회 포착도 목표로 한다. 자유는 참여적인 특성을 지니지만, 이러한 특성은 사회적인 의무와 책임이라는 차원에서 더욱 의의를 가진다.

정의는 물질적인 재분배의 정책만으로는 더 이상 의의를 가질 수 없다. 다른 한편으로 정의를 포스트모던의 의미에서 (타자와 그 다양성을) 인정하는 의미로 규정하는 것도 충분하지 않다. 새로운 정의의 정책은 이러한 잘못된 대안을 극복해야 한다. 새로운 정의의 정책은 사회참여의 정책을 목표로 한다. 참여의 능력은 최소한의 물질적 기반의 확보, 정체성의 강화와 인정, 그리고 특히 도덕적인 차원과 교육적인 측면에서 개입과 그룹을 강화하는 것을 토대로 생겨난다. 이로써 정의는 여러 개별적인 정책 조치를 열어주는 더 포괄적인 주도적 개념이 된다.

연대 의식은 원래 다수의 지배 사회에 맞서 노동자 계층의 상부상조와 소속 집단의 강화라는 가치를 표방했다. 20세기의 '사회민주주의 시대'에서 연대는 약자들을 지원하기 위한 강자의 보편적인 의무로 일반화되었으며, 동시에 점차로 국가기관(예를 들어 사회정책에서와 같이 준국가적인 메커니즘)으로 이동해갔다. 약자를 지원한다는 원칙은 그 자체로 의의가 있는 일이지만, 연대는 단지 공동체 혹은 국가의 서비스를 일방적으로 요구하는 형태로만 남을 수 없다. 연대는 모든 주체들이 (물질적인 차원에서만 아니라) '투자'를 해야 하는 일종의 교환 과정이다. 연대는 개인이 공동체에 대해 갖는 연대 의식으로 확대되어야 한다. 연대는 약자는 물론 강자를 포함한 모든 사람들을 고무시켜야 하며, 이들이 연대 의식을 갖춘 시민사회의 능동적인 파트너가 될 수 있도록 해야 한다.

Ⅲ. 강령적 차원의 과제

1989년 '베를린 강령' — 하나의 모순

앞에서 언급한 이러한 상황은 향후 사회민주주의의 당 강령을 수정하는 데 무슨 의미를 갖고 있는가? 성장에 대한 과격한 회의와 유토피아적 조화에 대한 신념이 특이하게 뒤섞여 있었던 1980년대의 사회적 전망은 1989년 사민당의 '베를린 강령'에 뚜렷하게 반영되었는데, 이는 '기본 경험과 근본 가치'를 기술한 강령의 도입부에서뿐 아니라 경제정책과 사회정책 그리고 교육 및 문화정책 분야에서의 구체적인 과제들을 규정하는 데서도 나타났다. 따라서 이와 같은 사민당의 핵심적인 정책 분야에서 사회 발전에 관한 어떤 이상들이 '베를린 강령'의 근간을 형성하고 있는지, 그리고 이러한 이상들은 무엇 때문에 이제는 더 이상 시대에 적합하지 않은 것이 되었고 일부는 경험적으로도 반박되었는지 더 정확하게 짚어볼 필요가 있다. 이를 통해 전체적으로 사회민주주의의 새로운 강령이 나아가야 할 방향에 대한 윤곽을 잡아볼 수 있을 것이다.

i. 노동

'베를린 강령'은 1980년대 노동사회의 위기와 대량 실업 경험에 대한 대응에서 나온 것이다. '베를린 강령'은 당시 널리 확산되어 있던 확신, 즉 서구 사회에서는 장기적인 관점에서 볼 때 노동이 사라지고 있으며, 그 결과 아직 남아 있는 노동을 취업자에게 더욱 공평하게 분배해야 할 것이라는 확신을 표명했다. 전통적인 사민당이 언제나 취업노동을 옹호한 정당이었던 반면, '베를린 강령'은 이러한 취업노동을 상대적으로 평가 절하하는 방향으로 나아갔다. 그 사이에 노동시간(주당 노동시간뿐만 아니라 평생 노동시간 포함)의 지속적인 감소라는 생각은 하나의 현실로 드러났는데, '베를린 강령'의 근거로 삼은 것과 같이 긍정적으로 추구해야 할 유토피아로서가 아니라 쓰라린 현실로 입증되었다. 이는 이중적인 의미에서 그렇다. 즉 원칙적으로 노동의 총량이 한정되어 있다는 생각은 전체 사회와 국가 경제의 측면에서 역동성의 상실, 노동시간의 단축과 경제 침체라는 결과를 가져왔다. 아울러 사회적 세분화의 관점에서 보면 단축된 노동시간은 새로운 기회('시간적 여유'라든지 자유로운 인생 설계라는 구호)를 열어주기보다는 주변부로 내몰리는 현상을 심화시켰다. 좀 더 구체적으로 말한다면 적게 일한다는 것은 일종의 사회적인 낙인, 즉 상대적으로 낮은 사회적 신분임을 보여주는 표시이고, 반대로 주당 노동시간 또는 평생 노동시간이 많다는 것은 높은 사회적 지위를 증명한다.

'베를린 강령'은 취업노동을 한편으로는 가사 노동, 그리고 다른 한편으로 시민운동, 명예직(자원봉사) 활동과 같은 다른 형식의 노동과 대등하게 취급하면서 취업노동시간이 다른 두 영역의 노동으로 이전할 것이라고 전망했다. 그러나 이러한 전망은 경험적으로는 입증되지 않았고, 오히려 정반대의 사실이 나타났다. 즉 (전일제) 취업노동에 확고하게 뿌리를 내리는 것이 바로 명예직 '시민활동'의 토대가 된다는 것이다. 실제로 많은 일을 하고 있는 사람들은 여분의 시간을 명예직(자원봉사) 활동이나 자녀 교육 등에 추가로 투입하는 반면, 취업노동에서 배제된 사람들은 오히려 다른 사회적인 참여 공간에서도 뒤로 물러서게 되고 문화적인 참여 활동도 낮은 편이다. 사민당의 새로운 강령은 이러한 연관성을 고려해야 할 것이다. 노동사회의 역사는 아직 끝나지 않았다. 노동시간의 축소는 경제면에서는 물론 사회정책 차원에서도 더 이상 자명하게 추구할 만한 목표가 될 수 없다.

ii. 사회정책

경제정책과 일자리 창출 정책은 포괄적인 의미에서의 사회정책이며, 어려운 상황에 대한 물질적인 지원이라는 차원을 넘어서는 것이라는 점이 이제 분명하게 드러났다. 따라서 이러한 연관성도 향후의 강령에서는 1989년 당시 '베를린 강령'의 경우보다 분명한 형태로 표현되어야 할 것이다. 기존의 '연대 의식'은 사회정책의 척도로서 더 이상 충분치 못하다. '베를린 강령'은 '연대가 개인의 책임성을 대체할 수 없다'는 점을 확인하고 있지만, 개인의 책임이라는 개념을 더 이상 다루지는 않는다. 1980년대만 해도 서독의 사회보장제도는 지속적으로 유지될 수 있으며, 계속 보완되고 확충될 수 있을 것이라는 생각이 지배적이었다. 그런데 그 사이에 이 체제가 안고 있는 인구통계학적 한계(출생률 저하와 고령화 사회), 경제적 및 사회적 한계가 분명하게 드러났다. 아울러 19세기 후반에 핵심적인 골격이 형성되었던 이러한 사회보장제도가 비용 부담의 측면에서는 여전히 유지될 수 있었을지는 모르지만, 더 이상 '정의'와 '연대'를 보장해줄 수는 없을 것이라는 인식이 높아졌다.

인구통계학적 위기는 이미 '베를린 강령'에서도 찾아볼 수 있다. 하지만 그 해결책은 다만 부담을 '사회보장 가입자와 연금 수혜자 그리고 국가'에 공평하게 분배하자는 정도였으며, 현재의 시각에서 보자면 핵심 문제를 피해가고 있다. 무엇보다 '국가'를 언급하는 것은 실제로는 이미 사회주의자들도 오래전에 작별을 고했던 국가에 대한 이해 및 국가재정에 대한 이해를 보여준다. 왜냐하면 '국가'가 떠안는 모든 부담은 결국은 납세자와 사회보장 기여금 납부자들의 몫으로 되돌아오거나, 그렇지 않으면 국가 부채라는 형식으로 결국은 다음 세대가 부담해야 하는 것이기 때문이다. '베를린 강령'은 사회보장의 기본 형식과 관련하여 한편으로는 단계적으로 세분된 급부와 청구권 그리고 이를 취업에 따른 수입과 연계시키는 기존의 '비스마르크 시스템'에 대한 신봉, 다른 한편으로는 세금이라는 수단을 통해 재원을 마련하는 기본적인 사회보장의 요구 사이에서 결정을 내리지 못하고 있다. 결국 양자를 결합시키려는 생각은 일종의 임시변통의 해결책이었으며, 이제는 비현실적인 것으로 드러났다.

iii. 민주주의

더 많은 민주주의를 감행할 것을 촉구했던 빌리 브란트의 호소는 사회민주주의의 역사에 깊은 자취를 남겼다. 브란트의 호소는, 민주주의는 결코 수도 본(Bonn)의 정책이나 이따금씩 투표장에 가는 것으로 축소될 수 없다는 것을 독일인들이 처음으로 배워가야 했던 바로 그 시기에 중요한 기능을 수행했다. '베를린 강령'은 민주주의가 사회의 모든 개별 영역에서 '보편적인 삶의 방식'이 되어야만 한다는 요구를 제기함으로써 이러한 전망을 다시 한 번 발전적으로 제시했다. 그런데 '베를린 강령' 당시만 해도 제도와 의식적인 측면의 민주화는 1969년에 비해 한 걸음 더 발전을 이루었다. 아울러 민주주의가 새로운 도전, 다시 말해 더 이상 정치적 민주주의를 학교 · 대학 · 작업장 · 언론 · 단체 등 다른 영역으로 파급시키는 방식의 기존의 진보적 패러다임으로는 극복될 수 없는 도전을 맞고 있었다는 점이 드러났다.

이러한 도전은 더욱 첨예해졌으며, 민주주의의 문제는 새로운 방식으로 제기되고 있다. 민주주의의 문제는 사회의 탈정치화로 나타나고 있는데, 특히 주변부의 환경에서뿐 아니라 사회민주주의의 고정 지지층 내부와 그 주변에서도 나타나는 현상이다. 정치 시스템과 정치 계층에 대한 신뢰는 심각한 수준으로 떨어졌다. 민주주의의 문제는 '미디어 민주주의'라는 위험으로 나타나기도 하고, 유럽연합에 대한 주민들의 신뢰 결여로 나타나기도 한다. 사민당의 새로운 강령은 '베를린 강령'에는 여전히 암시적으로 존재하고 있던 저

유토피아, 다시 말해 공동의 의사 결정 혹은 평등한 위원회 구성 등 모든 삶의 영역에서 충분한 민주화가 이루어지기만 한다면 완전하고 조화로운 민주주의가 가능할 것이라는 신념과 결별해야 한다. 민주주의란 결코 완성될 수 없고, 예상치 않았던 자리에서 언제나 계속적인 수리가 필요한 건물과 같은 것이다.

iv. 문화

서구 사회에는 1980년대만 해도 부단한 개인주의화 그리고 문화와 삶의 양식의 다원화를 추구하는 현상이 계속될 것이라는 확신 또는 '삶의 정서'가 팽배해 있었다. 다문화 사회에 대한 전망은 '베를린 강령'에도 뚜렷하게 반영되었지만, 이러한 모델이 갖고 있는 양면적 가치와 한계에 대한 성찰은 제대로 이루어지지 않았다. 문화 간의 관계에서, 좀 더 구체적으로 무엇보다 특히 독일에서는 독일인과 외국인들의 공동생활에서, 인정과 통합의 균형을 이루기 위해서는 마치 상호 존중과 인정, 좀 더 강조한다면 상당한 척도의 보편적인 박애만 있으면 충분할 것이라고 안이하게 생각했던 것 같다. 하지만 이후 독일인들이 다수를 차지하는 사회와 소수 이민자 사회 간의 간극은 많은 분야에서 더욱 깊어졌고, 교육에서의 차별과 같은 구조적인 문제로 정착되었다. 단순히 다양성을 '인정'하는 전략만으로는 분명히 미흡한 것이다. 왜냐하면 차별, 통합의 부족, 분리 또는 폭력의 환경을 있는 그대로 '인정'하는 것은 사회정책상 비생산적이기 때문이다.

다원성과 관용의 원칙을 포기하지 않으면서 동시에 이에 대한 균형추로서 인종적 · 문화적 소수에 대해 통합과 참여를 촉구하는 방안도 고려해야 할 것이다. 교육의 장려와 가치의 중개는 현재의 대중문화에는 배치되는 것이어서 긴장을 불러일으킬 수도 있다. 하지만 '베를린 강령'이 대중문화의 문제에 대응하는 방식은 문제가 있다. 인간은 단순히 대중문화와 미디어 산업의 희생자가 아니라 소비의 주체로서도 그에 상당한 결정력을 행사한다. 이제 과제는 대중문화를 반대하는 것이 아니라 대중문화에서 자유와 자율성을 추구하는 것이어야 한다. 따라서 '베를린 강령'이 내용적으로 받아들였던 고전적인 문화 비판의 노선(예를 들어 '산업적으로 규격화된 여가 사용')은 수정되어야 할 것이다. 이러한 노선은 보수적 성향을 보이면서, 수성에 치중하기보다는 공세적이며 자신감을 갖고 새로운 문화 형식에 대응해왔던 사회민주주의의 전통과도 모순된다.

이와 같이 대략 살펴본 바에 따르면, '베를린 강령'이 지닌 근본 특징은 다음의 두 가지 결론으로 요약할 수 있다.

첫째, '베를린 강령'은 지속성이나 사회적인 자원을 이해하는 문제에서 놀라울 정도로 (그리고 다른 시각에서 보자면 환경보호운동, '녹색당'의 도전이라는 영향이 있는데도) 단편적인 이해력을 보여주고 있다. 생산력이 계속 발전하고 이를 통해 복지와 여가시간이 무한히 증대할 것이라는 낡은 마르크스주의의 관념이 다시 한 번 우위를 차지했으며, 이 관념에 잠재되어 있는 분열과 긴장관계에 대해서는 외면하는 태도를 보였다. 세대의 지속성이라는 원칙은 아주 작은 역할만 했다. 생산력과 국가가 잘 결합되면 복지가 창출될 것이라고 생각했던 것인데, 오늘날의 시각에서 보면 마치 아무것도 없는 데서 복지가 생겨날 것이라는 환상을 가졌었다고 할 수 있다.

둘째, '베를린 강령'의 근저에는, 오늘날의 시각에서 볼 때 오류로 이끌 뿐 아니라 사회민주주의의 전통과도 부합하지 않는 하나의 인간상, 즉 인류학적 관점이 매우 분명하게 놓여 있다. 말하자면 '베를린 강령'은 현대사회에서의 인간이 주로 희생자 또는 추상적인 시스템에 의해 성숙함을 상실한 고객들과 같은 존재로 나타난다. 염세주의적이고 수동적인 인간상의 전면에는, 현대의 체제적인 강제에 의해서 인간이 노동 세계, 여가시간 및 가정에서 '과도한 요구'에 내몰려 있다는 생각이 부각되어 있다. 지적 신보수주의라는 고전적 관점이 1980년대에 약간 변화된 형태로 이렇게 사민당의 강령에 반영되었다는 것은 놀랄 만한 일이다. 따라서 사민당은 향후의 새로운 강령에서는 사민당의 역사에서 주된 특징이었던 그 낙관적이고 활동적인 인간의 모습으로 복귀해야 할 것이다. 사민당은 성취 문화에 대한 확신과 새로운 현대의 긴장 영역에서, 주도적인 활동을 벌이는 성숙하고 능력을 갖춘 시민에 대한 구상을 가능한 한 확고하게 피력해야 할 것이다.

IV. 과도기의 개혁 정책
새로운 주저함으로 거둔 단계적 승리

향후 2년, 5년 혹은 10년 후에 사회민주주의 진영이 어떤 프로필을 갖게 될 것인가 하는 것은, 대연정으로 넘어가는 과도기의 현재 단계에서는 단정을 내리기 어렵다. 하지만 이러한 불확실성은 결코 자연스러운 것은 아니다. 왜냐하면 그다지 멀지 않은 과거에 이러한 질문에 대한 답변의 윤곽을 상당히 분명하게 확인해볼 수 있기 때문이다. 유럽의 전범들, 특히 영국에서 스칸디나비아 반도에 이르기까지의 서부와 북부 유럽을 모범으로 삼아 사민당은 독일식의 새로운 노동당(New Labour)으로 스스로를 자리매김하기 시작했다. 다시 말해 세계화와 인구통계학적 변화 그리고 복지국가의 구조조정 등의 도전에 대해 수세적이거나 절망하지 않고 자신감 있게 낙관적으로 대응하려 했다. 1998년 총선에서 사민당이 거둔 승리의 활력은 '본 공화국'에서 '베를린 공화국'으로의 전환(1999년에 베를린으로 수도를 이전한 것을 말한다 – 옮긴이)이라는 상징성과 맞물려 있었으며, 이는 새로운 범주에서 실험 정신을 갖고 사고하는 것을 용이하게 했다. 아울러 통일된 지 10년이 지난 시점에서 구서독의 경직된 도식을 마침내 버릴 수 있게 했다.

이제는 정당 내에서 또는 원내교섭단체에서 전통적인 '좌파'와 '우파'라는 도식에 자신을 귀속시킬 필요가 없어졌으며, 자신감을 갖고 솔직한 사고를 할 수 있게 되었다. 사민당에서 '네트워크'라고 불리는 일단의 젊은 의원 그룹은 이러한 움직임을 대변했다. '네트워크' 그룹은 대화의 네트워크와 새로운 이념의 네트워크를 형성했으며, 한때는 자신들이 '슈뢰더식 정치'(중도 실용주의)의 실질적인 전위대라고 정당하게 주장할 수 있었다. '새로운 중도'가 전략적인 입장을 결정했으며, 다른 한편으로 '정의'의 문제를 논의의 중심으로 내세우면서 사민당의 근본 가치들을 새롭게 정립하는 작업이 이루어졌다. 가족과 자녀, 교육과 기회, 그리고 기득권 대신 필요를 고려하는 사회정책과 같은 좌표들은 지적인 면에서 설득력을 갖춘 현대적인 독일 사회상을 제시했는데, 그것은 특권이 적은 사람들을 위한 사회적인 안정과 기회 부여를 포기하지 않으면서도 다시 국제사회의 대열에 동참할 수 있는 사회의 전망이었다.

그 이후 짧은 기간에 일어난 많은 변화는 일각에서 눈을 비비고 볼 정도로 놀라운 것이다. 어려움의 징후는 이미 오래전부터 있었다. '네트워크' 그룹이 여론을 주도하면서 1989년의 '베를린 강령'을 대체할 수 있는 새로운 강령에 대한 구상을 제시할 것으로 보였던 시기는 순식간에 지나가버렸다. 사민당이 집권에 나서면서 이 젊은 국회의원 그룹은 당시 새로운 당대표로 선출된 프란츠 뮌터페링에 대해서는 물론 슈뢰더 총리에 대해서도 거듭 실망했다. 그리고 당 내부의 개혁가들도 실망에서 벗어나지 못하면서 자신들의 입장에 대해 불안해하는 모습이었다. 심지어 현대화를 지지하는 인사들의 경우에도 사민당이 부분적으로는 사회민주주의라는 개념이 지닌 전통적인 의미(국가의 역할 확대, 재분배 확대, 세금 확대)에서 계속해 좌파적인 입장을 고수해야 할 것이라는 생각을 갖게 된 것 같았다. 분명한 가상의 적이 다시 선전되었는데, 바로 '승리 자본주의(Victory-Capitalism)'다. 악한 경제가 우리에게 테러를 가하고 있으므로 이에 맞서서 선한 사회적 측면을 추구해야 한다는 것이다. 그리고 아마 가장 우울한 일은, 지금까지 그랬던 것처럼 독일의 위기라는 심각한 변화를 진지하게 받아들이고 이를 도전으로 삼는 자세가 아니었다. 비탄에 빠져 부정적인 말만 늘어놓는 것, 그리고 변화에 대한 요청을 이제 신자유주의자들의 음험한 전략, 즉 결코 빠져들어서는 안 되는 음모로 보는 것이 가장 암울했다.[33] 어쨌거나 그것은 인기에 영합하는 새로운 분위기에 따른 것이며, 이는 비록 자기 보존 능력을 상실한 것은 아니더라도 지적인 정직함을 상실하는 대가를 치르는 일이다. 그런 의미에서 부유세는 새로운 상징이 되고 있다. 도대체 무슨 일이 일어났는가?

간단히 말해 사회적 위기가 점차 심화되는 상황, 즉 '하르츠 IV' 개혁 조치가 실패작으로 판명되는 상황을 맞아 새로운 기획을 위한 여지가 줄어들고 진자는 다시 반대 방향으로 움직이고 있다고 할 수 있다. 근본 가치를 강조하는 경향은 바로 이러한 정황을 보여준다. 개혁론자들은 논쟁에서 자유, 좀 더 구체적으로 말하면 인간의 성숙성과 인간의 사회참여 능력 그리고 책임질 수 있는 능력에 특별한 위상을 부여하려 했다.[34] 사회사 연구자이자 노동운동 전문가이기도 한 위르겐 코카(Jürgen Kocka)는 빌리 브란트의 전통에 접맥하고 있는 자유를 좀 더 중심에 내세워야 하며, '무엇으로부터의 자유' 외에도 '무엇을 지향하는 자유'를 더욱 분명하게 인식해야 한다고 충고했다.[35] 그 사이 좌절한 사민당에서 자유라는 용어는 정치적 적대자들의 창고로 추방해야 할 일종의 욕설이 되었다. 아주 최근에 들어서야 사민당 내에서도 자유라는 말이 자주 들리지만, 이것은 자유를 위한 기회를 제대로 누릴 수 있으려면 우선은 이에 필요한 물질적 여건을 갖추어야 한다는 의미에서 쓰는 말이다. 그것도 틀린 말은 아니지만, 물질적인 지원과 소비로의 회귀는 자유를 빈약하게 도구화하는 것이며, 사회민주주의의 전통에 비춰보면 빌리 브란트가 결코 납득할 수 없었을 형태로 자유의 의미를 축소시키는 것이다. 자유는 중하층 수준의 물질적인 여건을 보장해주는 것 이상을 의미한다. 단순히 물질적인 여건을 보장해주는 방식으로는 사회적 · 문화적으로 더 통합되지 못하고 분산된 시민들이 자유를 향유하게 되리라고 전혀 보장하지 못한다.

그러니까 현재의 노선은 자유를 우선하던 데서 다시 정의를 우선하는 쪽으로 나아가고 있다. 이는 차라리 잘 된 일일 수도 있다. 사민당의 개혁론자들은 바로 이 정의의 영역에서 선구자로 활동했으며 새롭고 시대에 맞는 정의가 무엇인지 분명하게 규정해왔기 때문이다. 이와 동시에 사회복지국가의 개혁을 위한 기준들이 논의되기 시작했는데, 세 가지 핵심적인 사안은 다음과 같이 요약할 수 있다.

첫째, 사민당의 입장에서 보면 고전적인 '분배의 정의'는 새로운 위기와 불평등이라는 상황에 직면하여 특별한 가치를 부여받게 된다. 한편 노동운동의 역사를 통해서 익숙해진 기존의 범주는 과거와 같은 유용성을 갖지 못하게 되었다. 새로운 경계선이 고려되어야 하는데, 예를 들어 세대와 세대 간의 경계선, 유자녀 가정과 무자녀 가정 간의 경계선, 형편이 좋은 근로자 가정과 장기 실업자 또는 주변부로 밀려난 사람들 사이의 경계선이 그것이다. '피고용계층'도 이제는 별로 동질적인 집단이 아니며 오히려 그 취약한 입지로 인해 재분배가 새롭게 적용되어야 할 집단이다.

둘째, 분배 정책의 수단은 재정적인 지원을 해주어도 주변성을 극복하거나 상승의 기회로 활용할 수 있는 효과가 나타나지 않는 곳에서는 한계에 부딪힌다. 이러한 상황 때문에 '기회의 정의' 또는 '참여의 정의'라는 구상이 상당히 큰 의미를 갖게 되었다. 이에 대해서는 초당파적인 합의가 형성되어 있을 정도인데, 물론 그 지적인 저작권은 주로 좌파적 · 사회민주주의적 전통에서 찾을 수 있다. 계속해서 주장되는 사회복지국가는 '소비적인 국가'에서 '생산적인 국가'로 변해야 한다. 다시 말해 자원의 많은 부분을 소비 과정에서 낭비할 것이 아니라 기회의 정책에 투자하는 국가로 변해야 하는 것이다.[36] 여기에서 중심이 되는 것은 교육과 학교지만, 언어 능력부터 부양의 능력, 자녀 양육의 능력까지 기초적인 생활 능력과 현대 취업 사회에서 생존하는 능력도 중요하다.

마지막으로, 현대 복지국가의 정의는, 독일에서 19세기 후반부터 언제나 전면에 부각시켜왔던 사회적 신분의 유지라든지 기득권이라는 척도 대신, 평등의 원칙, 사회적으로 부여된 타이틀에서 근본적인 평등을 지향하는 것이다. '투자적인 복지국가'라는 이념에서와 마찬가지로 여기에서도 스칸디나비아 국가들의 비판과 자극이 상당한 영향을 미쳤다.

이 모든 것들은 설득력이 없는 것인가? 아니면 이러한 정의의 개혁이 단기간에 근본적으로 좌절하여, 사민당은 정의의 정책을 위한 간판으로 부유세를 내걸어야 할 형편이 되었다는 말인가? 사실 새로운 정의의 옹호론자는 자신의 제안이 아직까지는 의도했던 대로 전혀 기능하지 않았음을 자기 비판적으로 인정해야 할 것이다. 좀 더 예리하게 지적하면 이러한 제안은 국민 다수에 의해 받아들여지지 않았다고도 할 수 있는데, 이는 논거가 지닌 내적인 설득력에도 예상되었던 바다. 분배의 정의는 다시금 전통적인 계급투쟁의 이념에 의해 지배되고 있다. 그런데 여기에서는 심지어 고소득자, 자녀가 없는 맞벌이 부부, 게다가 직장 연금과 별도의 개인연금 수입을 합하면 퇴직 당시에 받은 순수입보다 많은 액수의 연금을 받는 연금 수령자에 이르기까지 거의 모든 계층이 자신들이 손해보고 있다고 여긴다. 개인적인 계산에서는 언제나 물질적으로 현 상태를 보장받는 것이 중요한데, 새롭게 대중의 인기를 끌려는 인사들은 이러한 사람들에게 부당하게 희생을 강요당한다는 감정을 갖도록 만든다.

자신의 물질적인 현 상태를 보장하는 것, 이것은 사회보장의 혜택을 재정보조를 우선하는 데서 기회 창출을 위한 투자로, '소비적' 복지국가를 '투자적' 복지국가로 바꾸는 어려움을 단적으로 보여주는 것일 수 있다. 게다가 시간적인 면에서는 두 배로 신뢰의 간극이 생겨난다. 예를 들어 오후까지 학생들을 맡아 가르치는 전일제 학교와 같은 사회적 투자는 이러한 학교를 확충하고 제대로 기능하기까지 우선은 상당한 시간을 필요로 한다. 이러한 투자가 투입한 비용을 회수하기까지는 아마도 '하르츠 IV' 개혁 조치보다도 훨씬 많은 시간이 소요될 것이다. 그런 다음에도 이 투자의 효과를 보고 새로운 기회라는 형태로 결실을 거두기까지는 또다시 긴 시간을 필요로 한다. 어쩌면 한 세대 정도가 지나야 가능할 것이다. 다시 말해 지금 여섯 살인 아이들이 10년 후에 학교를 졸업하고 제대로 된 직업을 익혀 직장 생활을 하면서, 자신들의 부모세대보다 훌륭하게 자식 세대에게 삶의 능력과 양육의 능력을 제공할 수 있게 되기까지 한 세대 정도가 흘러가야 결실이 나타난다는 것이다.

얼마나 위안이 될지 모르겠지만, 이렇게 장기적인 관점과 관련해 어려움을 안고 있는 것은 사민당만이 아니다. 오늘날 정의가 방향을 전환해 미래에 대한 투자로 옮겨 가는 것이라면, 모든 정치 진영에 마찬가지의 어려움을 가져다 줄 것이다. 그런데 여기에서 아직 부가적인 문제에 대해서는 언급하지도 않았다. 만약 사람들이 새로운 복지국가의 제안과 기회를 받아들이지 않는다면 어떻게 할 것인가? 이슬람 이주자 부모들의 경우 자기 아이들을 하루 종일 학교에 보내야 한다는 것을 불필요한 것으로 생각하거나 (자신들의 정체성에 도움이 되지 않는다는 이유로) 심지어 해롭다고 여길 수도 있을 것이다. 부모들은 아마도 텔레비전을 계속 보거나 사탕봉지를 달고 사는 것이 유해하다는 얘기를 들었겠지만, 그런데도 그것을 체념할 수밖에 없다. 이 경우 다른 대안은 무엇일까? 국가가 일상의 행동을 통제하고 생활방식에 대한 처방을 내려야 할 것인가? 참여의 정의를 옹호하는 인사들은 아직 이러한 딜레마까지는 미처 생각하지 못하고 있다.

한편 참여의 원칙('지원과 요구'의 병행, 사회복지 혜택에서 생계 보조 대신 취업노동으로의 재편입)을 아주 일관되게 따랐을 뿐 아니라 특히 상황을 유지하는 사회복지국가 대신 평등한 사회복지국가를 지향한 '하르츠 IV' 개혁 조치는, 정의라는 사상이 현실과는 잘 결합되지 못함을 보여주는 전형적인 사례의 하나가 되었다. 실업수당은 이제 1년 동안만 지급되며, 이 기간이 지나고 나서도 국가의 지원을 필요로 하는 경우는 나이의 많고 적음, 남녀의 차이, 엔지니어인가 판매사원인가를 막론하고 동일한 취급을 받는다. 하지만 이러한 정의의 원칙은 당사자들에게는 관철되기 어려운 것이었는데, 이는 '의사소통의 문제' 이상의 것이다. '보수적'이며, 현재의 상태를 유지하려 하고, 청구할 권리가 누적되어 있는 독일식의 사회복지국가는 명백히 제도적인 면에서만 독특한 것이 아니다(사람들이 품는 정의의 감정은 당연히 이러한 제도의 독특함이 고쳐지기를 고대해왔다). 그런데 독일식 복지국가는 동시에 사람들의 정서에까지 깊이 뿌리박혀 있다. '하르츠 IV' 개혁 조치에 대해서 심지어 이 조치로 돈을 받는 사람들도 "소유를 박탈당했다"라는 비난을 제기하고 있는데, 이러한 비난은 달리 설명할 길이 없다.

실업 상태인 엔지니어는 (생활환경과 가족의 여건이 동일하다고 전제할 때) 반일제 판매원으로 일하다가 실업 상태에 들어간 여성과 동일한 수준의 사회보조금을 받는다는 이유로 '법률에 의한 빈곤'에 대해 불평을 털어놓는다. 이러한 정황은 시민 보조금(Bürgergeld)*이나 기초 소득의 도입('실업수당 II'와 같은 것은 실제로는 이러한 방향으로의 첫 단계이다)과 같은 이론적으로 때로 매혹적인 개혁 아이디어가 제대로 인정받기까지는 얼마나 어려움이 많을지 예고해준다. 또한 지난 선거에서 정의를 실현하기 위한 정책에서 매우 상징적인 의미를 가졌던 결정, 즉 새로 도입할 '자녀 출산 시 부모 보조금(Elterngeld)'을 소득 수준에 따라 지급하도록 하는 결정이 있다. 다시 말해 여자판매원이나 간호사보다는 고학력 여성이 출산할 경우에는 국가가 더 많은 지원을 하겠다는 이 결정은, 본질적으로 이미 정당한 것으로 인정받은 평등한 사회복지국가의 길에서 결정적으로 벗어나 현재 특권을 지닌 자들을 우선하는 복지국가로의 회귀이다. 좀 냉소적으로 말한다면, '독일인들은 언제나 시장에서의 소득의 평등을 추구하지만 사회 보조에서의 평등은 결코 참지 못하는 모양'이라고 말할 수 있을 것이다.

개혁 조치는 이미 현실에 도달해 있는데, 개혁가들은 다루기 힘든 현실에 발목을 잡히면서 너무 성급하게 개혁에 대해 다시 회의적이 되고 낙담하는 상황에 와 있다. 약 2년 전에 사민당 내 소장 그룹인 '네트워크'를 중심으로 이루어진 강령적인 차원의 개혁 논의가 활발하던 시기에는 능동적인 사회 중간층의 지지를 확보하기 위한 의식적인 노력을 예감할 수 있었다. 즉 사민당은 흔히 말하듯이 '룸펜프롤레타리아(Lumpenproletariat)'의 정당이 결코 아니었으며, '열심히 일하고 규칙에 따라 활동하는' 사람들의 정당이라는 것이었다. 당시에는 토니 블레어 영국 총리나 빌 클린턴 미국 대통령이 환영을 받았다. 사민당은 언제나 현대(모더니티)를 옹호하는 정당, 역동성의 정당, 자신감이 충만한 정당이지 현대에 대해 우려를 갖는 정당, 미성숙하고 무기력한 정

* 최저생계 이하의 저소득자에게 국가가 그 차액을 지급하는 제도.

당이 아니라는 것이다. 1989년의 '베를린 강령'만 해도 인간을 통제 불가능한 현대에 의해 과도한 요구를 받는 희생물로 보면서, 여전히 관습적으로 외부에 의해 보호받고 안정을 공급받아야 하는 존재로 파악했다. 이제 사민당 내부의 더 젊은 세대는 현대에서 거북함을 느끼는 것 자체를 못마땅하게 여기고 있는 것으로 보였다.

그러나 현대를 재획득하려는 시도는 그 사이에 중단되었다고 할 수 있다. 어떤 관점에서 보면 역동적이고 어느 정도 위협적으로 변하고 있는 세계가 제기하는 요구들에 직면해서 불안해하는 반응, 피난처를 추구하는 반응이 다시 우위를 차지했다. 사민당의 전망은, 사회 중간층에게 희생을 요구하는 것을 포함해 이 중간층과 함께하는 정책을 입안하기보다는 복지국가의 고객층을 만족시키기 위한 투쟁에만 국한되었다.

결국 사민당은 이주자 계층이나 사회적 · 문화적으로 독립적인 중산층, 무자녀 가정이나 유자녀 가정, 젊은 계층이나 노령층 등 어느 계층에도 가까이 다가가려 하지 않았다. 그래도 이전에는 개인의 책임성을 강화해야 한다는 점이 지적되었고 그에 따라 앤서니 기든스는 새로운 사회민주주의 정책의 핵심적 내용을 "의무 없이는 권리도 없다"라는 구호로 기술했다.[37] 그런데 결과적으로는 오히려 지난 10년 동안 국가의 역할뿐만 아니라 심지어는 국가의 지불 능력에 대한 기대가 더욱 커진 것처럼 보인다. 독일 사민당이 이러한 기대에 굴복할 것인지, 아니면 다시 개혁의 길로 복귀할 것인지는 두고 봐야 할 것이다.

'우파적' 대안

현대의 옹호로서의 보수주의

Ⅰ. 강령적 토대

현대에 대한 저항에서 긍정적 수용으로

21세기에 들어선 시점에서 보수주의의 프로필과 미래에 대한 질문에 왜 대답해야 하는가? 이러한 질문에 명확히 답하기는 어려운데, 이는 이데올로기적 · 정치적 '삼두마차'의 다른 두 형제인 자유주의와 민주적 사회주의에 대해서도 마찬가지다. 이러한 질문은 그저 전통으로부터 제기된 것이라는 의혹이 든다. 언제나 이러한 질문이 있어왔으므로 어떻게든 계속 제기해야 한다는 식이다. 스스로를 '보수적'이라고 자칭하는 것은 독일에서뿐 아니라 또 다른 지역에서도 아주 시대에 뒤떨어진 것이 되어버렸으며, 정치적 적대 세력에 대한 전투적 개념이나 조롱조의 개념으로도 듣기 드문 용어가 되었다. ≪슈피겔≫ 지의 조야한 용어에서 기민 · 기사 연합은 지난 몇 년 동안 매우 빈번하고 상투적으로 '보수주의자'로 분류되었는데, 이는 피상적이고 상투적인 꼬

리표일 뿐이다.

지난 수십 년간 많이 언급되었으며 공산주의의 붕괴 이후에는 더욱 많이 언급되었던 '이데올로기 시대의 종말'을 진지하게 받아들여야 하지 않을까? 이데올로기 시대의 종말 이후에는 다양한 차별성과 여러 영역에 걸치는 실용적인 정책은 존재하지만, 더 이상 최고 사상가의 감독을 받는 영속적인 사고 체계는 없다. 결국 상황을 일목요연하게 개관하는 것이 완전히 불가능해졌다. 왜냐하면 독일의 거대한 개혁 논쟁에서는 노동조합과 민주사회당(PDS; 구동독 공산당의 후신 — 옮긴이) 같은 좌파의 고전적인 대표자들은, 실제로는 자신들이 보수주의자이며 결정적인 변화에 저항하는 교조적인 수구 세력임을 보여주었던 반면, 과거 보수주의자 진영의 세력은 오히려 이러한 변화의 속도나 현대화의 정도가 충분하지 않다는 시각을 보이고 있기 때문이다.

차라리 일상의 실용적인 방식으로 하는 설명을 받아들이는 것이 나을지도 모르겠다. 그런데 이 경우 보수주의자들은 기껏해야 특정한 생활 습관, 외적인 모습, 행동 양식을 보고 구별할 수 있을 것이다. 예를 들어 정장과 넥타이를 여전히 선호하는 경향, 쿨(cool)하지 않은 모습, 사회민주주의자들의 혼란에 대해 때때로 내던지는 경멸적인 발언, 그리고 관습적인 문화와 여가 활용 태도 등으로 이들을 구별할 수 있다. 하지만 청바지와 피어싱, 건강식품 판매점과 자전거 타기조차 오래전에 관습적인 것이 되어버린 상황에서 이런 식의 구분이 무슨 의미가 있겠는가?

보수주의의 혼란은 어쩌면 그들의 뛰어난 성공과 연관된 것일 수도 있다. 일반적인 분위기나 사회적인 논쟁을 들여다보면, 얼마 전만 하더라도 이제는 모두가 자유주의적으로 되었고 시대 전체가 사회민주주의적이라고 했다면, 최근 몇 년 사이에는 보수주의자들이 르네상스를 경험하고 보수주의가 일반적인 현상이 되는 것을 보게 된다. 예를 들어 어떤 정치인이 '가족'이라는 말을 입에 올리면, 얼마 전까지만 하더라도 사람들은 눈썹을 치켜세우거나 19세기의 잔재가 배어 있는 것처럼 여겼다. 그러나 근래에는 이러한 주제, 즉 가족과 자녀 출산 그리고 자녀 교육의 가치를 높게 평가하는 것이 갑자기 완전히 새로운 반향을 얻고 있다. 심지어는 구속되지 않는 싱글들의 사회를 대변해온 것으로 알려졌던 사민당과 녹색당 인사들도 재빨리 이러한 어조에 동참했다. 우리는 오랜 기간에 걸쳐 완전히 세속화되고 종교적 전통에서 탈피한 문화, 전체적으로 규범의 구속력이 완전히 제거된 문화를 추구해왔지만, 윤리와 도덕은 자신들이 꼭 필요한 존재라는 사실을 다시 입증했다. 윤리와 도덕은 각 개인의 방향 설정에서만 자신들이 필요 불가결한 것임을 입증한 것이 아니다. 심지어 복제 의학의 한계에 대한 논쟁과 같은 정치적으로 크게 쟁점이 되는 사안들도 윤리와 도덕의 기반, 일종의 초월적인 관계를 끌어들이고 있다. 아울러 고전적인 보수주의 이데올로기의 기반을 형성해왔던 종교가 과거 예상했던 것보다 더 견고한 것으로 입증되고 있다.

우리가 교육에 새로운 가치를 부여하고 있다는 사실도 망각해서는 안 될 것이다. 교육에서 무엇을 배우며, 어떻게 배우는가 하는 것이 아무렇게나 해도 좋은 것은 아니라는 인식이 점차 자라났고 거의 보편화되어 있다. 표면적으로는 단지 형식주의적으로 굳어진 정전의 부활이라는 인상을 주지만, 제대로 이해하자면 겉보기에는 차이가 없어진 것으로 보이는 대중문화에서의 차이가 문제가 되고 있다. 이제는 누가 감히 독서가 텔레비전 시청보다 낫다는 사실을 반박하려 들겠는가? 10년 전만 해도 이러한 신념을 가지면 기껏해야 보수적인 도덕의 전파자라는 조롱을 받았다. 그렇다면 우리는 이제 모두 보수주의자가 된 것이며, 보수주의는 이제 경쟁자가 없어져서 결국은 승리를 쟁취하고 사멸하게 되었다는 말인가?

이러한 숙고는 단순한 말장난 이상의 것이다. 왜냐하면 우리가 현재 경험하고 있는 변화의 차원을 과소평가해서는 곤란하기 때문이다. 하지만 이런 식의 생각만으로는 충분하지 않다. 보존과 수호라는 이데올로기가 얼마나 급진적으로 변했는지 확인하려면, 간단하게 역사적인 고찰을 하지 않을 수 없다. 출발점은 근현대의 혁명들, 그 중에서도 특히 프랑스혁명이라고 할 수 있다. 보수적인 사상은 바로 프랑스혁명의 진보적 의식과 자유 및 평등의 지향에 대항하면서 본격적으로 형성되었고 단순한 전통주의와는 구분되는 사상이 되었는데, 이것은 카를 만하임(Karl Mannheim)의 유명한 구분이다. 말하자면 보수주의는 단순한 본능이 아니라 일종의 성찰이며, 혁명이나 자유주의라고 불리는 세력에 대한 대응에서 나온 것이다. 보수주의는 현대 세계의 외부에 있는 것이 아니라 비록 고통을 겪지만 현대적인 세계의 내부에 있는 것이며, 종종 이러한 세계를 극복하기 위해 투쟁을 벌인다.

19세기에는 유럽의 다른 지역과 마찬가지로 독일에서도 보수주의가 군주제, 신분제 사회, 가부장제를 대변했지만 단지 제자리걸음만 하고 있었던 것은 아니다. 보수주의는 군주의 통치를 의회를 통해 통제하는 체제를 수용했으며, 계속되는 자유주의와 노동운동의 요구로부터 결국 이 입헌군주제를 지켜냈다. 또 지역적 · 분열적인 국가의 뿌리에서 벗어났으며, 특히 비스마르크식의 독일제국 수립 이후에는 '민족'과 민족국가를 일차적인 틀로 받아들였다. 보수주의는 종종 기독교적인 동기 부여로 사회적 구상들을 확보할 수 있었고, 이러한 방식으로 추종 세력을 늘릴 수 있었다. 그러나 보수주의가 과격한 양상을 보인 것은 20세기로의 이행기에 나타났으며 '바이마르공화국'에서야 더욱 본격적인 특징을 선보였다. 즉 젊은 세대는 민족주의적 사고와 반유대주의와 군주제의 저편에서 이루어지는 권위주의적 통치에 대한 선호까지도 특수하게 현대적인 것 또는 복잡한 사회의 도전에 대한 시의적절한 대응이라고 여겼던 것이다. 이 시점에 생겨나서 민족사회주의와 '제3제국'까지 연결되는 이러한 노선은 독일의 보수주의에 부담을 안겨주었는데, 독일 보수주의에 가해진 이러한 부담은 새로운 결과를 낳기도 했지만 계속 후유증으로 남아 있다.

가장 중요한 결과는 1945년 이후에 나타났다고 볼 수 있는데, 그것은 바로 보수주의가 민주주의와 자유주의적인 국가 및 사회질서와 병행하여 발전했으며, 이러한 기반 위에 확고하게 서게 된 것이다. 아울러 보수주의는 기존의 반자본주의적 성향을 마침내 포기하고, (비록 사회적 · 국가적으로 조정되는 형태기는 하지만) 이른바 '사회적 시장경제'의 형태로 이윤을 추구하는 자본주의적 사회를 수용하게 되었다. 보수주의적 잠재력은 1950년대 말까지 기독민주주의 성향의 정당(기민당) 설립으로 완전히 흡수되고, 아울러 이를 통해 길들여졌다.

국제적인 관점에서 보자면, 1970년대의 '신보수주의적' 전환은 결코 간과할 수 없는 정치적 전환점을 보여주었다. 신보수주의적 경향은 마거릿 대처와 로널드 레이건과 함께 최고조에 달했다. 이후 과격하게 자유주의적인 경제와 국가에 대한 선호가 보수주의를 특징짓고 있는데, 이 두 가지는 이전에는 결코 생각할 수 없었던 것이었다. 그런데 특이하게도 독일에서는 이러한 추세가 끼친 영향이 상대적으로 미약했다. 어느 정도의 '정신적이고 도덕적인 전환'은 있었지만, 헬무트 콜 당시 독일 총리는 결코 혁명가가 아니었으며, 오히려 두 가지 측면에서 고전적 보수주의의 마지막 유언집행자 역할을 했다. 즉 콜 총리는 비스마르크식 사회복지국가를 최종적으로 확장하는 것을 포함해 고전적 보수주의의 사명을 마지막으로 관철시켰다. 하지만 콜 총리는 고전적 보수주의를 사회 정치적 자유주의, 민족국가에 앞서는 유럽 우선주의, 그리고 심지어는 문화적 자유방임주의로 계속 해체했다. '사회적 해먹(social hammock; 사회 안전망을 비하하는 표현 — 옮긴이)'과 여가 사회에 대한 한탄은 보수적으로 들렸지만, 실제로는 바로 자기 뱃속에서 나온 자식들에 대한 한탄이었다.

따라서 보수주의는 현대의 역동성을 따라왔을 뿐만 아니라 현대와의 간격을 부단히 줄여왔다고 말할 수도 있다. 어쨌든 보수주의가 보유했던 고전적인 이데올로기의 무기고는 더욱 텅 비게 되었다. 예전에는 필수 불가결하게 보수적이었던 것이 이제는 이미 그렇지 않거나, 향후에 더는 그렇지 않게 될 것이다. 이러한 사실은 곧 '가부장주의'라고도 칭할 수 있는, 다시 말해 사적인 영역에까지 이르는 사회 · 정치적 기본 신념의 핵심 자산에도 해당된다. 물론 아직 이러한 관점의 잔재가 상존하고 있는 고립된 지역도 있다. 예를 들어 전통적인 남성상과 여성상이 여전히 유지되며 개인적인 삶의 방식의 자유는 기껏해야 아주 좁은 범위에서만 수용되는 시골 지역에서는 아직도 보수적인 분위기가 남아 있다. 그러나 이곳에서도 활발한 해체가 진행 중이며, 다른 나라들은 이 점에서 독일보다 훨씬 앞서고 있다.

이와 마찬가지로 민족주의도 이제는 더 이상 통합의 이데올로기로 동원되지 않는다. 특히 독일의 보수주의자들은 결코 유럽연합에 회의적이지 않다. 오히려 독일의 보수주의자들을 특징짓는 것은 바로 자치단체의 권한이 강한 연방주의적인 것, 지역적인 것, 그리고 보완적인 원칙에 대한 강조이다. '강력한 국가'의 쇠퇴에 대해서는 이미 논의된 바 있으며, 자유와 민주주의에 대한 불안감 역시 더 이상 보수주의자들을 결합시키는 접합제가 될 수 없다. 물론 민주주의는 때로 근본적으로 대표제의 절차 규정으로 이루어져 있으며, 바로 이 점은 보호받아야 한다는 주장이 넌지시 흘러나오곤 한다. 형식적 민주주의 혹은 '결정론적' 민주주의에 대한 좌파와 자유주의자들의 비판은 이와 관련이 있다. 더욱 현안이 되는 문제는, 내쫓겨진 것으로 보이지만 전 생활 영역에서의 경제주의에 대한 거부와 같이 공식적으로 존속하고 있는 보수적인 반자본주의에 관한 문제다. 경제주의에 대한 저항은 만성적으로 '상업화가 저조한' 독일적인 문화에서는 그다지 미래를 보장해주지 않는다. 아무튼 반자본주의가 아직도 존재하고 있다면 그것은 여전히 정치적 좌파에 속한다.

그런데 실제 상황은 현대적인 제도와 생활방식에 대한 역사적 적응 양상이 암시하는 것보다 훨씬 복잡한 편이다. 어떤 현대, 어떤 진보가 과연 나침반으로서의 가치가 있는가? 계몽주의와 프랑스혁명의 정신에서 유래한 고전적인 진보는 1970년대 이후 특히 좌파 진영에서 깊은 위기로 빠져들었는데, 되돌아보면 현대의 역사에서 이런 전환점이 지닌 역사적 의의는 더욱 부각된다. 독일에서는 정신사적이고 문화정책적인 전환이 특히 두드러진다. 고전적인 진보의 약속 중에서 어떤 약속이 아직도 남아 있느냐 하는 것이 핵심적인 질문이다. 우리는 아직도 더 많은 자유주의적 성향을 필요로 하는가? 더 많은 물질적 복지와 더 많은 민주주의를 필요로 하는가? 그리고 또 다른 핵심적인 질문의 하나는, 진보는 우리에게 이익을 가져다주기보다는 오히려 해가 되지는 않았는가 하는 것이다. 다시 말해 진보의 이름으로 인종차별주의와 전쟁이 자행되고, 환경 파괴와 위험한 기술이 선전되지 않았는가?

1970년대 이후로는 보수적인 질문으로 간주될 수도 있는 것이 좌파의 중요한 의제가 되었으며, 환경운동의 지지자들이 사회적 운동을 벌이고 정당을 형성하게 했다(녹색당은 실제로 보수적인 정당으로 형성된 것이 아닐까?). 정치 진영이 대결하는 전선들은 때로는 완전히 뒤바뀐 것으로 보인다. 왜냐하면 이제는 확실한 결정을 내리기 어려운 경우 핵에너지와 시장 자유주의, 혁신과 변화를 지지하는 것이 '보수적'이라고 불리는 반면, 과거에 진보를 추종했던 세력은 불안으로 경직되어 폐쇄적인 모습을 보이고 있기 때문이다. 오히려 여기에 더욱 복잡한 상황이 추가되어 있는데, 이는 새로운 문화적 분열이 '좌파'와 '우파'를 가리지 않고 횡단하면서 사회를 관통하고 있기 때문이다.

이제 소매점 폐점 시간의 자유화 문제, 생명공학의 진보에 얼마나 큰 활동 재량을 부여하는가의 문제, 그리고 사회복지국가의 개혁에 관한 문제에서 이를 지지하는 사람들과 반대하는 사람들은 보수주의자나 좌파의 진영 모두에 걸쳐 있다. 아울러 이러한 상황에서 일시적으로 인기를 끌었던 '가치' 보수주의자나 '구조' 보수주의자 같은 구분도 아무런 의미가 없다.

특히 1980년대에 오도 마커드(Odo Marquard)나 헤르만 뤼베(Hermann Lübbe)처럼 지적으로 탁월한 선구자들은 현대화에 대한 고전적인 비판을 새로운 위기의 경험과 연계하려 시도했다. 당시 독일에서는 (미국과는 완전히 다르게!) '신보수주의'를 이러한 식으로 이해했다. 당시 분위기는 '속도 조절(늦추기)', 현대화의 피해에 대한 문화적 보상의 활성화로 나아가고 있었고, "변화를 원하는 자가 입증의 책임을 져야 한다"라는 구호가 나돌았다. 오랫동안 보수적인 정치인들이 그다지 분명하게 동원하지 않았던 기괴한 분석과 같은 이러한 구호는, 좀 더 자세히 살펴보면 상당히 화려한 승리를 거두었다. 그렇지 않다면 오늘날 우리가 정체 상태와 개혁의 지연 그리고 혁신 능력의 부재를 왜 이렇게 한탄하겠는가? 현대화는 스스로의 동력에 의해 움직이는 활력이며, 따라서 문화적으로 브레이크를 걸어야 한다는 생각은 아이러니하게도 바로 보수주의자들을 혼란으로 이끌어갔다. 왜냐하면 지금 우리는 현대화라는 동력이 쉽게 중단될 수 있다는 점을 확인하고 있기 때문이다. 이른바 '입증 책임 분배 규정'* 은 행동을 불가능하게 만든다. 보수주의는 더 이상 퇴행적인 요소로 기능하지 않는다.

---

* 법률 용어인 'Beweislastverteilungsregel'의 번역어다. 입증 책임이란 일반적으로 소송에서 법원이 당사자가 주장하는 법률효과의 발생에 필요한 법률 요건 사실(요증 사실)의 존부에 관하여 어느 쪽으로도 확정할 수 없기 때문에(진위 불명) 판결에서 자기에게 유리한 법률효과가 인정되지 않는 당사자 일방의 위험 또는 불이익을 분산하는 것이다.

그렇다면 현재 그리고 장래에 어떤 것이 여전히 보수적일 수 있을까? 이에 대한 대답은 추상적인 것이 되기 쉬우므로 답변하기가 더욱 어렵다. 하지만 이러한 답변은 근본적인 원칙을 되새길 수 있는 기회라고 본다. 그것은 다음과 같은 세 가지 측면으로 정리할 수 있을 것이다.

첫째, 다양성 속에서의 통일. 파편화와 다원화에 대한 경험이 증대되는 상황에서 보수주의자들은 예전에는 좌파들이 추구한 통일성을 더욱 관철하려고 시도할 것이다. 다원주의는 더 이상 부정하거나 투쟁해야 할 것으로 인식되지 않는다. 하지만 특정한 입장, 가치, 문화적 선호를 지지하는 것은 포기할 수 없을 것이다. 예를 들어 서구적 가치가 보편화하는 현상은 우연한 것이 아니고 다른 문화 사이에서 수치심을 가져야 할 것도 아니다. 서구적 가치의 보편화는 가장 넓은 의미에서 '포스트모던'과 자유방임주의라는 다원성에 반대하는 입장을 밝히는 것이 될 수도 있다. 이런 입장으로 다른 문화와의 관계에서 어떻게 오만이나 두려움을 벗어날 수 있는지는 아직도 해결되지 않은 과제다.

둘째, 구속된 형태의 자유로 나타나는 개인의 책임성. 개인에게 자신의 삶의 방식에 더 많이 책임지도록 하는 것은 보수주의적일 것이다. 그것은 단순히 각 개인이 자기 행복을 개척하는 자이며 어떻게 제대로 처신해야 할 것인지 알아야 한다는 이유 때문만은 아니다(이러한 시각은 고전적인 자유주의의 입장일 것이다). 오히려 개인의 책임은, 인간은 단지 선한 존재라고 할 수는 없으며, 때로는 좌절할 수도 있다는 회의적인 인간관, 그리고 사회적인 도움과 결부되어 있다. 여기에서 한 가지 결함이 무엇인지 분명하게 드러나는데, 그것은 21세기를 위한 새로운 보수주의적 사회 이론이 아직은 마련되지 않았다는 점이다. 어쨌든 개인의 책임성은 소득의 극대화는 차치하고 개인적 기회의 증대만을 의미하는 것이 아니다. 모든 개별적인 자유가 사회 · 정치적으로 진보를 의미하는 것은 아니며, 아울러 공동체에도 바람직한 결과를 가져다주지는 않는다는 사실을 확인하는 것은 보수주의적이다.

셋째, 현대의 옹호. 무엇보다 문화주의적 좌파가 현대 세계를 폭력적으로 질서를 실현하려는 강제 체제로 해석하고 이러한 체제를 중단시키거나 이러한 체제에서 벗어나려고 시도한 이후, 서구의 현대를 옹호하고 계속 추진해 나가는 과제는 점차로 보수주의가 떠맡아야 할 과제가 되고 있다. 물론 이 경우 보수주의는 자신의 역사를 고려할 때 순진하게 현대의 숭배에 빠져들지 말아야 할 것이다. 현대는 새로운 긴장 상황과 갈등을 가져다주었다. 이 긴장과 갈등은 간단하게 조화시킬 수 없을 뿐 아니라, 어떻게든 감당해내야 하고 가까스로 겨우 생산적으로 되게 할 수 있는 것이었다. 여기에서도 한 가지 결함이 분명하게 나타나는데, 즉 보수주의는 환경운동에 대한 이성적인 관계를 오늘날까지도 찾지 못했다는 것이다.

아마도 이 모든 것을 종합하면 새로운 보수주의적 진보 의식으로 귀결될 것이지만, 이는 로베스피에르나 헤겔, 마르크스가 주창한 진보와는 다른 것이다. 진보는 강요될 수 없는 것이고, 개인의 의지를 무시하고 위에서 주어지는 기쁨이라는 식으로 처방되거나 강제로 실현될 수 없는 것이다. 진보는 자연스럽게 나타나는 산물도 아니며, 인간의 영역을 벗어나 비밀로 가득한 이른바 '세계정신'의 힘도 아니다. 진보는 최종적인 목표를 향해 나아가지 않으며 역사의 종말에 나타나는 낙원이라는 유토피아를 지향하지도 않는다. 보수주의의 진보는 역동적인 세계에서 인간의 상황에 대한 정확한 이해와 더불어 움직인다.

Ⅲ. 정치적 전망
개혁 정책과 시민사회

기민 · 기사 연합은 실용적인 목적으로 사민당과의 대연정을 시도했다. 그러나 이는 2005년 말까지 7년간의 적 · 녹 연정 이후에 있을 근본적인 정치적 전환과 관련해 기민 · 기사 연합이 2005년 여름 동안 구상해왔던 것에 비하면 절반에 불과했다. 즉 1982년 콜 총리의 입성과 더불어 기민 · 기사 연합이 가졌던 것과 같은, 자신 있게 제시할 만한 새로운 시작은 보이지 않는다.

2005년 가을 새로운 연정을 구성하면서 실질적인 집권을 위해 꼭 필요한 타협을 했기 때문에, 앞으로 몇 년 동안은 강령 차원에서의 기민당의 정체성에 관한 질문들이 기민당 내 · 외부를 막론하고 더욱 늘어날 것이다. 특히 앙겔라 메르켈이 그토록 확고하게 추진해왔던 새로운 출발과 개혁의 정당이라는 구상은 2005년 9월 18일 선거 결과가 가져온 현실로 좌절된 것인가? 아니면 이러한 새 출발은 이제 막 시작되고 있으며, 강령적 차원에서 더욱 첨예하여 다른 국민정당(사민당)에서와 마찬가지로 새로운 당의 정강을 만드는 작업에 반영될 것인가?

상황이 완전히 다르기는 하지만 1982년의 상황과 비교해볼 가치가 있다. 당시에는 속도를 늦추고, 안정시키며, 지속적으로 새로운 어떤 것에 뛰어들려고 하지 않는 완전히 고전적인 보수주의의 소망과 같은 욕구가 여전히 유효했다. 1970년대 중반 이후 급진적 · 유토피아적 현대에 대한 반대운동으로 나타나기 시작했던 문화의 역사화 추세는 최고조에 달했으며, 당시 헬무트 콜 총리에 의해 역사정치적인 측면에서 철저하게 활용되었다.* 뤼베와 마커

* 콜 총리는 1983년 집권 직후부터 '68운동'과 1970년대 사민당 · 자유당 연립정부하에서

드 같은 보수 진영의 지식인들은 다음과 같은 간단한 주장을 내세웠다. 즉 우리 주변에는 너무 많은 변화, 너무 과도한 현대가 있어서 더 이상 추가로 가속 페달을 밟아서는 안 되고 오히려 속도를 늦춰야 하며, 가치와 전통에 닻을 내려야 한다는 것이었다. 사회적인 기동성과 자본주의에 맞서 가족과 종교를 내세워야 한다고 주장했는데, 실제로 사회적 기동성과 자본주의는 그동안 좌파의 진영에서 '모든 영역의 경제화'라고 비판했던 것이다. 그런데 이제 보수주의자들의 이러한 방향 설정은 지나간 것이다. 우리는 그동안 너무 오랫동안 감속해왔다. 현 시점에서는 기동성과 시장, 그리고 리스크를 다시 회복하는 것이 중요하다.

두 번째 동인도 1982년에 중요했다. 이 동인은 근본적인 결정들의 강화라고 부를 수 있을 것이다. 이에 앞서 15년간에 걸쳐 일어났던 학생 시위부터 생태운동과 평화운동에 이르기는 각종 사회운동은 구서독을 더욱 개방적이고 역동적으로 만든 반면에 몇 가지 의혹도 심어주었다. 젊은 세대가 과연 성난 표정으로 반항하는 것과는 다른 방식으로 자유민주주의 수호에 대해 발언할 수 있을까? 서방에 대한 지향과 미국과의 결속에서 여전히 가치 있는 것은 무엇인가? 오늘날과 아주 유사하게 이는 당시 사회민주주의 성향의 총리 문제가 아니었으며, 정당의 차원을 넘어서서 총리와 이러한 결정을 더 이상 무조건 받아들이지 않는 분위기나 사회적 환경의 문제였다. 콜 총리는 바로 이런 상황에서 두려움을 주는 호전적인 방법이 아니라 아주 눈에 띄지 않는 방법으로 안팎으로 많은 것을 제자리로 돌려놓고 정상화시켰다. 집단적인 피해

추진된 사회 전반의 진보적 민주화에 대응하여 독일 나치 과거사를 재해석하는 '역사가 논쟁'을 일으켰다. 집권 보수주의의 주요 토대였던 과거사를 기존 진보 진영과 다르게 해석하는 역사정치를 추진한 것이다. 이는 독일을 '정상적인 국가'로 재정립하려는 시도로 평가할 수 있다.

망상증, 즉 본에 소재한 중앙정부로부터 박해받고 있으며 핵전쟁과 숲의 황폐라는 몰락을 향해 곧바로 나아가고 있다는 감정은 줄어들었다.

이 상황에서는 명백하게 1982년 상황과 유사점이 두드러진다. 왜냐하면 이제 기민 · 기사 연합은 당시와 유사하게 근본적인 결정을 강화하는 것을 목표로 삼아야 할 것이기 때문이다. 이것은 다시금 대외적으로 대서양 저편(미국)과의 관계라는 관점에 해당되며, 국내적으로 더욱 그렇다고 할 수 있다. 즉 에르하르트의 사회적 시장경제가 사회주의와 자본주의에 대해 똑같이 거리를 두는 제3의 길과 같다는 잘못된 주장에 대항하여 자본주의와 시장경제를 위한 대안을 강화하는 것이다. 당시의 파라노이아(편집증)는 지금은 '신자유주의'라는 이름으로 불리는데, 이 신조어에서 접두사 '신'은 그동안 자유주의보다는 사회주의적이라는 암시를 주므로 떼어내도 무방한 것이다. '하르츠 VI'에 의해 대중의 빈곤화가 의도적으로 조장되었다는 식의 음모론이 크게 주목받고 있으며, 슈뢰더 전 총리나 뮌터페링과 같은 인사들도 결국에는 이에 대한 어떤 방책도 알지 못했던 것처럼 보였다. 만약에 사정이 그렇다면, 기준을 다시 바로잡고 'L로 시작하는 단어'(자유주의 — 옮긴이)가 일시적으로 미국에서 한때 그랬던 것처럼 욕설이 되지 않도록 하면서 녹색당부터 기민 · 기사 연합에 이르는 독일 정치 문화의 기반으로 보존하는 것이 '보수적인' (진영의) 과제일 것이다.

하지만 헬무트 슈미트 총리와 교대하면서 콜 총리가 대대적으로 천명했던 '정신적 · 도덕적 전환'은 금방 교착 상태에 빠져버렸고 심지어는 그 반대로 전환되었다. '사회적 해먹'과 놀이 공원의 설치를 둘러싼 팔츠 지역에서의 많은 피상적인 논쟁들이 독일이 처한 이러한 상황을 은폐할 수는 없었다. 사실 인구통계 추세에서부터 국가 부채, 노동시장부터 연금 분야에 이르는 경고 신호는 무시되었다. 사회복지국가의 혜택은 점점 더 확대되었고, 주 35시간의 노동과 조기 퇴직은 취업 사회에서의 은퇴를 가속시켰으며, 새로운 대중문화와 향락적인 개인주의는 최고조에 달했다. 이 모든 상황은 지난 1980년대, 그리고 더 나아가 그다음 10년까지 쾌적한 보수주의의 시대로 만들었다. 이 시대는 현실 향락적 · 소시민적인 라인 지방 특유의 본능들이 우위를 차지했다. 기민당 내 일부 인사들은 아직도 단지 은밀하게 이러한 사실을 시인하지만, 그것은 결코 되풀이해서는 안 될 실수였다는 점을 모두가 잘 알고 있다. 메르켈 총리는 이러한 콜 시대의 역설적인 전철을 되밟아서는 안된다. 따라서 메르켈 총리는 새로운 정신적 · 도덕적 전환을 선언하는 데 아주 신중해야 할 것이다.

하지만 단호한 어조로 또는 자기 확신을 갖고 이런 발언을 할 수 있는 사람은 거의 없다. 고전적인 보수주의의 강령적 · 이데올로기적 잔재들은 이미 슈뢰더 정권으로 교체되기 이전에, 그러니까 1998년 이전부터 영향력을 상실했으며, 이후 이러한 현상은 심화되었다. 따라서 어쩌면 있을지도 모르는 고전적인 보수주의가 반동을 보일 우려는 이미 23년 전(콜 정권이 등장한 1983년 — 옮긴이)에 그랬던 것보다 더욱 영향력을 갖지 못할 것이다. 이는 또한 가족의 모습, 남녀평등에 관한 정책, 그리고 개인적인 삶의 방식에도 해당하는 것이다. 여기서는 단지 기민당의 강령만이 당의 이미지보다 앞서 있는 것이 아니며, 기민당의 실상, 특히 당 수뇌부의 실상이 당의 강령보다 더 앞서 있다. 물론 당 수뇌부가 당의 기층보다는 대체로 앞서 있다는 것도 사실이다. 기민당은 야당이 된 후, 특히 메르켈이 당 대표로 부상한 이후에 사회정책을 새로 정립하는 데서 한 걸음 더 발전했다. 아울러 특히 레나테 슈미트(Renate Schmidt; 전 여성 가족부 장관 — 옮긴이)가 사민당을 위해 구체화했던 좌파의 새로운 가족 정책의 방향과 비교해보면 중첩되는 부분이 상당히 많다. 예를 들면 교육 자원을 낭비하는 대신 여성의 취업을 장려하는 것이 그러한 사례다. 또한 보육 서비스의 확대와 가족의 강화는 서로 대립되는 것이 아니라 동전의 양면과 같은 것이다.

핵심적인 질문은, 이러한 새로운 사회정책적인 구상이 이른바 경제의 강제, 즉 모든 것보다 노동과 성장을 우선하는 상황에서 과연 제대로 관철될 수 있을 정도로 충분히 확고한가 하는 것이다. 사실 그것은 더 이상 모순 관계에 있어서는 안 될 것이다. 왜냐하면 이제는 인구통계학적 변화, 경제적 성장, 사회 시스템의 지속성이라는 삼각형에서 서로 연결되어 있는 접점들이 더욱 분명하게 보이기 때문이다. 또는 이제 전문 노동자 사회를 벗어나서 여성보다 남성들에게 어떤 점에서 더 많은 것을 요구하는 서비스 사회로 이행하는 노동의 구조 변화에서도 접점들은 분명하게 드러난다. 그런데도 적 · 녹 연정의 프로젝트 역시 이 긴장 관계에서 좌절되었다는 사실에 대해서는 숙고해보아야 할 것이다. 무엇보다 1998~1999년 첫 번째 회기 동안 적 · 녹 연정이 제시한 소수자의 인권 문제, (성)해방, 다문화 사회 등 사회정책의 전망은 지나치게 이상적인 것이어서 점점 더 노동시장의 위기, 복지사회의 개혁과 성장 촉진에 관한 요구와는 불균형의 관계에 빠져들었다. 차별 금지법은 이러한 상황을 마지막으로 증언해주는 것이었다. 적 · 녹 연정의 불행에 고소해하는 것은 적절하지 못한데, 이는 새로운 정부(대연정)도 우선은 시장의 확대와 성장, 리스크가 사회적 현대성과 더불어 서류뿐만 아니라 실질적으로 동시에 작동될 수 있다는 점을 입증해야 할 것이기 때문이다. 이 미해결의 과제는 시민적 세력을 연합하는 새로운 대연정이 맞는 최대의 도전 중 하나일 것이다.

독일연방공화국의 기본 결정의 강화와 시장의 확대 그리고 사회복지 정책의 의제에서 새로운 개혁 작업의 핵심, 심지어는 메르켈 총리의 사고의 핵심을 찾아볼 수 있을까? 사람들은 정부 교체의 도덕적 혹은 지적 동인에 대해 묻고 싶어 할지도 모르지만, 오히려 실망하게 될지도 모를 일이다. 왜냐하면 1969년과 1998년 두 번에 걸쳐 사민당이 주도했던 정부에서와 같은 강력한 도덕성의 열정은 이제 다시 나타나지 않을 것이기 때문이다. 1969년의 경우 이러한 도덕성의 열정은 빌리 브란트라는 인물로 구현되었다. 그러나 슈뢰더에게는 이러한 도덕성은 낯선 것이었고, 도덕성은 오히려 녹색당이 더 많이 떠맡았다. 우파적 성향의 인사들은 의심스러운 문제에 봉착하면 특히 좌파에 비해서는 덜 이데올로기적이고, 덜 이상적이며, 덜 지적이다. 우파의 인사들은, 좋은 일인지 아니면 유감스러운 것인지 모르겠지만, 정치를 도덕의 응용으로 파악하지 않는다.

우선은 보수적인 프로젝트가 중요시되지 않고 급진적인 자유주의의 프로젝트가 중요시된다는 추측이 가능할 것이다. 이것은 실제로 전통적인 기민당 지지층 중 일부가 자신들의 지도부와 관련해서 품고 있는 불안이기도 하다. 여기에서 이미 자주 시도된 앙겔라 메르켈과 마거릿 대처와의 비교는 정당성을 가지는데, 자유주의적인지 아니면 보수주의적인지 하는 것은 여기서 본질적인 질문이 아니다. 오히려 급진적인 자유주의는, 프리드리히 아우구스트 폰 하이에크(Friedrich August von Hayek)의 경제적 · 사회복지적인 정책적 노선에서 보면, 기능을 상실한 보수주의에 대한 시의 적절한 표현 형식이다. 이 급진적인 자유주의가 영국과 미국에서 절정에 달했던 1982년 이후, 헬무트 콜을 정점으로 한 기민 · 기사 연합은 독일에서 이러한 영미계의 대안을 명백히 제외했다. 당시 제외되었던 이러한 선택이 20년이나 늦게 그리고 모든 대안들을 다 시도해본 지금 시점에 이 신중한 중부 유럽에서 다시 통용되지 않을까 하는 관측은 2005년 가을 치러진 연방하원 조기 선거 결과를 통해 반박되었다. 독일인들은 자신들이 걸어온 발전의 길을 그렇게 쉽게 떠나려 하지 않는다.

물론 당시의 영국과 오늘날의 독일이 처한 위기 상황을 비교해보거나 대처와 메르켈의 인간관과 사회관을 비교해보면 공통점이 존재한다. 예를 들면 인간의 자유와 개인적인 기회를 열정적으로 강조하는 것이다. 하지만 기민 · 기사 연합의 인사는 물론 앙겔라 메르켈조차도 대처 영국 총리가 한때 말했듯이, '사회라는 것은 사회주의자들의 망상에서나 존재하는 것'이라는 식으로 개인주의를 반사회적인 유아론으로까지 격상시키지는 않을 것이다. 오히려 메르켈을 주축으로 하는 기민당이 목표로 하는 사회상은 개인과 공동체 간의 교량을 구축하는 것이다. 그렇다고 그것이 완벽한 절충을 의미하는 것은 아니다. 양극단 사이에서는 엄청나게 삐걱거리고 분열되는 현상도 있게 마련이다. 양 교각의 토대를 기민 · 기사 연합이 수없이 부활을 약속했던 그런 '가치' 위에 세운다고 해서 해결책이 간단하게 마련되는 것도 아니다. 그리고 대처 영국 총리의 경우에는 어떤 식으로든지 자유 및 개인주의와 갈등을 일으킬 수밖에 없는 가치 지향적인 정책을 생각하지 않았을 것이다.

그렇다면 우리는 기민당에 어느 정도, 어떤 종류의 가치 보수주의를 기대해야 할 것인가? 가치의 모색, 방향의 모색, 그리고 새로운 의무에 대한 모색이 1998년과는 구별되는 강력한 분위기를 만들어내고 있다는 점은 부인하기 어렵다. 여기에는 종교가 언제나 새로운 뉘앙스를 보이면서 공적으로 참여하고 있는 상황도 기여한다(유럽에서 세속화에 대한 기대는 지난 10년 동안 결국 좌절되었다). 그렇다고 해서 여기서 더 깊은 연관 관계를 인식하기 위해 요제프 라칭거 새 교황을 앙겔라 메르켈의 선구자로 지칭할 필요는 없다. 그리고 냉철한 개신교 신자인 메르켈은 확실히 대중들의 신앙심이라는 파도를 타고 총리직에 오른 것은 아니다. 또한 기민당과 원내 정파 내에서도 종교적으로 매개된 윤리학이 얼마나 직접적으로 정책화될 수 있을지에 관해, 또 얼마나 많은 관점의 차이가 있는지는 이미 유전공학에 대한 논쟁에서 충분히 나타났다. 그리고 여러 정황을 볼 때, 유전공학 관련 영역에서는 보수주의의 가치가 야당에서 여당으로 바뀐 변화에서는 경제적인 역동성과 학문적인 경쟁력이라는 목표에 직면해 후퇴하게 될 것으로 보인다. 지난 미국 대통령 선거에서 결정적인 역할을 했던 가치 근본주의(기독교 정신에 호소한 부시의 선거전 – 옮긴이)는 독일의 의회에는 들어맞지 않는데, 의심스러운 사안에서는 오히려 "멍청이들아, 문제는 바로 경제야!"라는 클린턴의 선거 구호가 통한다.

이와 반대로 자기실현을 추구하는 개인주의를 새로운 공동 의식, 책임성 있는 시민사회에 대한 의무감을 통해 제어할 수 있을 것이라는 생각은 때때로 과소평가되고 있다. 어떤 경우에도 이를 진부한 미사여구라고 속단해서는 안 된다. 기민당과 기사당은 지난 10년 동안 바로 자신들의 지역과 지방에서 시민의 참여 문제를 놓고 집중적으로 고민했으며, 정치적인 결정과 사회적인 지원을 시민사회로 다시 되돌리기 위한 구체적인 방법을 모색해왔다. 원칙적으로 이러한 주제에서는 정치적 진영을 넘어서는 커다란 합의가 존재한다. 특히 녹색당은 시민사회의 탈국가화라는 의제를 추진시키기에 적합한 정당으로 보였다. 하지만 녹색당은 연정에 참여하면서 이 분야를 점차 없애나갔고, 정치권력의 측면에서뿐 아니라 또한 강령적인 측면에서도 점점 더 국가 정당이 되었다. 따라서 국가를 우선하는 적 · 녹 연정과 시민에게 우선권을 두는 기민당 · 자민당 사이의 양자택일이 결코 불가피한 것이 아니다. 물론 기민 · 기사 연합도 몇몇 국가주의적 유산을 계속 끌고 다니고 있다. 하지만 그 사이에 시민사회는 기민당과 기사당, 특히 기민당과 기사당의 중년 또는 젊은 세대에게는 중요한 지향점인 것으로 드러났다.

이러한 상황에서 어떤 정책이 뒤따를 수 있을지는 여전히 불분명하다. 그리고 어떻게 시민의 자세를 갖추지 않은 사람들이 시민사회에 감격하게 할 수 있냐는 딜레마에는 다른 정당(사민당)도 끈질기게 매달렸으나 성과를 거두지 못했다. 어떤 시민사회가 국가적으로 처방된 강제적 참여에 근거를 두고 있다면, 이런 시민사회는 그 자체적으로 불합리한 것으로 드러날 것이다. 이 경우 시민사회는 보호와 감독을 받는 사회라는 끔찍한 모습을 띠게 될 것이다. 아마도 앙겔라 메르켈은 결정을 내리기 어려운 상황에서는 자유를 지지한다고 말할 것이다. 따라서 메르켈의 사회정책적인 비전은 고전적인 의미에서 보자면 전적으로 반보수적이다. 그것은 열린사회의 비전이지, 정당성을 갖추지 못한 위계질서나 개인의 속박 또는 기형화와 고착화와는 결단코 거리가 멀다. 메르켈의 비전에서는 완전히 다르게 강조했지만 정확하게 보면 열린사회라는 상징으로 나타났던 사민당 · 녹색당 프로젝트의 연장이라고도 볼 수 있을 것이다. 적 · 녹 연정은 다원성의 사회, 개인적인 선택의 사회가 어떻게 도덕적 · 경제적으로도 책임을 다할 수 있을 것이냐는 질문에 제대로 대답하지 못했다. 한편 메르켈 정부는 이와는 반대되지만 아주 유사한 질문, 즉 경제적으로 개방적인 사회가 사회적으로 미세한 구멍들이 나 있는 공동체가 되지 않도록 보호하는 방안이 무엇인지 대답해야 할 것이다. 하지만 정부가 국민을 도덕적으로 교육시키는 기관이어야 한다고 요구할 수는 없다. 왜냐하면 이런 요구는 이미 1982년 이후 콜 정권에서 두 번이나 실패했기 때문이다.

14 리스크를 감행해야 하는 현대에서의 가치의 복귀

I.

요란스러워진 가치에서 더는 피할 수 없는 상황이 갑자기 도래했다. 전 지구적으로 영향력을 펼치는 어떤 비밀스런 힘이 생겨난 것처럼 보인다. 이 비밀스런 힘은 기업들의 범세계적인 활동에 대해 요구하는 것과 마찬가지로 가정에서는 개인의 사적인 삶에 노크를 하며 커다란 정치적 싸움에서 결정적인 영향력을 행사하고 있다. 2004년 11월의 미국 대통령 선거는 여러 측면에서 이해관계와 물질을 우선하는 경제 시대에서 가치 시대로의 이행을 보여주는 신호와 같았다. 이제는 이미 유럽, 특히 독일에서도 새로운 문화의 충돌, 가치에 대한 시민들의 근본적인 태도에 따른 정치 진영의 형성에 관한 사안들이 언급되고 있으며, 다음 번 연방하원 선거는 여기에서 결정될 수도 있을 것이라는 관측도 있었다.

이로써 가치의 복귀가 냉정하고 합리적인 유럽이나 얽매임 없이 자유로운 서구에서는 이질적인 것으로 머물 것이라는 추측은 빗나갔다. 그리고 가치의 복귀는 가치로부터 자유로운 서구에 대한 일종의 외부의 공격이라는 추측도 마찬가지였다. 즉 서구의 것과는 다른 가치를 가지고 있을 뿐이면서 규범적인 근본 선택을 기준으로 측정되는 삶의 방식을 무조건 우선하는 다른 문화권이 서구를 향해 가하는 공격에 불과하다는 추측도 빗나갔다. 물론 무엇보다도 근본주의적이고 때때로 폭력적 · 테러적인 성향을 보이면서 유럽인들과 미국인들에게 이러한 공포를 불러일으킨 것은 바로 새로운 정치적 이슬람이었다. 이슬람은 유럽인들과 미국인들에게 동시에 자신을 비춰볼 거울을 제시했다. 즉 "우리 이슬람은 머리에 수건을 두르고 있다. 그런데 너희들은 시장의 논리와 자기실현을 향한 쾌락적 추구를 넘어서는 타당성을 가진 그 무엇을 제시할 수 있는가?" 하는 질문이었다. 미국은 이러한 질문에 대해 선교사적인 열정과 자신들의 가치가 우월하다는 시민적 종교로 채색된 확신을 내보이면서 언제나 단순하게 한 가지 답변만으로 대응한다. 유럽의 대응은 '변혁시대의 가치'라는 제목의 책을 출판했고, 두려움이나 결점이 없는 새로운 기사처럼 가치의 하락과 임의적인 문화에 맞서 싸우는 인물을 새로운 교황으로 선출한 것이라고 말할 수 있다.

가치라는 것은 분명히 종교와 모종의 연관성이 있다. 가치와 종교가 동시에 21세기 벽두에 중요성을 가지게 된 것은 우연이 아니다. 그러나 종교는 종종 가치를 운반하는 매체 이상이며, 종교라는 컨테이너는 그 안에 담긴 내용물 이상이다. 또한 종교는 지금 현재 가치를 추구하도록 하는 그 모든 것을 운반할 수도 없다. 또 다른 흔적은 교육과 교양에 대한 새로운 토론에서 찾아볼 수 있는데, 이러한 토론에서 지식의 결핍이 문제된 것은 국제 학력 성취도 평가(PISA) 충격*에 대한 자생적인 반응으로서 이루어진 첫 토론에서뿐이었다. 그 사이에 관심은 인지적인 차원에서 행동과 가치의 차원으로 확장되었다. 어린이와 청소년들, 그리고 부모들에게도 '어떤 방향으로 나아가야 할 것인지', 독자적인 삶의 방식과 다른 사람들과의 교제에서 지침이 되는 것은 무엇인지에 대해 다시 명확하게 말해주어야 하지 않겠는가? 유명하면서도 악명이 높은 '규율'과 같이 부차적인 덕목으로서 조소의 대상이 되었던 것이 이를 통해 저절로 근본 가치로 자리 잡지는 않겠지만, '나'와 '타인'의 관계에 대한 성찰적인 표현은 될 것이다. 가치를 구성하는 것은 바로 개인과 공동체의 이러한 긴장 영역이라고 할 수 있다. 인간은 물론 혼자서도 덕성스러운 인격을 가질 수 있을 것이다.

동시에 가치는 어떤 결정을 내리는 것과 연관된 것인데, 교육과 행동에 관한 새로운 논의도 이를 분명하게 보여준다. 이는 잘 알겠지만 여러 대안이 존재한다는 것과 관련이 있을 뿐 아니라, 이러한 대안 중에서 선택을 하고 하나의 결정을 내릴 수 있는 능력과도 연관성이 있다. 자신과 자신의 아이들을 건강하게 혹은 건강하지 않게 부양하는지, 무엇을 읽고 어떤 텔레비전 프로그램을 시청하는지 등, 이 모든 것은 이제 더는 "각자는 자신의 삶의 방식대로 행복해야 한다"는 식으로 이루어지지 않는다. 우선권이 정해지며, 거기에는 위계질서가 작용한다고 보아야 할 것이다. 다시 말해 어떤 것이 더 '좋다'거나 '나쁘다'고 하는 것은 가치의 결정에서 비롯되며 이로 인한 결과는 리스크 또는 기회와 많은 관련이 있다. '잘못된' 행동을 취하는 것은 어떤 리스크를 의미하며, 결국에는 누가 그 비용을 책임지는가? 여기에서 문제가 되는 것은 관용을 철회할 것인가 하는 것이 아니다. 하지만 타자를 무조건 인정하는 것은 우선은 가치를 기준으로 검토해보아야 하는 것이다. 달리 말하자면, 모든 삶

* 2003년 고교생 학력 평가에서 한국 등 아시아 국가가 상위권에, 독일은 중하위권에 위치하여 독일 사회가 큰 충격을 받았다.

의 모델이나 사회 모델이 다원성이라는 관점에서 똑같이 존중받을 자격이 있지는 않다는 것이다. 이로써 서구의 자유의 문화 내부에서는 우선 강조점이 옮겨졌다.

그런데 '문명의 충돌'[새뮤얼 헌팅턴(Samuel Huntington)의 개념]의 차원에서는, 그것이 유럽 대도시에서 인종 간이든 아니면 전 지구적인 문화권 간의 충돌이든, 지난 몇 년 동안 이러한 가치의 충돌은 격렬한 모습으로 나타나고 있다. 여기서 가치의 충돌은, 머릿수건을 학교에서 쓰는 것이 허락되는지, 가족이나 친족 간에 결혼하는 것이 허락되는지, 컴퓨터 게임이 지나치게 폭력적이지는 않은지 하는 것과 같은 개인적인 삶의 방식의 규범에만 관계되는 것은 아니다. 오히려 정치 질서의 핵심 영역, 민주적인 제도들, 시민의 자유 등도 문제가 되고 있다. 불과 몇십 년 전만 해도 서구, 특히 유럽에서는 자신의 가치를 고백하는 것에 대해 종종 망설이거나 조심스러워하는 태도를 보였다. 민주화의 '제3의 물결'(이것 역시 새뮤얼 헌팅턴의 개념이다)이 1970년대 남유럽에 이어 남미(라틴아메리카)와 동유럽을 엄습하고 오늘날에는 아랍 세계의 문 앞까지 도달한 이후로 민주주의와 자유는 보편적인 주요 가치로서 새로운 열정으로 발견되고 옹호되어왔다. 이를 결코 어설픈 자기만족과 결부시켜서는 안 될 것이다. 자유주의적 질서는 언제나 불확실한 것이다. 말하자면 일종의 새로운 위기의식, 새로운 회의 같은 것이 계속 생겨난다. 그리고 자유주의적 질서는 "자유롭고 세속화된 국가는 그 스스로 보장될 수 없는 전제들을 먹고 살아간다"[38]라는 한 헌법학자의 유명한 말처럼 그 제도만으로는 안정성을 보장할 수 없다. 다시 말하자면 국가는 자유의 리스크를 감수했는데 이러한 국가를 보장한 것은 바로 자유를 향유하는 시민들의 가치에 대한 확신이다.

III.

이 정도까지는 좋다고 할 수 있다. 가치들이 복귀해 있다. 여기저기에 복귀해 있는 것이 아니라 전 지구적인 척도로, 그리고 부분적으로는 아주 상이한 문화적 여건에서 복귀해 있다. 추상적인 구호나 잡설의 어설픈 형식으로서가 아니라 정치적인 영역에서는 물론 개인적인 영역에서 아주 구체적이며 아주 일상적인 갈등의 형태로 복귀해 있다. 하지만 아직 그 이유가 설명된 것은 아니다. 간단히 시대정신이 바뀌어서 우리는 가치 없는 삶과 존재의 가벼움에 싫증이 난 것일까? 언제나 즐겨 언급되는 설명은 우리가 신속한 변화의 시대에 살고 있기 때문이라는 것이다. 우리 주위의 모든 것이 엄청나게 빨리 변하고 있으며, 바로 그 때문에 모든 것의 확고한 발판이 될 수 있는 변화의 좌표, 아르키메데스의 점이 더욱 필요하다는 것이다. 그렇다면 가치는 일종의 지지대, 변화의 부당한 요구에 저항하는 닻과 같은 것이다. 이것은 맞는 말이면서도 진부하다. 무엇보다도 이 논지는 아주 정확하지는 않다. 왜냐하면 단지 한 세대에 걸쳐, 때로는 불과 몇 년 사이에 이루어지는 급격한 변화, 삶의 여건을 근본적으로 뒤흔드는 변화를 서구 사회는 이미 150년 전부터 경험해왔기 때문이다. 즉 농업시대에서 산업시대로의 이행기, 즉 기차와 전보가 등장해 오늘날의 인터넷보다 더 혁명적이었던 기술과 통신 혁명이 시작되었던 시절 이후부터 서구는 이러한 변화를 경험해왔다. 그러나 이런 변화의 시대마다 가치들이 한결같이 크게 유행했던 것은 아니다.

더욱이 가치들은 결코 고대의 골동품과 같은 어떤 것이 아니라 오히려 역사적으로 생겨난 비교적 새로운 고안물이라고 말할 수 있다. 가치들이 생겨난 것은 현대사회의 산물, 즉 18세기 이후의 산물이다. 왜냐하면 가치라는 것은 자신의 행동에 대한 개방적인 성찰의 지평을 전제로 하는 것인데, 그 이전의 인간에게는 이러한 지평이 주어지지 않았기 때문이다. 자연재해, 흉작, 질병과 죽음 등을 통해 외부로부터 오는 '리스크' 대신, 이제 인간은 자신의 행동을 통해 빠져들 수 있는 '리스크'를 고려해야 했다. 여기에는 전통적인 통치자인 왕을 자유로운 공화제 헌법으로 대체하며 생기는 리스크도 속하며, 새로운 기술에 따른 리스크도 속한다. 이러한 역사적인 전환기에서 가치들은 구조적인 불확실성과 새로이 생겨난 행동의 선택과 대안을 맞아 확실성을 전달해준다.

모든 것이 확고한 상황에서 사람은 가치를 필요로 하는 것이 아니라 "이것은 해야 하고, 저것은 해서는 안 된다"는 구호를 따르는 행동 규범이 필요할 뿐이다. 이런 규범은 과거에는 특정한 사회 그룹에 맞추어져 있었고, 신분에 따른 생활방식의 규범으로서 귀족 혹은 상인, 수공업자 혹은 거지 등의 불문율(명예에 관한 사회 도덕적 통념)과 밀접하게 연결되어 있었다. 이와는 달리 가치는 개방적이며, 특정 그룹에 한정된 규정을 뛰어넘는 특성을 갖는다. 가치는 논란의 여지가 있거나 상호 갈등하는 상황에 빠지고 문화적 차이를 드러내는 경우가 있다고 하더라도 보편적인 타당성을 지향한다고 말할 수도 있을 것이다. 아울러 이 모든 것은 또한 근본주의적이고 '가치 지향적인' 이슬람에게도 해당되는데, 이러한 이슬람은 현대와 충돌하고 중첩되는 과정을 통해서 비로소 가능하게 된 것이다.

그러나 가치의 탄생부터 현재에 이르기까지는, 어떤 의미에서든 결코 수세기 동안에 일직선의 흐름이 있었던 것은 아니다. 언제나 보편적인 타당성을 요구할 수 있는 가치가 지속적으로 승리를 거두는 경우는 찾아볼 수 없다. 만약에 그런 일이 있다면, 세계가 완전히 자유롭게 되고 완전히 정의롭게 되는 것은 단지 시간문제일 것이다. 당연히 그 반대의 경우도 적용된다. 그렇다고 해서 지속적인 가치의 타락을 주장한다면 그러한 견해에 대해서도 회의적인 시각을 가져야 할 것이다. 실상은 그게 아니며, 오히려 현대사회의 다양한 발전 단계에서 가치와의 연관성은 상이한 기능을 수행했다. 계몽주의 시대에는 자유, 평등, 박애를 분명하게 내걸어 강령으로 받아들였는데, 이러한 계몽주의 시대에 이어, 미래는 저절로 찾아올 것이며 가치의 나침반은 별로 중요하지 않다고 생각하는 기술적 현대가 찾아왔다. 그리고 이제 20세기 후반에 접어들면서 현대의 역동성은 한동안 '포스트모던'이라는 이름을 내걸고 센세이션을 일으켰던 저 외관상의 정체에 이르기까지 위기에 처했다. 이른바 많이 논의되었던 '가치 전환'의 시대를 맞은 것이다. 즉 복지사회에서의 삶의 방향은 노동과 경제적인 번영 이외의 다른 것들로 향했으며, 자기 개발이나 자아실현과 같은 '탈물질적' 가치들이 전면에 등장했다. 그렇다고 해서 이런 것이 반드시 더 많은 개방성과 실험 정신을 보이는 방식으로 나타난 것은 아니었다. 지난 몇십 년 동안에는 여러 측면에서 안전이라는 사고, 리스크에 적대적인 태도가 증가했다.

III.

이제 우리는 마침내 네 번째 국면에 접어들고 있다. 탈물질적이고 자유적인 가치의 전환은 이미 자신의 전성기를 오래전에 뒤로 했다. '역사의 종말'이라는 것은 없다. 현대의 역동성은 계속되고 있고, 우리를 새로운 결정의 상황 앞에 서도록 한다. 현대의 역동성은 리스크를 다시 불가피한 것으로 만들고 있다. 우리는 유전공학과 핵에너지, 교통 기술의 어떤 학문적인 기회를 이용해도 좋을 것인가? 우리가 자연적인 삶의 환경에 가하는 부담은, 그것이 기후변화나 자연재해의 형태로 우리에게 앙갚음을 하게 될 경우, 어느 지점에서 한계를 드러낼 것인가? 그 어떤 길도 순진하게 자동적으로 이루어지는 진보라는 방향으로 되돌아갈 수는 없을 것이다. 21세기의 시작에 해당하는 네 번째 국면은 현대가 그 자체로 불확실해졌지만 결코 포기될 수 없는 시대다. 현대가 집중적으로 비판받는 상황에서 가치를 지향하는 것은 이 글의 첫머리에서 언급했던 것과 같은 의미를 갖는다. 하지만 그것은 입은 피해에 대한 단순한 보상을 뜻하지는 않는다. 세상은 복잡해졌고 리스크는 점점 커져간다. 이런 상황에서는 마치 우리가 과거의 유물을 다시 활성화시키기만 하면 된다고 여기듯이 가치에 대해 '숙고'할 것을 요구하는 것은 별로 진전을 가져다주지 못한다.

왜냐하면 가치는 단순히 전통의 산물이 아니라 언제나 새롭게 생성되어야 하고 새롭게 고안되어야 하는 것이기 때문이다. 이것은 더 큰 그룹(보편적인 세계 공동체에 이르기까지)에나 개인에게나 마찬가지다. 그렇지만 적어도 가치들이 갖는 하나의 내적 핵심은, 위기 상황에 투입하기 위해 가치를 의도적으로 생산하는 것, 냉철한 계산에서 고안해내는 것을 거부한다는 것이다. 어떤 복잡한 결정을 할 때 어떤 가치가 우리에게 신속하게 도움이 될 것인가? 어떻게 우리는 가치를 효과적으로 생성시킬 수 있을까? 이런 식의 사고를 할 경우, 우리는 성급하게 오류를 범하게 된다. 왜냐하면 가치는 사회학자 한스 요아스(Hans Joas)의 말대로 '수동적인 모멘트'를 포함하고 있기 때문이다. 즉 사람은 자신을 가치에 결합시키는 것이 아니라 가치에 구속되어 있다고 느낀다는 것이다.[39] 가치에 구속되어 있다는 이러한 감정은 이성적인 요인으로는 결코 환원시킬 수 없는 '감동'(사로잡힘)의 체험에서 생겨나는 것이다. 따라서 우리가 그 무엇이 우리에게는 '신성하다'는 식으로 가치에 대한 신념을 이야기하는 경우, 이는 결코 단순한 비유가 아니다. 이것은 가치가 갖고 있는 종교의례적(종교적) 요소뿐 아니라 개별적인 요소도 분명히 보여주는 것이며, 이러한 요소 없이는 현대적 가치들은 생각할 수 없다. 긴장, 가치 충돌의 역동성은 언제나 극복되어야 할 개인적인 감동과 보편적인 타당성 사이의 거리에서 생겨난다.

가치를 '단지' 전통적인 그 무엇, 변화의 도전에 대한 새로운 보장과 같은 것으로 간주한다면, 독일에서는 이 가치를 경제적인 삶의 부당한 요구나 불확실성에 맞서는 피난처로 자리매김할 가능성이 높아진다. "경제냐 아니면 가치냐?"와 같은 외형상의 양자택일은 정치적인 행동과 개인적인 행동을 위한 잘못된 지침일 뿐 아니라 역사적 · 정치철학적으로도 잘못된 것이다. 독일 국민은 오랜 세대에 걸쳐 자라난 반자본주의적 본성을 지금 이 위기의 시기에도 다시 완고하게 수호하려는 모습을 보이는데, 이런 국민을 경제적으로 계몽하는 작업은 근본적으로 이제 시작 단계다. 너무 많은 사람들이 사회주의를 지금까지는 단지 실현이 잘못되었을 뿐이라고 여기며 여전히 (또는 너무 빨리 다시금) 훌륭한 이념으로 간주하고 있다. 따라서 시장경제의 근본 원칙, 즉 항구적인 역동성, 지속적인 구조 변화를 받아들이는 데서 늘 어려움을 안고 있으며, 그 대신에 기본적인 소매업 분야이든 아니면 자동차 산업 또는 에너지 공급 분야에서든 가능하면 이전 상황을 고착시키는 구조의 보수적인 경제정책을 추진하는 경향이 나타나는 것이다. 다른 어느 지역보다 독일에서는 정치와 경제 분야의 지도층에 이르기까지 수준 높은 서비스의 가치와 생산성을 인정하는 데 여전히 어려움을 안고 있다. "모든 것이 상술!"이고 일상의 경제화가 너무 과도하게 추진되었다고 주장하면서 이러한 경제화에 대항하여 가치를 숙고하는 것은 현실을 제대로 보지 못하게 하는 것이다. 왜냐하면 실제로 독일은 국제적으로 비교해볼 때 상업화의 측면이 부족하기 때문이다. 이것은 시장성이 부족한 서비스의 제공부터 모든 광고판이나 새로운 상업 지역을 언제나 경관의 훼손으로만 보고 복지의 징후로는 보지 않는 아주 독특한 우려의 정서까지 여러 측면에서 나타난다고 할 수 있다.

그러니까 우리가 맞고 있는 도전은, 가장 간단하게 말한다면 바로 경제와 가치를 조화시키는 것이 될 것이다. 우리는 전선을 잘못 설정한 데에서 벗어나야 하고, 그 대신 필요 불가결한 경제적인 변화가 지닌 의미 또는 '도덕성'을 파악해야 하며 아울러 가치와의 관계성을 일요일 교회당에서 한 번 하는 호소에서 일상적인 실천으로 바꾸어야 할 것이다. 우리는 가치에 대한 논쟁을 계속해도 좋거나 또는 계속해야만 하는데, '실천될 수 있는 가치(values in practice)'에 분명한 중점을 두되 논의를 경제에 한정시킬 필요는 없다. 즉 우리가 교육에 대해 토론하고, 읽기 능력과 문학 지식에 대해 논의하는 경우, 성찰의 시간을 위한 어떤 아름다운 고전을 다루려는 것이 아니다. 그 핵심에 해당되는 것은 청소년들이 자립적인 삶의 방식과 취업 사회의 기회에 통합될 수 있는 능력을 배양하는 것이다. 그런데 현재 상황에서 보면 너무 많은 청소년들이 일단은 학교를 제대로 마치지 못하는 경우가 많기 때문에 취업 사회가 제공하는 이러한 기회들을 누리지 못하고 있다. 아울러 이러한 의미에서 본다면 애국심이라는 것도, 자신의 노력과 노동이 자기 자신에게만 유용할 뿐 아니라 나라 전체가 발전하는 데 기여하며 강자나 약자 모두 이를 통해 이득을 얻는다는 사실을 깨닫게 된다면, 실천적인 가치를 지닐 수 있다.

경제와 가치의 결합은 또한 경제계, 기업들의 범주를 넘어서 시민사회를 위한 능력과 실질적인 활동들을 장려하는 것을 의미한다. 우리는 복지, 사회적 결속과 지원의 문제는 더 이상 국가가 홀로 책임질 수 없다는 사실을 서서히 깨닫고 있다. 따라서 사회보장제도에 대한 강제적인 납부를 넘어서는 새로운 방법, 새로운 형태로 기업과 노동자들이 책임을 다하는 것이 중요하다. 이제 독일은 '사회 공동의 책임'이라는 영역과 같은 이러한 문제에서도 후진성을 극복해야 한다.

따라서 가치를 합리적이고 냉정한 환경, 더 나아가 점점 더 파악하기 어려워지는 전 지구적 자본주의의 환경에서 뭔가 다르고 더 좋은 어떤 것으로 자리매김하려는 유혹에 굴복하지 않는 것이 중요하다. 경제와 가치가 서로 전쟁을 벌이면, 어느 쪽도 이득을 보지 못할 것이다. 가치는 그 자체의 신성한 본질인데도 경제적인 차원을 가지고 있다. 결국 '가치'라는 것이 경제적인 핵심 개념이면서 동시에 문화적인 핵심 개념이라는 것은 결코 우연적인 것이 아니며, 말장난도 아니다. "어떤 것이 가치 있는가?"라는 질문은 바로 "당신은 그것을 위해 지불할 준비가 되어 있는가?", "당신은 얼마나 자신을 투입하려고 하는가?"를 의미한다. 즉 얼마간의 금액 지불, 자기 자신의 투입, 자신의 행동이나 생활방식의 선택, 그리고 특히 다른 사람들을 위한 헌신을 의미하는 것이다.

경제와 가치, 이 두 가지는 투자라는 측면에서 서로 연결되어 있다. 소극적이고 정체되어 있으며 억제하는 사회는 다시 투자적인 사회로 바뀌어야 한다. 이는 기업과 소비자들에게도 마찬가지로 적용되며, 경제적인 투자와 마찬가지로 실용적인 가치, 도덕과 공동체 생활의 능력, 우리 사회의 통합과 연대를 위한 '투자'에도 해당되는 것이다. 이러한 점에서는 또한 문화적인 가치에 '투자'하는 것도 가능하다. 다시 말해 다른 이들을 설득할 수 있고, 아주 이상적으로는 세계를 개선할 수 있다는 기대를 가지고 참여하는 자세로 미리 자신을 투입하는 것이다. 이렇게 할 경우 위태롭고 리스크가 높은 사회에서 가치라는 것은 일과가 끝나고 사냥에서 돌아와 몸을 피할 수 있는 안온한 대피소와 같은 것일 수가 없을 것이다. 오히려 가치는 리스크를 감행해야 하는 현대에서 밝은 지평선에 투영시키는 하나의 투사물, 자신의 삶과 다른 사람들과의 이해가 지향해야 할 목표와 같은 것이 될 것이다.

자기 개선으로서의 애국심

새로운 공화주의의 기초

우리가 과연 아직도 독일이라는 나라에 대해 숙고해볼 시간과 기회를 갖고 있는 것일까? "독일을 계산해보기!" 이것이 지난 2년 동안에 걸친 개혁 투쟁에 가장 적합한 제목처럼 보인다. 현실감을 되찾고 점점 부족해지는 자원을 분배하는 것이 중요했다. 가혹한 계산들, 냉정한 수치들, 그리고 드라마틱한 곡선들은 쓴 약과 같았으며, 이런 것들을 주제로 독일에 대한 새로운 토론이 이루어졌다. 토론은 한결같이 인구통계상의 추세, 점점 늘어나는 평균수명의 잠재적 영향에 대한 통찰, 점점 낮아지는 출산율의 문제에서 시작하여 실업자 수치, 노동시간, 연금 조기 수혜 연령에 이르는 취업 사회에 대한 분석으로 계속된다. 그리고 이런 수치들이 당초의 계획과는 다르게 나오자 결국 사회복지국가에 대한 계산을 새로 하게 된다. 이러한 사고방식은 보건 정책에 관한 일부 토론에서는 정점에 달했는데, 여기서는 잠정적으로 어차피 비현실적인 납부금을 둘러싼 줄다리기가 사회복지국가 체제 개혁이라는 원칙적인 핵심을 계속 뒷전으로 밀려나게 만들었다.

어쨌든 분명한 것은, 고통스럽게도 독일이라는 나라가 삶의 기회, 사회적 관계와 연대 의식까지 경제적으로 계산하는 새로운 단계에 접어들었다는 것이다. 시간당 1유로짜리 일자리, 환자 부담의 기본 진료비, '하르츠 IV' 지급 비율, 그리고 이에 못지않게 냉정한 어휘들이 독일에서 집단적 자의식의 사전을 채워간다. 그 이유는 명백하다. 자원이 점점 부족해져 더욱 정확한 계산이 필요하며, 풍요와 일반적인 성장의 시대보다 공평한 분배가 더 중요해진 시대로 변해가기 때문이다. 새로운 계산법은 이미 오래전에 도입되어야 했는데, 이제야 절실하게 필요해진 것이다. 왜냐하면 수십 년 동안 인구통계 추세의 결과를 뒷전으로 밀어놓고 연대와 복지에 소요되는 비용을 은폐하는 데 성공해왔기 때문이다. 이제 독일인들은 경제적인 문외한의 상태에서 어느 정도 벗어났으며, 국가가 제공하는 혜택에는 얼마나 많은 비용이 들어가고, 누가 그 혜택을 누리며 이에 대한 비용은 누가 부담하는가에 대해 생각하기 시작했다.

연대 의식과 결속은 돈지갑과 관련이 깊다. 그러나 잊을 만하면 다시 등장하는 새로운 정의를 단순히 수치로만 실현하려는 것 – 그것 또한 제대로 굴러갈 수가 없었다. 개혁을 위한 냉정한 계산에 맞서서 사람들의 마음을 따스하게 할 해독제가 필요했다. 그래서 갑자가 애국심이 회자되고 있다. 이제 구호는 '독일을 계산해보기!' 대신에 '독일을 느껴보자!'로 바뀐 것 같다. 그런데 이러한 호소는 실질적인 면에서 상당히 제한되어 있다. 나치 희생자를 위한 기념일 제정과 기념 상징물 건립,* 주도 문화,** 사회 통합과 병행사회***에 관

* 하나의 사례로 2005년 5월 완공된 베를린 '홀로코스트 대기념비'는 장장 9년간의 논란 끝에 완공되었다.

** 1990년대 이후 정치권과 문화계에서 간혹 '무엇이 독일의 주류 문화인가'라는 논쟁이 제기되었다. 이 논쟁은 주로 우파 인사들이 시동을 걸었는데 좌파가 '나치즘', '인종주

한 논쟁들은 오히려 무력감만 드러냈으며 아무런 성과를 거두지 못하고 있다. 돈과 신념 간의 간극, 돈지갑과 애국심의 간극을 어쩌다 한 번 다소나마 극복하기 위해서는 자연적 재해와 같은 것이 필요했다. 독일인들이 위급한 경우에 연대 의식을 특히 잘 보이는 이유는 아마도 재난으로 점철되었던 독일의 역사적 상황과 관련이 있는 것 같다. 반면에 사회의 중간 계층을 대상으로 공공의 정신을 일상적이고 특별한 열정을 담지 않은 정상적인 의식으로 각인시키는 일은 훨씬 어렵다. 그것은 계산을 하고 느끼는 것만으로는 충분치 않은 것이다.

I. 도대체 무엇을 위해서?

정치생활의 구심점 상실

어느 국가를 막론하고 국가라는 존재는 스스로에 대한 개념과 정의를 필요로 한다. 만약 국가가 납세자들 또는 사회복지 혜택 수혜자들의 단순한 공동체에 그친다면 어려운 시기를 맞아 내부적인 힘을 발전시킬 수 없다. 독일인들은 제2차 세계대전, 즉 자신들의 책임이 있는 전쟁과 인종 학살이 종료된 후 일단은 정상적인 상태를 다시 회복하기를 원했는데, 그 척도가 서방적인 것인가, 사회주의적인 것인가는 상관없었다. 상당히 오랫동안 서독에서는 정상화 작업이 아주 쉽게 이루어지는 편이었다. 경제적 번영과 총체적 사회보장 체제의 확립 그리고 자유민주주의 제도의 신속한 구축은 국민 개개인에게 자유를 선사했는데, 이러한 자유는 중심부, 즉 사회적 중간층의 상실을 오랫

의'라고 낙인찍으면서 논쟁다운 논쟁으로 발전되지는 못했다.

*** 통합되지 못한 이민자 사회가 주류 사회와 병행하는 사회.

동안 인지하지 못하게 했다. 이것은 중산층, 즉 폭넓은 사회적인 중간 계층이 상실된 것이 아니었다. 또 좌파와 우파로 나뉘는 정치체제의 좌표에서 '중도'가 사라진 것도 아니었는데, 물론 좌우파로의 분리는 극단으로 치우칠 수 있다는 우려 때문에 어차피 불가능했다. 전후 독일에서는 오히려 앵글로색슨계 국가에서 '정치사회(political society)'라고 부르는 중심부와 그 문화적 토대가 결여되어 있었다. "국가는 도대체 무엇을 추구했는가?", "국민들의 노력에서 핵심은 무엇이었는가?" 여기서 말하는 것은 국민 개개인이 아닌 시민 공동체의 노력을 말하는 것이다. '무엇을 위해서'라는 질문에 설득력 있는 답변을 더 이상 찾지 못했으며, 가까운 과거의 경험 때문에 깊은 열정을 보이는 것은 시의적절하지 못한 것으로 치부되었다. 그런 면에서 독일인들은 역사를 통틀어 한 번도 제대로 순수한 공화국의 '파토스'를 느끼거나 경험한 적이 없었다.

동독의 독재체제 여건에서는 시민정신의 발전은 더군다나 논의될 여지가 없었고 서독 지역에서는 이러한 기회가 충분히 활용되지 못했다. 종전 직후에는 우선적으로 경제발전과 정상화가 중요한 현안이었다. 곧이어 1970년대 중반에는 도대체 중요한 현안이 무엇인지조차 더 이상 정확히 알 수 없게 되었다. 진보라는 의식이 맞은 일반적 위기는 유럽 이웃나라 국민보다도 서독 국민을 더욱 심하게 강타했으며, 기술적 · 합리적으로 계획된 민주주의와 사회라는 미래에 대한 열광적 도취는 낭만적이고 겁에 질린 우려로 바뀌었다. 미래에 대한 이성적 전망을 갖지 못하면서 사람들은 더욱 더 집중적으로 과거로 눈을 돌렸으며, 이른바 역사화*를 대대적인 문화적 추세로 만들었다.

---

* 지나간 과거에 대한 '역사화'란 언뜻 과거사에 대한 '객관화'라고도 볼 수 있으나, 다른 한편으로 현재 해석하는 주체 · 집단의 '역사 정치'의 시각에서 사회적으로 수행하는 역사 왜곡을 배제하지 않는다. 독일에서는 1986~1987년 진행된, '나치 과거'에 대한 '역사가 논쟁'이 대표적이다. 가령 우리나라에서 일제강점기의 근대화와 '해방 전후사

혹은 차라리 현재에 완전히 몰입해 살면서 자유화된 사회가 제공하는 기회들을 철저히 개인적으로 향유하는 모습을 보였다. 이런 식의 과도한 개인주의는 서구 사회에서 진보의 약속이 최종적으로 실현된 것과 같은 모습으로 나타나서 공동체적 의무를 더 이상 깨닫지 못하게 만드는 듯했다. 그러면서 다른 한편으로 사적인 영역이 된 소비사회는 그 절정을 향해 나아가고 있었다.

국가의 정치적 목표의 공백은 한동안은 아직 현실로 나타나지 않았던 '민족의 통일'이라는 수사학으로 채워질 수 있었다. 그러나 여기서도 대부분의 도덕적 설교들은 '무엇을 위해서'냐는 질문에는 대답하지 않은 채 빠져나갔고, 결국 장벽이 무너지자 그 대가를 치러야 했다. 열광에 빠졌던 짧은 시간이 지나자, 통일은 기술적인 통합의 과제, 국가의 재정과 경제의 프로젝트가 되어버렸다. 통일로 새로 연방공화국에 편입된 새로운 연방주(구동독)의 통합은 도대체 어떤 방향으로 가야 할 것인가? '생활수준의 격차 해소'는 환상이 아니었을까? 그리고 서독의 상황이 방향을 설정하는 데 등대 기능을 할 수 있었고, 과연 그것은 미래에 대처할 수 있는 것이었을까? 결국 실망이 따르지 않을 수 없었고, 이제 우리는 이런 간극이 가져온 결과와 씨름해야 한다. 시민운동, 1989년의 평화적 혁명을 통해 생겨난 민주주의와 시민정신은 독일 전역에 걸쳐 강화되지는 못했고, 당시의 시민 정신은 오히려 약해지려는 조짐이 보이거나, 벌써 약해져 버렸다. 계속 이렇게 간다면, 그것은 민주주의 혁명이 가져온 기이하고 역사적으로도 아마 유일무이한 결과로 남을 것이다.

다른 한편으로 몇 년 전부터는 자족할 정도의 풍족한 생활이라는 환상이 점차로 밑바닥에서부터 흔들리고 있다. 새로운 현실감각이 대두되고, 새로운

에 대한 인식'(진보 진영)에 대한 '새로운 인식'(보수 진영)의 해석을 '역사화'로 볼 수 있다.

위기의식이 형성되었다. '베를린 공화국'에서는 '본 공화국'에서와 같은 기만적인 정상 상태를 더 이상 지속하려 하지 않는다. 그런데 위기는 불만만 가져다주는 것이 아니라, 자연스럽게 새로운 개혁의 분위기도 창출한다. 새로운 중심을 찾으려는 노력, 새로운 독일식 공화주의를 구축하기 위한 노력이 이런 위기로 시작될 수 있는 것이다.

Ⅱ. 자유로운 삶

공화주의의 장점들

공화국가적 공동체의 핵심, 즉 기본 목표는 자유로운 삶이다. 이는 마키아벨리라든가 더 거슬러 올라가 고대의 정치 이론에서 뿌리를 찾을 수 있는 낡은 공식이다.[40] 따라서 이는 사실 '독일적인' 공식이 아니라, 서방의 정치 문화를 지칭하는 개념이다. 서방의 정치 문화를 받아들이는 것은 1945년 이후 독일연방공화국(서독)의 중요한 과제였다. 1980년대 이후로는 대체로 긍정적인 평가가 내려졌다. 즉 독일은 자동적이고 즉각적인 경로는 아니지만 험난한 여정을 거치며 수많은 갈등을 해결하는 과정을 통해 서방의 정치 문화에 마침내 적응했다는 것이다.[41] 군주제와 관료 국가, 독재와 전체주의에서 근본적인 탈바꿈을 했다는 사실을 부인하려는 것은 아니지만, 아마도 이런 평가는 약간 시기상조일 수 있겠다. 문화적인 불안, 경제적인 긴장과 사회적 분배 투쟁의 위기를 겪으면서 여러 지역에서는 과거의 미성숙한 시절로 되돌아가려는 반사작용이 나타났다. 다른 어떤 민족보다도 독일인들은 역사적 경험을 통해서 자유로운 삶의 장점들을 존중해야 한다는 교훈을 얻을 수 있다. 그러나 독일인들은 때로는 이 교훈의 일부만 이해한 것 같다.

자유로운 삶이라는 공화국가적 메시지는 오늘날 어떻게 해석될 수 있을까? 그 해석은 3단계로 나뉘어 있다. 제1단계는 안정과 평화이다. 이는 자유로운 삶의 영위를 가능케 해주는 외적인 조건이다. 평화적으로 또는 시민적으로 사회의 헌법을 마련하는 것은 여기에 속한다. 아울러 전쟁은 물론, 박해, 폭력, 독재에서 안전할 수 있는 것까지도 의미하는데, 이러한 위험은 외부에서 올 수도 있고 자국 정부나 국민에게서 나올 수도 있다. 또한 생존을 위협하는 물질적 곤궁에서의 탈피, 사회참여와 혜택의 향유를 가능하게 해주는 물자의 공급과 적정 수준의 복지도 '안정과 평화'에 속한다. 독일에서는 역사적으로 이러한 제1단계의 자유가 지금처럼 잘 보장된 적이 결코 없었을 것이다. 그런데도 이런 공적을 제대로 평가하는 능력은 오히려 퇴보했다. 자라나는 세대들은 기아나 전쟁 또는 정치적 박해를 간접적으로 들어서 알 뿐 직접적으로 경험하지 못했기 때문이다. 오히려 미국의 9·11 테러부터 동남아의 지진 해일까지 21세기의 벽두에 발생한 세계적인 새로운 재해들은 자유의 근본을 더욱 의식하게 만드는 기회 또는 계기가 되고 있다.

제2단계는 개인의 자유다. 이는 간단히 말하면 고전적 자유주의의 기본 메시지다. 인간은 자신을 속박하거나 통제하는 관계에서 자유로워야 한다. 인간은 스스로 선택한 권위 외에는 어떤 권위에도 굴복해서는 안 된다. 인간은 삶의 방식, 삶의 구상을 자유로이 선택할 수 있다. 인간은 양도할 수 없는 개인적 권리를 가지고 있다. 그러나 자유로운 삶의 대한 이런 가능성들도 우리가 평소에 생각하는 것보다 훨씬 위험하고 어려운 것이 되고 있다. 왜냐하면 우리는 이러한 서방의 자유를 어디에서도 통용되는 '보편적인' 것으로 믿고 싶어 할지 모르지만, 이러한 자유가 국제적으로 논쟁의 여지없이 받아들여지는 것은 아니기 때문이다. 그리고 이런 자유는 내부에서도 위협받고 있으며, 새로운 기술적 또는 사회적 여건에도 적응해야 한다. '정보와 관련된 자결권'이나 자신의 유전자에 대한 권리 등이 이러한 사례다. 그리고 고전적 자유주의의 의제 역시 최근 몇 년 사이에 한계에 도달했다. 자유의 순수한 발전 대신 자유가 안고 있는 딜레마도 확연해지고 있다. 삶의 방식을 자유롭게 선택하고 사회적으로 인정하는 것은 만약 문제의 삶의 방식이 자유의 근본 원칙들과 상치되는 경우에는 어디까지 허용될 수 있을까? 개인의 '자아실현'이나 의무적 관계에서 자유로운 것은, 이로 인해 제3자가 피해를 입게 되거나 사회적 가교가 더 이상 가능하지 않게 될 때 어디까지 허용될 수 있는 것일까?

따라서 제3단계는, 자유가 또한 공동체에서 '공공생활에 대한 참여'의 형태로 성취될 때에야 비로소 공화국가적인 의미의 자유로운 삶이 가능하다고 규정한다. 또 이렇게 말할 수도 있을 것이다. 즉 제1단계와 제2단계는 자주적인 삶을 영위할 수 있는 가능성과 기회를 의미하는 것이고, 제3단계는 이러한 자주성을 책임과 실질적 참여로 되돌린다는 것이다. 국가에 대한 참여 없이는 진정으로 자유롭거나 더 자유롭게 될 수 없다. 이러한 참여가 없다면, 시민국가라는 것은 더 이상 존재할 수 없을 것이다. 그러나 지금 문제가 되는 것은 더 이상 고전적인 시민 참여, 즉 개인적 삶을 영위하는 자유와 상치되는 개념으로서 공공생활에서의 책임이 아니다. 지난 수십 년 동안 서구 사회에서는 개인의 삶의 과격한 '해방'이 있었는데, 지금은 바로 이러한 과격성으로 인해 공적이지 않은 삶의 영역에서도 공화국가적 책임을 받아들일 것을 강요하고 있다. 왜냐하면 타인에 대한 배려, 제3자에 대한 책임을 다하기 위해 개인의 잠재적 자유를 포기하는 일이 없다면, 공동체가 운영될 수 없음은 물론 사회라는 것이 실현될 수 없기 때문이다.[42]

결국 적극적인 의미에서의 시민의 자유, 내부 사안에 대한 개입으로서의 공화국가적 자유가 문제가 된다. 이러한 자유를 언급하는 사람들은 18세기까지 유럽의 도시 공화국에서 자유라는 개념을 이해하는 데 근간이 되었던, '고전적 공화 체제'라는 전근대적 · 전민주주의적 전통을 끌어들이는 경우가 많다.[43] 이에 대해 이제는 타당성을 갖지 못하는, 기껏해야 선의의 노스탤지어에서 비롯된 말이라는 비판이 가해질 수도 있다. 그렇지만 계몽주의와 미국 및 프랑스에서의 혁명의 결과로 나타난 현대의 공화주의 및 자유에 대한 이해는 과거의 것과 그렇게 날카롭고 갑작스럽게 단절되어 있는 것은 아니다. 18세기 후반에 있었던 혁명들은 새로운 것에 대한 열망을 수반했으며, 국민을 시투아엥(citoyen; 시민)*으로 새롭게 정의했다. 하지만 핵심적인 메시지는 여전히 변하지 않았는데, 그것은 간단히 말해 "우리는 스스로 할 수 있다!"라는 메시지다. 즉 우리는 왕이나 독재자 없이도 스스로를 합리적으로 조직하고 정의롭게 통치할 수 있으며, 비록 완전하지는 않더라도 더 잘 해낼 수 있다는 것이다. "우리는 스스로 할 수 있다!"라는 이런 구호 속에서 자유로운 삶이라는 개념이 다시 부활하는 모습이 보인다. 동시에 우리는 이런 척도에서 볼 때 독일이 진정으로 공화국의 체제를 이룩했는지 자문해본다. 그렇지 않다면 우리는 스스로 선택한 대표들과 민주주의 엘리트 계층을 무시한다는 면에서 국제적으로 선두 주자가 아닐까? 그렇지 않다면 우리는 이해받지도, 충분한 이해력을 보이지도 못하는 엘리트 계층과 절망하는 국민 사이의, 이 끔찍할 정도로 넓고 민주주의 이전 상황을 상기시키는 간극에 대해 한탄해야 하지 않을까? 여전히 우리는 자유로운 삶의 장점들을 학습해야 한다.

* '시투아엥'으로서 '시민'은 부르주아와는 달리 능동적 · 참여적인 시민을 말한다. 이는 독일의 전통적인 '소시민'과도 다른 의미다.

III. 애국심

공화국의 공간들

애국심은 공화국에 속하는 것이다. 이는 이중적 방식으로 양쪽에서 이해될 수 있다. 공동체를 위한 실천적인 열정이 자유로운 정치 활동과 자치로 연결되지 않는다면 과연 어떤 의미를 가질 것인가? 반대로 공화국은 추상적인 개념 이상이다. 공화국은 구체적인 공간 내에서, 즉 공동생활을 영위하는 공동체의 정치적 · 사회적 관계들 속에서만 실현될 수 있다.

그 차원이 무엇이 되었든 간에 이러한 공간들은 미래에도 공화국을 지탱하는 토대가 되는데, 이러한 의미에서 공화국은 현대적인 애국심에 의존해 있다. 신속한 교통수단과 전자적 소통 수단은 이러한 공간의 경직된 경계를 허물고 각 지역과 국가 · 대륙과 문화가 서로 소통하면서 관계하는 시대를 열게 했다. 그러나 정치적 · 사회적 조직체의 미래가 국경을 벗어난 곳, 좀 더 정확히 말해 '국경 없는' 사해동포주의에 있다고 보는 것은 세계화의 환상에 불과한 것이다. 인터넷은 특히 젊은 층에게 장소에 제한받지 않는다는 느낌을 주지만, 그 약속하는 바가 '가상의 현실'에서가 아닌 구체적인 삶의 과정에서 이행되어야 하는 매체에 불과하다. 어차피 이른바 보편적인 사해동포주의라는 것은, 그것이 인터넷이든 비행기를 타고 지구를 돌아다니는 것이든 간에 쉽게 열광하는 사람들이 종종 믿고 싶어 하는 것과는 달리 소수의 현상, 엘리트 계층의 생활방식에 불과하다. 이런 '글로벌 계층'은 오히려 어떻게 하면 자신들이 말 그대로 지상에 발을 붙이고 사는 다수와의 관계를 지속해갈 수 있는지, '현장에서' 구체적으로 어떻게 기여해야 할지 자문해보아야 할 것이다.[44]

애국심과 공화국의 구체적인 장소는 한 국가에서가 아니라, 인간의 구체적인 삶과 경험 세계의 지평, 다시 말해 이웃이나 자신이 사는 도시의 한 구역, 정치적 소그룹 또는 지역 단위에서 시작된다. 이런 공간에서 사회적·정치적으로 의미 있는 행동, 즉 책임성 있는 행동이 결여되어 있다면, 국가의 기반도 취약해지는 것이다. 한편으로 현대의 급속하게 빨라진 교통 및 통신수단으로, 다른 한편으로 생활방식의 개인주의화로 이러한 행동들이 결여될 위험은 높아져 가고 있는 현실이다. 이렇게 되면 가교를 놓고 정치적인 공간을 구성하는 사회적 자본은 더 이상 형성될 수가 없을 것이다.[45]

공화국이라는 것은 또한 기존의 민족국가의 경계선에서 끝나는 것이 아니다. 독일인들에게는 국경선을 넘어서면 그 장소를 확정할 수 없는 지구와 우주가 있는 것이 아니라 유럽이라는 실체가 있다. 특히 독일은 자신의 역사적 경험으로 1945년 이후, 그리고 1989년 이후에는 다시, 유럽연합이라는 프로젝트에 심혈을 기울여왔다. 이 프로젝트는 언제나 경제 연합 이상을, 경제적 목표 설정 이상을 의미했다. 역사적 측면에서 보아도 특히 독일의 정치적 자유는 유럽과의 결속에 힘입은 것이다. 전후 제1단계는 서유럽·대서양(미국) 관계가 핵심이었는데, 이 단계는 후에 확대되기는 했지만 가치의 본질적인 측면에서는 물론 중요한 기능적 측면에서도 여전히 시사성이 있다.

한때 공산화되었던 중동부 유럽의 민주화 운동과 혁명은 역사적으로 제2단계에 해당하는 것이다. 이 '새로운 유럽'의 공화국가적 역동성은 최근 우크라이나의 민주화 운동으로 우리에게 인상적으로 각인되었다. 그렇기 때문에 유럽 공화국의 제도적 구상이 아직까지는 제대로 발전하지 못했고 여전히 많은 협상 여지가 남아 있지만, 유럽 차원의 애국심도 존재할 수 있다. 그런데 독일인들은 아직도 마치 서방과의 관계에 심적으로 부담을 안고 있으며 아울러 1989년의 혁명적·자유주의적 메시지를 부정이라도 하듯이 자신들에게 부여된 이중의 유럽적 사명을 거부하는 것처럼 보인다.

이는 스스로의 국가를 구상하고 미래를 위한 사명을 떠맡는 데서 안고 있는 어려움과 다시 한 번 연관된 것일 수 있다. 공화주의가 "우리는 스스로 해낸다!"라는 사실을 확인하면, 애국심은 "도대체 누구를 위해, 그리고 무엇을 위해서?"라는 질문을 되던지게 된다. 안정되고, 자유롭고 자결적인 삶의 구상과 이를 실현하기 위한 실질적인 참여는 개인의 행복 추구, 개인적인 복지의 극대화, '지금 이 자리에서'의 만족만 목표로 삼아서는 안 될 것이다. 과거에, 즉 공화국의 오래된 구상들 속에는 아마도 이런 경향이 있었을 테지만 현대적 공화주의자들은 언제나 미래적인 구상을 가져야 한다.[46] 이러한 의식은 첫째로는 진보라는 사고를 가진 계몽주의와 정치적 경험의 '현재화'가 가져다 준 성과다.[47] 그리고 둘째로는 이제 겨우 인식하기 시작한 개념으로 부족한 자원을 책임성 있게 사용해야 한다는 생각, 즉 후세대를 위한 기회를 내다보면서 자신의 삶의 '지속성'을 고려하는 데서 비롯된 것이다. 이에 반해 권위적인 체제, 독재체제에서는 이러한 지속성 있는 미래적 구상이 부재하다는 것이 특징이다.

만약 우리가 자유로운 삶을 위한 노력을 자신들을 위해서만, 그리고 생물학적으로 직접적인 후손인 자신의 자녀들을 위해서만 기울이지 않는다면, 우리가 사는 나라, 우리의 국가가 이러한 노력을 기울이게 될 우선적인 대상, 우선적인 공간이 될 가능성이 높다. 이것은 어떤 자연법칙이나 한 국가의 발생학적 성격에서 비롯되는 것이 아니다. 국가라는 것은, 역사적으로 오히려 장기간에 걸친 복잡하고 갈등이 풍부한 과정 속에서 문화적 · 정치적인 사회화의 우위를 확보했다. 많은 부식의 과정들인데도 이런 상황은 현재에도 마찬가지다. 이는 정치적 정체성이 다시금 역사적으로 각인되고 있기 때문이기도 하다. 민족사회주의(나치) 독재와 유대인 대량 학살 이후 독일인들의 정체성을 위해서는 이런 점이 여타 민족에 비해 더 절실하다.

이러한 배경에서 현대적 애국심이 무엇을 의미하는지에 대해서는 미국의 사회철학자 리처드 로티(Richard Rorty)가 몇 년 전에 대강 윤곽을 잡아놓았다. 애국심을 둘러싼 독일의 경직된 논쟁은 여기서 많은 것을 배울 수 있을 것이다.[48] 로티는 '조국의 성취(Achieving Our Country)'라는 문구로 애국심의 의미를 요약했는데, 이는 조국의 개선을 위한 공동체적인 노력으로 이해될 수 있다. 덧붙인다면 앞에서 약술한 '자유로운 삶'의 세 가지 단계를 모두 개선하는 것을 의미한다. 이런 애국심은 고통을 함께 하는 것이며, 또 열정이다. 즉 이러한 애국심은 자신의 나라, 자국의 상태만 높이 찬양하는 것이 아니라 과거의 실책들과 현재의 폐해들에 대해 열정적인 자극을 받는 것이다. 이러한 애국심은 감정을 부인하지 않을 것이다. 그렇지만 (어떤 사람들은 조국애에 대해 말할 것이다) 감정을 품는 것으로만 만족하지 않고 실제적인 행동으로 표출된다. 그리고 이러한 행동은 결국 개인들 간의 시합이나 경쟁의 형태가 아니라, 다른 이들에게도 유익이 되고 제3자에게도 부가가치를 가져다주는 공동체적인 행동으로 나타난다.

미래에 대한 구상과 자기 개선을 위한 이러한 애국심에는 두 가지 전제 조건이 요구된다. 첫째는 개인은 물론 집단적인 차원에서의 '개선'의 능력을 신뢰하는 것이다. 따라서 방관자적인 태도, 아이러니 또는 냉소주의로의 도피는 배제되며, 거부적인 태도로 도피하거나 행동을 마비시키는 문화적 비관주의는 더 말할 필요도 없이 배제된다. 또한 지금은 여러 측면에서 희박해진, 고전적이고 단선적인 진보에 대한 의식이어야 할 필요도 없다. 아마도 크리스티안 마이어(Christian Meier)가 아테네 폴리스 국가에서 진보에 대한 초기 의식 단계라고 표현했던 '할 수 있다는 의식' 정도면 충분할 것이다.[49] 둘째로 애국적인 자기 개선은 '존중'을 전제로 하는데, 리처드 세넷(Richard Sennett)의 말을 빌린다면 현대사회를 결속시키는 사회적 접착제로 표현할 수도 있을 것이다.[50] 이는 개인적으로는 물론 집단적으로도 자신을 존중하는 태도를 의미하는데, 이러한 태도가 없다면 좌절과 무력증만이 나타날 것이다. 이것은 타인에 대한 존중도 의미하는데, 차이를 모두 없애 균등하게 만들려고 하지 않으면서 사회적인 가교를 구축하고 정치적 공동 참여를 가능하게 하는 근본적인 공화주의 미덕 중 하나다. 물론 여기에서 평등과 혜택에 참여, 인정을 둘러싼 갈등을 배제하는 것은 아니다.

Ⅳ. 갈등들과 공화주의의 해답

공화국가적 구상들은 복잡한 현대사회의 현실에 적합한 것인가? 아무튼 이 구상들은 먼 과거에 대한 향수에 빠져 있다는 비난을 받곤 하는데, 그 과거란 공간적으로 협소하게 제한되어 있었던 정치적 결정(예를 들면 시장이 열리는 광장에서의 민주주의)과 동질적인 사회, 다시 말해 정치적 권리를 갖는 시민들의 평등주의가 심지어 다수의 사회계층을 배제함으로써 얻어지던 사회가 있던 시절을 말한다. 공화주의가 자유주의에 대해 상당히 날카로운 대립을 보인다거나 또는 현대와 더불어 자부심을 갖고 발전을 하는 대신에 현대의 역동성에서 벗어나려고 한 경우에는 이러한 비판도 타당하다고 할 수 있다.

지난 몇 년 동안 모든 서구 국가에서 새로운 갈등이 활발하게 생겨났는데, 특히 독일에서는 다른 어느 지역보다 격렬한 양상을 보였다. 그 이유는, 첫째로는 이러한 갈등이 구서독(비록 다른 방식이기는 했지만 구동독 역시)에서 국가 정체성의 근본으로 삼았던 동질적이고 평화로운 사회라는 구상과 심하게 충돌했기 때문이다. 둘째로는 이러한 자기 정체성이 장기적으로는 미래의 생존능력을 떨어뜨릴 수밖에 없었던 제도와 행동 양식(예를 들면 복지국가 체제에서의)과 연관되어 있었기 때문이다. 셋째로는 독일(동 · 서독)의 통일은 국제적인 자본주의가 새로운 단계를 맞고 있는 상황에서 이미 부담으로 작용하던 사회적 분열과 불평등을 적나라하게 심화시켰기 때문이다. 이 때문에 우리는 현재 세 가지 차원의 갈등에 직면해 있다. i) 특히 서독 지역과 동독 지역 간의 격차, 아울러 북독 지역과 남독 지역 간의 격차 등 지역 간의 심각한 격차, ii) 점점 심화되어 새로운 형태의 분배 투쟁으로 나타나고 있는 부유층과 빈곤층 사이의 사회적 불균형, 그리고 iii) 이주민 사회, 종교적 정체성, 그리고 사회 통합이라는 긴장 영역에서 발생하고 있는 문화적 분쟁이 그것이다.

공화주의와 애국심은 이러한 갈등을 적당히 은폐하거나 또는 강요된 화합의 의지 표명을 통해 이러한 갈등을 관심의 초점에서 밀어내기 위한 이데올로기적 담보물로는 적당하지 않다. 그런데 다른 한편으로 이러한 갈등은 공화주의에서만 문제가 되는 것은 아니다. 근본적으로 사회구조가 달라진 상황에서 여타의 정치 이론과 사회철학 이론들도 기존의 답변을 다시 생각해봐야 하는데, 특히 자유주의나 사회민주주의(둘 다 여기에서는 정당 정치적 의미로 이해하지 않는다)의 경우가 그러하다. 사회적 불평등이나 문화적 다원성의 문제에 대한 고전적인 해답은 이제 한계에 부딪혔다. 사회 · 경제적 재분배는 더 이상 충분한 해결책이 아니며, 계속 공공의 자금 지원을 받는 환경을 조성하거나 또는 사회적 혜택과 능력 발휘의 기회에 부정적으로 작용하는 소비 형태를 부추기는 경우에는 오히려 불평등을 심화시킬 수도 있다. 문화적 타자의 인정과 관련된 문제에서도 이러한 인정이 시민적이고 공정하며 자유로운 공동체의 척도들이 모호해지거나 임의적이 되는 방향으로 흘러간다면 충분한 해결책이 되지 못한다.[51] 따라서 바로 이러한 상황에서는 새로운 갈등 상황에 대한 공화주의적 해답이 시사성을 얻게 된다.

사회적 불평등은 연대 의식과 정의를 수단으로 대처해야 한다. 연대 의식은 적극적인 '고통에 동참', 즉 동정(compassion)이라는 감정에서 자라난다.

이미 언급한 바처럼, 독일인들에게 이러한 태도가 내부적으로 지속적인 뼈대를 갖추지 못하면서도 대재난에 직면해서 제대로 표출 – 그것도 외부를 향해 – 될 수 있다는 것은 신기한 일이다. 공화주의의 의미에서 정의라는 것은, 약자들이 공동체의 혜택에 참여하도록 물질적으로만 약자들을 강화하는 것에 결코 국한하지 않고 약자들이 성숙한 시민으로서 자신의 능력을 발휘하도록 하는 것을 목표로 한다. 문화적 갈등에서는 종교적 자유나 선호하는 취향의 다양성은 별로 토론의 대상이 되지 않으며, 인종적 동질성도 전혀 문제가 되지 않는다. 하지만 공화국가적 공동체는, 자신의 자유를 수호하려는 경우 문화적 확신과 행동 양식의 핵심에 의존해 있다. 절대군주제에서는 누구나 자신이 사는 방식에 따라 축복을 받아야 한다는 사실을 공표할 수 있었다. 이로써 사생활의 절대적인 자유가 천명되었다. 반면에 절대군주제에서는 중요한 공적 결정은 담론을 통해 내려진 것은 아니었다. 그런데 자유주의적 국가는 '국가 그 자체에 의해서만 보장될 수 없는 특정한 가치들을 전제로 한다'.[52] 다시 말해 공화국은, 이러한 체제를 가능하게 만드는 모든 다원성인데도, 바로 가치에 대한 공동의 신념들이 중첩되는 영역, 그리고 아주 다양한 집단들을 시민적인 자치에 통합시키는 것에 의존해 있다.

갈등의 이 두 가지 차원에서는 차이를 폭력으로 없애려 하지 않고 가교를 놓을 수 있는 능력을 유지하는 것이 필요하다. 그런데 독일에서는 가교를 놓는 능력이 충분한 정도로 발달하지 않은 것 같다. 상호 간의 불이해와 소통장애가 늘 문제가 되고 있다. 분쟁 상황에서, 그리고 다양한 사회적 · 문화적 계층과 환경 사이에서 대화를 할 수 있는 능력을 습득해야 한다. 아울러 상호존중을 배우거나 실행할 수 있는 공동의 또는 중첩되는 생활 영역을 다시 획득해나가야 할 것이다. 구체적인 사례를 들자면, 만약 병역의무 기간을 독일에서 지속적으로 거주하는 모든 청소년을 위한 일반적인 사회봉사 기간으로 대체한다면, 다시 말해 출신이나 성별, 종교, 문화와는 상관없이 그렇게 한다면, 이것은 공화국가적 정치 · 문화를 위해서나 실질적 애국심을 위해서나 아주 좋은 토대가 될 것이다.

왜냐하면 공화주의는 공공 생활에 대한 참여와 자유 및 자결을 위한 기본 전제 조건으로서의 책임을 환기시키기 때문이다. 반대로 삶의 영위에 대한 사적 자유는 서구의 풍요로운 사회에서 최고의 미덕으로 부상한 듯 보이지만, 그렇다고 마구 발휘할 수 있는 것은 아니다. 이러한 자유는 우리가 다른 종류의 자유가 가진 장점을 존중하는 법을 배워야만 지속적으로 보장될 수 있다. 이것은 독일인들에게만 부과된 의무가 아니다. 그러나 독일인들은 자신의 역사를 의식하면서 우선은 자신이 속한 공화국에 새로운 구심점을 부여해야 하며, 자신의 국가를 개선하는 작업에 착수해야 한다.

16 국가의 문제

Riskante Moderne

기존의 국가 제도를 포기하지 않으면서 국가에 대한 발상의 전환이 필요한 이유

I.

국가가 자기 능력의 한계에 도달한 것일까? 지난 몇 년간 벌어졌던 논쟁을 되돌아보거나 독일 내의 분위기를 주시해보면, 이런 생각도 가질 만하다. 국가기관들은 정치적 기획을 실행하기 위한 확고한 추진력을 상실한 듯 보이고, 합리적이고 효율적인 결정을 내리고 이러한 결정을 확고하고 일관되게 시행하는 능력도 잃어버린 것처럼 보인다. 이 모든 것들이 모순과 장애에 걸려 진척되지 못하고 있는 동안, 국가기관과 그것이 갖는 진지성과 개혁 능력에 대한 국민들의 신뢰는 점점 낮아지고 있다. 도대체 국가는 무엇을 제어할 수 있으며, 어떤 과제는 포기하면 안 되고 또 어떤 과제는 차라리 포기해버리는 것이 나을까?

그런데 다른 한편으로는 국가의 제어 능력은 점점 떨어지는 반면에 국민을 위한 공공서비스 제공자로서의 국가에 대한 기대는 결코 줄어들지 않았다는 기이한 모순이 금방 드러나는데, 독일에서는 이런 모순이 다른 나라보다도 더 심각한 편이다. 하여튼 국가가 제공하는 서비스의 효율성과 공정성을 냉정하게 평가할 필요가 있다는 점에는 비교적 쉽게 공감할 것이다. 아울러 모든 것을 책임지는 국가 시대는 점점 종말을 고하고 있다는 점에 대해서도 아마 공감할 것이다. 하지만 다음 순간, 즉 일부 교량과 터널이 민영화되어 향후에는 사용료를 지불해야 할 것이라는 생각에 이르면 독일 전역에서는 아우성치는 소리가 들린다. 그러다가 다시 한 시간 정도 지나고 나면 남쪽 휴양지로 향하는 저렴한 항공편을 예약할 때에는 한때 서구 사회의 몰락을 초래할 것이라고 비난했거나 적어도 부당 요금 또는 모든 생활 영역의 사악한 경제화를 조장하는 초석이라고 여겼던 인프라 시설의 사용료를 지불하게 된다.

국가를 한참 비난하다가도 아쉬우면 다시 국가를 찾는 경향을 보이는 시민들도 국가와 마찬가지로 수수께끼와 같은 존재인 것 같다. 최근 들어서는 국가를 찾는 이러한 외침이 더욱 거세졌는데, 이는 심화된 국제경제력, 점점 협소해지는 재정과 사회정책의 입지, 경제의 구조적 위기를 맞아 누군가는 책임을 떠안아야 할 것 같기 때문이다. 심지어 국가의 개입이 필요한 새로운 분야, 새로운 과제 영역들이 개발되고 있다. 교육에서 보육 시설에 이르기까지, 그리고 적절한 식생활과 생활방식에서 소비자 보호에 이르기까지 오랫동안 사회적 결핍들을 방치해왔던 분야다. 국가에 대한 경시는 사라지고 관료주의에 대한 비난이 생겨나고 있는데, 우리 국가는 여전히 그럭저럭 굴러가고 있는 것이 아닐까? 다시 말해 신뢰할 만하고 변함이 없으며, 대부분 부패에서 자유롭고, 다소 취약한 면모도 예측할 수 있는 것이 아닐까? 우리는 아무런 냉소적 어조 없이 이러한 사실을 확인할 수 있어야 한다. 그럭저럭 굴러가는 국가, 효율적인 공공 행정, 이 정도만 하더라도 세계적으로 공공질서의 해체와 실패 국가들(failing states)이 만연한는 상황에서는 적지 않은 사람들이 단지 꿈이라도 꿀 수 있는 미약한 성과다. 니클라스 루만(Niklas Luhmann) 같은 사람은 현대 국가가 진화 과정에서 가장 개연성이 낮은 단계라고 말했을 터이다.

이러한 상황에서 우리는 지난 수십 년간, 국가의 미래에 대한 거창한 유토피아가 실현되지 않았거나 현실에 부딪혀 좌초한 이후에도 제법 편안하게 지내왔다. 마르크스와 엥겔스부터 레닌에 이르는 노선에서 또는 초기 사회주의와 무정부주의의 도정에서 추구되었던 것과 같은 국가 소멸, 국가 멸종의 유토피아는 한 가지 측면을 시사해준다. 만약 그렇다면, 국가라는 것은 사물을 단순히 관리하는 수준으로 축소되고, 사람들을 통치하는 성격을 포기해야 할 것이다. 그런데 통치는 단지 형식의 변화를 겪었을 뿐이고, 행정은 그 위상이 더욱 강해졌다. 끊임없이 개입하며 종국에 가서는 모든 개인의 자유의 여지를 완전히 질식시키는 국가권력, 즉 조지 오웰의 '빅브라더(Big Brother)'와 같은 반유토피아적 국가권력에 관한 다른 측면을 보여준다. 독일의 최근 역사에서도 우리가 마치 직접 그런 상황에 처한 것처럼 느끼게 할 만한 일부 병적인 생각(예를 들면 1980년대의 인구 조사)이 있었지만, 극단적인 상황은 그 반대의 경우(국가의 소멸)와 마찬가지로 실제로는 일어나지 않았다. 바로 이러한 이유 때문에 우리는 국가권력과 공공 행정에 대해 서로 반대되는 이중적 감정이 양립하는 거북함을 느끼는 것이다. 거창한 희망과 심각한 우려는 사라졌지만, 국가는 명확하게 정의를 내리기 어려운 존재가 되었다.

III.

개략적인 시각에서 바라보면, 지난 20세기의 역사는 개인의 해방, 개인적인 자유를 성취해온 역사였다. 그리고 이런 자유의 많은 부분은 국가나 관료

체제, 전능한 국가행정에서 탈취해온 것이 아니라, 점점 팽창하는 국가와의 독특한 공생 관계에서 전개되어온 것이다. 이것은 다른 어떤 지역보다도 유럽 대륙, 특히 독일에서 있었던 현상이다. 국가는 권위주의 국가, 군주제, 독재국가에서 민주국가로 발전하면서 늘 무엇인가를 시민들에게 '되돌려주었다'. 하지만 다른 한편으로 이와는 상관없이 점점 더 많은 삶의 영역에서 국가의 규제, 국가 차원의 기관들, 국가의 관할권이 확대되었다. 단순한 신민에서 시민, 그것도 선거권과 참여의 기회를 가진 '국가 시민'이 되었지만, 동시에 경제적으로는 국가에 대해 점점 더 막중한 의무를 지는 납세자가 되었다. 국가의 반대급부는 (물리적 · 사회적) 안전과 교육 또는 인프라 시설과 같은 집단적 물자를 제공하고 모든 국민에게 자유의 기회를 보장하는 데 있었는데, 이는 지금도 마찬가지다.

한편 자유와 국가라는 존재의 공생 관계는 더욱 확대되어 완전히 다른 영역에까지 파급되었는데, 20세기에는 무엇보다 경제 · 번영 · 대중의 복지에까지 파급되었다. 특히 1945년 이후 대중 복지와 복지국가의 조합은 민주주의와 개방적 사회에 대한 신뢰를 높였다. 경제 기적은, 정치학자들이 말하는 것처럼 신생국가의 경우 정당성의 근거를 제공했다. 20세기의 소비사회, 잉여사회는 국가를 초월한 것이 아니었고 국가가 제공하는 혜택과 별도로 성취된 것도 아니었으며, 시민들의 자율적인 경제활동과 국가가 분리된 상태에서 생겨난 것은 더욱 아니었다. 오히려 소비사회, 잉여 사회는 국가와 협력하면서, 심지어 국가의 강력한 지원을 받으면서 번성했다. 여기에는 사회복지국가의 확충뿐 아니라 국가 차원의 경제 질서를 수립하는 활동도 포함되는데, 이러한 활동은 경제정책의 큰 틀을 설정하는 것부터 국가의 직접적인 개입 및 국가 주도의 기업 활동에 이르기까지 광범위한 영역에 걸쳐 있다. 독일에서는 초기의 사회적 시장경제 체제 입안자들의 '질서자유주의'부터 1960년대와

1970년대 이후 '케인스 이론'까지 하나의 노선을 엿볼 수 있다. 왜냐하면 케인스 이론에서의 적자 지출 같은 장치, 즉 위기의 시기에 부채를 통해 국가 지출을 강화하는 것은 반드시 경제적인 목표만 추구했던 것은 아니기 때문이다. 오히려 시민들에 대한 국가의 행동 능력을 강조하고 암울한 시기에도 국가의 선행을 통해 시민들의 불만을 막아보려는 노력이 이러한 정책을 펴게 된 더 중요한 계기였다.

그리고 또 다른 차원에서는 개인이 자유를 발휘할 수 있는 여지와 국가의 개입은 아주 긴밀하게 연관되어 있었다 – 물론 지금처럼 이런 연관성이 기만적이라는 점이 분명하게 드러나기도 했다. 왜냐하면 삶의 위기에 대한 국가 차원의 (또는 집단적이고 국가와 유사한 주체의) 보장은 사회가 유례없이 개인주의화되는 것을 가능하게 했기 때문이다. 이러한 개인주의화는 민주화 · 대량 소비와 함께 시대의 특징이 되어 있다. 국가는 종종 사회적 지원을 통해 물질적이고도 매우 구체적인 방식으로 이러한 개체성을 보장해준다. 즉 사람들은 곤경에 처했을 때 타인에게 종속되지 않으면서도 자신의 삶을 영위해갈 수 있다(그러나 아이러니하게도 '하르츠 IV' 같은 것은 국가에 대한 개인의 의존성 때문에 비판받는다!). 부모와 자녀 간의 관계와 같은 세대 간의 의존성은 반드시 평생 지고 가야 할 의무라는 성격을 어느 정도 탈피했다. 부부가 갈라선다거나 자녀와 부모가 헤어지는 것도 흔해졌는데, 이것은 반드시 이혼법의 개정 때문만은 아니고, 국가가 다양하고 복잡한 방식으로 이러한 결정에 따르는 재정적인 손해에 대해 부담을 함께 지며 지원해주기 때문이기도 하다.

이러한 메커니즘을 이해해야 우리는 자유의 가치를 높이 평가하는 것, 즉 자유가 내포한 위험성을 포함해 자유가 지닌 가치를 존중하는 것이 국가의 보장을 벗어나서는 왜 어려운지 이해할 수 있다. 그러나 이러한 메커니즘을 냉철하게 분석해보면, 바로 이러한 메커니즘이 국가의 행동반경을 종종 능력의 한계까지 몰아가고 때로는 그 한계를 넘어서게까지 했다는 것도 알 수 있다. 국가의 '무능'에 대한, 실현되지 않는 약속에 대한 국민들의 실망과 국민들의 지나친 기대는 동전의 양면과 같다. 이런 상황에서 '국가의 역할 확대'를 부르짖는 것은 악순환을 더욱 심화시킬 뿐이다.

III.

반면에 분명하고 질서를 부여하면서도 사회적으로는 항상 정의로운 국가의 손, 다시 말해 시장 메커니즘이라는 애매하고 보이지 않는 힘이 아닌 보이는 손에 대한 동경은 다른 이유에서 점점 더 실망만 가져다준다. 여기에서는 협의의 의미에서의 정치적 시스템에 대한 실망, 즉 정부와 의회에 대한 실망을 말하는 것이 아니다. 국민에 대한 국가의 통상적인 활동, 공공 행정이라는 활동에서 집단적 물자와 공공서비스를 제공할 수 있는 능력이라는 측면에서 효율성은 떨어지고 결함들은 점차 늘어나고 있음을 보여주는 자료들은 충분히 쌓여 있다. 이러한 곤란한 부문을 지칭하는 통상적인 명칭은 관료주의의 문제다. 그리고 이에 상응하여 유연성의 부족, 지루한 결정 과정, 그리고 자신의 능력의 대부분을 체제의 유지에 소비하는 것 같은 국가행정의 부단한 확대에 대해 상당한 불만이 있다. 그런 만큼 '관료주의 철폐'를 위한 정치적 제안이 인기를 끄는데, 물론 인기 영합적인 경우도 있다. 왜냐하면 문제는 거듭해서 더욱 심각한 편이며, 다른 한편으로 여기에는 우리가 어디에서 나온 것인지도 모르는 어두운 권력이 지배를 하고 있음을 재차 솔직하게 인정하지 않을 수 없기 때문이다. 소비사회 및 사회복지국가의 경우에서와 마찬가지로 공공 활동의 이러한 관료화와 마비 상태가 초래된 데는 상당 부분 시민들이 자초한 면이 없지 않다.

관료주의적 절차는 언제나 국가가 점점 다양해지는 시민들의 요구에 반응하거나 이러한 요구에 대해 자신을 재확인해야 하는 곳에서 생겨난다. 이에 관련된 전형적인 사례로는 공공 행정에서의 기획 및 결정 절차를 들 수 있는데, 이러한 절차는 별로 복잡하지 않은 사안의 경우에도 상당한 시일을 요구하는 경우가 많아 시장에서 활동하는 기업이라면 벌써 파산선고를 해야 했을 정도다. 다시 한 번 말하건대, 관료주의는 아주 특별하고 극단적인 방식으로 독일적인 병폐가 되어버렸다. 도로 건설이나 공단 건설은 계획에서 착공까지 수개월이 아닌 수년이 걸리고, 더 큰 규모의 철도나 공항 건설을 계획할 때에는 몇십 년이 걸릴 것을 예상해야 하는데, 그 기간에 정말 엄청난 분량의 서류가 작성된다. 이것은 해당 공무원의 나태한 근무 태도와는 전혀 상관이 없다. 그것은 오히려 국가에서 시민이 가진 권리 또는 국가에 맞서 시민이 가진 권리를 항상 재평가하고, 이를 순전히 정치적인 공간에서 처리하는 대신에 행정기관이나 사법기관에 참조하도록 한 제도적인 메커니즘의 결과다.

이러한 메커니즘은 오래되었으며 자랑스러운 독일적인 전통, 특히 프로이센의 전통에서 나온 것인데, 사람들은 이미 백여 년 이상이나 시민의 자유와 안전이 국회나 정부보다 행정재판에서 더 잘 규정되어 있음을 확인하려 했다. 법정 · 관청 · 국가기관은 현대 국가에 대항하는 시민들의 주장을 선의를 가지고 대변하는 기관이 되어버렸고, 때로는 개인의 이해만이 걸려 있는 사안을 대신 처리해주는 대행 기관이 되어버린 경우도 종종 있었다. 그러나 이런 현상은 국가의 행동 능력뿐만 아니라 전체 사회의 혁신 능력에도 영향을 미친다. 그리고 매우 역설적으로 들릴지 모르지만, 시민 개인의 이해를 보장한 결과는 결국에는 시민들을 만족시키는 것이 아니라 국가의 행동에 대해 시민들을 실망시키는 데 일조하는 것이 된다. 이런 식으로 국가에 대해 시민들이 갖는 신뢰의 위기는 더욱 심화되는데, 그것은 실제로는 운신의 폭이 점차 좁아지는데도 늘 '자기들 하고 싶은 대로' 한다고 알려진 정치 엘리트층에 대한 신뢰의 위기와도 맞물려 있다.

물론 이것이 진실의 전부는 아니지만, 중요한 측면인 것은 분명하다. 그것은 국가 및 행정기관의 성과와 실책들이 시민들에게 생소하고, 피상적 · 적대적인 것이 아니라는 점을 전형적으로 보여주는 측면이기 때문이다. 오히려 국가 및 행정기관의 성과와 실책들은 우리가 통상 이해하고 있다고 생각하는 것 이상으로 시민사회의 대응물, 즉 개인의 기대와 이해 상황에 대한 대응물이다. 이는 도대체 '국가의 영역'에 속하는 것이 무엇인지를 정의하기가 어렵다는 점에도 해당된다. 다시 말해, 공공 영역의 경계는 어디에서 그어지는 것인지, 집단적인 물자는 어떤 방식으로 제공되어야 할 것인지, 이러한 과정에서 공적인 것과 사적인 것의 경계 그리고 국가와 시장의 경계는 어떻게 변하는 것인지에 대해 정의를 내리기 어렵다. 국가가 집단적 물자를 가능한 한 광범위하게 공급해야 한다는 다수의 기대가 여전하지만, 다른 한편에서는 시민들의 제한적인 지불(납세) 용의가 이에 대립해 있다.

달리 말한다면, 국가에 의한 공공서비스의 제공은, 그것이 교육 · 보건 · 교통인가를 막론하고, 계속 별도의 비용을 지불할 필요가 없음을 의미한다고 할 수 있다. 여기에서는 다만 하나의 정산 시스템, 즉 납세자들의 정산 시스템을 다른 것, 예를 들어 요금 체제와 같은 것으로 대체하는 것이며 좀 더 현실적으로 말해 보완하는 것만이 종종 문제될 뿐이다(공공서비스에 대한 세 번째의 정산 시스템은 당연히 부채 차입, 이자 상환 기한의 연장이라고 할 수 있는데, 이것은 적어도 한 번은 언급할 필요가 있다). 공공 재화(public goods)의 상업화는 이와 반드시 연관된 것은 아니며, 경쟁의 도입이나 엄격한 의미의 민영화도 마찬가지다. 이것은 아마도 다음 수순에 해당할 것이다. 시민들은 여전히 공공 부문과 민간 부문, 국가와 시장의 엄격한 구분에 대해 기대를 걸고 있는데,

이러한 구분은 바로 시민들의 태도 때문에 모호해지는 경우가 많다. 따라서 우리는 거룩한(또는 위선적인) 분노를 보이면서 이렇게 중첩되는 영역들을 외면할 것이 아니라, 공공의 재화에 대한 분명한 자각 속에서 이러한 중첩 영역들을 창조적으로 탐색해야 한다.

IV.

우리는 정치와 사회가 교차하는 지점에서 공공 행정, 직업 공무원, 관료조직이 부상하는 데 중서부 유럽 대륙이 역사적으로 주도적이고 모범적인 역할을 수행해왔다는 점에 자부심을 가진 적이 있었다. 다른 규칙들이 효력을 갖는 곳, 즉 비전문인도 참여시키는 판결을 통한 행정이라는 영미계의 모델은 아마도 시대에 뒤떨어질 수밖에 없을 것이며, 따라서 독일식 관료주의 모델이 도처에서 관철되는 것은 시간문제에 불과한 것처럼 보였다. 20세기에 미국에서 공공 행정 서비스가 확대되고 전문화된 것을 보면, 이러한 전망은 어떤 점에서는 제대로 들어맞았다. 하지만 두 모델의 완전한 동화는 결코 일어나지 않았으며, 바로 이런 이유 때문에서라도 독일에서는 관료주의의 오만함을 때때로 버리는 것이 유익하다.

철학자 헤겔(G. W. F. Hegel)은 공무원들에 의한 행정 업무를 더 숭고한 철학적 차원에서 축복하는 데 특별히 성공적이었던 인물이다. 헤겔은 19세기 초 관료주의를 '보편적인 계층', 다시 말해 객관성과 중립성으로 인해 특별히 공익(공공복지)을 관리하고 관철시키는 소명을 받은 사회계층으로 정의했는데, 이때 공익은 실제로는 또한 이 계층에 의해서도 정의되며, 따라서 시민사회의 다른 계층들 위에 있는 것으로 간주되었다. 다시 말해 공익은 파편적이고 이기적인 시장과 상업의 관심사 위에 존재한다는 것이다. 혁명의 시대에서는 공익(common good)이라는 낡은 이상을 단지 실존하는 이해관계의 경험적 산물로 이해하려는 시도가 있었는데, 공익에 대한 헤겔식 정의는 이에 대한 가장 영향력 있는 독일적인 답변이었다. 이러한 전망의 여러 잔재가 오늘날까지 남아 있는데, 예를 들어 독일의 담론에서 늘 중요한 역할을 하는 것으로서 사회 전체의 이해(=선)와 경제적 이해(=악) 간의 특별한 긴장을 들 수 있다. 이와는 종종 다르게 나타나는 현실, 즉 파편적인 이해관계가 국가와 행정의 조치를 요구하는 현실에 대해서는 이미 거론한 바 있다.

지난 150년 동안 국가행정은 늘 효율적인 관리와 복잡한 체제 운용의 모델이 되어왔으며, 심지어 기업 내에서도 모델이 되었다. 19세기 후반 약 30년 동안 대기업에서 자체의 행정 부서를 따로 분리하여 급속히 성장시켰을 때 이곳에 근무하는 직원들을 종종 '민간 공무원'이라 부른 것은 우연이라고만은 할 수 없다. 그리고 기업에서는 더 이상 공공 행정을 자사 인력 구성과 문제 처리의 척도로 삼을 필요를 느끼지 않게 되었던 때에도, 최소한 사회만큼은 국가의 척도를 따라 형성되어야 했다. 1960년대와 1970년대 절정에 달했던, 즉 행정을 통한 정치적 기획과 사회 조정이라는 대담한 구상은 행정이라는 전위 부대에 대한 헤겔식 견해의 방점과도 같았다. 공공 행정을 사회라는 프로젝트의 최고 엔지니어 기관으로 간주하는 것은 당시 좌파와 우파를 가리지 않고 추구하던 유토피아였는데, 얼마 안 가서는(1970년대 중반과 후반에 그 정점에 달한 후) 아무도 이를 더 이상 믿으려고 하지 않았다. 그 이후로 기업들은 즉각 '사명 선언(mission statement)'을 자신 있게 내세웠지만, 공공 행정에는 바로 이것이 결여되었다고 말할 수도 있겠다.

이것은 관료주의 및 공무원 계층의 쇠퇴와 몰락, 도덕의식의 약화와는 기껏해야 부차적인 관련이 있을 뿐이다. 나태한 근무 태도, 서두르지 않는 업무 속도, "그것은 관행이며, 누구나 그럴 수 있지"라는 식의 관례를 따르는 고집스러움은 이미 오래전부터 공무원 세계를 말해주는 상투어였다. 근무 장소가 안식처가 되고, 능력보다 경력과 연공서열이 중요한 여러 분야에서는 지난 수십 년간 공공서비스 정신이 더욱 부패했을 수도 있다. 하지만 공공 행정의 쇠퇴는 대체로 점점 열악해져 가는 외부 여건들이 반영된 것이다. 그래서 사람들은 독일 대도시에 있는 수많은 관청에 들어서는 순간 문득 1970년대 중반으로 돌아간 느낌을 받으면서, 시장에서 활동하는 기업이 직원들을 이렇게 구태의연한 방식으로, 비효율적으로 일하게 내버려둔다면 어떻게 될까 하고 상상만 해도 오싹해한다. 공공 행정 부문에 대한 혁신과 투자는 최근 들어 점점 더 지체되고 있는데, 이는 물질적 자원은 고갈되고 공공 인프라를 전반적으로 소홀히 하고 있는 데다 정보 통신 분야에서는 행정 분야와는 비교하기 어려울 정도로 급속한 기술 변화를 보이는 상황까지 맞물려 있기 때문이다. 전문적인 업무 능력, 규정 준수와 절차 방침 등 고전적인 관료주의의 원리들은 유연성 있는 새로운 형태의 조직과 지식의 활용, 과거의 규정으로 회귀하기를 거부하는 '창조적 혼돈'의 중요성과 점점 더 충돌하고 있다.

그런데도 한때 국가행정이 그렇게 훌륭하게 기능을 수행했다는 사실에 대해서는 전설을 만들어낼 필요는 없다. 종종 국가행정은 사람들이 고개를 숙여 경의를 표해야만 하는 완전히 반시민적인 권위 또는 권력으로서 시민들에게 적대적인 인상을 주기도 했다. 때때로 국가행정은 자신에게 부여된 임무를 시키는 대로만 수행하는 데 머물지 않았다. 그리고 현재 공공 행정 분야의 사기(에토스) 부족에 관해 불만을 토로하는 사람이 있다면, 그는 독일의 전통적 관료주의 정신이 자신의 경계선을 확실히 넘어선 적도 있다는 사실을 잊어서는 안 될 것이다. 바이마르공화국 시절 국가행정을 담당했던 엘리트들이 민주주의에 적대적인 권력의 중추 역할을 담당했으며, 이러한 정신(에토스)이 왜곡된 방향으로 비약되면서 민족사회주의라는 극단적인 세계관적 관료주의로 변질된 것을 보면 이것이 확연히 드러난다. 서독은 물론 동독 역시 나름의 방식으로 이러한 역사적 악몽에 대해 더 약화된, 에토스를 별로 강조하지 않는 행정으로 반응을 보인 것은 놀랄 일은 아닌데, 이런 행정은 자기 확신도 부족하고 어쩌면 자조적인 모습으로 비쳤을 수도 있다. 68세대가 정부기관들에 진입해서 공공서비스 분야를 장악했을 때, 이들은 이러한 작업의 남은 부분을 마무리했고 그 결과까지 완벽하게 만들었던 것이다.

V.

상당히 오래전부터 우리는 국가가 자신과 자신에 속한 행정 기구를 계속 '축소'하려는 의지를 보이고 있음을 경험하고 있다. 이는 스스로 처방한 다이어트 수준을 넘어 조직의 변화, 정신의 변화까지 나아가고 있다. 즉 국가는 국민을 위한 서비스 행정기관으로 변해가는 여정에 있다. 시청과 여타의 관청들은 시민들을 위한 서비스 기관이 되어가고 최근에는 노동 관청까지 노동사무소로 이름을 바꾸었다. 이 모든 것은 칭찬받을 만한 것이지만, 국가가 안고 있는 문제는 명패만 바꾼다고 실질적인 변화까지 생길까라는 의문을 제기할 정도로 심각한 것이다. 시민을 귀찮은 청원자가 아닌 고객으로 이해하고 대우하는 것이 잘못된 방향이 아닌 것은 분명하지만, 그것만으로는 미흡하다. 만약 시민이 '고객' 역할을 할 의사가 전혀 없다면 어떻게 할 것이며, '서비스 제공자 국가'로 기능하면서 이러한 새로운 모델에도 암시되고 있는 단일성이 점차로 해체되면 어떻게 할 셈인가?

그런 점에서 우리는 겨우 근본적인 변화의 출발 단계에 서 있는 셈이다. 이러한 변화는 국가와 그 행정 체제를 없애지도 않을 것이며, 그렇지 않아도 아웃소싱을 통해 축소된 업무 영역을 시장에서 요구되는 규칙에 적응시켜야 하는 일종의 기업 형태로 간단히 변모시키지도 않을 것이다. 마찬가지로 '좋은 정부(good government)'와 같은 아름다운 명칭으로 꾸미고 세계적으로 통용되고 있는 새로운 에토스를 주입시킨다고 해서 점점 이질적인 것으로 되어가는 국가라는 존재의 문제를 해결할 수 있다는 가능성도 희박한데, 시장을 벗어나는 해결책은 더욱 개연성이 없을 것이다.

그렇다면 시민들은 '자신들의' 국가로부터 도대체 어떤 계약을 기대하고 있으며, 어떤 조건에서 공공 분야에 충성심을 갖고 세금과 공공요금 등의 물질적 납부로 기여할 용의가 있을 것인가? 시민사회는 국가의 공공서비스 기능을 대체하고 나아가 집단의 재화를 새롭게 정의할 수 있을 것인가, 다시 말해 집단의 재화가 공동체적인 사안인 것은 분명하지만 더 이상 국가의 사안으로 남을 필요는 없다는 식으로 새롭게 정의내릴 수 있을 것인가? 아니면 공적 영역과 사적 영역 간의 경계가 점차 변하여 아주 핵심적인 영역, 예를 들어 막스 베버가 '정당한 폭력의 독점'이라고 정의했던 물리적 안전보장과 같은 것만 국가의 사안으로 남게 되고 다른 기능들은 개별화되거나 경쟁 시장에 제공될 수 있게 될 것인가? 하여튼 많은 사안들은 국가의 쇠퇴에 관한 상투적인 논쟁에서 여겨지는 것보다는 훨씬 복잡한 편이다. 본격적인 토론은 이제 막 시작되었다고 할 수 있다.

국가와 시민사회

정당과 민주주의의 미래

발터 디르크스(Walter Dirks)는 『프랑크푸르트 수첩(Frankfurter Hefte)』 집필 초기인 1946년, 정당이 사회적 이해관계를 형성하는 데 시대에 부합하는 조직체라는 점을 열렬히 옹호했다. 전쟁과 민족사회주의 독재가 끝나고 1년이 흐른 시점에서 나온 이러한 주장은, 정당 같은 것에 참여하여 손을 더럽히지 말아야 한다는 정당에 대한 독일적인 불신, 그리고 조화와 민족적인 공동체에 대한 동경을 겨냥한 것이었다. 디르크스는 정당의 기능이, 고전적인 대의민주주의 시대에는 사회와 국가를 경쟁적으로 중재하는 것이라고 다소 이상적으로 규정했다. "정당은 사회 내에서 사회로부터 형성되며 국가를 지향하기 때문에 낡은 신분의 세력이 멸종한 이후 국가를 지탱해가는 중요한 존재이다. 한 민족과 사회의 내부에서 이루어지는 기존의 집단과 새로운 집단(계층, 계급과 이익 단체, 종교 단체)은 국가 내에서 활동하려고 할 경우 언제나 정당을 형성하여 영향력을 행사하지 않을 수 없다."[53] 선구안을 가진 이 언론인은 비록 "정당들은 항상 있었던 것은 아니고 앞으로 언젠가는 없어질 수도 있을 것"이라는 말을 덧붙이기는 했지만, 1946년 당시에는 의심할 여지없이 미래는 정당의 것이었다.

그로부터 거의 60년이 흐른 지금 우리는 정당제 이후의 정치 시대로 접어들고 있는 것일까? 어쨌거나 디르크스가 서술했던 정당 구도는 여러모로 근본적인 변화를 겪었다. 낭만적 성향과 민족 공동체에 반대하는 비판을 가한 것은 현재의 우리들에게는 다행스럽게도 아주 생소하게 여겨진다. 당시 이러한 경고는 엘리트 계층, 즉 분명하게 독일의 교양 시민 계층을 겨냥한 것이었다. 그런데 지금은 사회의 하층부에서 정치적 조직화나 민주적 정당성의 고갈 정도가 훨씬 심각한 상황에 있다. 따라서 노동운동과 사민당, 노동조합의 유산들은 조직상의 위기에 처해 있으며, 이는 특정한 정부 정책에 대한 불만보다 뿌리가 훨씬 깊다. 사회의 단체들과 이해 집단들이 정당 형태의 조직화로 나아갈 것이라는 디르크스의 전제는 지금도 유효한 것인가? 오래된 사회 그룹은 결속력을 상실해가고, 반면 새로운 사회적 갈등 노선, 이해와 단체는 예전과 같이 조직화하기가 쉽지 않은 상황이다. 이에 따라 "대중 정치화와 '참여혁명'의 시대는 완전히 종말을 고했다"는 명제가 벌써 나타나고 있다.[54]

이러한 명제는 적어도 20세기 후반의 민주주의가 어느 정도 시대를 초월하는 정치 발전의 최종 단계를 구현하지 못했다는 점에서는 상당히 옳다고 할 수 있는데, '역사의 종말'이라는 환상이 떠오르는 대목이다. 19세기 후반 이후 전국적인 규모의 모든 단체들을 대대적으로 정치화하는 것, (이와 동일한 것은 아니지만) 비교적 탄탄하게 구성된 회원 단체들의 앙상블로 조직화하는 것은 역사적으로 '고전적 현대' 시대를 특징짓는 역사적으로 특수한 사례였던 것으로 드러나고 있다. 이는 두 번째 요소인 대중의 조직화에도 해당되는 것이다. 대중의 조직화는, 잘 알려져 있듯이 대중을 조직하고 삶을 형성해가는 단체로서의 정당이라는 관점에서 보면, 여타 선진 공업국에서보다 특히 독일에서 커다란 영향을 끼쳤다. 그런 만큼 추락의 정도도 심각한 것이다. 이런 역사적인 특수 사례가 지닌 중요한 특징의 하나는 시민적 민주주의와 하부 계층의 대중 정치화의 공생적 결합이었다. 하부 계층의 정치화가 원래 시민적인 형태였던 참여와 조직화를 수용하고, 이를 자신들에게 유익하게 활용(이것은 고전적이며 공산주의적이지 않은 노동운동의 위대한 업적의 하나다)하는 동안, 민주주의는 엘리트 계층과 명사 서클의 경계에서 해방될 수 있었다.

정치적 조직체의 결속력이 점점 희박해져 가는 사회적 원인은 잘 알려져 있다. 전반적으로 관심이 줄었다는 것이 우선적인 원인이라고는 할 수 없다. 따라서 대중의 정치화 시대가 종말을 맞았다는 명제는 벌써 어느 정도 의미를 상실한다. 많은 비판을 받고 있는 미디어 혁명은 아마도 정치에 대한 관심을 일깨우는 데 해를 끼쳤다기보다는 도움을 주었다고 할 수 있을 것이다. 정치적인 추세 판단에서 선거 관련 보도에 이르기까지 정치적으로 어떤 노선을 추구하며 어떤 결정을 내리는가에 관한 보도는 대단한 매력을 발휘하는 요소들이다. 오히려 정당과 노조 외에도 교회와 일반 단체까지 고전하게 만드는 것은, 정기적으로 사람들이 (다시 말해 당연하게) 공공연하게 신념을 고백하면서 가시적으로 공동의 활동(예배, 단체 모임)을 할 것을 요구하는 조직체에 지속적으로 자신을 구속시키려는 의지가 점차 희박해진 데에 원인이 있다. 많은 일련의 사회적 변화 과정이 이러한 추세에 영향을 끼쳤는데, 이런 과정들은 종종 '개인주의화'라는 용어로 통칭된다.

그러나 이러한 용어는 좀 더 자세히 관찰해서 그 배후에 무엇이 들어 있는지 구분해야 할 것이다. 예를 들면 1968년 이후의 새로운 세대들은 조직에 결속시키거나 기존의 방식으로 조직화하기 무척 어렵지만, 그렇다고 해서 이들을 싸잡아 비정치적이라고 치부해버릴 수는 없다. 오히려 개인주의는 '정치의 사유화(privatisation of politic)', 즉 종교적 세속화 과정과 유사한 측면에서 이해할 수 있는 현상을 보여준다.[55] 다시 말해 정치적 견해를 가지고 있기는 하지만, 이를 직접 친구들 앞에서 표명하는 경우가 점점 줄어들고 있다. 정당의 배지는 떼어져 있고, 정당의 이름이 적힌 고무풍선은 잘 해야 유모차에 묶일 정도로 되었다. '종교적 결정의 사유화'가 종교의 사회적·문화적 중요성과 소통·결속 능력에 치명타를 가했듯이, 정치적 입장 표명의 사유화 역시 사회의 정치적 행동 능력의 토대를 앗아가는 것이다. 그러나 이것은 여기에서 일일이 열거하기에 어려운 수많은 요소 중 하나에 불과하다. 예를 들어 20세기 후반 이후 정치적 참여 시민의 역할은 과거와 같은 아날로그 방식으로는 조직화할 수 없는 다른 시민의 역할과도 경쟁 관계에 돌입했는데, '소비 시민(citizen consumer)'이나 전자 통신 시대의 '미디어 시민(네티즌)' 등이 그러한 것들이다.[56]

아울러 고전적 현대 이후를 맞아 사회적인 조직화가 점점 어려워지는 것은 국가가 맞은 위기, 국가의 제어능력, 그리고 이에 대한 사회적 수용이 맞은 위기와 같은 새로운 현상들과 맞물려 있기 때문이다. 원칙적으로 이것은 다른 양상의 문제지만, 실질적으로는 당원을 기반으로 하는 정당들, 가입자 중심의 노동조합이 의미를 상실하는 상황과 관련이 있다. 이러한 위기, 또는 가치 중립적으로 말한다면 국가적 활동의 변화는 적어도 세 가지 차원에서 고찰해 볼 수 있다.

첫째, '민족국가'는 시민들에게 비슷한 구조를 지닌 대안적인 제도를 제시하지 못한 상태에서 한때는 명확했던 국경선을 상실해가고 있다. 그런데 당장 유럽연합(EU)을 떠올리거나 '민족국가의 범주를 벗어난 국제적 통치'[57]를 생각해보면, 지난 몇 년 동안 지성인 집단이나 정치적 엘리트 계층은 다수 국민이 의식하거나 느끼는 필요성보다 점점 앞서 나간 경향이 있는 것 같다.

둘째, 고전적 의미의 '징세 국가'는 새로운 형태의 정당성의 문제에 봉착하고 있다. 국가가 가진 재정상의 권위는 침식당하고, 국민의 부담 능력과 이에 대한 국가의 반대급부 간의 균형이 흔들리고 있다. 그리고 세금 납부는 사회와 경제의 모든 영역에서 합법적인 수단은 물론이고 점차 비합법적인 수단이라도 동원해 가급적 피해가야 할 대상이 되어가고 있다. 이로 인해 납세의 정의(공평성)가 손상을 입고, 이는 다시금 징세 국가의 신뢰를 떨어뜨리는 악순환을 낳고 있다.[58]

셋째, 잘 정착한 '복지국가'도 이러한 위기에 봉착했는데, 독일에서의 사회보장제도의 개혁을 둘러싼 격렬한 논쟁은 바로 이를 보여준다. 경제적인 번영과 급속한 인구 증가의 시대에 확립된 재분배 모델은 더는 그 기능을 발휘하지 못하고 있다(그리고 이미 당시에도 케인스식 수단, 즉 늘어나는 부채 차입을 통해서만 재원을 조달할 수 있었다). 새로운 복지국가를 위한 사회정책의 규칙에 대한 합의는 아직 도출되지 못했다. 왜냐하면 어느 정도 '규칙을 넘어서는 사안'을 두고 논쟁이 이루어지고 있기 때문이다. 즉 전통주의자들은 고전적인 국가의 개조를 고수하는 반면, 개혁주의자들(좌파 · 우파를 막론하고 녹색당에서 보수 정당에 이르기까지)은 시민사회의 성격을 가진 새로운 복지 정부의 수립을 주창한다.[59]

그러나 이러한 위기의 세 가지 차원이 공통적으로 갖고 있는 핵심에 대해서는 논쟁의 여지가 없다. 한때는 단일한 구조의 국가라는 것이 더욱 이질적이고 혼란스러운 것이 되고 제도적으로도 더 취약해졌으며, 따라서 국가의 '구호'(Fürsorge; 이 개념은 여기서 광의로 해석된다 – 옮긴이)에 가장 많이 의지하고 있던 계층과 지역에서 특히 우려를 불러일으키고 있다는 것이다.

이러한 배경에서 21세기의 개방적 사회를 조직화하는 문제에 생산적으로 대처할 수 있는 대안으로는 무엇이 있을까? 이 질문에 대한 답변으로 확실한 마스터플랜을 제시하겠다고 하는 자는 이미 대단한 사기꾼임이 분명하다. 고도의 조직성을 갖고 '형성'되었던 20세기의 민주주의로 복귀할 수도 없고, 아직은 하나의 확실한 대안이 보이는 것도 아니다. 동시에 여러 공사 현장에서 가능한 일을 하는 것 외에는 다른 방도가 없다. 이러한 공사 현장에 해당하는 곳으로 다음과 같이 다섯 가지를 제안한다.

i. 민주주의의 핵심을 공고히 하기

독일에서 정치적 민주주의와 의회주의의 원칙을 경제 분야에서의 (노조의) 공동 결정권부터 대학의 민주주의까지 사회의 다른 분야에도 확대시키겠다면서 대단한 영향력을 보였던 1970년대의 프로젝트는 그 한계에 도달했다. 동시에 민주주의적 통치도 취약해지는 문제에 봉착했다. 달리 말하면 지금은 민주주의의 핵심을 공고하게 하고 특히 이를 사회의 주변부에서 심화되고 있는 비정치화 추세로부터 보호하는 것이, 삶의 전반에 걸친 완전한 민주화라는 유토피아보다 더욱 중요해졌다.

이를 위한 출발 상황은 아직은 나쁘지 않은 편이다. 선거전은 여전히 사람들의 관심을 끌고 있는데, 미디어의 중개로 더욱 그렇다. 저조한 투표율에도 투표권의 행사는, 때로는 단지 '4년마다 한 번씩 기표를 하는 것'이라는 조롱도 받고 있지만, 여전히 민주시민이 가진 핵심적인 권리 행사로 이해되고 있다. 그런데 공고히 한다는 것은 만사를 옛날 그대로 유지한다는 뜻은 아니다. 사회와 국가 간 소통의 가교로서 부분적으로는 (정당과 같은) 다른 중재적 조직체를 대신할 수 있는 대중매체의 중요성이 높아지고 있는 상황에서는 직접 민주주의나 국민투표 같은 요소들을 강화하는 조치도 설득력이 있어 보인다.

ii. 네트워크와 새로운 의제 - 기존 조직들의 개방

거대한 사회적 · 정치적 이익 단체들은 역사적 역할을 수행하는 것이 아직 끝나지 않았으며, 이와 관련해 쉽게 자포자기해서는 안 될 것이다. 이미 암시했듯이, 특히 매우 조밀하고 광범위한 단체의 조직화라는 '독일적인 특수한 여정'은 한 걸음만 더 나가면 끝나게 된다. 그러나 조직체들은 변화의 도전을 받아들여야 한다. 그리고 결말은 불확실하지만 조직들은 이러한 도전을 받아들이는 중이다. 시민들이 고정 회원으로 조직에 장기적으로 매이는 것을 부담스러워한다면, '외부'와 '내부' 간의 경계, 배제와 참여의 경계를 느슨하게 만들 수도 있다. 양대 국민 정당(기민당과 사민당)은 오랜 숙고를 거쳐 '네트워크 정당'(사민당)나 '시민 정당'(기민당)이라는 프로젝트를 통해 이러한 방향으로 가고 있다. 필요한 개방은 형식적 · 조직적이면서 내용적이기도 하다. 노동조합을 일례로 들어보자. 노동시장, 사회, 일상 문화가 변화하는 상황을 맞아 노동조합은 임금정책을 초월하여 회원을 모을 수 있는 매력을 갖춰야 한다. 노동조합은, 우려하는 것과 같이 회원들의 회비로 훌륭하게 운영되는 일종의 차량 서비스 제공 단체인 전 독일 자동차 클럽(ADAC)의 대체물 같은 성격을 띠지 않으면서도, 생산자 단체에서 (또한) 소비자 단체로 변모해야 한다. 노동조합들은 작업장 바깥에서도 '사회적 시민' 같은 포괄적 역할을 하면서 사람들에게 호소력을 가질 수도 있을 것이며, 향후의 이러한 역할을 새롭게 정의하는 데도 결정적인 발언을 할 수 있을 것이다.

iii. 새로운 이해관계와 갈등 노선의 조직화

이로써 분명한 것은, 만연하는 개인주의 성향과 삶의 형태와 구상이 다양한데도, 공통적인 사회적 특성들과 삶의 운명들은 상실되지 않았다는 것이다. 그런데 이것들은 고전적인 산업사회나 민족국가 사회에서와는 차별되게 다른 장소에서, 다른 방식으로 응집된다는 것이다. 이러한 새로운 집단적 이해관계와 갈등 노선 중 많은 것이 아직까지는 조직화의 능력을 갖추지 못한 것으로 나타났지만, 그렇다고 원칙적으로 조직화의 능력이 없는 것은 아니다. 오히려 독일인들은 전통적인 이해 단체를 조직하는 것에 강한 면모를 보여온 만큼, 새로운 이해관계를 확실하게 결속시키는 면에서는 매우 후진적이라고 할 수도 있다. 하여튼 매우 중요한 두 가지 사례를 통해서 본다면, 소비자 조직화와 이주민이나 소수 인종 또는 소수 종교 집단 조직화는 독일에서보다 다른 나라에서 훨씬 진전돼 있다. 독일에는 확실하게 자신의 주장을 표명할 수 있으며, 지역적인 차원에서는 물론 전국적인 차원에서도 정치적인 능력을 갖춘 터키계 주민의 강력한 회원 단체나 로비 단체가 없다는 사실이 독일의 정치 · 문화에 치명적인 결점이다.

다양한 라이프스타일을 위해서뿐 아니라 심각한 분배 갈등을 해결하기 위해서 더욱 중요해지고 있는 세대(노년 세대와 젊은 세대) 간의 갈등 노선, 가족(무자녀 부부와 유자녀 가정) 간의 갈등 노선을 조직화하는 것은 본질상 더욱 어렵다. 왜냐하면 이러한 것들은 개인의 입장에서는 대부분 인생의 한 시기에 일시적으로 있는 것이기 때문이다. 역사는 반복된다는 말도 있지만, 새로운 이해관계는 19세기 후반 이후 노동운동 같은 조직의 패턴을 따르지는 않을 것이 분명하다. 그래도 전체적으로 아직 유효한 진단은, 이해관계를 조직하는 사회적인 잠재력은 아직 고갈되지 않았다는 것이다.

iv. 전자 민주주의의 기회

텔레비전을 포함한 20세기의 미디어 혁명은 종종 위협, 또는 민주주의를 잠식하는 어떤 것으로 간주되어왔다. 이러한 관점에서 미디어의 영향은 (집단화 대신) '개인화'와 (적극적인 기획과 영향력 행사 대신) '수동적인 수용'이라는 말로 요약할 수 있다. 두 양상은 모두 전통적인 조직 참여를 희생물로 삼고 있다. '종합 뉴스(Tagesthemen)'든 국제적 사건을 집중 보도하는 '특파원 저널(Auslandsjournal)'이든 간에, 가정에서 저녁에 텔레비전을 시청하는 것은 지역 모임에 참석하는 발걸음을 붙들어놓았다.

그런데 전자적인 의사소통이 '쌍방향 소통'으로 전환한 이후, 21세기에 대중매체와 정치적 참여가 상호 협력을 도모할 기회가 대폭 늘어났다.[60] 인터넷은 이전에 일방적이었던 소통을 서로 연결하는 가능성을 제공했고, 이와 함께 개인적인 접촉에 버금가는 접촉 및 네트워크 형성을 위한 새로운 기회의 장을 열어주었다. 정당 모임에 참가하는 것을 대신해 정치인과의 채팅이 이루어진다. 이를 통해 기존의 조직과 참여의 형태는 새롭고 느슨한 형태로, 더 우발적인 소통으로 대체될 것이 분명하다. 아울러 국민 정당과 같은 고전적인 정당 조직들도 그 내부 구조 안에서 새로운 가능성을 활용할 수 있는데, 당원들과 관심을 가진 사람들을 대화의 장으로 이끌어내고 프로젝트별로 활동하게 할 수도 있다.

V. 시민사회의 조직화

전통적이고 종종 고도로 중앙 통제적이며 때로는 국가와 유사한 체제를 갖추고 단결력까지 겸비한 대규모 단체들은 공룡과 같은 존재이며 이러한 단체들이 시민사회의 더 유연하고 분권적이며 '비국유화'된 형태에 의해 대체될 것이라는 통찰은 이제는 아주 보편적인 것이 되었다. 신사회운동과 시민의 사회참여에 관한 토론은 이미 그 정점을 넘어섰다. 그렇지만 그 논거가 잘못된 것은 아니며, 발전 추세도 방향이 바뀌지 않았다. 시민들이 자신의 고향, 이웃마을, 지역 내에서 문제의 직접적인 '당사자'로서 현안에 동참하도록 조직화하는 것은 조직화와 참여의 성장 공간으로 남아 있을 것이다. 이 점에서

'지역적 의제'와 상위 정책의 중재, 개별적 이해를 추구하는 원칙과 봉사적인 참여를 중재하는 것은 중요한 도전이 되고 있다. 시민사회를 둘러싼 일각의 논쟁에서 너무 멀리까지 나아가는 유토피아를 지향하는 성향도 보이는데, 이러한 위험에 빠지지 않도록 조심해야 할 것이다.

예를 들면 지난 몇 년 사이, 좀 과장해서 말하자면, 보편적인 의미를 지닌 시민사회라는 것이 그 계급적 성격에서 벗어나는 것이 참으로 어렵다는 점이 드러났다. 시민사회의 조직화라는 강령은 대학교육을 받았거나 교육 수준이 높은 중산층, 교회와 가까운 인사들, 이미 명예직으로 봉사활동을 하고 있는 사람들에게는 호응을 얻겠지만, 주변부 집단과 사회의 하층부, 이민자 그룹을 적극적으로 (그저 고객의 구미만 맞춘 것이 아니라) 통합하는 문제에 이르면 그 한계를 드러낸다. 이는 동시에 시민사회의 주제를 넘어서는 것으로, 여러모로 분열된 사회에서의 조직화와 정치화라는 일반적인 문제기도 하다. 역사가 오래된 노동운동 분야에서 활동하는 조직, 즉 사민당과 노동조합은 이른바 '시민 진영'보다 이로 인해 더욱 고전하고 있다. 새로운 하층부의 좌절감과 정치적 능력의 결여는 심지어 급속한 회원 감소의 주된 원인이 되고 있다. 하지만 이러한 조직은 다른 한편으로 향후 더욱 대규모로, 그리고 공세적으로 활용해야 할 환경에서 정치적 활동의 자원과 경험을 확보하고 있다.

오토 슈타머(Otto Stammer)는 1955년 학술지 ≪신사회(Die Neue Gesellschaft)≫ 창간 2주년 기념호에서 "정당의 조직화 메커니즘에 대한 불만은 쉽사리 민주주의에 대한 불만으로 옮겨 간다"라는 아주 시사적인 발언을 했다.[61] 그는 20세기 중반의 경험의 지평에서 "독일에서는 사회적 공동생활을 전체주의적으로 크게 조직화하는 것이 대중 민주주의의 다양한 단체화에 대한 유일한 대안이 되고 있다"라고 경고했다. 이렇게 본다면 현재의 상황은 그리 나쁘지 않다. 전체주의적 조직이라는 대안은 더 이상 현실적인 위험이 아니며, 슈타머가 예상하지 못했던 참여와 조직화를 위한 새로운 기회가 열려 있다. 바로 이러한 배경에서 보면, 많은 정치학자들의 권고를 받아들여 새로운 '루소주의'를 통해 사람들을 강제로 민주주의로 끌어 오려는 시도는 위험할 것일 수 있다.[62] 특히 대중 정치화와 대중 참여의 시대가 적어도 양면적인 결과를 가져왔다는 점도 간과해서는 안 된다. 즉 대중 민주화와 대중 참여 시대의 토양에서는 20세기의 반시민적이고 반민주적인 집단화와 강제적인 편성 그리고 정치적인 '대중의 도취 상태'도 자라났다. 그리고 민주적인 영역에서조차 강력한 구조를 갖는 단체는 로베르트 미헬스(Robert Michels)가 일찍이 '과두 정치의 철칙'이라고 묘사했던 것에서 벗어날 수 없었다.

따라서 우리는 정치 조직들의 미래에 가해지는 도전에 대해 강한 자신감과 확신을 갖고 대처해야 한다. 회원 수가 감소한다고 해서 반드시 조직이 갖는 체제의 의미까지 사라지는 것은 아니다. 50만 당원을 확보하고 있는 정당이 100만이 넘는 당원을 거느린 정당 조직보다 반드시 덜 성공적이거나 덜 중요하다고 말할 수 없다. 정당 체제는, 1980년대 이후 '녹색당'의 성공 스토리가 말해주듯이, 혁신의 능력을 갖추고 있다. 그리고 한 가지 분명한 것은, 그동안 정치적 조직화와 참여를 개혁하고 혁신하기 위한 모든 진지한 제안들은 항상 '내부에서', 다시 말해 서구 민주주의와 자유주의 사회의 전통과 문화적 자원에서 나왔다는 것이다. 혹자는 이를 유감스럽게 생각하거나 고루한 식민주의로 간주할 수도 있겠지만, 현재에서 우리에게는 중국의 유교적 민주주의나 아랍의 이슬람적 민주주의와 같이 '외부에서부터' 우리에게 혁신을 중재해 줄 수 있는 진지한 '다문화적인' 모범 사례를 갖고 있지 못하다. 물론 미래를 위한 명확한 목표의 전망도 없다. 21세기의 민주주의는 행동 모델과 조직의 형태가 다양하게 나타나고 서로 중첩되는 특징을 갖게 될 것이다.

18 소비를 넘어서

Riskante Moderne

'투자적 사회'의 윤곽

I.

지금은 시민사회에 나쁜 시기일까? 지속되고 있는 경제의 구조적 위기, 심각한 실업난에 세계화에 따른 경쟁의 심화라는 상황을 맞아 지난 몇 년 동안 독일인들의 자의식은 강화되었다고는 할 수 없으며, 자신들이 가진 능력을 효과적으로 가동할 수 있다는 믿음이 자란 것도 아니다. 개인의 책임성을 더 발휘하고 주도권을 더 많이 가지며 더욱 적극적으로 참여하라고 선전하는 것은, 이에 필요한 가용 자원을 갖추지 못한 사람들에게는 종종 냉소적으로 들릴 것이다. 여기서 문제가 되는 것이 지갑 속의 돈이 아니라 좀 더 쉽게 자주적인 삶을 누리도록 해줄 교육 수준 또는 다른 비물질적 자원이라고 하더라도 사태에는 별로 도움이 되지 않는다. 왜냐하면 이러한 능력을 강화하고 개인의 책임성을 발휘할 수 있으려면, 우선은 국가의 지도적 손길이 필요하기 때문이다. 예를 들어 교육 기회를 확보하기 위한 노력에서 이러한 손길이 필요하며, 아울러 기이한 방식으로 개인의 사적인 영역도 결국은 정치적인 사안으로 되는, 가령 개인적인 일상의 행동을 규제하는 것에도 국가의 손길은 필요하다. 한 연방 부처가 시민들, 특히 어린이들을 대상으로, 식생활은 어떻게 하고 운동은 어떻게 해야 할지 말해주고, 담배 소비의 경우처럼 잘못된 행동으로 여겨지는 태도에 대해서는 엄격한 법규를 통해 대처하는 것은 우리가 몇 년 전만 해도 국가의 보호와 보살핌에서 벗어난 성숙한 시민사회에 대해 가졌던 구상들과는 어울리지 않는 것이었다.

더 규모가 큰 국민경제의 척도, 국민경제의 국제적 네트워크 추세, 국가 정책의 제어라는 척도에서도 진자는 다시 방향을 바꾸어 움직이는 것으로 보인다. 한쪽에서 다시 국가의 확대를 요구하는 소리가 더욱 높아지고 있다. 다시 말해 점점 거친 모습을 보이는 신자유주의 경제를 규제하고 막아달라는 외침, 산업 입지, 노동력, 임금 비용을 두고 벌어지는 국경을 초월한 경쟁에 대해 국가가 경계선을 확실하게 그어 줄 것을 요청하는 외침, 대규모 경기 부양이나 투자 사업 등의 형태로 국가가 경제활동에 개입할 것을 요청하는 외침이 있다. 사민당 당수를 지낸 프란츠 뮌터페링에 의해 촉발된 자본주의 논쟁은, 독일인 다수가 리스크가 더욱 높아진 상황에서 느끼는 불만을 보여주는 것이며, 이러한 불만을 표출한 것이다. 공동체에 대한 욕구, 구속적인 관계에 대한 갈망이 있지만, 새로운 안전은 시장을 벗어난 공간, 즉 외부와는 격리된 자신만의 니치 사회 또는 보호를 제공하고 돌봐주며 위험을 막아주는 국가의 손길 아래에서나 찾아야 할 형편이다. 이는 시민사회를 위해서는 좋은 여건은 아니다. 시민사회는 은밀한 사적 공간에서 또는 이웃 관계에서 시작되었을지 모르지만 이러한 공간에서 끝나지 않는다. 가혹하고 냉혹한 경제의 현실과 안전과 만족이라는 따스한 가치 사이의 간극은 매우 벌어져 있는 것으로 보인다.

지금이 시민사회에 좋지 않은 시절인가? 어쨌거나 위기의 징후를 진지하게 받아들여야 하며, 21세기에 접어들어서도 시민사회의 구상이 맞고 있는 긴장 국면들이 무엇인지 제대로 알아야 한다. 단지 유쾌한 기분이 되어, 시민의 참여와 시민사회에 대해 현실감이라고는 찾아볼 수 없는 별 설득력 없는 설교만 늘어놓아서는 곤란할 것이다. 적극적인 시민사회의 구상은 확고하게 고수할 만한 가치가 있으며, 그것이 이 글의 논제다. 그런데 이러한 구상은 현실에 적응하고, 더욱 발전되어야 하며, 새롭게 숙고되어야 한다. 그것은 이 구상을 앞서 언급했던 도전들을 맞아 축소된 형태로 또는 더 소극적으로 숙고해야 한다는 말은 절대 아니다. 오히려 그 반대이며, 우리는 1960년대나 1970년대의 (종종은 기만적이기도 했던) 안정으로 되돌아갈 수도 없다. 따라서 시민사회의 구상은 더욱 확대되고 새로운 단계로 고양되어야 한다. 시민사회는 너무 오랫동안 (그것이 국가를 지칭하든 시장을 지칭하든) '현실 세계'에 대한 반대 개념 또는 주변적인 영역, 다시 말해 퇴근 후에 저녁 시간 또는 전업 주부들을 위한 휴식의 영역으로 기능해왔다. 이제 시민사회를 '사회계약'의 중심으로 끌어올려야 한다. 시민사회는 현대사회의 두 권력, 즉 국가와 시장이 지혜로운 관계를 맺어야 하는데, 이 권력은 우리가 맞서 싸워서 승리하기는 어려운 권력일 뿐 아니라 자유롭고 안전한 삶을 위해 필요한 것이다.

II.

시민사회는 고정된 개념이 아니라 역사적으로 늘 신축성이 있는 개념이었다. 이를 확인하기 위해서 고대 그리스나 서구 사회의 상업화와 계몽주의가 일어났던 18세기까지 거슬러 올라갈 필요도 없다. 지난 20~30년 동안만 살펴보아도 그 주안점은 여러 차례 특이한 방식으로 변했는데, 이전의 다른 시기와 비교할 때 시민사회의 르네상스라는 특징이 확연한 단계에서도 이러한 변화는 있었다. 1980년대에 '시민사회'라는 개념은 당시 공산 체제의 중부 유럽 국가들에서 일어난 시민운동이라는 우회적 경로로 서구에 다시 유입되었다. 그 핵심은 전체주의적 조건에서 국가 또는 국가 구조에 의해 억압받는 사회의 정치적인 (그러나 사적이기도 한) 자율성이었다. 이에 상응하여 서구에서는 무정부주의를 지향하는 자유주의적 · 공동체적인 색채를 띠면서 '국가의 해체'(탈국가화), 시민의 자치 조직을 주창하는 추세가 있었다. 공산주의를 경험한 이후의 동구권 국가들은 국가가 더 이상 맞서 싸울 적이 아니라 자유주의적인 국가를 건설하여 정착시키는 것이 절실한 문제로 부상하면서 국가에 맞서 자체적인 사회를 조직하려는 혁명적인 열광은 곧 위기에 처했는데, 폴란드에서 브로니슬라프 게레멕(Bronislaw Geremek)은 일찍이 이러한 상황을 자아 비판적으로 기술한 바 있다.

따라서 1990년대에는 – 이번에는 서방, 특히 미국에서 나온 추세로서 – 개인주의 때문에 쇠퇴 위험에 처한 사회에서 결속력, 즉 '사회적 자본'(Robert Puttnam)을 창출하는 능력을 가지고 있으며 사회적 네트워크에서 개인의 능동적 행동의 형태로 나타나는 시민 참여가 전면에 부각되었다. 시민 참여의 미래를 위한 독일 연방하원의 앙케트위원회는 시민사회에 대한 이러한 청사진이 독일에서도 정치적 관심을 끌도록 했다. 독일에서는 여러 단체에서의 시민들의 활동, 명예직 자원봉사 활동, '일과 후에' 함께하고 도움을 주고받는 데서 비롯되는 다양한 잠재력에 특히 주목했다. 오랫동안 오해를 받으면서 단체들의 집합장이라는 식으로 폄하되어온 영역이 자신을 관철시키기 시작하고 여건이 아주 좋은 경우에는 발전하는 듯한 모습까지 보였는데, 이러한 영역은 일단 국가와 시장이라는 익명의 세력이 지닌 동력과 자체 논리에 맞서 개인적 자원을 강화하거나 산출하는 데 성공했다.

그래서 이 분야는 과거나 지금이나 사회학적 연구에서 종종 '제3의 영역'으로 표현되는데, 이 영역은 국가와 병행하여 시민에 초점을 맞춘 정책, 그리고 이보다 더 중요한 것으로 시장과 병행하여 시민에게 우호적인 경제를 제공할 수 있는 영역으로 기술된다. 이렇게 본다면, 중요한 것은 더 이상 단순히 여가시간 또는 퇴근 후의 시간뿐만이 아니라, 시장의 이윤 논리에 맞서는 인간 활동의 대안적 의미를 포괄적으로 구상하는 것이다. 이를 위한 가장 중요한 사례로는 이른바 '시민 노동'이라는 구상인데, 시민활동은 전통적인 취업노동의 위기, 시장에서의 실업 상황을 맞으면서 빠른 속도로 더욱 구체적인 매력을 발했다. 이 시민 노동은 엄격하게 명예직의 자원봉사여야 할 필요는 없기 때문에(시민 노동을 통해 다른 곳에서 충당이 안 되는 생활비를 보장받기 때문에), 적어도 이 부분에서는 이를 규제하고 지원해주는 국가기관들이 개입된다. 시민 노동을 유지하기 위한 지출은 일반적으로 세금으로 충당해야 한다.

시민사회에 대한 구상은 또 다른 형태로는 과격하게 탈경제화의 모습으로 나타날 수도 있다. 즉 놀이터를 관리하든 학교나 사회 시설에서 활동하든 아무리 의미 있는 시민 노동이라도 모든 형태의 노동이 갖는 강제적 성격을 완전히 탈피할 수는 없으며, 따라서 시민의 정체성을 각 개인의 선행 조치('참여해야 할 주체는 바로 당신!')라는 조건에 연계시킨다고 가정해보자. 그렇게 되면 우리는, 최근 볼프강 엥글러(Wolfgang Engler)가 자신의 저서 『노동 없는 시민(Bürger ohne Arbeit)』에서 재차 제시했듯이, 아마도 별다른 전제가 없는 시민계층이라는 구상에 이르게 된다. 그러나 첫눈에는 아주 매력적으로 보이는 이 모델에서도 그것을 어떻게 조직하고 필요한 재원을 조달할 수 있을 것인가에 대한 답변은 제시하지 않고 있다. 더 근본적인 의문은 참여, '활동적 삶(vita activa)', 그리고 넓은 의미로서의 노동을 시민적인 실존의 중심에 세우는 대신에 회원들을 일차적으로 보장해주고 일을 위임하는 것(무엇을 위해? 개인적으로 경제적으로 여유가 있고 자족하는 삶을 위해?)이 과연 시민사회에 대한 바람직한 청사진인가 하는 것이다. 바로 이 때문에 시장의 저편에 있는 시민 노동이라는 구상도 결국 손상을 입고 있다. 그리고 취업 사회에서의 배제가 시민 참여를 위한 힘을 결코 북돋아주지 않으며 오히려 그 반대라는 사실은 경험적으로 늘 확인된 것이다. 다른 한편으로는 이렇게 참여만 호소하는 것은, 또 다른 방식으로 적극적인 시민사회를 시장과 국가의 규칙으로부터 결국 분리시키는 경향을 보이기 때문에 지속적인 것이 될 수 없다. 따라서 이제는 시민사회의 새로운 구상을 찾아야 할 때다.

III.

시민의 참여와 시민사회에 대한 과거의 청사진에서 온갖 결점을 찾아내는 것만으로는 부족하다. 오히려 시민과 국가에 대한 근본적인 분석을 시작해야 한다. 시민의 자아상과 국가의 기능은 시민과 국가 간의 '계약'만큼이나 토론의 대상이 되고 있는데, 그것은 특히 각각의 경제적 능력과 우선순위, 그리고 연대 의식을 발휘하고 정의를 구현하는 능력의 측면에서 논의가 되고 있다. 시민의 입장에서 보면 이로써 20세기 말에 독일에서 재차 그 절정에 도달했던 '소비사회의 위기'가 논의되고 있다. 이후 소비자로서의 시민이 보이는 자제적인 구매 태도에 대해 자주 불만이 토로되고 있다. 소매상은 더 이상 과거의 실적을 올릴 수 없고, 독일인들이 가장 사랑하는 소비재인 자동차조차 전시장에 그대로 남는 경우가 많다. 대체로 상투적으로 표출되는 기대, 즉 경기가 다시 좋아지고 사람들의 지갑이 다시 두툼해지면 소비도 늘어나 과거와 같은 성장의 기관차 역할을 하게 될 것이라는 기대는 기만적인 것임이 입증

될 수도 있을 것이다.

서유럽과 같이 고도로 발전된 사회에서는 소비사회가 사실상 역사적 정점을 넘어섰음을 말해주는 조짐들도 다소 있다. 소비사회는 거의 다시 제공되기 어려운 특별한 조건을 전제로 한다는 점이 그 이유로 거론된다. 그렇다고 "아무리 물건이 많아도 행복하지 않은데, 행복하려면 도대체 얼마나 많은 물건이 더 필요하단 말인가?"라는 구호를 내걸면서 소비에 대해 '도덕적인' 비판까지 다시 가할 필요는 없다. 또한 그 근원과 가치 창출(그리고 일자리 창출 효과)이 자신이 사는 국가의 외부에서 이루어지는 대량 소비의 위험한 효과에 대해서도 생각할 필요가 없다. 오히려 위태롭게 된 것은 우선 복지국가와 대량 소비가 동전의 양면에 불과한 것이라고 했던 제2차 세계대전 이후에 있었던 약속이다. 시민들은 자기 수입의 상당한 부분을 손에 쥐어보지도 못하고 세금과 사회보장비로 지불했으며, 그 대가로 포괄적인 공공서비스의 공급과 보장을 받고 아울러 주머니에 남은 순수입은 자신의 직접적인 소비를 위해 지출할 수 있다는 희망을 가졌었다. 그런데 이제는 우선순위를 조정하는 것이 문제가 되고 있다. 저축과 미래의 대비, 교육비와 위험에 대비한 보장책이 가계라는 경제에서 더욱 중요한 항목이 되고 있다. 경제성장률이 다시 좋아진다고 해도 이런 상황은 원칙적으로 별반 달라지지 않을 것이다.

이로써 국가와 시민 간의 관계도 분명히 변하고 있다. 이런 변화는 다양한 형태로 일어나고 있는데, 정당과 정치 계급에 대한 신뢰가 급격히 떨어지는 것도 한 사례다. 이는 다시금 '사회 계약'의 경제적 측면과 관계된 것이며, 이로써 '고전적인 조세국가의 위기'라는 문제가 부각된다. 국가의 세수가 점차 줄어들고, 고전적인 의미에서의 공공 재화를 세금에서 나오는 재원으로 제공할 수 있는 능력이 더욱 약해지는 배후에는 경기 약세 이상의 것이 있으며, 아마도 세계화와 후기 산업화의 징후에서 일어나는 경제적 구조 변화 이상의 것이 숨어 있다. 한편으로는 세율과 시민, 기업의 세금 부담이 역사적으로 가장 낮은데도, 다른 한편으로는 '세금이 너무 많다'는 주관적인 평가가 응집되어 찡그린 얼굴로 어쩔 수없이 국가에 세금을 납부한다. 이는 모든 사회계층에서 정직한 세금 납부를 기피하는 경향으로 연결되며, 이런 경향은 부분적으로 '사회계약'의 파기라는 한계까지 도달해 있다. 국가적 차원에서 세금으로 운영되는 공공서비스라는 시각으로 보면 이러한 추세는 시민들이 예나 지금이나 공공 재화를 기꺼이 요구하면서도 그 비용에 대한 의식은 희미해져 가고 있음을 의미한다.

이로써 이런 대대적인 변화의 세 번째 측면에 이르게 되는데, 그것은 '복지국가의 위기'이며, 독일적 전통에서 가능한 표현을 동원한다면 '생존의 안전보장을 제공하는 국가'의 위기이다. 앞에서 언급했듯이 국가의 약속들은 이미 오래전부터, 늦어도 1970년대 이후에는, 계속 늘어나는 새로운 부채의 차입을 통해서만 유지될 수 있었다. 오랫동안 구서독에서는 사회복지국가의 능력이 민주주의를 유지해주는 우선적인 접착제, 국가에 대해 시민들이 갖는 충성심의 토대로 간주되었다. 그런데 이제는 이러한 메커니즘이 의심을 받고 있다. 어쩌면 이 메커니즘은 다만 지쳐 있는 상태인지도 모른다. 하여튼 국가의 보장 능력과 사회적 보조 제공 능력에 대해 시민들은 '어젠다 2010(Agenda 2010)'이 발표되기 훨씬 전부터 의혹을 갖기 시작했는데, 그것은 냉정한 검토를 해야 제대로 진단을 내릴 수 있겠지만, 사회보장 혜택을 축소한 결과로 나타난 것도 아니다. 왜냐하면 1980년대 이후 사회보장 혜택의 축소와 확대는, 최근 '하르츠 IV'에 따르는 막대한 재정 투입을 제외한다면, 대체로 어느 정도 균형을 이루고 있었기 때문이다. 그런데도 시민들의 기대를 충족시키는 일은 점점 더 어려워졌는데, 이는 대부분의 경우 복잡하고 불투명한 공공의 지불체제에서 자신이 받는 것보다 내는 것이 더 많고, 자신이 누리는 연대의 혜택보다는 제공하는 것이 더 많다는 인상을 분명히 받기 때문이다. 기존의 복지국가는 (혜택을 누릴) 권리들은 만들어냈지만, 그 대신 시민들의 부담을 덜어주지는 않았다.

IV.

이런 변화들은 여기서는 그저 개략적으로 언급만 하고 지나갈 수밖에 없다. 이에 대해서도 할 말이 많지만, 인구 변화의 추세에서부터 세계화와 유럽연합의 통합에 이르는 다른 요인도 언급해야 하기 때문이다. 그런데 이런 것들은 도대체 시민사회와 무슨 관계가 있는가? 현재의 위기는 그 다양한 측면을 통해서 적극적인 시민의 역할을 사회의 주변부에서뿐 아니라 '사회계약'의 중심부, 즉 취업 사회의 중심부, 집단적 사회보장과 연대 체제의 핵심에서도 강화해야 함을 거듭 시사해준다. 시민이 된다는 것은 자신의 삶을 책임지는 것을 의미하는데, 주말에 교회나 스포츠 클럽에서 활동하는 데 그치지 않고 가능한 한 경제적인 선택들까지 포함하는 자신의 삶의 영위에 대해 책임을 지는 것을 의미한다. 또한 이런 경제적인 개인의 책임성도 우선은 개인의 수입 극대화라는 기준에서가 아니라 연대 사회의 원칙들을 기준으로 측정된다. 즉 이러한 개인의 책임성은 예를 들어 "어떻게 하면 나의 노력을 통해 다른 이에게 이득을 줄 수 있을까?", "미래의 기회를 향상시키기 위해 현재는 무엇을 투자해야 할까?"라는 질문을 던져야 한다는 것이다.

이러한 의미에서 새로운 시민사회는 '투자적 사회(Investive Gesellschaft)'라고 할 수 있는데, 그것은 이 사회가 권리의 요구, 자원의 소비, 자아실현이라는 표상과는 거리를 두고, 이와 관련하여 연대 의식에 따르는 의무, 자원의 투자 및 개인의 책임성이라는 이상을 제시하기 때문이다. 여기서 투자라는 기본 개념은 다양하면서도 아주 본질적인 차원을 갖고 있다. 경제에서 하나의 개념을 차용해온다는 것은, 시민의 참여를 순수하게 도덕적인 차원에서 정의내리지 않는다는 점, 또는 이러한 참여가 우선적으로 경제 외부의 영역에서 작동하지 않게 한다는 의미를 갖고 있다. 여기에서는 아주 다양한 종류의 자원 투입, 특히 시민이 자신의 삶과 크고 작은 공동체의 생활을 위해서 제공할 수 있는 모든 권한과 능력을 포함하는 자원의 투자가 문제가 된다. 이것은 물론 물질적 자원도 포함되지만, 시간(예를 들면 가사나 자원봉사), 도덕적 자원 및 사회적 자원, 그리고 어떤 경우에는 지식이라는 인지적 자원도 포함된다. 투자라는 것은 대체로 투자에 대한 보답(return on investment)의 기대, 다시 말해 종국에 가서는 원래 지출한 것보다 더 많이 되돌려받을 수 있다는 기대도 의미한다. 이는 화폐로 계산할 수도 있지만, 시민사회의 다른 통화로 전환될 수도 있다. 예를 들어 저녁 학부모 모임에 시간과 사회적 에너지를 투입하면, 이를 통해 상당한 규모의 학교 프로젝트와 이웃과의 공동 프로젝트가 추진될 수도 있을 것이다. 휴가 일정을 단축하고 교육에 돈을 투자하면, 이를 통해 스스로를 위한, 나의 자녀들을 위한 또는 제3자를 위한 지식과 삶의 질을 얻게 된다.

따라서 시민사회의 중요한 표상으로서의 투자는 또한 시간적인 축, 즉 현재와 미래의 구상이 중첩하는 영역을 시사해준다. 따라서 투자적 사회는 특히 세대 상호 간의 차원에서 보면 사회적 지속성이 보장되는 사회다. 이전에 사람들은 "내 아이들은 언젠가 사정이 나아지겠지"라는 말을 종종 했는데, 이것과 근본적으로는 비슷한 것을 의미한다. 즉 차라리 지금 좀 절약을 하면, 설령 다음 세대가 누리겠지만 어쨌든 장래에는 나중에 기회를 잡게 된다고 보는 것이다. 투자적 사회는 당장 이 자리에서의 행복을 추구하는 사회가 아니라 내일의 더 큰 행복을 추구하는 사회다. 이 사회는 결산을 해볼 때 소비하는 자원보다 생산하는 자원이 많아야 한다는 것을 평가 기준으로 삼는다. 이런 의미에서도 다음 세대에까지 부담을 주면서 공공 부채를 늘리는 것은 매우 비시민적인 프로젝트이다. 투자는 서비스의 혜택을 먼저 누리려는 것이 아니라 먼저 자원을 투입하는 것을 의미한다.

바로 이러한 점에서 투자적 사회는 시민사회에 경제적인 기반을 부여해야 한다는 최근의 다른 구상들과 근본적으로 차이가 있다. 예를 들어 브루스 애커먼(Bruce Ackerman)은 자신의 저서 『자산 위탁 사회(Stakeholder Society)』* 에서 국가는 각 시민이 태어나거나 성년이 될 때 일정한 액수, 예를 들어 8만 유로 정도를 지급해 종자돈을 갖추도록 해야 한다는 제안을 하고 있다.[63] 그렇게 되면 각 개인은 자신의 우선순위에 따라 이 종자돈을 가지고 자기 삶과 사회적 안전을 도모해야 하고 도모할 수 있을 것이라는 주장이다. 즉 가게를 하나 열든지, 하버드에서 3년 정도 공부를 하든지, 장기 적립을 하든지, 환호하며 당장 세계 여행에 나서든지 할 수 있다는 것이다. 이 제안은 재원 조달의 문제뿐 아니라 현실적으로 과연 실행에 옮길 수 있을 것인가 하는 문제를 안고 있다. 자기 돈을 사용해버렸거나 부채를 안게 되지는 않았지만 다시 곤궁에 처한 사람은 더 이상 지원을 요구할 권리를 갖지 말아야 할 것인가? 가정이 부유하거나 교육적인 자원을 이미 충분히 갖추고 있어서 시민으로서 자립하는 데 이러한 보너스를 필요로 하지 않는 사람들에게도 보너스를 제공해야 할 것인가? 가장 심각한 것은, 첫눈에는 매혹적으로 보이는 이 원칙이 종국에 가서는 결국 시민들에게 자기 자신과 다른 이들을 위해 먼저 자원을 투자할 것을 요구하는 대신에 국가가 먼저 서비스를 제공할 것과 국가가

---

* 2007년 12월 대선에서 허경영 후보가 내세운 공약은 사실상 이 이론의 통속적 변형으로 추정된다.

공급하는 보장 혜택을 누릴 권리에 역점이 주어져 있다는 반론이다. 이러한 점에서 보면 투자적 사회는 '자산 위탁 사회'의 원칙을 뒤집는 것이다.

그렇다면 구체적으로 정말 중요한 것은 무엇인가? 그리고 그것은 지적인 망상 이상의 것, 정치적인 효과를 기대할 수 없는 모호한 개념 이상이 될 수 있을까? 자세히 들여다보면 '투자적 시민사회'라는 구상은 최근에 아주 다양한 방향에서, 아주 다양한 정치적 영역에서 제시된 상당히 많은 제안들까지 종합하고 있다. 우선 투자와 관련된 사안은 매우 구체적인 의미를 갖고 있다. 투자는 사적인 측면도 갖고 있고 공적인 측면을 갖고 있다. 한편으로는 시민 개인의 책임성, 각 개인의 지출 우선순위, 자신과 자기 후손을 위한 지속적인 전망에 대한 투자가 중요하다. 다른 한편으로는 투자는 개인적인 사안만 되는 것이 아니라 공적인 과제, 특히 독일의 서독 지역에서 낙후되어가고 있는 것들에 대한 공적인 과제로 남는다. 전후 전성기였던 1960년대에서 1980년대 사이에 건설된 공공 인프라 시설은, 학교에서부터 도로, 병원에 이르기까지 모두 낡아 있으며, 보수공사가 충분히 이루어지지 않고 있다. 지속성의 원칙은 여기에서도 자라나는 후손들을 위해 적기에 투자를 하고 이를 위해 시민들의 자원을 동원할 것을 요구한다.

이러한 자원 동원은, 조세국가의 정당성이 점점 희박해지는 상황을 맞아 그 자체로 투자적 사회의 본질적인 요소다. 시민들의 경우, 국가가 결정을 내리고, 그 개별적인 사용을 시민이 통제할 수도 없는 어떤 사안을 위해 추상적으로 세금을 납부하려는 용의가 분명히 줄어들었다. 그래서 최근의 세금 인상은 환경세나 담뱃세의 경우에서 보듯이 목적과 연계되어 있다. 동일선상에서 조세 제도를 요금 체제로 전환하는 것은 더욱 진전된 조치다. 도로 사용료나 대학 등록금 도입의 배후에는 노상 강도질을 하지 않고서는 충당할 길이 없을 정도로 줄어든 공공 재정의 위기만 있는 것이 아니다. 그 배후에는 오히려 공적 재산을 사용하는 정의의 문제에 본질적인 변화가 있다. 이전에는 이러한 국가 서비스의 비용을 각 개인이 혜택을 누릴 권리와는 상관없이 (시민들이 능력에 따라 납부하는) 세금에서 재원을 조달하여 그 서비스를 제공하는 것이 가장 공정하다고 보았다. 그런데 이제는 누군가가 그런 공공의 재화를 다른 사람보다 자주 이용하거나, 남들보다 돈을 더 많이 낸 것도 아니면서 더 많은 혜택을 누릴 경우 이를 불공평하다고 생각한다. 이는 도로 사용이나 평균 이상의 수입과 삶의 질을 가능하게 해주는 대학 무상교육에도 적용된다.

따라서 '조세국가'에서 '요금 사회'로의 과도기가 새로운 사회계약의 일부가 될 수 있는데, 여기에서는 정의의 변화된 척도와 공평성도 고려된다. 즉 나는 다른 사람들도 함께 지불한 공공 재화 중 어떤 것을 청구해서 사용하며, 어느 정도로 이에 동참할 용의가 있는지 묻게 된다. 또, 정의 외에 시민이 자신의 경제에 대해 갖는 자주권도 강화된다. 세금 부담이 적으면 우선순위를 결정하는 데 선택의 폭도 커진다. 즉 다른 투자에 비해 오페라 관람 또는 자동차 여행 또는 대학교육은 얼마나 가치가 있을까라고 묻게 된다. '선투입', 즉 투자의 원칙이 강화되는데, 이는 자신의 이용만 위해서가 아니라 동시에 공동체를 위해서라도 먼저 서비스를 제공하는 것, 다시 말해 연대의 혜택보다는 제공을 우선시하는 사고에 상응하는 것이다. 이런 생각들의 많은 부분은 시민사회에서의 물질적 연대라는 다른 구상과 연계된다. 여기서 우리는 한편으로 시민사회의 세금 체제가 어떻게 환경운동이라는 범위 안에서 한동안 인기를 얻을 수 있었는지에 대해서 생각해볼 수 있고, 다른 한편으로 아직은 기대만큼 실천되고 있지 않지만 그래도 한동안 시민사회를 둘러싼 논쟁에서 중요한 역할을 했던 기부금과 재단, 후원 운동 등에 대해서도 생각해볼 수 있다.

새로운 시민사회의 이러한 프로젝트는 그 자원의 측면에서 주목해볼 수 있지만, 적어도 이에 못지않은 비중으로 그것이 가능한 부문과 과제 분야도 주시할 필요가 있다. 여기에서 사회복지국가의 개편은 지난 2년간 정치적 논쟁에서 그 본질적인 측면이 토론되었던 것처럼 중심적인 위치를 차지한다. 독일의 사회복지국가가 (여전히) 높은 지출이라는 특징을 갖고 있다는 점에는 의견이 대체로 일치하는데, 이렇게 지출된 돈은 지난 20년에서 30년 동안 급격히 늘어난 하층부와 수혜자 계층에게 특히 소비 지출, 생계비 보조의 명목으로 제공되었다. 이러한 사회 보조비 지출은 오래전부터 기여적인 의미의 참여와 사회적 기회의 참여라는 기준에 의해 측정되고 있지만(원칙적으로, 그리고 극장표나 연극 관람권도 들어 있던 사회 보조금 수혜자를 위한 고전적인 선물 바구니의 형태로), 사회복지국가의 혜택과 기회의 효율성은 계속 성과를 거두지 못했다.

대규모의 사회보장비 지출을 통해 생활 여건을 거의 바꾸어주지는 못한다. 이러한 지출은 비교적 생존을 가능하게 하는 정도의 생활수준은 보장하지만, 의존성에서 벗어나게 하거나 새로운 기회로 진입하게 하는 데는 별로 도움이 되지 못한다. 따라서 지원 제도의 역점이 바뀌어야 하는데, 재정적인 수단은 독자적인 삶의 영위 가능성이 보이는 곳에 집중적으로 투입되어야 한다. 이러한 의미에서 사람들은 스칸디나비아의 모델에 따라 종종 '소비적 사회복지국가'에서 '투자적 사회복지국가'로의 변화에 대해 언급한다. 이러한 사회적 투자의 중심부에는 교육이 있는데, 이것은 무엇보다 유아원 교육에서 초등학교를 거쳐 중학교, 고등학교를 마치고 졸업할 때까지 동일선상에서 투자가 이루어져야 한다. 이 구상이 투자적 시민사회의 큰 틀에 어떻게 들어맞는지는 명백하다. 위기와 문제들로 인한 고통을 현재에서 덜어주는 것이 중요한 것이 아니라, 미래를 내다보면서 각 개인들이 자신의 삶을 자주적으로 이끌어갈 수 있는 능력을 키우는 방향으로 지속적인 해결을 시도하는 것이 중요하다.

교육과 지식은 새로운 사회복지국가 체제 내에서뿐 아니라 이를 훨씬 넘어서서 미래를 위한 중요한 행동 영역이다. 이는 기술적 · 기능적 차원의 명령, 즉 최근 들어 점점 빨리 출고되는 지식 상품들과 새로운 지식사회의 전문성 요구에 부응해야 할 것이라는 등의 공식들과 더불어 제기되는 명령 이상의 의미를 갖고 있다. 또한 '교육은 시민의 권리'라는 과거 자유주의적 구호 이상의 의미를 갖고 있다. 한 나라의 시민이라는 이유만으로 교육을 받고 대학 입학 자격시험을 치르고 대학에 진학하는 것이 아니다. 새로운 종류의 사회적 문제 상황을 맞고 있는 지금은 이런 논리만으로는 불충분하다. 오히려 교육은 이를 습득하고 활용함으로써 완전한 의미에서의 시민이 될 수 있는 기회를 상당히 확대해주거나 아니면 종종은 다시 회복시켜주는 수단이다. 그런데 교육이 물질적 · 비물질적인 측면에서 이러한 삶의 기회를 제공해준다면, 사람들은 (자신의 능력과 가능성에 따라) 교육에 투자할 경우 이를 통해 이득을 볼 것이라는 점을 기대할 수 있을 것이다. 기본적인 기회 제공만 받는 것이 아니라, 예를 들어 대학교육을 받을 경우 보통 사람들보다 평균 이상의 기회를 제공받을 수 있는 상황이라면 더욱 그러할 것이다. 따라서 예를 들어 현재 무상교육인 대학교육에서 등록금 도입 논의와 같은 것을 보면, 이 문제에는 새로운 시민사회의 물질적 자원의 측면에 대해서는 물론 정의라는 측면에서도 고리가 완성되는 것을 볼 수 있다.

V.

이러한 여정으로 나아가는 과정에서는 더 정확한 연구를 필요로 하는 많은 질문들이 생겨나는데, 그렇지 않은 상황을 기대하는 것은 무리일 것이다. 시민적인 사회는 결코 매끈하게 다듬어지고 물샐 틈이 없는 완벽한 구상이 아니라 모순으로 가득 차 있으며 비판과 자기비판의 여지가 있는 구상이다. 다행스럽게도 이런 측면은 시민사회를 다른 종류의 여러 이데올로기와 구분하게 하는 것이다.

앞으로 향후에 상당히 고민해보아야 할 기본적인 질문은 우리에게 익숙한 사적 생활과 공적 생활의 관계에 어떤 변화가 일어나는가에 관한 것이다. 고전적인 시민사회는 이 두 범주를 다 가지고 있고, 따라서 비교적 엄격하게 사적 영역과 공적 영역을 구분하는 데 처음으로 성공했다. 그러나 지금 우리는 이런 경계가 많은 부문에서 어떻게 무너지고 있는지, 어떻게 중첩되는 부분들이 생겨나는지, 그리고 어떻게 두 영역 사이에 침투성의 구조가 형성되는지를 경험하고 있다. 황색신문 같은 대중매체에서는 이런 현상이 이미 오래 전부터 있어왔다. 그런데 이는 시민적인 생존의 핵심 영역에 연관된 것이기도 하다. 사회적으로 미래를 대비할 때 개인의 책임성을 강화하는 것은 고전적인 공적 과제를 사적인 요소들과 결합시키는 것이다. 교육이 개별적인 기회들을 열어주고 경제적으로도 그렇게 간주된다면, 교육은 더 이상 고전적인 의미의 공적인 재화가 아니다.

더 나아가서 오랫동안 사적이고 내밀한 것으로 간주되어온 삶의 영역 전체가 최근 몇 년 동안 공적이고 사회적인 문제, 부분적으로는 심지어 국가 개입이 필요한 문제로 논의되고 있다. 이러한 영역으로는 우선 종교를 들 수 있는데, 종교는 점점 더 순수한 내밀성으로 내몰리는 듯이 보이더니 얼마 전부터는 공적 영역으로 나아가는 새로운 길을 발견하고 있을 뿐 아니라 시민사회의 한 자원으로 주목받고 있다. 식생활, 여가, 소비와 같이 완전히 사적인 것으로 간주되었던 행동 영역도 여기에 해당된다. 우리가 무엇을 얼마나 먹어야 하는지, 어린이들이 너무 적게 또는 너무 많이 몸을 움직이는 것은 아닌지와 같은 문제는 이제는 일반 신문에서뿐 아니라 정치에서도 관심을 갖는다. 여기에는 사생활에 대한 국가의 규제, 훈육이 문제가 되는 것일까? 아니면 '잘못된 생활방식'으로 특히 어린들에게는 절대로 차단되어서는 안 될 시민사회의 혜택에 참여하는 기회가 논란이 되고 있는 것일까? 우리가 집안 문을 열고 냄비 안을 들여다보아도 좋을까, 아니 꼭 들여다보아야 할까? – 이러한 질문은 오래전부터 단순한 비유의 차원을 넘어서는 질문이다. 바로 이러한 부분에서 사적인 것의 정치화가 얼마나 민감한 딜레마를 낳는지 분명해진다. 그런데 이것은 원칙적으로 도로나 수영장과 같은 고전적으로 공적인 재화에 변화를 가하는 데서 보듯이 공적인 것을 사유화하는 경우에도 마찬가지로 적용된다.

다른 질문들은 새로운 시민사회 메커니즘에서의 사회적 범위와 정의에 관한 것이다. 지금은 동남아에서 발생한 쓰나미 재해에 대한 반응에서 보듯이, 독일인들이 정작 가까이 있는 이웃보다 '먼 곳에 있는 이웃'의 사정을 먼저 파악하고 지원하려는 경향이 여전히 그리고 앞으로도 강해지는 상황에서, 시민사회 내에서 서로 얼굴을 대하는(face-to-face) 참여가 지닌 중차대한 의미를 강조해야 할 것이다. 다른 한편으로 더 큰 규모의 결속과 집단적인 연대라는 제도적 구조에 해를 가하는 또 다른 경향, 즉 옆에 있는 이웃에 대한 연대와 지원을 우선하는 경향이 있다. 진정으로 의미 있는 이웃돕기나 네트워크를 통한 상부상조는 어디에서 끝나는 것이며, 세금과 사회보장 기여금을 납부하지 않음으로써 기회는 자기 개인의 것으로 만들면서도 위험한 리스크는 다른 사람에게 부담지우는 음성적 노동(세금 안 내는 노동)과 같은 것이 시작되는 지점은 어디인가?

시민사회와 그 경제의 '원거리'와 '근거리' 간의 공간적 긴장 외에도 예를 들어 '요금 사회'와 같은 맥락에서는 공정한 분배라는 고전적인 질문들이 제기된다. 각자가 개인의 능력에 따라 납세를 하는 것이 아니라 동일하게 서비스에 대한 비용을 지불하는 경우, 그 명백한 불평등성 때문에 새로운 정의의 효과가 완전히 무로 돌아가지는 않을까? 그리고 부유층과 빈곤층이라는 오래된 계층 문제가 유자녀 부모와 무자녀 부부 간의 새로운 분배 갈등과 교차하여 나타날 수가 있는데, 이러한 새로운 분배 갈등은 적극적인 시민사회에서는 더 강하게 생겨날 수 있다. 더는 세금으로 학교를 보수할 수 없어 부모들이 주말에 붓과 페인트를 손에 들어야 한다면, 이는 시민참여라는 관점에서는 바람직하지만, 자녀가 없는 사람들과 비교하면 이중으로 불공평하다고 할 수 있다. 왜냐하면 자녀가 없는 사람들은 공동의 과제를 위한 재정적인(세금상의) 기여를 면제받는 데다가 시간마저 투자할 필요가 없기 때문이다. 이 사례는 새로운 시민사회의 규칙들과 갈등 노선이 얼마나 복잡할 수 있는지 아주 명료하게 보여준다.

이러한 모든 사태 추이와 답변되지 못한 의문인데도 시민사회의 사회적 근간에 있는 불변의 요소는 아마도 잘 보전되어 남을 것이며, 지금은 다시 주목까지 받고 있다. 시민사회는 그 핵심에 중산층, 즉 사회적인 위계질서에서 중간에 있는 계층의 프로젝트인데, 여기서 말하는 중간층은 엄격하고 배타적이며 고립된 계층이 아니라, 개방적이고 다른 계층까지 모여드는 결정질의 핵에 해당하는 계층이라는 의미에서다. 가장 먼저 그리고 지속적으로 참여하는 계층은 바로 빈곤층도 부유층도 아니다. 이는 도덕적 · 시간적 · 사회적인 자원과 관련해서도 마찬가지다. 그런데 투자적 시민사회의 경제구조에서도 이것이 중요한 역할을 할 수 있다. 독일이 대량 실업과 매니저들의 엄청난 봉급 등 경제적 · 사회적으로 위기를 맞았다는 인상을 풍기고 있는 상황에서 독일에서 여전히 폭넓고 좋은 상황을 누리는 중산층은 일반적인 관심에서 벗어나 있다. 외부에서 독일의 논쟁을 지켜본다면 아마도 독일 사회에는 '하르츠 IV'

수혜자와 거액의 투기꾼들만 살고 있다는 인상을 받을 것이다. 중산층은 종종 너무나 편안한 이러한 그늘에서 빠져나와 자신들에게 부여된 도덕적 책임은 물론 물질적인 책임을 자신감을 갖고 떠맡아야 할 것이다. 왜냐하면 경제와 도덕, 경제와 가치들은 새로운 시민사회에서는 더 이상 상호 적대적일 수 없기 때문이다.

주석

1. Ulrich Beck, Risikogesellschaft. Auf dem Weg in eine andere Moderne, Frankfurt 1986.
2. Richard Sennett, Der flexible Mensch. Die Kultur des neuen Kapitalismus, Berlin 1998 참조. 이 책은 옮긴이도 번역에 관계했으며, 『신자유주의와 인간성의 파괴』(조용 옮김, 문예출판사, 2002)로 번역 출간되었다. 같은 저자의 최근 저서 Die Kultur des neuen Kapitalismus, Berlin 2005도 참조.
3. Jürgen Habermas, Theorie des kommunikativen Handelns, 2 Bde., Frankfurt 1986. 우리말로는 『의사소통의 철학: 현대 독일 철학의 정신 8인과의 대화』(홍윤기 옮김, 민음사, 2004)로 출간되었다.
4. "Draußen", in: brand eins, 7.Jahrgang, September 2005, S. 82~88.
5. Pierre Bourdieu, Das Elend der Welt. Zeugnisse und Diagnosen alltäglichen Leidens an der Gesellschaft, Konstanz 1997. 그리고 Franz Schultheis / Kristina Schulz(Hg.), Gesellschaft mit begrenzter Haftung. Zumutungen und Leiden im deutschen Alltag. Konstanz 2005 참조.
6. '수레'는 앤서니 기든스가 현대를 분석하면서 다양하게 동원했던 비유다. 인간이 더 이상 통제할 수 없는 거대한 수레인 Dschannath('세계의 주인'이라는 뜻)는 고대 인도 신화에 등장하는, 1년에 한 번 운행한다는 수레다. Anthony Giddens, Konsequenz der Moderne, Frankfurt 1995, S. 173f.
7. Eric Hobsbawm, Das Zeitalter der Extreme. Weltgeschichte des 20. Jahrhunderts, München 1995.
8. Edward Said, Orientalism, London 1978.
9. Ian Bruma / Avishai Margarit, Okzidentalismus, Der Westen in den Augen der Feinde, München 2005. 『옥시덴탈리즘: 반서양주의의 기원을 찾아서』(송충기 옮김, 민음사, 2007)로 번역되어 나왔다.
10. Fritz Stern, The Politics of Cultural Dispair, Berkeley 1961.
11. Gudrun Krämer, Wettstreit der Werte. Anmerkungen zum zeitgenössischen islamischen Diskurs, in: Hans Joas / Klaus Wiegandt(Hg.), Die kulturellen Werte Europas, Frankfurt 2005, S. 469~493.

12. Chahdorrt Djavann, Was denkt Allah über Europa?, Berlin 2005.
13. Hans Joas, Die kurturellen Werte Europas. Eine Einführung, in: Hans Joas & Wiegrandt(Hg.), Die kulturellen Werte Europas, S. 11~39. 아울러 이 책의 14장 '리스크를 감행해야 하는 현대에서의 가치의 복귀' 부분도 참조.
14. Hans Joas, Braucht der Mensch Religion? Über Erfahrungen der Selbsttranszendenz, Freiburg 2004.
15. Shmuel N. Eisenstadt, Die Achsenzeit in der Weltgeschichte, in: Joas / Wiegandt(Hg.), Die kulturellen Werte Europas, S. 40~68.
16. Shmuel Eisenstadt, Multiple Modernities, in: Daedalus 129, 2000, S.1-29.
17. Jürgen Osterhammel, Die Entzauberung Asiens. Europa und die asiatischen Reiche im 18. Jahrhundert, München 1998.
18. Günter Lachmann, Tödliche Toleranz. Die Muslime und unsere offene Gesellschaft, München 2005.
19. Axel Honneth, Kampf und Anerkennung, Frankfurt 1992; Charles Taylor, Multikulturalismus und die Politik der Anerkennung, Frankfurt 1993 참고. 아울러 다음의 책자도 참고하라. Nancy Fraser / Axel Honneth, Umteilung oder Anerkennung? Eine politisch-philosophische Kontroverse, Frankfurt 2003.
20. John Rawls, Eine Theorie der Gerechtigkeit, Frankfurt 1948.
21. Wolfgang Kersting, Kritik der Gleichheit. Über die Grenzen der Gerechtigkeit und der Moral, Weilerswist, 2002 참조.
22. E. P. Thompson, Time, Work-Discipline, and Industrial Capitalism, in: Past and Present, Bd. 38, 1967, S. 56~97에서의 고전적 문제 처리를 참조하라.
23. Karl Marx / Friedrich Engels, Die deutsche Ideologie, in: Karl Marx / Friedrich Engels, Werke, Bd. 3, Berlin 1983, S. 33.
24. Leo Kolze, Berliner Warenhäuser, Berlin 1908/1989에 재발행, S. 37.
25. Roy Rosenzweig, Eight Hours For What We Will. Works and Leisure in an Industrial City, 1870~1920, Cambridge 1983.
26. 'brand eins', 7.Jg., Heft 7, September 2005: Themenheft 'Arbeit — Nie wieder Voll- beschäftigung!'. 아울러 Wolf Lottner, Der Lohn der Angst, S. 50~59도 참조.
27. 자동화와 기계화(기계에 의한 인간 노동력의 대체)가 인간을 노동으로부터 자유롭게 하면서도 복지를 지속적으로 유지하게 하고, 심지어 더 높은 수준으로 고양시킬 것이라는 기대는 단순히 경제학의 사기극임이 드러났다. 이 '모델'은 확실히 이미

고물로 판명된 '폐쇄적인' 국민경제학 내부에서는 이제 더는 작동하지 않는다. 복지가 증가하는 경우는, 소파에 누워 기계가 만들어낸 결실들을 즐기는 데서가 아니라 사람들이 다른 곳(나라)에서 더 숙련된 값싼 노동을 발견했기 때문이다. 국민경제학의 논리는 국제적 경쟁의 조건 아래서는 더 이상 제대로 작동하지 않는다. 국민경제학의 근본적인 역사적 반례는 이미 18~19세기 농업의 합리화에서 발견된다. 당시 농업의 합리화는 인류를 자급자족하는 — 농업 이외의 취업노동을 더는 고민할 필요가 없는 — 농민으로 만들지 않았다. 당시에는 비료와 수확 기계들이 필수적인 복리를 뒷받침했기 때문이다.

28. André Gorz, Arbeit zwischen Misere und Utopie, Frankfurt 2000, S. 9.
29. Wolfgang Engler, Bürger, ohne Arbeit. Für eine radikale Neugestaltung der Gesellschaft, Berlin 2005.
30. Ulrich Beck, Wohin führt der Weg, der mit dem Ende der Vollbeschäftigungsgesellschaft beginnt? in: Urlich Beck(Hg.), Die Zukunft von Arbeit und Demokratie, Frankfurt 2000, S. 7~66. 여기서는 52쪽 인용.
31. Oskar Negt, Arbeit und menschliche Würde, Göttingen 2001, S. 10.
32. Werner Abelshauser, Kulturkampf. Der deutsche Weg in die Neue Wirtschaft und die amerikansiche Herausforderung, Berlin 2003, S. 160. 아울러 같은 저자의 다른 저서인 Werner Abelshauser, Deutsche Wirtschaftsgeschichte seit 1945, München 2004도 참조.
33. Hans-Peter Babels, Victory-Kapitalsimus. Wie eine Ideologie uns entmündigt?, Köln 2005 참조.
34. Friedrich-Ebert-Stiftung(Hg.), Die neue SPD. Menschen stärken-Wege öffnen, Bonn 2004 참조(예를 들어, 11쪽, Hans-Martin Bury, Ute Vogt).
35. Jürgen Kocka, Sozialdemokratische Grundwerte heute, in: 같은 책, S. 54~64.
36. 이에 대한 입문으로는 다음 문헌을 참조하라. Rolf. G. Heinze, Vom statuskonservierenden zum sozialinvestiven Staat, in: 같은 책, S. 254~272.
37. Anthony Giddens, Der dritte Weg. Die Erneuerung der sozilaen Demokratie, Frankfurt 1999, S. 81.
38. Ernst-Wolfgang Böckenförde, Die Entscheidung des Staates als Vorgang der Säkularisation, in: 같은 저자, Recht, Staat, Freiheit, Frankfurt 1991, S. 92~114 (여기서는 S. 112).
39. Hans Joas, Die Entstehung der Werte, Frankfurt 1997 참조.

40. Maurizio Viroli, Republicanism, New York 2002 참조.
41. Heinrich August Winkler, Der lange Weg nach Westen, 2. Bde., München 2002 참조.
42. Hans Jonas, Das Prinzip der Verantwortung. Versuch einer Ethik für die technologische Zivilisation, Frankfurt 1979 참조. 이 책은 『책임의 원칙: 기술 시대의 생태학적 윤리』(이진우 옮김, 서광사, 1994)로 번역되었다.
43. J. G. A. Pocock, The Machiavellian Movement. Floentine Political Thought and the Atlantic Republican Tradition, Princeton 1975 참조.
44. Richard Rorty, Achieving Our Country. Leftiest Thought in Twentieth-Century America, Cambridge Mass. 1998, S. 85; Ralf Dahrendorf, Die Krisen der Demokratie. Ein Gespräch, München 2002, S. 21 참조.
45. Robert D. Putnam, Bowling Alone. The Collapse and Revival of American Community, New York 2000.
46. Gordon S. Wood, The Creation of the American Public, 1776~1787, Chapel Hill 1969 참조
47. Reinhart Koselleck, Vergangene Zukunft. Zur Semantik geschichtlicher Zeiten, Frankfurt 1979 참조. 우리나라에서도 번역되었다. 『지나간 미래』(한철 옮김, 문학동네, 1998).
48. Rorty, Achieveing Our Country.
49. Christian Meier, Ein antikes Äquivalent des Fortschrittsgedankens: Das "Könnens-Bewusstsein" des 5. Jahrhunderts v. Chr., in: ders., Die Entstehung des Politischen bei den Griechen, Frankfurt 1980, S. 435~449.
50. Richard Sennnett, Respect. The Formation of Character in an Age of Equality, New York 2003.
51. Nancy Fraser / Axl Honneth, Umverteilung oder Anerkennung? Eine politisch-philosophische Kontroverse, Frankfurt 2003.
52. Ernst-Wolfgang Böckenförde, Die Entstehung des Staates, S.112.
53. Walter Dirks, Partei und Staat, in: Frankfurter Hefte, Jg. 1, 1946, S. 820~832(인용 S. 823, 825). 역사적 맥락에 대해서는 Paul Nolte, Die Ordnung der deutschen Gesellschaft. Selbstentwurf und Selbstbeschreibung im 20. Jahrhundert, München 2000, S. 377~390 참조.
54. Thomas Kralinski, Reloaded oder stillgelegt?, in: Berliner Republik, Jg. 6, 2004,

Nr. 3, S. 47~52(인용 S. 47).

55. 더 상론해야 할 이러한 구상은 좀 더 일반화된 니클라스 루만(Niklas Luhmann)의 체계 이론에서 세속화 개념을 차용한 것이다(in: Funktion und Religion, Frankfurt 1977). 실제로 고도로 이데올로기화된 20세기의 대중 정치는 종종 종교의 대용물로 해석된다('정치적 종교'). 따라서 양자가 결국 유사한 문제를 맞이한 것은 우연이 아니다.

56. 이 자리에서는 이에 대해 더 이상 다룰 수 없는 아주 복잡한 논란들을 간단하게 언급만 한 것이다.

57. Michael Zürn, Regieren jenseits des Nationalstaates, Frankfurt 1998 참조.

58. 이에 대해서는 Paul Nolte, Generation Reform. Jenseits der blockierten Republik, München 2004, 제17장 '조세국가에서 비용 사회로' S. 188~197) 부분 참조.

59. 이에 관한 상세한 것은 Paul Nolte, Sozialstaat und Gerechtigkeit. Plädoyer für einen neuen Gesellschaftsvertrag, in: Christina Knülling(Hg.), Aufwärts bitte! 10 Beiträge gegen Deutschlands freien Fall, Hamburg 2004, S. 218~244 참조.

60. 예를 들어 Claus Leggewie / Christopher Wieber, Demokratie 2.0. Wie tragen elektronische Medien zur demokratischen Erneuerung bei?, in: Claus Offe(Hg.), Demokratisierung der Demokratie. Diagnose und Reformvorschläge, Frankfurt 2003, S. 124~151 참조.

61. Otto Stammer, Gesellschaftsstruktur und Organisationswirklichkeit der Verbände, in: Die Neue Gesellschaft, Jg. 2, 1955, Heft 3, S. 3~10.

62. 이러한 경향이 엿보이는 사례로는 C. Schmitter, Wie könnte eine "postliberale" Demokratie aussehen? Skizzenhafte Vermutungen und Vorschläge, in: Offe(Hg.), Demokratisierung der Demokratie, S. 152~165.

63. Bruce Ackermann / Anne Alstott, The Stakeholder Society, New Heaven 1999.

수록된 글들의 출처

앞에 수록된 글들은 이 책에서 처음 발표하는 글이거나 다른 곳에 발표했던 글을 일부 수정한 것이다.

• **현대의 도전** 미발표 원고.

1. Jörg Calließ(HG.), Die Reformzeit des Erfolgsmodells BRD, Loccum 2004, S. 15~32.
2. Ingeborg Flagge / Romana Schneider(Hg.), Revision der Postmoderne, Hamburg 2004, S. 40~51.
3. 요약본이 Cicero, Dezember 2004, S. 108~112에 실림.
4. Literaturen, April 2005, S. 6~15.
5. 압축된 형태로 스웨덴 월간지 Axess, Nr. 9, Dezember 2005, S. 14~17에 실림.
6. Aus Politik und Zeitgeschichte 37 / 2005(12. September 2005), S. 16~23.
7. 미발표 원고(요약본이 Cicero, Juli 2005, S. 90~93에 실림).
8. 미발표 원고.
9. Universitas, 60. Jg., Mai 2005, S. 461~471.
10. 미발표 원고.
11. 미발표 원고.
12. Die neue SPD. Menschen stärken—Wege öffnen, Hg. Friedrich-Ebert-Stiftung, Bonn 2004, S. 27~36 ; Berliner Republik, Heft 4 / 2005, S. 10~15.
13. Universitas, 59. Jg., Oktober 2004, S. 1003~1011 ; Die Zeit, Nr. 24, 9. Juni 2005, S. 9.
14. 미발표 원고.
15. Undine Ruge / Daniel Morat(Hg.), Deutschland denken. Beiträge für die reflektierte Republik, Wiesbaden 2005, S. 71~82.
16. McK Wissen, 4. Jg., Juni 2005, S. 44~49.
17. Neue Gesellschaft / Frankfurter Hefte, Juli 2004, S. 19~24.
18. 다소 압축된 형태로 Reflexion und Initiative, Bd.V: Impulse für gesellschaftliche Verantwortung, Hg. Körbert-Stiftung, Hamburg 2005, S. 127~136에 게재됨.

서평_울리히 벡*

신이 떠난 후에는 감행해야 할 모험이 남는다

그러나 파울 놀테는 '지나치지 않을 정도의 리스크'만 감행하는 현대를 옹호하고 있다

* 이 글은 독일 사회학자 울리히 벡의 서평이다(독일 일간지 Die Welt 2006년 3월 25일자 게재). 울리히 벡은 약 20년 전에 『리스크 사회: 새로운 현대화를 향하여』를 발표했다. 이 책의 출판은 당시 1986년 4월 발생한 체르노빌 원전 폭발 사고와 맞물려 크게 주목받았다. 20년 후 신예 학자 파울 놀테는 독일 사회가 20년 전 벡의 경고와는 달리 리스크에 대해 무관심한 '리스크 회피 사회'가 되었다고 분석하고, 리스크에 적극 대응하는 '리스크를 감행해야 하는 현대(Riskante Moderne)'를 제시하면서 우선 친숙한 분야에서, 독일이라는 한 국민국가 범위에서 개혁을 주장했다. 이에 대해 벡은 파울 놀테의 지적에 공감하면서도 더 큰 발상의 전환, 글로벌한 차원에서 리스크 관리를 강조하고 있다. 참고로 울리히 벡은 2007년 4월 자신의 주저 『리스크 사회』 발간 20주년을 기념하여 『세계 리스크 사회(Weltrisikogesellschaft)』를 발간하여 오늘날 리스크의 글로벌화에 대한 대안을 모색했다.

리시코 에르고 숨(Risiko ergo sum). 이 말은 "나는 리스크를 감행한다, 고로 존재한다"라고 옮길 수 있는 반어적 표현만은 아니다. 리스크는 21세기 초의 '인간 조건'이다. 리스크라는 말 속에는 반대되는 의미가 병존한다. 한편으로는 위협적인 재앙이라는 의미가, 다른 한편으로는 각성, 돌파, 모험의 감행이라는 의미가 공존한다. 리스크와 결단, 그리고 리스크와 자유는 서로 밀접하게 연관되어 있다. 또한 타자의 결정에 불가피하게 얽혀 들어갈 수밖에 없는 상황, 무지, 통제 불능, 계획된 무책임 역시 리스크와 연관되어 있다.

신이 세계 무대를 떠나자 리스크가 그 자리에 들어섰다. 리스크는 어느모로 보나 세속적인 개념이다. 리스크 속에서 인간, 그리고 현대는 자기 자신은 물론이고 자신이 내린 결정의 결과, 자신의 오류, 자신의 무지, 자신의 승리, 그리고 그로부터 비롯된 무기력과 속수무책인 상황과도 맞닥뜨리게 된다. 어떻게 리스크를 받아들이는가에 따라 시대, 사회, 집단이 어느 정도로 현대에 도달했는지 측정할 수도 있다. 이런 점에서 파울 놀테의 열변은 경청할 가치가 있다. 그는 독일인들 역시 '리스크한 현대'를 받아들여야만 하며, 리스크를 껴안고 살아가는 법과 그것을 이용하는 법을 배워야 한다고 주장한다.

지성적인 측면에서도 대연정 정부의 독일은 시끄럽고 바쁘기는 하나 공허한 사상과 경직된 사고에 머물러 있다. 새로움에 대한 한 줌의 입김도 감지할 수 없다. 오히려 그와 정반대로 과거에 대한 향수, 문명 비판적인 비관론, 자본주의에 대한 안이한 비판, 타문화의 배척과 평가절하가 거의 합의된 듯한 목소리를 내고 있다. 또한 우리를 압도하는 새로운 현상을 파악하고 적절히 다룸으로써 그에 적응토록 해야 할 사회과학과 정치 담론의 무관심도 빼놓을 수 없다.

물론 이런 현상은 결코 새롭지 않으며, 역사를 통해 이어져 오던 것이다. 기존의 세계 질서가 붕괴할 때, 가령 신이 점차 자신의 자리를 비우기 시작하여 불확실성에 대한 지혜가 유일한 확실성으로 간주되었던 근세 초기나 또는 봉건적 질서가 지속적인 산업혁명의 소용돌이 속으로 추락했던 19세기를 되돌아보더라도, 독일에서는 언제나 세계 몰락의 분위기가 지배적이었다. 그러나 역사적으로 반추해보면 오히려 정반대의 사실을 알 수 있다. 이런 시기에는 새로운 모델의 질서가 생겼다. 이 새로운 질서는 오늘날 우리의 삶 속에 너무나 구체화되어, 극단적 근대화에 따라 새로운 형태의 현대가 등장하는 중에도 이 질서가 해체될 것이라고는 생각조차 못하고 있다. 그런데 역설적으로 지금 문제가 되고 있는 것은 바로 이 질서, 말하자면 국민국가적으로 조직된 복지사회와 민주주의다.

놀테는 독일이 '리스크 회피 사회'가 되었다고 비판한다. 그런 비판에는 '개혁세대'*가 실은 '개혁 회피 세대'임이 탄로났다는 실망감도 포함되어 있다. 왜 그런지는 물론 놀테보다 더 심사숙고할 필요가 있다.

"시간은 뒤죽박죽 되어버렸어. 오, 저주받은 원한이여! / 나는 그것을 바로잡으려고 태어나지 않았던가." 이는 바로 햄릿 세대, 즉 '리스크 세대'의 구호일 것이다. 끝을 알 수 없는 불확실성이 이 세대의 경험을 구성하는 원칙이 되었다. 잠시 상기해보자. 햄릿은 유령으로 나타난 아버지에게 부패한 덴마크에 질서를 세울 것을 위임받는다. 이는 최근 소위 모하메드 만평 논쟁이 일

---

* 이는 놀테의 2004년 책 제목이기도 하며, 오늘날 30~40대인 세대로서 소위 비판이론으로 무장된 68세대 이후의 세대다.

어났던 덴마크보다 훨씬 옛날의 이야기이다. 지금의 30~40대는 세상을 조정할 수 있는 노나 방향키를 – 또는 아직도 뭔가 남아 있다면 그 비슷한 것을 – 넘겨받기는 한 것 같은데, 이미 세상은 너무 복잡해져서 조정간을 쥘 엄두가 안 나는 상황이다.

그들은 눈앞에 닥친 위기에 대해 아무런 대비를 갖추고 있지 않았다. 그들은 2005년 가을 덴마크 신문이 게재한 모하메드 만평에 대한 반작용으로 종교적 폭력 시위가 전세계로 번져나갈 것이라고는 전혀 예상하지 못했다. 게다가 이 세대는 지금까지 독일에서 가장 호강스럽게 성장한 세대이다. 태어날 때부터 복지와 안전이 그들의 제2의 천성(자연)이 되어버렸다. 그러나 우리 68세대가 보수가 좋은 일자리를 찾을 수 있으리라고 확신하며 대학을 졸업할 수 있었던 반면에, 오늘날에는 심지어 최고의 성적을 받았고 가장 경험이 많으며 리스크에 준비가 잘 된 학생들도 처음에는 대부분 노동시장의 닫힌 문을 마주해야 한다. 부부가 동시에 직장에 다니면서 가사와 육아를 책임지는 것은 일종의 위험한 곡예가 되어버렸다. 이전의 어떤 세대도 이런 식의 곡예를 요구받은 적이 없었다. 프랑스나 스웨덴처럼 전일제 보육 시설이 아직 제공되지 않는 독일의 상황에는, 아이를 갖겠다는 무모한 소망은 결국 남성이나 여성이 결코 무릅쓰려 하지 않을 리스크일 것이다. 이 점은 굳이 사회학을 들먹이지 않더라도 충분히 이해할 수 있을 것이다.

흔들림 없이 일상생활과 정치를 이끌어갈 것처럼 보였던 좌표들은 더 이상 유효하지 않다. 세계는 돌이킬 수 없을 정도로 세계 시민화되었다. '내부'와 '외부', '단일 국민 국가'와 '국제사회', '우리'와 '타자'의 경계는 모호해지거나 섞여버렸다. 하지만 이것은 결코 비관주의가 아니다. 당연히 우리는 말문이 막히고 정신을 잃게 만드는 이 독특한 변화의 특성을 이해해야만 한다. 파울 놀테의 책이 실용적이고 고무적이기는 하지만 바로 이러한 점에 대한 성찰은 부족하다.

리스크한 현대(Risikomoderne)는 결국 '이대로 계속', 아니면 '발상의 전환'이라는 두 가지의 답변만을 내놓는다. 다시 말해 가족, 취업 노동, 국민사회로 배합된 첫 번째 현대의 처방을 수정할 것인가, 아니면 국민국가라는 현대의 기획에 가능성을 열어두고 새로운 제도적 장치들을 중심으로 해법을 찾을 것인가? 놀테의 현대에 대한 변호는 이 두 가지를 약간씩 포함한다. 그러나 무게 중심은 분명히 다음과 같다. 놀테에게 개혁이란, 이미 알고 있지만 역사적으로는 제대로 신뢰받은 적이 없는 것을 다시 한 번 시도하는 것이다. 그는 그 외의 모든 것을 너무 리스크한 것으로 간주하고 있다.

그러나 이것이 역사적인 경험을 정말로 정당하게 평가한 것일까? (20년 이상이나 증가하고 있고, 그것도 항상 500만 이상에 달하는 독일의 실업 상황에서) 전혀 일자리를 찾을 수 없는데도 과연 어떻게 의미 있는 삶을 영위할 수 있을까 하는 것은 독일 정부의 공식적인 일상 업무에 포함된 핵심적 질문이다. 경제성장이 이제는 일자리를 전혀 창출하지 못하거나 아니면 조금밖에 창출할 수 없다는 것을 인식해야 하는 상황인데도, 과연 우리가 예전처럼 완전고용의 신화에 매달릴 수 있을까? 충분한 자격을 갖지 못한 '전망 없는 세대'에게도 참여의 기회를 제공하기 위해 전통적인 취업 노동에 대한 대안과 기초 소득 보장을 논의해야 하지 않을까? 그리고 국민국가 수준의 정책을 새롭게 고민해야 할 정도의 리스크는 감행해야 하지 않을까? 가령 독일의 조세정책을 유럽연합 차원으로 넓혀서, 유동자본에 세금을 부과함으로써 일종의 사회적 유럽이라는 전망을 위한 재원을 마련해야 하지 않을까?

번역을 마치면서

"우리는 불확실한 미래의 리스크를 거절하는 데 따를
숨겨진 비용을 계산하는 법을 배워야 한다."
— 프리먼 다이슨

한때 '사회적 시장경제'를 기반으로 원활하게 기능하던 '독일식 모델'은 최근 21세기 글로벌 경쟁 시대에 그 효율성과 효용성을 의심받고 있다. 독일인 스스로가 '위기'라고 느끼고 있으며 특히 독일 바깥에서는 이를 '독일병', '유럽의 환자'라는 다소 과장된 표현으로 진단하기도 했다.

그러나 간단히 고비용 · 저효율로 압축되는 독일 위기의 원인에 대한 진단이 여러 갈래였고 해결책은 더 복잡해서, 이에 필요한 개혁 작업이 논의만 무성한 채 지연되던 상황이었다. 여기에 독일인 특유의 국민성인 불안감이 겹쳐, 특히 2003년에서 2005년까지 위기는 최고조에 달했다. 이런 난국을 타개하고 개혁 작업에 가속도를 붙이기 위해 2005년 가을, 당시 사민당 · 녹색당 중도좌파 연정을 이끌던 슈뢰더 총리가 남은 임기를 포기하고 조기 총선이라는 승부수를 던졌다. 그러나 독일 국민은 중도 보수파인 기민 · 기사당 연합에 기회를 주었고 결국 2005년 11월 메르켈을 총리로 추대하여 기민 · 기사당 연합과 사민당의 연립정부(속칭 대연정)가 출범했다. 슈뢰더가 추진했던 개혁 정책을 더 강화하는 것을 목표로 했던 대연정은 2006년 월드컵을 성공적으로 치렀으며, 그 여세를 몰아 현재는 경제가 살아나고 실업자도 줄어드는 등 가시적인 성과도 보이고 있다.

베를린 자유대학의 소장 역사학자 파울 놀테는 이미 그를 유명하게 만든 저서 『개혁세대(Reform Generation)』(2004)에서, 독일이 당면한 위기의 근원을 역사적으로 파악하면서 1970년대 이후 독일 집권 정당들의 잘못된 처방과 그에 안주한 독일인의 안일함을 신랄하게 질타했다. 그에 따르면 독일식 모델은 다른 모든 현대(화)의 프로젝트와 마찬가지로 이미 그 자체에 리스크(risk) 요인을 내포하고 있었으나, 그동안 물질적 풍요와 성장에 도취되어 이를 관리하기는커녕 오히려 회피했다고 한다. '독일식 모델'이 지속적인 발전과 성장, 그리고 분배와 정의를 바탕으로 계속 진보하기 위해서는 리스크를 관리해야 했는데도 독일인들은 성장과 진보의 신념, 현대(화)의 파토스를 너무 일찍 포기했다고 한다. 독일이 '리스크 관리 사회'가 아니고 '리스크 회피 사회'라는 것이다.

여기 번역한 책 『리스크를 감행해야 하는 현대: 독일인과 새로운 자본주의(Riskante Moderne: Die Deutschen und der Neue Kapitalismus)』(원제)는 독일 경제사회의 위기가 최고조에 달했던 2004년부터 그 위기에 대한 구체적 · 정치적 해결책을 모색하던 2006년 초까지 저자가 학술 · 정치잡지에 발표한 글들과 새로 집필한 내용을 모아 펴낸 것이다. 이 책이 출판된 2006년 2월부터 꼭 20년 전인 1986년, 독일 사회학자 울리히 벡은 『리스크 사회: 새로운 현대화를 향하여』에서 지속적인 성장과 발전이라는 현대

(Moderne)의 프로젝트를 계승하기 위해서는 사회가 리스크를 관리해야 한다고 역설했다. 그런데 정작 독일 사회는 이런 경고를 무시해왔다는 것이 놀테의 주장이다. 그래서 놀테는 벡의 『리스크 사회』 출간 20주년에 맞춰 이 책을 발표했고, 울리히 벡 역시 놀테의 주장에 대해 장문의 서평으로 화답하는 등 지난 2006년부터 독일 사회에서 이 책에 대한 찬반 논란이 많았다.

놀테는 68세대로 상징되는 좌파 유토피아 구상의 노쇠화뿐만 아니라 현실에 안주했던 우파의 무능력, 그로 인해 발생한 "기회는 개인에게, (그에 따른) 책임과 리스크는 집단에게"라는 사회의 일반적 정서를 비판적으로 조명하고 있다. 퇴장하는 68세대를 대신하는 새로운 세대를 그는 같은 이름의 저서를 통해 '개혁 세대'라고 규정하고 있다. 그는 소위 '리스크 회피 사회'에 대응하여 개인의 책임과 공동체적 참여, 지속적인 사회 안전망을 결합시킨 '개혁된 시민사회', 즉 '투자적 사회(Investive Gesellschaft)'를 제시하고 있다. 투자적 사회란 시민들이 각자에게 부여된 책임을 발휘하며 공동체적인 연대 속에서 물질적 · 사회적 · 도덕적 자원을 모두 가동하는 사회, 시민들이 미래에서의 자신의 기회와 다른 사람의 기회 그리고 사회 전체의 기회를 확대시키고 지속적으로 확보하기 위해 현재부터 미리 기여를 하게 하는 사회이다. 개인의 책임과 분배의 연기를 주장하는 면에서 그를 '신자유주의자'라고 공격할 수도 있고, 현실적 쾌락의 유예와 근면성 등 시민적 가치의 복귀를 주장하는 면에서 '신보수주의자', '문화보수주의자'라고 비판할 수 있다. 그러나 이런 측면이 독일 사회의 현상과 오늘날 일반적으로 후기 현대(포스트모던)가 처한 상황을 정확히 이해하는 데 방해물은 아니라는 생각에서 이 책을 번역했다.

그의 '투자적 사회' 개념은 한 마디로 복지지상주의도 아니고 복지국가에 대응하는 시장주의적 신자유주의도 아니다. 저자 자신은 현재 좌·우 대연정의 독일 메르켈 총리를 자문하는 '성장혁신위원회'의 위원이며 또한 독일 괴테 인스티투트가 최근 선정한 '독일을 대표하는 싱크탱크' 중 한 명으로서 결코 어느 당파에 속한 사람은 아니다(개인적으로 그는 기민·기사 연합과 녹색당의 연정을 지지했다). 다만 더 근본적인 개혁을 주장하는 논객이기 때문에 반대파에게 '신자유주의자'라는 비난을 듣지만, 그 자신은 이에 절대 동의하지 않는다고 번역자에게 밝힌 바 있다.

우리나라도 근대화 과정에서 1960년대 경제개발을 기점으로 독일식 발전 모델을 수입했으며 길게 잡으면 식민지 근대화의 주요 토대가 일본을 통한 서양(특히 독일)식 시스템이었다. 문제는 그 모델을 전체적으로 수용하기보다는 시대의 상황에 따라 부분적으로 이식했다. 흔히 "현재의 독일은 미래의 한국을 비추는 거울"이라고 한다. 비록 시간적 차이는 있지만 20세기 분단이라는 경험을 공유하고 비슷한 발전 모델을 공유한 한국과 독일의 역사의 유사성을 잘 표현한 말이다. 어디 근대화 모델만 독일에서 차용했던가? 1980년대 이후 우리는 유럽, 특히 독일의 특정한 담론들만 수입했다. 한때는 과거 독일의 특정한 담론이 특정 시기 한국의 담론을 배타적으로 지배하던 시절도 있었다. 이 책은 독일식 성장과 분배 모델, 독일의 사회·문화적 상황을 번역자처럼 수입하던 사람들에게 스스로를 되돌아보는 좋은 안내서가 될 것이다. 한국에서는 그동안 독일식 모델에 대한 독일의 중도 좌파 지식인들(소위 68세대)의 생각을 접할 기회는 많았지만 그에 비해 68세대 이후의 새로운 세대의 목소리는 별로 접하지 못했다. 예나 지금이나 그리고 앞으로도 독일은 우리의 미래를 비춰보는 거울일 것이라는 점에서, 이 책이 우리의 사회개혁 모델과 좌표를 설정하는 데 좋은 나침반이 되었으면 한다.

마지막으로, 이 책과 저자의 다른 책은 주독대사관에 근무하던 시절, 특히 2005년부터 2006년까지 2년 동안 독일의 정치 · 사회 변화 과정을 연구하면서 좋은 참고서로 활용했다. 주독 대사관 문화홍보관 근무 중 수행하던 여러 활동은 이수혁 당시 대사를 비롯한 대사관원들과 특히 홍보관실 김남시, 권혁준, 이종민, 그로테 박사(Dr. Grothe) 등의 도움이 컸음을 밝힌다. 당시 주독 대사관은 2005년 '독일에서의 한국의 해'와 같은 대규모 국가홍보 사업과 2006년 독일 월드컵 같은 업무가 산적한 중에도 마치 하나의 정책연구소 이상으로 강독하고 토론하던 문화가 자리 잡혀 있었다. 당시의 그런 분위기와 도서출판 한울의 도움이 없었다면 아마 이 번역서는 빛을 보지 못했을 것이다.

2008년 6월

윤종석

지은이 **파울 놀테**(Paul Nolte, 1963~)

뒤셀도르프, 빌레펠트 그리고 볼티모어에서 역사학과 사회학을 전공하고 하버드대 연구원을 역임했다. 학생 시절 1986년 독일 역사학계의 거장 에른스트 놀테와 사회학계의 거장 하버마스가 소위 '독일 역사학자 논쟁'을 벌일 당시 *FAZ* 지에 같은 역사학자인 놀테를 비판하는 글을 실어 일찍부터 주목을 받았다(참고로 그와 에른스트 놀테는 아무 친인척 관계도 아니다). 그의 주 전공은 18세기 이후 정치 · 사회 · 문화사와 미국사다. 브레멘 국제대학 교수를 역임하다가 2005년부터 베를린 자유대학에서 역사문화학부 교수로 있다.

2004년 출판한 그의 『개혁 세대(Generation Reform)』는 당시 독일 정계와 학계에 논쟁과 파란을 일으켰으며, 현재 그는 메르켈 정부의 성장혁신위원회에서 독일 사회의 혁신을 자문하고 있다. 최근 독일문화원 괴테 인스티투트가 선정한 '독일을 대표하는 두뇌'에 선정되기도 했다.

옮긴이 **윤종석**(1966~)

서울대학교와 베를린 자유대학(FU)과 공과대학(TU)에서 독문학과 미학, 미디어학과 정치학을 전공했다. 지난 20년 동안 공무원으로 근무하면서 「후기 자본주의 대중문화론」에 대한 논문들과 『포스트모던의 도전』, 『구텐베르크-은하계의 끝에서』, 『컨트롤된 카오스』, 『디지털시대의 글쓰기』, 『사진의 철학을 위하여』, 『국가 이미지 전쟁』, 『흔들리는 세계의 축』, 『세계를 만드는 커뮤니케이션』 등의 번역서들을 통해 노르베르트 볼츠와 빌렘 플루서 등 독일의 미디어 미학과 문화 커뮤니케이션 이론을 우리나라에 소개했고, 독일 사회의 변환 과정에 대한 글들을 발표했다. 주독 대사관 문화홍보관과 문화체육관광부 외신홍보과장을 거쳐 현재는 녹색관광과장으로 근무하고 있다.

한울아카데미 1041

위험사회와 새로운 자본주의

Riskante Moderne

지은이 • 파울 놀테
옮긴이 • 윤종석
펴낸이 • 김종수
펴낸곳 • 도서출판 한울
편집 • 배은희

초판 1쇄 발행 • 2008년 7월 20일
초판 2쇄 발행 • 2010년 2월 26일

주소 • 413-832 파주시 교하읍 문발리 507-2(본사)
121-801 서울시 마포구 공덕동 105-90 서울빌딩 3층(서울 사무소)
전화 • 영업 02-326-0095, 편집 02-336-6183
팩스 • 02-333-7543
홈페이지 • www.hanulbooks.co.kr
등록 • 1980년 3월 13일, 제406-2003-051호

Printed in Korea.
ISBN 978-89-460-5041-9 93300

* 가격은 겉표지에 있습니다.